GW01368293

Langenscheidt

Universal Danish Dictionary

**Danish – English
English – Danish**

edited by the
Langenscheidt editorial staff

L

Langenscheidt

New York · Berlin · Munich · Vienna · Zurich

Neither the presence nor the absence of a designation
indicating that any entered word constitutes a trademark
should be regarded as affecting the legal status thereof.

© 2008 Langenscheidt KG, Berlin and Munich
Printed in Germany

Contents
Inholdsfortegnelse

Preface	4
Forord	5
Introduction	6
Indledning	7
Guide to Pronunciation	8
Udtale	10
Abbreviations	12
Forkortelser	12
Danish – English/Dansk – Engelsk	13
English – Danish/Engelsk – Dansk	213
Some Basic Phrases	386
Nogle nyttige sætninger	386
Danish Abbreviations	391
Engelske forkortelser	393
Mini Grammar	396
Lille grammatik	404
Numerals	412
Talord	413
Time	414
Klokken	415
Conversion Tables	416
Omregningstabeller	416

Preface

In selecting the vocabulary and phrases for this dictionary, the editors have had the traveller's needs foremost in mind. This book will prove a useful companion to casual tourists and business travellers alike who appreciate the reassurance a small and practical dictionary can provide. It offers them – as well as beginners and students – all the basic vocabulary they will have to encounter and have to use, giving the key words and expressions to allow them to cope in everyday situations.

This dictionary is designed to slip into pocket or purse, and thus have a role as a handy companion at all times.

Besides just about everything you normally find in dictionaries, there are these bonuses:

- simplified pronunciation after each foreign-word entry, making it easy to read and enunciate words whose spelling may look forbidding
- useful information on how to tell the time and how to count, on conjugating irregular verbs, commonly seen abbreviations and converting to the metric system, in addition to basic phrases.

While no dictionary of this size can pretend to completeness, we are confident this dictionary will help you get most out of your trip abroad.

Forord

Ved udvælgelsen af de begreber, som bogen indeholder, har redaktionen især tænkt på de mange, der i vore dage drager udenlands. For turister, studenter og forretningsfolk, der værdsætter den trykhedsfølelse en lille, praktisk ordbog giver en i et fremmed land, er netop en sådan ordbog det helt ideelle. Den giver Dem et grundlæggende ordforråd af de oftest forekommende ord på det pågældende sprog – de ord De har brug for at kende til bunds. Den giver Dem nøgleord og desuden en række nyttige sætninger, så De sagtens kan klare de forskellige dagligdags situationer.

Udover hvad man normalt forlanger af en ordbog, byder denne ordbog på en række ekstra fordele:

- nøjagtig udtale efter hvert ord på det fremmede sprog, gengivet i international lydskrift
- forskellige praktiske oplysninger såsom tal, tidsangivelse, gængse forkortelser, de uregelmæssige verbers bøjning samt et afsnit med nyttige sætninger fra dagligdagen

En ordbog i dette format kan naturligvis ikke forventes at være fuldkommen, men med denne bog i bagagen er De godt udstyret til en udenlandsrejse.

Introduction

This dictionary has been designed to take account of your practical needs. Unnecessary linguistic information has been avoided. The entries are listed in alphabetical order, regardless of whether the entry is printed in a single word or in two or more separate words. As the only exception to this rule, a few idiomatic expressions are listed alphabetically as main entries, according to the most significant word of the expression. When an entry has sub-entries, such as expressions and locutions, these are also listed in alphabetical order*.

Each main-entry word is followed by a phonetic transcription (see guide to pronunciation). Following the transcription is the part of speech of the entry word whenever applicable. If an entry word is used as more than one part of speech, the translations are grouped together after the respective part of speech.

Irregular plurals are given in brackets after the part of speech.

Whenever an entry word is repeated in irregular forms or sub-entries, a tilde (∼) is used to represent the full word. In plurals of long words, only the part that changes is written out fully, whereas the unchanged part is represented by a hyphen (-).

Entry word: fisk *c* (pl ∼)   Plural: fisk
        bryllup *nt* (pl ∼per)   bryllupper
        antibiotikum *nt* (pl -ka)   antibiotika

An asterisk (*) in front of a verb indicates that it is irregular. For more detail, refer to the list of irregular verbs.

---

* Note that Danish alphabetical order differs from our own for three letters: ae, ø and å. These are considered independent characters and come after z, in that order.

Indledning

Denne ordbog er først og fremmest lagt an på at være praktisk og anvendelig i brug. Alle mindre vigtige sproglige oplysninger er derfor med vilje udeladt. Artiklernes opstilling er strengt alfabetisk, uanset om et opslagsord skrives i ét ord, med bindestreg eller er sammensat af to eller flere ord. Den eneste undtagelse fra denne regel gælder enkelte idiomatiske udtryk, som er opstillet alfabetisk efter det vigtigste ord i vendingen. Hvis et opslagsord følges af flere underopslag, står også disse i alfabetisk orden.

Inden for hver artikel angives udtalen i lydskrift (se afsnittet Udtale). Dernæst følger ordklasse, hvor dette er relevant. Hører et opslagsord til mere end én ordklasse, står de tilsvarende oversættelser grupperet efter den respektive ordklasse.

Hvis et substantiv har uregelmæssig flertalsform, angives dette altid, også i en del tilfælde, hvor der kunne opstå tvivl. Ved uregelmæssigt flertal af sammensatte ord skrives kun den del af sammensætningen helt ud, som forandres, medens den uforandrede del erstattes med en vandret streg (-).

For at undgå gentagelse af et opslagsord i en artikel, f. eks. i sammensætninger eller ved uregelmæssige flertalsformer, bruges i stedet en bølgestreg (~), som så altid står for hele opslagsordet.

En stjerne (*) foran et verbum angiver, at dette er uregelmæssigt, og at dets bøjningsmønster findes i listen over uregelmæssige verber.

Denne ordbog er baseret på britisk retskrivning. Når et ords stavemåde eller betydning overvejende er amerikansk, markeres dette med et *Am* (se listen over de anvendte forkortelser).

Guide to Pronunciation

Each main entry in this part of the dictionary is followed by a phonetic transcription which shows you how to pronounce the words. This transcription should be read as if it were English. It is based on Standard British pronunciation, though we have tried to take account of General American pronunciation also. Below, only those letters and symbols are explained which we consider likely to be ambiguous or not immediately understood.

The syllables are separated by hyphens, and stressed syllables are printed in *italics*.

Of course, the sounds of any two languages are never exactly the same, but if you follow carefully our indications, you should be able to pronounce the foreign words in such a way that you'll be understood. To make your task easier, our transcriptions occasionally simplify slightly the sound system of the language while still reflecting the essential sound differences.

Consonants

dh	like **th** in **the**
g	always hard, as in **go**
ġ	a **g**-sound where the tongue doesn't quite close the air passage between itself and the roof of the mouth, so that the escaping air produces audible friction
ng	as in si**ng**er, not as in fi**ng**er (no **g**-sound!)
r	pronounced in the back of the mouth
s	always hard, as in **so**

Vowels and diphthongs

aa	long **a**, as in c**ar**, without any r-sound; quite often "flat" **a**, almost like **a** in b**a**d
ah	a short version of **aa**; between **a** in c**a**t and **u** in c**u**t; quite often "flat" **a**, almost like **a** in c**a**t
ai	as in **air**, without any r-sound
aw	as in r**aw** (British pronunciation)
æ	like **a** in c**a**t
ææ	a long æ-sound
eh	like **e** in g**e**t
er	as in oth**er**, without any r-sound
ew	a "rounded **ee**-sound"; say the vowel sound **ee** (as in s**ee**), and while saying it, round your lips as for **oo** (as in s**oo**n), without moving your tongue; when your lips are in the **oo** position, but your tongue is in the **ee** position, you should be pronouncing the correct sound
i	as in b**i**t
igh	as in s**igh**
o	always as in h**o**t (British pronunciation)
ou	as in l**ou**d
ur	as in f**ur**, but with rounded lips and no r-sound

1) A bar over a vowel symbol (e.g. **ēw**) shows that this sound is long.
2) Raised letters (e.g. ʸ**aa**, **ur**ᵒᵒ) should be pronounced only fleetingly.
3) In spoken Danish, there is a phenomenon called the "stød", which is a glottal stop (as in the Cockney pronunciation of water–wa er) and can occur in conjunction with a consonant or a vowel. We don't show the "stød" in our transcriptions, as it is not essential to understanding and being understood.

Udtale

I denne del af ordbogen har vi efter hvert opslagsord angivet udtalen i international lydskrift (IPA). Hvert tegn i denne transkription betegner en ganske bestemt lyd. Bogstaver, som ikke er forklaret nedenfor, udtales omtrent som de tilsvarende danske.

Konsonanter

b	som regel stemt
d	som i **d**et, aldrig som i me**d**; som regel stemt
ð	som **d** i pu**d**e
g	som i **g**od, aldrig som i ka**g**e; som regel stemt
k	som i **k**o, aldrig som i bri**k**
ŋ	som **ng** i la**ng**
p	som i **p**å, aldrig som i ho**p**
r	udtalt foran i munden
ʃ	som **sj** i **sj**ov
t	som i **t**ag, aldrig som i ne**t**
θ	som **d** i pu**d**e, men ustemt
w	som tryksvagt **u**
z	stemt **s**-lyd
ʒ	stemt **sj**-lydh

N.B. [sj] skal udtales som et **s** + en **j**-lyd (som i fløjls-jakke) *ikke* som i **sj**ov.

Vokaler

a	ikke som „fladt" **a**, tungen skal ligge lavere i munden
ɑː	som **a** i f**a**r
æ	som et meget fladt dansk **a**
ɑ	som **a** i k**a**ffe (ikke fladt)
e	som en mellemting mellem **e** i b**e**løb og **æ** i d**æ**kke
ɛ	som **æ** i d**æ**kke
ə	som **e** i gad**e**
ɔ	som **o** i l**o**ft

1) Kolon [ː] angiver, at den forudgående vokal er lang.
2) I nogle få låneord fra fransk forekommer der nasalvokaler, disse angives med en tilde over den pågældende vokal (f. eks. [ɑ̃]). Nasalvokaler udtales gennem mund og næse på samme tid.

Diftonger

Ved en diftong forstår man to vokallyde, en stærk (betonet) og en svag (ubetonet), sammensmeltet til én lyd, som f. eks. **ej** i **eje**. På engelsk er den anden vokal altid den svageste. Efter en diftong følger ofte et [ə], og den anden vokal bliver derved endnu svagere.

Betoning

Hovedtryk betegnes med ['], bitryk med [‚] foran stavelsen.

Amerikansk udtale

Transkriptionen angiver den almindelige britiske udtale. Den amerikanske udtale, som er forskellig fra egn til egn, afviger i nogen grad derfra. Nogle af de vigtigste afvigelser er:

1) I modsætning til britisk engelsk udtales **r** også foran en konsonant og i slutningen af et ord.
2) I mange ord (f. eks. *ask, castle, laugh* osv.) bliver [ɑ:] til [æ:].
3) [ɔ]-lyden udtales [ɑ], ofte også [ɔ:].
4) I ord som *duty, tune, new* osv. falder [j]-lyden før [u:] ofte væk.
5) Trykket ligger forskelligt i en del ord.

Abbreviations
Forkortelser

adjective	*adj*	adjektiv/tillægsord
adverb	*adv*	adverbium/biord
American	*Am*	amerikansk
article	*art*	artikel/kendeord
common gender	*c*	fælleskøn
conjunction	*conj*	konjunktion/bindeord
noun	*n*	substantiv/navneord
noun (American)	*nAm*	substantiv/navneord (amerikansk)
neuter	*nt*	neutrum/intetkøn
numeral	*num*	numerale/talord
past tense	*p*	imperfektum/datid
plural	*pl*	pluralis/flertal
plural (American)	*plAm*	pluralis/flertal (amerikansk)
past participle	*pp*	perfektum participium/ fortids tillægsform
present tense	*pr*	præsens/nutid
prefix	*pref*	præfiks/forstavelse
preposition	*prep*	præposition/forholdsord
pronoun	*pron*	pronomen/stedord
verb	*v*	verbum/udsagnsord
verb (American)	*vAm*	verbum/udsagnsord (amerikansk)

Danish–English
Dansk–Engelsk

A

abbedi (ah-bay-*di*) *nt* abbey
abe (*aa*-ber) *c* monkey
abnorm (ahb-*nom*) *adj* abnormal
abonnement (ah-boa-ner-*mahng*) *nt* subscription
abonnent (ah-boa-*nehnd*) *c* subscriber
abonnere (ah-boa-*nayo*) *v* subscribe
aborre (*ah*-baw-o) *c* perch; bass
abort (ah-*bawd*) *c* abortion; miscarriage; **fri ~** pro-choice; **mod ~** pro-life
abrikos (ah-bri-*koas*) *c* apricot
absolut (ahb-soa-*lood*) *adj* sheer, very; *adv* absolutely
abstrakt (ahb-*strahgd*) *adj* abstract
absurd (ahb-*soord*) *adj* absurd
accelerere (ah-seh-ler-*ray*-o) *v* accelerate
accent (ahg-*sahng*) *c* accent
acceptabel (ag-sehb-*tah*-berl) *adj* acceptable
acceptere (ag-sehb-*tayo*) *v* accept
addition (ah-di-s^y*oan*) *c* addition
adel (*ah*-dherl) *c* nobility
adelig (*ah*-dher-li) *adj* noble
adgang (*ahdh*-gahng) *c* admission, access, entrance, admittance, entry; approach; **~ forbudt** no admittance; *****give ~** admit; **ingen ~** no entry
*****adlyde** (*ahdh*-lew-dher) *v* obey
administration (ahdh-mi-ni-sdrah-s^y*oan*) *c* administration; management
administrativ (*ahdh*-mi-ni-sdrah-tee^{oo}) *adj* administrative
administrere (ahdh-mi-ni-*sdræ*-o) *v* manage; **administrerende** administrative; executive
adoptere (ah-dob-*tayo*) *v* adopt
adressat (ah-drah-*sahd*) *c* addressee
adresse (ah-*drah*-ser) *c* address
adressere (ah-drah-*say*-o) *v* address
adskille (*ahdh*-sgayl-er) *v*

adskillelse

separate, distinguish, disconnect
adskillelse (*ahdh*-sgayl-erl-ser) *c* separation, division
adskillige (ahdh-sgayl-i-er) *adj* several
adskilt (*ahdh*-sgayld) *adj* separate; *adv* apart
adspredelse (*ahdh*-sbræ-dherl-ser) *c* diversion, amusement
advare (*ahdh*-vah-ah) *v* warn; caution
advarsel (*ahdh*-vah-serl) *c* (pl -sler) warning
adverbium (*ahdh*-vær-bi-om) *nt* (pl -ier) adverb
advokat (ahdh-voa-*kahd*) *c* lawyer; solicitor; attorney, barrister
adækvat (*ahdh*-eh-kvahd) *adj* adequate
af (ah) *prep* by, from, with, for, of; *adv* off; ~ **og til** occasionally
afbestille (*ou*-bay-sdayler) *v* cancel
afbetale (*ou*-bay-tah-ler) *v* *pay on account
afbetalingskøb (*ou*-bay-tah-laynqs-kurb) *nt* (pl ~) hire purchase, installment plan *nAm*
*****afbryde** (*ou*-brew-dher) *v* interrupt; *cut off, disconnect
afbrydelse (*ou*-brew-dherl-ser) *c* interruption
afbryder (*ou*-brew-dho) *c* switch

afdeling (*ou*-day-layng) *c* division, section; department
afdrag (*ou*-drou) *nt* (pl ~) instalment
afdække (*ou*-deh-ger) *v* uncover
affald (*ou*-fahl) *nt* garbage, refuse, litter, rubbish
affaldsspand (*ou*-fahl-sbahn) *c* dustbin; trash can *Am*
affatte (*ou*-fah-der) *v* *draw up
affekt (ah-*fehgd*) *c* passion
affekteret (ah-fehg-*tay*-odh) *adj* affected
affjedring (*ou*-f^yaydh-ræng) *c* suspension
affære (ah-*fæe*-o) *c* business; affair
afføringsmiddel (*ou*-furr-ayngs-midh-erl) *nt* (pl -midler) laxative
afgang (*ou*-gahng) *c* departure; resignation
afgangstid (*ou*-gahngs-tidh) *c* time of departure
afgifter (*ou*-gif-do) *pl* dues *pl*
afgrund (*ou*-gron) *c* precipice
afgrøde (*ou*-grūr-dher) *c* crop
afgud (*ou*-goodh) *c* idol
*****afgøre** (*ou*-gu-ro) *v* decide
afgørelse (*ou*-gur-ol-ser) *c* decision
afgørende (*ou*-gu-ro-ner) *adj* decisive, final, crucial, cardinal
*****afgå** (*ou*-go) *v* depart; pull out; ~ **ved døden** die

afspark

afhandling (*ou*-hahn-layng) *c* treatise, thesis, essay

afhente (*ou*-hehn-der) *v* fetch; collect

*****afholde sig fra** (*ou*-holer) abstain from

*****afhænge af** (*ou*-hehng-er) depend on (a thing)

afhængig (ou-*hehng*i) *adj* dependant

aflang (*ou*-lahng) *adj* oblong

aflejring (*ou*-ligh-ræng) *c* deposit

aflevere (*ou*-lay-vay-o) *v* deliver

aflyse (*ou*-lew-ser) *v* cancel

aflytte (*ou*-lew-der) *v* eavesdrop

aflæsse (*ou*-leh-ser) *v* discharge

afløb (*ou*-lurb) *nt* (pl ~) drain, outlet

afløse (*ou*-lur-ser) *v* relieve, replace

afmatning (*ou*-mahd-nayng) *c* recession

afpresning (*ou*-præss-nayng) *c* extortion

afpresse (*ou*-præ-ser) *v* extort

afprøve (*ou*-prur-ver) *v* test

afrejse (*ou*-righ-ser) *c* departure

Afrika (*ah*-fri-kah) Africa

afrikaner (ah-fri-*kah*-no) *c* African

afrikansk (ah-fri-*kahnsg*) *adj* African

afrundet (*ou*-ron-erdh) *adj* rounded

afsende (*ou*-sehn-er) *v* dispatch, *send off

afsender (*ou*-sehn-o) *c* sender

afsides (*ou*-sidh-erss) *adj* remote; *adv* aside

afskaffe (*ou*-sgah-fer) *v* abolish

afsked (*ou*-sgdaydh) *c* parting; *****tage ~ med** *take leave of

afskedige (*ou*-sgay-dhi-er) *v* discharge, dismiss; fire

afskibe (*ou*-sgi-ber) *v* ship

afskrift (*ou*-sgræfd) *c* copy

afsky (*ou*-sgew) *c* dislike, disgust; *v* detest

*****afskyde** (*ou*-sgew-dher) launch

afskyelig (ou-*sgew*-ew-li) *adj* disgusting

afslag (*ou*-slah) *nt* (pl ~) refusal

afslapning (*ou*-slahb-nayng) *c* relaxation; recreation

afslappet (*ou*-slah-berdh) *adj* relaxed, easy-going

afslutning (*ou*-slood-nayng) *c* closing, conclusion, end, finish

afslutte (*ou*-sloo-der) *v* finish; end

afsløre (*ou*-slur-o) *v* reveal

afsløring (*ou*-slur-ræng) *c* revelation

*****afslå** (*ou*-slo) *v* refuse

afsnit (*ou*-snit) *nt* (pl ~) section, paragraph

afspark (*ou*-sbaag) *nt* (pl ~) kickoff

afstamning

afstamning (*ou-*sdahm-nayng) *c* origin
afstand (*ou-*sdahn) *c* space; distance, way
afstandsmåler (*ou-*sdahns-maw-lo) *c* range finder
afstemning (*ou-*sdehm-nayng) *c* vote
*****aftage** (*ou-*tah-ah) *v* remove, *take off; *buy; decrease
aftale (*ou-*taa-ler) *c* agreement; engagement, appointment, date
aften (*ahf-*dern) *c* (pl aftner) evening, night; i ~ tonight
aftenkjole (*ahf-*dern-k^yoa-ler) *c* gown
aftensmad (*ahf-*derns-mahdh) *c* supper; dinner
aftryk (*ou-*trurg) *nt* (pl ~) print
aftrækker (*ou-*træ-go) *c* trigger
afvande (*ou-*vah-ner) *v* drain
afveksling (*ou-*vehgs-layng) *c* variation
afvente (*ou-*vehn-der) *v* await
*****afvige** (*ou-*vi-er) *v* deviate
afvise (*ou-*vi-ser) *v* refuse; reject
afværge (*ou-*vær-g;er) *v* prevent
agent (ah-*gehnd*) *c* agent
agentur (ah-gehn-*toor*) *nt* agency
agentvirksomhed (ah-*gehnd-*veerg-som-haydh) *c* agency
agerhøne (ah-g;o-hūr-ner) *c* (pl -høns) partridge

16

agern (*ah-*on) *nt* (pl ~) acorn
aggressiv (ah-græ-*see*^{oo}) *adj* aggressive
agt (ahgd) *c* purpose
agte (*ahg-*der) *v* esteem
agtelse (*ahg-*derl-ser) *c* regard, respect, esteem
agtværdig (ahgd-*vær*-di) *adj* honourable, respectable
agurk (ah-*goorg*) *c* cucumber
ahorn (*ah-*hoarn) *c* (pl ~) maple
AIDS (eids) AIDS
airbag (*ær-*baag) *c* (pl ~s) airbag
akademi (ah-kah-day-*mi*) *nt* academy
akkompagnere (ah-kom-pahn-^yay-o) *v* accompany
akkreditiv (ah-kræ-di-*tee*^{oo}) *nt* letter of credit
akkumulator (ah-koa-moo-*laa-*to) *c* battery
akkurat (ah-koo-*rahd*) *adj* accurate
aksel (*ahg-*serl) *c* (pl aksler) axle
akt (ahgd) *c* act
aktie (*ahg-*s^yer) *c* share
aktiemarked (*ahg-*s^yer-maa-gerdh) *nt* stock market
aktion (ahg-s^y*oan*) *c* action
aktiv (*ahg-*tee^{oo}) *adj* active
aktivitet (ahg-ti-vi-*tayd*) *c* activity
aktuel (ahg-too-*ehl*) *adj* topical
akut (ah-*kood*) *adj* acute
akvarel (ah-kvah-*ræl*) *c* (pl ~ler) watercolo(u)r

amerikansk

al (ahl) *adj* (nt alt; pl alle) all;
alt i alt altogether
alarm (ah-*lahm*) *c* alarm
albue (*ahl*-boo-oo) *c* elbow
album (*ahl*-bom) *nt* (pl ~s)
album
aldeles (ahl-*day*-lerss) *adv*
wholly
alder (*ahl*-o) *c* (pl aldre) age
alderdom (*ahl*-o-dom) *c* age;
old age
aldrig (*ahl*-dri) *adv* never
alene (ah-*lāy*-ner) *adv* alone,
only
alf (ahlf) *c* elf
alfabet (*ahl*-fah-*bayd*) *nt*
alphabet
algebra (*ahl*-gay-brah) *c*
algebra
algerier (ahl-s^y*i*-o) *c* Algerian
Algeriet (ahl-s^y*eh*-ri-erdh)
Algeria
algerisk (ahl-s^y*i*-risg) *adj*
Algerian
alkohol (*ahl*-goa-hol) *c*
alcohol
alkoholholdig (ahl-goa-*hoal*-hol-di) *adj* alcoholic
allé (ah-*lay*) *c* avenue
allerede (ah-lo-*rææ*-dher)
adv already
allergi (ah-lær-*gi*) *c* allergy
allermest (ah-lo-*mayst*) *adv*
most of all
alliance (ah-li-*ahng*-ser) *c*
alliance
allierede (ah-li-*ay*-ro-dher) *pl*
allies *pl*
alligevel (ah-*lee*-vehl) *adv*
yet; anyway

almen (ahl-*mayn*) *adj* public,
common; broad
almindelig (ahl-*mayn*-er-li)
adj frequent, common;
plain, simple
i almindelighed (i ahl-*mayn*-er-li-haydh) in general
almægtig (ahl-*mehg*-di) *adj*
omnipotent
alt (ahld) *c* alto
alter (*ahl*-do) *nt* (pl altre) altar
alternativ (ahl-*tær*-nah-tee^{oo})
nt alternative
altid (*ahl*-tidh) *adv* ever,
always
alting (*ahl*-tayng) *pron*
everything
altomfattende (ahld-om-*fah*-der-ner) *adj* universal
altså (*ahl*-so) *adv* so
alvor (*ahl*-vo) *c* seriousness;
gravity
alvorlig (ahl-*vo*-li) *adj*
serious; grave; bad
ambassade (ahm-bah-*saa*-dher) *c* embassy
ambassadør (ahm-bah-sah-*durr*) *c* ambassador
ambition (ahm-bee-*syoan*) *c*
ambition
ambitiøs (ahm-bi-s^y*urs*) *adj*
ambitious
ambulance (ahm-boo-*lahng*-ser) *c* ambulance
Amerika (ah-*may*-ri-kah)
America
amerikaner (ah-may-ri-*kah*-no) *c* American
amerikansk (ah-*may*-ri-*kahnsg*) *adj* American

ametyst

ametyst (ah-mer-*tewsd*) *c* amethyst
amme (*ah*-mer) *v* nurse
amnesti (ahm-*neh-sdi*) *c* amnesty
amt (ahmd) *nt* province
amulet (ah-moo-*lehd*) *c* (pl ~ter) lucky charm, charm
analfabet (*ahn*-ahl-fah-bayd) *c* illiterate
analyse (ah-nah-*lew*-ser) *c* analysis
analysere (ah-nah-lew-*say*-o) *v* analyse
analytiker (ah-nah-*lew*-ti-go) *c* analyst
ananas (*ah*-nah-nahss) *c* (pl ~) pineapple
anarki (ah-nah-*ki*) *nt* anarchy
anatomi (ah-nah-toa-*mi*) *c* anatomy
anbefale (*ahn*-bay-fah-ler) *v* recommend; register;
anbefalet brev registered letter
anbefaling (*ahn*-bay-fah-layng) *c* recommendation
anbefalingsskrivelse (*ahn*-bay-fah-layngs-sgree-vehl-ser) *c* letter of recommendation
*****anbringe** (*ahn*-bræng-er) *v* place
and (ahn) *c* (pl ænder) duck
andel (*ahn*-dayl) *c* share;
andels- co-operative
andelsforetagende (*ahn*-dayls-faw-o-tah-er-ner) *nt* co-operative
anden (*ah*-nern) *num* second; *pron* different, other; **en ~** another
anderledes (*ah*-no-lay-dherss) *adv* otherwise
andetsteds (*ah*-nerdh-sdehdhs) *adv* elsewhere
andragende (*ahn*-drou-er-ner) *nt* petition
ane (*aa*-ner) *v* suspect
anelse (*aa*-nerl-ser) *c* notion
anerkende (*ah*-no-keh-ner) *v* recognize
anerkendelse (*ah*-no-kehn-erl-ser) *c* recognition
anfald (*ahn*-fahl) *nt* (pl ~) fit, attack
anførelsestegn (*ahn*-fur-ol-serss-tighn) *pl* quotation marks
anfører (*ahn*-för-o) *c* leader
anger (ahng-o) *c* repentance
*****angive** (*ahn*-gi-ver) *v* indicate; inform against
angreb (*ahn*-græb) *nt* (pl ~) attack; raid
*****angribe** (*ahn*-gri-ber) *v* attack; assault
angst (ahngsd) *c* fright, fear
*****angå** (*ahn*-go) *v* concern; affect; **angående** about, concerning, with reference to, regarding; **hvad angår** as regards
anholdelse (*ahn*-hol-erl-ser) *c* arrest
ankel (*ahng*-gerl) *c* (pl ankler) ankle
anker (*ahng*-go) *nt* (pl ankre) anchor
anklage (*ahn*-klaa-ah) *c*

charge; v accuse, charge
anklagede (ahn-klah-ah-dher) c (pl ~) accused
*****ankomme** (ahn-kom-er) v arrive
ankomst (ahn-komsd) c arrival
ankomsttid (ahn-komsd-tidh) c time of arrival
anledning (ahn-laydh-nayng) c occasion, cause
anliggende (ahn-lay-ger-ner) nt affair, concern; matter
anlæg (ahn-lehg) nt (pl ~) talent, faculty
anmassende (ahn-mah-ser-ner) adj presumptuous
anmeldelse (ahn-mehl-erl-ser) c review, report, notify
anmode (ahn-moa-dher) v request
anmodning (ahn-moadh-nayng) c request
anneks (ah-nehgs) nt annex
annektere (ah-nehg-tay-o) v annex
annonce (ah-nong-ser) c advertisement
annullere (ah-noo-lay-o) v cancel; recall
annullering (ah-noo-lay-ræng) c cancellation
anonym (ah-noa-newm) adj anonymous
ansat (ahn-sahd) c (pl ~te) employee
*****anse** (ahn-say) v regard, consider
anseelse (ahn-say-erl-ser) c reputation

anselig (ahn-say-li) adj substantial, considerable
ansigt (ahn-saygd) nt face
ansigtscreme (ahn-saygds-kræm) c face cream
ansigtsmaske (ahn-saygds-mahss-ger) c face pack
ansigtsmassage (ahn-saygds-mah-saa-s^{y}er) c face massage
ansigtspudder (ahn-saygds-poodh-o) nt face-powder
ansigtstræk (ahn-saygds-træg) nt (pl ~) feature
ansjos (ahn-s^{y}oas) c anchovy
anskaffe (ahn-sgah-fer) v *buy
anskaffelse (ahn-sgah-ferl-ser) c purchase
anspore (ahn-sboa-o) v incite
anspændelse (ahn-sbehn-erl-ser) c strain
anspændt (ahn-sbehnd) adj tense
anstalt (ahn-sdahld) c institute
anstrengelse (ahn-sdræng-erl-ser) c effort; strain
anstændig (ahn-sdehn-di) adj decent
anstændighed (ahn-sdehn-di-haydh) c decency
anstød (ahn-sdurdh) nt (pl ~) offence
anstødelig (ahn-sdur-dher-li) adj offensive
ansvar (ahn-svah) nt responsibility; liability; blame
ansvarlig (ahn-svah-li) adj

ansætte

responsible; liable; ~ **for** in charge of
*****ansætte** (*ahn-seh-der*) *v* engage
ansøge (*ahn-sur-er*) *v* apply
ansøgning (*ahn-sur-nayng*) *c* application
*****antage** (*ahn-tah-ah*) *v* suppose, assume
antagelig (ahn-*tah*-ah-li) *adj* presumable
antal (*ahn*-tahl) *nt* number, quantity
antenne (ahn-*teh*-ner) *c* aerial
antibiotikum (ahn-ti-bi-*oa*-ti-kom) *nt* (pl -ka) antibiotic
antik (ahn-*tig*) *adj* antique
antikvitet (ahn-ti-kvi-*tayd*) *c* antique; antikviteter antiquities *pl*
antikvitetshandler (ahn-ti-kvi-*tayds*-hahn-lo) *c* antique dealer
antipati (*ahn*-ti-pah-ti) *c* dislike
antyde (*ahn*-tew-dher) *v* suggest, hint
anvende (*ahn*-vehn-er) *v* employ, use; apply
anvendelig (ahn-*vehn*-er-li) *adj* usable
anvendelse (*ahn*-vehn-erl-ser) *c* application, use
anvise (*ahn*-vi-ser) *v* indicate
aperitif (ah-pay-ri-*tif*) *c* (pl ~er) aperitif
apotek (ah-boa-*tayg*) *nt* chemist's, pharmacy; drugstore *nAm*
apoteker (ah-boa-*tay*-go) *c* chemist; pharmacist *nAm*
apparat (ah-bah-*rahd*) *nt* apparatus; appliance, machine
appel (ah-*pehl*) *c* (pl ~ler) appeal
appelsin (ah-behl-*sin*) *c* orange
appetit (ah-ber-*tid*) *c* appetite
appetitlig (ah-ber-*tid*-li) *adj* appetizing
appetitvækker (ah-ber-*tid*-veh-go) *c* appetizer
applaudere (ah-plou-*day*-o) *v* clap, applaud
april (ah-*pril*) April
ar (ah) *nt* (pl ~) scar
araber (ah-*rah*-bo) *c* Arab
arabisk (ah-*rah*-bisg) *adj* Arab
arbejde (*aa*-bigh-der) *nt* labour, work; job, employment; *v* work
arbejder (*aa*-bigh-do) *c* workman, worker; labourer
arbejdsbesparende (*aa*-bighds-bay-sbah-ah-ner) *adj* labour-saving
arbejdsdag (*aa*-bighds-dah) *c* working day
arbejdsformidling (*aa*-bighds-fo-midh-layng) *c* employment exchange
arbejdsgiver (*aa*-bighds-gee-vo) *c* employer
arbejdsløs (*aa*-bighds-lurs) *adj* unemployed
arbejdsløshed (*aa*-bighds-lurss-haydh) *c*

assistance

unemployment
arbejdsnarkoman (*aa-bighds-nah-koa-*mahn) *c* workaholic
arbejdstilladelse (*aa-*bighds-tay-lah-dherl-ser) *c* work permit; labor permit *Am*
arbejdsværelse (*aa-*bighds-vai-ol-ser) *nt* study
areal (ah-ræ-*ahl*) *nt* area
Argentina (ah-gehn-*tee*-nah) Argentina
argentiner (ah-gehn-*ti*-no) *c* Argentinian
argentinsk (ah-gehn-*tinsg*) *adj* Argentinian
argument (ah-goo-*mehnd*) *nt* argument
argumentere (ah-goo-mehn-*tay*-o) *v* argue
ark (aag) *nt* (pl ~) sheet
arkade (ah-*kaa*-dher) *c* arcade
arkitekt (ah-gi-*tehgd*) *c* architect
arkitektur (ah-gi-tehg-*toor*) *c* architecture
arkiv (ah-*kee*ᵒᵒ) *nt* archives *pl*
arkæolog (ah-keh-oa-*loa*) *c* archaeologist
arkæologi (ah-keh-oa-loa-*gi*) *c* archaeology
arm (ahm) *c* arm; **arm i arm** arm-in-arm
armbånd (*aam-*bon) *nt* (pl ~) bracelet
armbåndsur (*aam-*bons-oor) *nt* wristwatch
armlæn (*aam-*lehn) *nt* (pl ~) arm

armstol (*aam-*sdoal) *c* armchair
aroma (ah-*roa-*mah) *c* aroma
arrangere (ah-rahng-*sʸay*-o) *v* arrange
arrestation (ah-ræ-sdah-*sʸoan*) *c* arrest
arrestere (ah-ræ-*sday*-o) *v* arrest
art (ahd) *c* nature, kind; species
artig (*aa-*di) *adj* good
artikel (ah-*ti-*gerl) *c* (pl -kler) article
artiskok (ah-ti-*sgog*) *c* (pl ~ker) artichoke
artistisk (ah-*tiss-*disg) *adj* artistic
arv (ahv) *c* inheritance; legacy
arve (*aa-*ver) *v* inherit
arvelig (*aa-*ver-li) *adj* hereditary
arving (*aa-*vin) *c* heir; (**kvindelig**) ~ *c* heiress
asbest (ahss-*behsd*) *c* asbestos
asfalt (*ahss-*fahld) *c* asphalt
asiat (ah-si-*ahd*) *c* Asian
asiatisk (ah-si-*ah-*disg) *adj* Asian
Asien (*ah-*sʸern) Asia
aske (*ahss-*ger) *c* ash
askebæger (*ahss-*ger-bai-o) *nt* (pl -gre) ashtray
asparges (ah-*sbahs*) *c* (pl ~) asparagus
aspekt (ah-*sbehgd*) *nt* aspect
aspirin (ah-sbi-*rin*) *c* aspirin
assistance (ah-si-*stahng-*ser) *c* assistance

assistent

assistent (ah-si-*sdehnd*) *c* assistant
associere (ah-soa-s*ʸay*-o) *v* associate
assurance (ah-soo-*rahng*-ser) *c* insurance
astma (*ahsd*-mah) *c* asthma
astronaut (ah-*stroo*-nout) *c* astronaut
astronomi (ah-sdroa-noa-*mi*) *c* astronomy
asyl (ah-*sewl*) *nt* asylum
at (ahd) *conj* that
ateist (ah-tay-*isd*) *c* atheist
Atlanterhavet (ahd-*lahn*-do-hah-verdh) the Atlantic
atlask (*ahd*-lahsg) *nt* satin
atletik (ahd-ler-*tig*) *c* athletics *pl*
atmosfære (ahd-moass-*fai*-o) *c* atmosphere
atom (ah-*toam*) *nt* atom; atom-
atomenergi (ah-*toam*-ay-no-gi) *c* nuclear energy
atomkerne (ah-*toam*-kær-ner) *c* nucleus of an atom
atten (*ah*-dern) *num* eighteen
attende (*ah*-der-ner) *num* eighteenth
atter (*ah*-do) *adv* again, once more
attest (ah-*tehsd*) *c* certificate
attestere (ah-*tehsd*-ay-o) *v* attest
attraktion (ah-trahg-s*ʸoan*) *c* attraction
attrå (*ah*-tro) *v* desire
attråværdig (*ah*-tro-vær-di) *adj* desirable

aubergine (oa-bær-s*ʸin*) *c* eggplant
auditorium (ou-di-*toa*-ri-om) *nt* (pl -rier) auditorium
august (ou-*gosd*) August
auktion (oug-s*ʸoan*) *c* auction
Australien (ou-*sdrah*-li-ern) Australia
australier (ou-*sdrah*-li-o) *c* Australian
australsk (ou-*sdrahlsg*) *adj* Australian
autentisk (ou-*tehn*-disg) *adj* authentic
automat (ou-toa-*mahd*) *c* slot machine
automatisering (ou-toa-mah-ti-*sayr*-ayng) *c* automation
automatisk (ou-toa-*mah*-disg) *adj* automatic
automobil (ou-toa-moa-*bil*) *c* motorcar
automobilklub (ou-toa-moa-*bil*-kloob) *c* (pl ~ber) automobile club
autonom (ou-toa-*noam*) *adj* autonomous
autorisation (ou-toa-ri-sah-s*ʸoan*) *c* authorization; permit
autoritet (ou-toa-ri-*tayd*) *c* authority
autoritær (ou-toa-ri-*tær*) *adj* authoritarian
autoværn (*ou*-toa-værn) *nt* (pl ~) crash barrier
avanceret (ah-vahng-*say*-odh) *adj* advanced
aversion (ah-vær-s*ʸoan*) *c*

23   **bagved**

aversion
avis (ah-*vis*) *c* newspaper, paper
aviskiosk (ah-*vis*-k^yosg) *c* newsstand
avle (*ou*-ler) *v* *grow; generate

B

baby (*bay*-bi) *c* baby
babylift (*bay*-bi-lifd) *c* carrycot
babysitter (*bay*-bi-si-do) *c* babysitter
bacille (bah-*si*-ler) *c* germ
bacon (*bay*-kon) *c* bacon
bad (bahdh) *nt* bath
bade (*baa*-dher) *v* bathe
badebukser (*baa*-dher-bog-so) *pl* bathing suit; swimmingtrunks *pl*
badedragt (*baa*-dher-drahgd) *c* swimsuit, swimming suit *nAm*, bathing suit
badehætte (*baa*-dher-heh-der) *c* bathing cap
badehåndklæde (*baa*-dher-hon-klai-dher) *nt* bath towel
badekåbe (*baa*-dher-kaw-ber) *c* bathrobe
badesalt (*baa*-dher-sahld) *nt* bath salts
badested (*baa*-dher-sdehdh) *nt* seaside resort
badeværelse (*baa*-dher-vai-ol-ser) *nt* bathroom
bag (bah) *prep* behind
bagage (bah-*gaa*-s^yer) *c* baggage, luggage
bagagebærer (bah-*gaa*-s^yer-bai-o) *c* carrier
bagagenet (bah-*gaa*-s^yer-nehd) *nt* (pl ~) luggage rack
bagageopbevaring (bah-*gaa*-s^yer-ob-bay-vah-ræng) *c* left luggage office; baggage deposit office *Am*
bagagerum (bah-*gaa*-s^yer-rom) *nt* (pl ~) boot; trunk *nAm*
bagbord (*bou*-boar) *nt* port
bagdel (*bou*-dayl) *c* bottom, behind
bage (*baa*-ah) *v* bake
bagefter (*bah*-ehf-do) *adv* afterwards
bager (*baa*-o) *c* baker
bageri (baa-o-*ri*) *nt* bakery
baggrund (*bou*-gron) *c* background
baghold (*bou*-hol) *nt* (pl ~) ambush
baglygte (*bou*-lurg-der) *c* taillight, rear light
baglæns (*bou*-lehns) *adv* backwards
bagside (*bou*-see-dher) *c* back; rear; reverse
bagvaskelse (*bou*-vahss-gehl-ser) *c* slander
bagved (*bah*-vaydh) *adv* behind

bagværk

bagværk (*bou*-værg) *nt* pastry
bakgear (*bahg*-geer) *nt* (pl ~) reverse gear
bakke (*bah*-ger) *c* hill; tray; *v* reverse, back
bakkenbarter (*bah*-gern-bah-do) *pl* whiskers *pl*; sideburns *pl*
bakket (*bah*-gerd) *adj* hilly
bakketop (*bah*-ger-tob) *c* (pl ~pe) hilltop
bakterie (*bahg-tayr*-^yer) *c* bacterium
bal (bahl) *nt* (pl ~ler) ball
balance (bah-*lahng*-ser) *c* balance
balde (*bah*-ler) *c* buttock
balkon (bahl-*kong*) *c* balcony; circle
ballet (bah-*lehd*) *c* (pl ~ter) ballet
ballon (bah-*long*) *c* balloon
balsal (*bahl*-sahl) *c* ballroom
balustrade (bah-lew-*sdraa*-dher) *c* rail
banan (bah-*nahn*) *c* banana
bande¹ (*bahn*-der) *c* gang
bande² (*bah*-ner) *v* curse, *swear
bane (*baa*-ner) *c* course, lane; track
bange (*bahng*-er) *adj* afraid; *være ~ *be afraid
bank¹ (bahngg) *c* bank
bank² (bahngg) *nt* (pl ~) tap, beating
banke (*bahng*-ger) *v* knock; tap; *beat
banken (*bahng*-gern) *c* knock

24

banket (bahng-*kehd*) *c* (pl ~ter) banquet
bankindskud (*bahngg*-ayn-skoodh) *nt* (pl ~) deposit
bankkonto (*bahngg*-kon-toa) *c* (pl -konti) bank account
banner (*bahn*-o) *nt* banner
bar (bah) *c* bar, saloon; *adj* bare
barber (bah-*bayr*) *c* barber
barberblad (bah-*bayr*-blahdh) *nt* razor blade
barbercreme (bah-*bayr*-kræm) *c* shaving cream
barbere sig (bah-*bay*-o) shave
barberkost (bah-*bayr*-koasd) *c* shaving brush
barbermaskine (bah-*bayr*-mah-sgee-ner) *c* safety razor, razor; **elektrisk ~** electric razor
barbersæbe (bah-*bayr*-sai-ber) *c* shaving soap
bark (baag) *c* bark
barm (bahm) *c* bosom
barmhjertig (bahm-^yær-di) *adj* merciful
barmhjertighed (bahm-^yær-di-haydh) *c* mercy
barn (bahn) *nt* (pl børn) child; kid; **forældreløst ~** orphan
barndom (*baan*-dom) *c* childhood
barnebarn (*baa*-ner-bahn) *nt* (pl børnebørn) grandchild
barnepige (*baa*-ner-pee-i) *c* nurse
barnevogn (*baa*-ner-vo^{oo}n) *c* pram; baby carriage *Am*

barok (bah-*rog*) *adj* baroque
barometer (bah-roa-*may*-do) *nt* (pl -metre) barometer
barriere (bah-ri-*ai*-o) *c* barrier
barsk (baasg) *adj* harsh
bartender (*bah*-tehn-do) *c* bartender
baryton (bah-i-ton) *c* baritone
bas (bahss) *c* (pl ~ser) bass
base (*bah*-ser) *c* base
basilika (bah-*si*-li-kah) *c* basilica
basis (*baa*-siss) *c* (pl baser) basis
bassin (bah-*sehng*) *nt* pool
bastard (bah-*sdahd*) *c* bastard
batteri (bah-der-*ri*) *nt* battery
bebo (bay-*boa*) *v* inhabit
beboelig (bay-*boa*-er-li) *adj* habitable, inhabitable
beboelsesejendom (bay-*boa*-erl-serss-igh-ern-dom) *c* (pl ~me) block of flats; apartment house *Am*
beboelseshus (bay-*boa*-erl-serss-hoos) *nt* house
beboelsesvogn (bay-*boaerl*-serss-vo^{oo}n) *c* caravan
beboer (bay-*boa*-o) *c* inhabitant; occupant
bebrejde (bay-*brigh*-der) *v* reproach
bebrejdelse (bay-*brigh*-derl-ser) *c* blame, reproach
bede (*bay*-dher) *c* beet
***bede** (*bay*-dher) *v* pray; beg, ask; ~ **om undskyldning** apologize
bedrag (bay-*drou*) *nt* (pl ~) deceit, delusion
bedrage (bay-*drou*-er) *v* deceive; delude, cheat
bedrageri (bay-drou-o-*ri*) *nt* fraud
bedre (*behdh*-ro) *adj* better; superior; **bedst** best
bedrift (bay-*dræfd*) *c* achievement, exploit, feat
bedring (*behdh*-ræng) *c* recovery
bedrøvelse (bay-*drur*-verl-ser) *c* sadness, sorrow
bedrøvet (bay-*drur*-verdh) *adj* sad
bedstefar (*behss*-der-fah) *c* (pl -fædre) grandfather; granddad
bedsteforældre (*behss*-der-fo-ehl-dro) *pl* grandparents *pl*
bedstemor (*behss*-der-moar) *c* (pl -mødre) grandmother
bedømme (bay-*durm*-er) *v* judge
bedøvelse (bay-*dur*-verl-ser) *c* anaesthesia
bedøvelsesmiddel (bay-*dur*-verl-serss-midh-erl) *nt* (pl -midler) anaesthetic
bedårende (bay-*do*-o-ner) *adj* enchanting, charming
befale (bay-*fah*-ler) *v* command, order
befaling (bay-*fah*-layng) *c* order
befalingsmand (bay-*fah*-layngs-mahn) *c* (pl -mænd)

befolkning 26

commander, officer
befolkning (bay-*folg*-nayng) *c* population
befrielse (bay-*fri*-erl-ser) *c* liberation, release
befri (bay-*fri* fo) *v* rid
begavet (bay-*gah*-verdh) *adj* talented, gifted, clever
begejstret (bay-*gigh*-sdrerdh) *adj* enthusiastic, keen
begejstring (bay-*gigh*-sdræng) *c* enthusiasm
begge (*beh*-ger) *pron* both; either
givenhed (bay-*gi*-vern-haydh) *c* event, happening
begrave (bay-*grah*-ver) *v* bury
begravelse (bay-*grah*-verl-ser) *c* funeral; burial
begreb (bay-*græb*) *nt* notion; idea, conception
**begribe (bay-*gri*-ber) v *see; *take
begrunde (bay-*gron*-er) *v* base, motivate
begrænse (bay-*græn*-ser) *v* limit; **begrænset** limited
begynde (bay-*gurn*-er) *v* *begin; commence; ~ **forfra** recommence
begyndelse (bay-*gurn*-erl-ser) *c* beginning; **begyndelses-** initial; **i begyndelsen** at first
begær (bay-*gær*) *nt* desire, lust
begære (bay-*gæ*-o) *v* desire
begæring (bay-*gæ*-ræng) *c* demand, request, wish
begærlig (bay-*gær*-li) *adj* greedy
begærlighed (bay-*gær*-li-haydh) *c* greed
**begå (bay-*go*) v commit
behage (bay-*hah*-ah) *v* please
behagelig (bay-*hah*-ah-li) *adj* agreeable, pleasant; enjoyable, pleasing; easy
behandle (bay-*hahn*-ler) *v* treat; handle
behandling (bay-*hahn*-layng) *c* treatment
**beholde (bay-*hol*-er) *v* *keep
beholder (bay-*hol*-o) *c* container
behov (bay-*ho*ᵒᵒ) *nt* need, requirement, want
behændig (bay-*hehn*-di) *adj* skilful, agile
behøve (bay-*hur*-ver) *v* need; demand
beige (baish) *adj* beige
bekende (bay-*kehn*-er) *v* confess
bekendelse (bay-*kehn*-erl-ser) *c* confession
bekendt (bay-*kehnd*) *c* acquaintance
**bekendtgøre (bay-*kehnd*-gur-o) *v* announce
bekendtgørelse (bay-*kehnd*-gur-ol-ser) *c* announcement
beklage (bay-*klah*-ah) *v* regret
beklageligvis (bay-*klah*-ah-li-vis) *adv* unfortunately
beklagelse (bay-*klah*-ahl-

27   benægte

ser) *c* regret
bekostelig (bay-*koss*-der-li) *adj* expensive
bekræfte (bay-*kræf*-der) *v* confirm; acknowledge
bekræftelse (bay-*kræf*-derl-ser) *c* confirmation
bekræftende (bay-*kræf*-der-ner) *adj* affirmative
bekvem (bay-*kvehm*) *adj* comfortable, convenient
bekvemmelighed (bay-*kvehm*-er-li-haydh) *c* comfort
bekymre sig (bay-*kurm*-ro) worry
bekymret (bay-*kurm*-rodh) *adj* worried; anxious, concerned
bekymring (bay-*kurm*-ræng) *c* trouble, worry; care, concern
bekæmpe (bay-*kehm*-ber) *v* combat, fight
belastning (bay-*lahsd*-nayng) *c* charging, load
belejlig (bay-*ligh*-li) *adj* convenient
belejring (bay-*ligh*-ræng) *c* siege
beleven (bay-*lay*-vern) *adj* courteous
Belgien (*behl*-g^yern) Belgium
belgier (*behl*-g^yo) *c* Belgian
belgisk (*behl*-gisg) *adj* Belgian
beliggende (bay-*lay*-ger-ner) *adj* situated
beliggenhed (bay-*lay*-gern-haydh) *c* situation, site; location
belysningsmåler (bay-*lews*-nayngs-maw-lo) *c* exposure meter
***belægge** (bay-*leh*-ger) *v* pave
beløb (bay-*lurb*) *nt* (pl ~) amount; rundt ~ lump sum
***beløbe sig til** (bay-*lur*-ber) amount to
belønne (bay-*lurn*-er) *v* reward
belønning (bay-*lurn*-ayng) *c* reward; prize
bemærke (bay-*mær*-ger) *v* observe, note, notice; remark
bemærkelsesværdig (bay-*mær*-gerl-serss-vær-di) *adj* noticeable, remarkable
bemærkning (bay-*mærg*-nayng) *c* remark
ben (bayn) *nt* (pl ~) leg; bone
benskinne (*bayn*-sgay-ner) *c* splint
benytte (bay-*nur*-der) *v* utilize; apply, employ, use
benzin (behn-*sin*) *c* petrol; fuel; gas *nAm*, gasoline *nAm*; blyfri ~ unleaded petrol
benzinpumpe (behn-*sin*-pom-ber) *c* petrol pump; fuel pump *Am*; gas pump *Am*
benzinstation (behn-*sin*-sdah-s^yoan) *c* petrol station; gas station *Am*
benzintank (behn-*sin*-tahngg) *c* petrol tank
benægte (bay-*nehg*-der) *v*

benægtende

deny
benægtende (bay-*nehg*-der-ner) *adj* negative
benævnelse (bay-*neh*ᵒᵒ-nerl-ser) *c* denomination
benådning (bay-*nodh*-nayng) *c* pardon
beordre (bay-*o*-dro) *v* order
berede (bay-*ræ*-dher) *v* prepare
beredt (bay-*ræd*) *adj* prepared
beregne (bay-*righ*-ner) *v* calculate
beregning (bay-*righ*-nayng) *c* calculation
beretning (bay-*ræd*-nayng) *c* account
berette (bay-*ræ*-der) *v* *tell, record, report
berettiget (bay-*ræ*-di-erdh) *adj* just; entitled
berolige (bay-roa-li-er) *v* calm down; reassure; **beroligende middel** tranquilliser
beruset (bay-*roo*-serdh) *adj* intoxicated
berygtet (bay-*rurg*-derdh) *adj* notorious
berømmelse (bay-*rurm*-erl-ser) *c* fame
berømt (bay-*rumd*) *adj* famous; noted
berømthed (bay-*rurmd*-haydh) *c* celebrity
berøre (bay-*rur*-o) *v* touch; affect
berøring (bay-*rurr*-ayng) *c* touch; contact

besat (bay-*sahd*) *adj* occupied; possessed
besejle (bay-*sigh*-ler) *v* sail
besejre (bay-*sigh*-ro) *v* *beat, defeat, conquer
*****besidde** (bay-*sidh*-er) *v* possess
besiddelse (bay-*sidh*-erl-ser) *c* possession
besindig (bay-*sayn*-di) *adj* sober, cool
beskadige (bay-*sgah*-dhi-er) *v* damage
beskatning (bay-*sgahd*-nayng) *c* taxation
beskatte (bay-*sgah*-der) *v* tax
besked (bay-*sgaydh*) *c* message; *****give ~** inform
beskeden (bay-*sgay*-dhern) *adj* modest
beskedenhed (bay-*sgay*-dhern-haydh) *c* modesty
beskidt (bay-*sgid*) *adj* dirty, filthy
*****beskrive** (bay-*sgri*-ver) *v* describe
beskrivelse (bay-*sgri*-verl-ser) *c* description
beskylde (bay-*sgewl*-er) *v* accuse
beskyldning (bay-*sgewl*-nayng) *c* accusation, charge
beskytte (bay-*sgur*-der) *v* protect
beskyttelse (bay-*sgur*-derl-ser) *c* protection
beskæftige (bay-*sgehf*-di-er) *v* employ; **~ sig med** *be occupied with
beskæftigelse (bay-*sgehf*-di-

betegnelse

erl-ser) *c* occupation; employment

*beslaglægge (bay-*slou*-leh-ger) *v* confiscate

beslutning (bay-*slood*-nayng) *c* decision

beslutsom (bay-*slood*-som) *adj* resolute

beslutte (bay-*sloo*-der) *v* decide

beslægtet (bay-*slehg*-derdh) *adj* related

bestanddel (bay-*sdahn*-dayl) *c* element; ingredient

bestemme (bay-*sdehm*-er) *v* decide; determine; destine; designate

bestemmelse (bay-*sdehm*-erl-ser) *c* stipulation; decision; decree

bestemmelsessted (bay-*sdehm*-erl-serss-sdehdh) *nt* destination

bestemt (bay-*sdehmd*) *adj* definite; *adv* certainly; aldeles ~ without fail

*bestige (bay-*sti*-i) *v* ascend

*bestikke (bay-*sday*-ger) *v* bribe; corrupt

bestikkelse (bay-*sday*-gerl-ser) *c* bribery, corruption, bribe

bestille (bay-*sdayl*-er) *v* *do; order; engage, reserve

bestilling (bay-*sdayl*-ayng) *c* order; booking

*bestride (bay-*sdri*-dher) *v* dispute, challenge

bestyre (bay-*sdew*-o) *v* manage

bestyrelse (bay-*sdew*-ol-ser) *c* board; direction

bestyrtet (bay-*sdewr*-derdh) *adj* upset

*bestå (bay-*sdo*) *v* exist, last; pass; ~ af consist of

besvare (bay-*svah*-ah) *v* answer, return

besvime (ber-*svi*-mer) *v* faint

besvær (bay-*svær*) *nt* trouble, nuisance; inconvenience

besværlig (bay-*svær*-li) *adj* troublesome, inconvenient

besynderlig (bay-*surn*-o-li) *adj* strange, curious, funny

*besætte (bay-*seh*-der) *v* occupy

besættelse (bay-*seh*-derl-ser) *c* occupation

besøg (bay-*sur*) *nt* (pl ~) call, visit

besøge (bay-*sur*-ur) *v* call on, visit

besøgende (bay-*sur*-ur-ner) *c* (pl ~) visitor

besøgstid (bay-*surs*-tidh) *c* visiting hours

betagende (bay-*tah*-er-ner) *adj* moving; impressive; glamorous

betale (bay-*tah*-ler) *v* *pay; ~ sig *pay; ~ tilbage reimburse; *pay back

betaling (bay-*tah*-layng) *c* payment

betalingsmodtager (bay-*tah*-laynges-moadh-tah-o) *c* payee

betegnelse (bay-*tigh*-nerl-ser) *c* denomination

betegnende

betegnende (bay-*tigh*-ner-ner) *adj* characteristic, indicative
betingelse (bay-*tayng*-erl-ser) *c* condition
betingelsesløs (bay-*tayng*-erl-serss-lurs) *adj* unconditional
betinget (bay-*tayng*-erdh) *adj* conditional
betjene (bay-t'*eh*-ner) *v* wait on
betjening (bay-t'*eh*-nayng) *c* service
betjeningsafgift (bay-t'*eh*-nayngs-ou-gifd) *c* service charge
beton (bay-*tong*) *c* concrete
betone (bay-*toa*-ner) *v* stress
betoning (bay-*toa*-nayng) *c* stress
betragte (bay-*trahg*-der) *v* consider, regard; view
betro (bay-*troa*) *v* entrust, confide
*****betræde** (bay-*træ*-dher) *v* enter
*****betrække** (bay-*træ*-ger) *v* upholster
betvivle (bay-*tvee*∞-ler) *v* doubt
*****betyde** (bay-*tew*-dher) *v* *mean; imply
betydelig (bay-*tew*-dher-li) *adj* considerable
betydende (bay-*tew*-dher-ner) *adj* big
betydning (bay-*tewdh*-nayng) *c* importance; meaning, sense; *være af ~

matter
betydningsfuld (bay-*tewdh*-nayngs-fool) *adj* significant
betydningsløs (bay-*tewdh*-nayngs-lurs) *adj* insignificant
betændelse (bay-*tehn*-erl-ser) *c* inflammation
betænkelig (bay-*tehng*-ger-li) *adj* alarming; uneasy; critical
beundre (bay-*on*-dro) *v* admire
beundrer (bay-*on*-dro) *c* admirer
beundring (bay-*on*-dræng) *c* admiration
bevare (bay-*vah*-ah) *v* *keep
bevidst (bay-*vaysd*) *adj* conscious, deliberate
bevidsthed (bay-*vaysd*-haydh) *c* consciousness
bevidstløs (bay-*vaysd*-lurs) *adj* unconscious
bevilge (bay-*vil*-'er) *v* grant
bevilling (bay-*vil*-ayng) *c* licence, permission; *give ~ license
bevis (bay-*vis*) *nt* evidence, proof; token; certificate
bevise (bay-*vi*-ser) *v* prove; *show, demonstrate
bevogte (bay-*vog*-der) *v* guard
bevæbne (bay-*vehb*-ner) *v* arm; **bevæbnet** armed
bevæge (bay-*veh*-eh) *v* move; ~ sig move
bevægelig (bay-*veh*-eh-li) *adj* movable, mobile

bevægelse (bay-*veh*-ehl-ser) *c* motion, movement; emotion
bevære (bay-*vær*-der) *v* entertain
beværtning (bay-*værd*-nayng) *c* public house
beære (bay-*eh*-o) *v* honour
bh (bay-*ho*) *c* bra
bi (bi) *c* bee
bibel (*bi*-berl) *c* (pl bibler) bible
bibetydning (*bi*-bay-tewdh-nayng) *c* connotation
bibliotek (bib-li-oa-*tayg*) *nt* library
bid[1] (bidh) *c* (pl ~der) morsel; ~ **mad** snack
bid[2] (bidh) *nt* (pl ~) bite
*bide (*bee*-dher) *v* *bite
bidrag (*bi*-drou) *nt* (pl ~) contribution; allowance
bifald (*bi*-fahl) *nt* applause; approval
bifalde (*bi*-fahl-er) *v* consent, approve of
biflod (*bi*-floadh) *c* tributary
bil (bil) *c* car, automobile
bilag (*bi*-lah) *nt* (pl ~) enclosure, annex
bilde sig ind (*bi*-ler) imagine
bilkapring (bil-*kaa*-brayn) *c* carjacking
bilist (bi-*lisd*) *c* motorist
bilkørsel (*beel*-kurr-serl) *c* motoring
billard (bi-*l*ʸahd) *nt* billiards *pl*
bille (*bi*-ler) *c* bug; beetle
billedbesked (*bay*-lerdh-bay-sgaydh) *c* photo message
billedbog (*bay*-lerdh-bo͡o) *c* (pl -bøger) picture book
billede (*bay*-ler-dher) *c* picture; image
billedhugger (*bay*-lerdh-ho-go) *c* sculptor
billedskærerarbejde (*bay*-lerdh-sgeh-o-aa-bigh-der) *nt* carving
billet (bi-*lehd*) *c* (pl ~ter) ticket
billetautomat (bi-*lehd*-ou-toa-mahd) *c* ticket machine
billetkontor (bi-*lehd*-koan-toar) *nt* box office
billetkontrollør (bi-*lehd*-kon-troa-lurr) *c* ticket collector
billetluge (bi-*lehd*-loo-oo) *c* box office
billetpris (bi-*lehd*-pris) *c* fare
billig (*bi*-li) *adj* inexpensive, cheap
billigbog (*bi*-li-bo͡o) *c* (pl -bøger) paperback
billigelse (*bi*-li-il-ser) *c* approval
biludlejning (*beel*-oodh-lahi-nayng) *c* car hire; car rental *Am*
bind (bayn) *nt* (pl ~) volume
*binde (*bay*-ner) *v* tie; *bind; ~ **sammen** bundle
bindestreg (*bay*-ner-sdrigh) *c* hyphen
biograf (bi-oa-*grahf*) *c* cinema; picture; movie theater *Am*, movies *Am*
biologi (bi-oa-loa-*gi*) *c* biology

biologisk nedbrydeligt

biologisk nedbrydeligt (bi-oa-loa-*gisg* naydh-brēwdher-lid) *adj* biodegradable
bipolær (**lidelse**) (bi-*po*-lai *lee*-dherl-ser) *adj* bipolar
birk (beerg) *c* birch
biskop (*bi*-sgob) *c* (pl ~per) bishop
bistade (*bi*-sdaa-dher) *nt* beehive
bister (*bi*-sdo) *adj* fierce
***bistå** (*bi*-sdo) *v* assist
bitter (*bay*-do) *adj* bitter
bjerg (b^yær) *nt* mountain, mount
bjergbestigning (b^y*ær*-baysdi-nayng) *c* mountaineering
bjerghytte (b^y*ær*-hew-der) *c* chalet
bjergkæde (b^y*ær*-kai-dher) *c* mountain range
bjergrig (b^y*ær*-ri) *adj* mountainous
bjælke (b^y*ehl*-ger) *c* beam
bjærge (b^y*ær*-er) *v* salvage; gather in
bjørn (b^uurrn) *c* bear
Blackberry (*blag*-bær-ew) *nt* Blackberry®
blad (blahdh) *nt* leaf; blade
bladguld (*blahdh*-gool) *nt* gold leaf
bladhandler (*blahdh*-hahn-lo) *c* newsagent
blaffe (*blah*-fer) *v* hitchhike
blaffer (*blah*-fo) *c* hitchhiker
blande (*blah*-ner) *v* mix; mingle; ~ **sig i** interfere with; **blandet** mixed

blanding (*blah*-nayng) *c* mixture
blandt (blahnd) *prep* amid, among; ~ **andet** among other things; **midt** ~ amid
blank (blahngg) *adj* bright, shining; blank; broke
blanket (blahng-*kehd*) *c* (pl ~ter) form
ble (blay) *c* nappy; diaper *nAm*
bleg (bligh) *adj* pale
blege (*bligh*-er) *v* bleach
blegne (*bligh*-ner) *v* turn pale; fade
blid (blidh) *adj* gentle
blik (blayg) *nt* (pl ~ke) look; glance; **kaste et** ~ glance
blikkenslager (*blay*-gern-slah-o) *c* plumber
blind (blayn) *adj* blind
blindtarm (*blayn*-tahm) *c* appendix
blindtarmsbetændelse (*blayn*-tahms-bay-tehn-erl-ser) *c* appendicitis
blinklys (*blayngg*-lews) *nt* (pl ~) indicator; trafficator; directional signal *Am*
blitzpære (*blids*-pai-o) *c* flash bulb
***blive** (*blee*-ver) *v* stay; *become; *grow, *go, *get; ~ **ved** continue; ~ **ved med** *keep on, *keep
blivende (*blee*-ver-ner) *adj* lasting, permanent
blod (bloadh) *nt* blood
blodforgiftning (*bloadh*-fo-gifd-nayng) *c* blood

bokse

poisoning
blodkar (*bloadh*-kah) *nt* (pl ~) blood vessel
blodmangel (*bloadh*-mahng-erl) *c* anaemia
blodomløb (*bloadh*-om-lurb) *nt* circulation
blodtryk (*bloadh*-trurg) *nt* blood pressure
Blog (blog) *c* Blog
blokere (blo-*kay*-o) *v* block
blomkål (*blom*-kol) *c* cauliflower
blomme (*blo*-mer) *c* plum
blomst (blomsd) *c* flower
blomsterbed (*blom*-sdo-baydh) *nt* flowerbed
blomsterforretning (*blom*-sdo-fo-ræd-nayng) *c* flower shop
blomsterhandler (*blom*-sdo-hahn-lo) *c* florist
blomsterløg (*blom*-sdo-loi) *nt* (pl ~) bulb
blomstre (*blom*-sdro) *v* blossom
blomstrende (*blom*-sdro-ner) *adj* flourishing, flowering; prosperous
blond (blond) *adj* fair; blond
blondine (blon-*dee*-ner) *c* blonde
blot (blod) *adv* merely
blottet (*blo*-derdh) *adj* naked
bluse (*bloo*-ser) *c* blouse
bly (blew) *nt* lead
blyant (*blew*-ahnd) *c* pencil
blyantspidser (*blew*-ahndsbay-so) *c* pencil sharpener
blæk (blehg) *nt* ink

blæksprutte (*blehg*-sproo-der) *c* octopus
blænde (*bleh*-ner) *v* blind; **blændende** glaring, dazzling
blære (*blai*-o) *c* blister; bladder
blæse (*blai*-ser) *v* *blow; **blæsende** windy, gusty
blød (blurdh) *adj* soft; smooth
bløde (*blūr*-dher) *v* *bleed
*blødgøre (*blurdh*-gur-o) *v* soften
blødgøringsmiddel (*blurdh*-gurr-ayngs-midh-erl) *nt* (pl -midler) water softener
blødning (*blurdh*-nayng) *c* bleeding; haemorrhage
blå (blo) *adj* blue
bo (boa) *v* live; reside, stay
boble (*bob*-ler) *c* bubble
bod (boadh) *c* stall; penance, fine
bog (bo^{oo}) *c* (pl bøger) book
bogføre (bo^{oo}-fur-o) *v* book
boghandel (bo^{oo}-hahn-erl) *c* bookstore
boghandler (bo^{oo}-hahn-lo) *c* bookseller
boglade (bo^{oo}-laa-dher) *c* bookstore
boglig (bo^{oo}-li) *adj* literary
bogreol (bo^{oo}-ræ-oal) *c* bookstand
bogstav (*bog*-sdou) *nt* letter; **stort ~** capital letter
boks (bogs) *c* booth; safe
boksanlæg (*bogs*-ahn-lehg) *nt* (pl ~) vault
bokse (*bog*-ser) *v* box

boksekamp (*bog*-ser-kahmb) *c* boxing match
bold (bold) *c* ball
bolig (*bōa*-li) *c* house
Bolivia (boa-*li*-vi-ah) Bolivia
bolivianer (boa-li-vi-*ah*-no) *c* Bolivian
boliviansk (boa-li-vi-*ahnsg*) *adj* Bolivian
bolle (*bo*-ler) *c* bun
bolsje (*bol*-s^yer) *nt* sweet; candy *nAm*
bolt (bold) *c* bolt
bom (bom) *c* (pl ~me) barrier
bombardere (bom-bah-*day*-o) *v* bomb
bombe (*bom*-ber) *c* bomb
bomuld (*bo*-mool) *c* cotton; bomulds- cotton
bomuldsfløjl (*bo*-mools-floil) *nt* velveteen
bon (bong) *c* voucher; sales ticket
bonde (*bo*-ner) *c* (pl bønder) peasant
bondegård (*bo*-ner-go) *c* farm
bopæl (*boa*-pehl) *c* domicile; residence
bor (boar) *nt* (pl ~) drill
bord (boar) *nt* table; *gå fra borde disembark; *gå om ~ embark; koldt ~ buffet; om ~ aboard
bordel (bo-*dehl*) *nt* (pl ~ler) brothel
bordtennis (*boar*-teh-niss) *c* table tennis
bore (*bōa*-o) *v* bore, drill
borg (bo^{oo}) *c* castle; stronghold
borger (*bawoo*-o) *c* citizen; borger- civic
borgerlig (*bawoo*-o-li) *adj* middleclass; bourgeois; ~ ret civil law
borgmester (bo-*mehss*-do) *c* (pl -mestre) mayor
borte (*baw*-der) *adv* gone
bortforklare (*bawd*-fo-klah-ah) *v* explain away
bortforpagte (*bawd*-fo-pahg-der) *v* lease
bortset fra (*bawd*-sayd) apart from
bosiddende (bo-*saydh*-er-ner) *adj* resident
botanik (boa-tah-*nig*) *c* botany
boutique (boo-*tig*) *c* boutique
brag (brah) *nt* (pl ~) noise
brand (brahn) *c* fire
brandalarm (*brahn*-ah-lahm) *c* fire alarm
brandfarlig (*brahn*-faa-li) *adj* inflammable
brandmand (*brahn*- mahn) *c* (pl -mænd) firefighter
brandsikker (*brahn*-say-go) *adj* fireproof
brandsår (*brahn*-so) *nt* (pl ~) burn
brandtrappe (*brahn*-trah-ber) *c* fire escape
brandvæsen (*brahn*-veh-sern) *nt* fire brigade
brase (*braa*-ser) *v* fry
brasilianer (brah-sil-^y*ah*-no) *c* Brazilian
brasiliansk (brah-sil-^y*ahnsg*)

brudsikker

adj Brazilian
Brasilien (brah-*sil-*^yern) Brazil
brat (brahd) *adj* steep
breche (*bræ-*sher) *c* breach
bred¹ (brædh) *c* (pl ~der) shore, bank
bred² (brædh) *adj* broad, wide
bredbånd (brædh-bon) *nt* broadband
bredde (*bræ-*der) *c* breadth, width
breddegrad (*bræ-*der-grahdh) *c* latitude
brede (*bræ-*dher) *v* *spread; ~ ud *spread out
bremse (*bræm-*ser) *c* brake; *v* slow down
bremsetromle (*bræm-*ser-troam-ler) *c* brake drum
brev (brehoo) *nt* letter
brevkasse (*bræoo-*kah-ser) *c* letterbox; mailbox *nAm*
brevkort (*bræoo-*kawd) *nt* (pl ~) post card, card
brevpapir (*bræoo-*pah-peer) *nt* notepaper
brevveksling (*bræoo-*vehgs-layng) *c* correspondence
brillant (bril-*^yahnd*) *adj* brilliant
briller (*bræ-*lo) *pl* spectacles, glasses
brillestel (*bræ-*ler-sdehl) *nt* (pl ~) spectacle frame
***bringe** (*bræ-*nger) *v* *bring; *take; ~ **tilbage** *bring back
brint (brænd) *c* hydrogen
brintoverilte (brænd-o^{oo}-o-*il-*der) *c* peroxide

brise (*bree-*ser) *c* breeze
brist (bræsd) *c* (pl ~) flaw, defect; fault
briste (*bræss-*der) *v* *burst; crack
brite (*bri-*der) *c* Briton
britisk (*bri-*disg) *adj* British
bro (broa) *c* bridge
broche (*bro-*s^yer) *c* brooch
brochure (broa-s^y*ew-*o) *c* brochure
brodere (broa-*day-*o) *v* embroider
broderi (broa-do-*ri*) *nt* embroidery
broderskab (*broa-*dho-sgahb) *nt* fraternity
broget (*braw-*erdh) *adj* colourful, motley; varied; confused
brok (brog) *c* (pl ~) hernia
***brolægge** (*broa-*leh-ger) *v* pave
brolægning (*broa-*lehg-nayng) *c* pavement
brombær (*broam-*bær) *nt* (pl ~) blackberry
bronkitis (brong-*ki-*diss) *c* bronchitis
bronze (*brong-*ser) *c* bronze; **bronze-** bronze
bror (broar) *c* (pl brødre) brother
brud¹ (broodh) *c* bride
brud² (broodh) *nt* (pl ~) fracture, break
brudgom (*broodh-*gom) *c* (pl ~me) groom
brudsikker (*broodh-*say-go) *adj* unbreakable

brudstykke

brudstykke (*broodh*-sdur-ger) *nt* fragment
brug (broo) *c* use; custom, usage
brugbar (*broo*-bah) *adj* useful; fit
bruge (*broo*-oo) *v* use; employ, *spend
bruger (*broo*-o) *c* user
brugsanvisning (*broos*-ahn-vis-nayng) *c* directions for use
brugsgenstand (*broos*-gehn-sdahn) *c* utensil
brugt (brogd) *adj* second-hand
brumme (*bro*-mer) *v* growl
brun (broon) *adj* brown; tanned
brunette (broo-*neh*-der) *c* brunette
brus (broos) *nt* (pl ~) fizz
brusk (broosg) *c* cartilage
brutal (broo-*tahl*) *adj* brutal
brutto- (*broo*-toa) gross
*bryde** (*brew*-dher) *v* *break; ~ ind burgle, *break in; ~ sammen collapse; ~ sig om care for
brygge (*brur*-ger) *v* brew
bryggeri (brur-go-*ri*) *nt* brewery
bryllup (*brur*-lob) *nt* (pl ~per) wedding
bryllupsrejse (*brur*-lobs-righ-ser) *c* honeymoon
bryst (brursd) *nt* breast; chest
brystholder (*brursd*-ho-lo) *c* bra
brystkasse (*brursd*-kah-ser) *c* chest
brystsvømning (*brursd*-svurm-nayng) *c* breaststroke
brækjern (*bræg*-Yærn) *nt* (pl ~) crowbar
brække (*bræ*-ger) *v* fracture; crack; ~ sig vomit
brænde (brah-ner) *v* *burn; ~ på *burn
brændeknude (*brah*-ner-knōō-dher) *c* log
brændemærke (*bræ*-ner-mær-ger) *nt* brand
brændpunkt (*brahn*-pongd) *c* focus
brændsel (*brahn*-serl) *nt* fuel
brændselsolie (*brahn*-serls-oal-Yer) *c* fuel oil
bræt (brahd) *nt* (pl brædder) board
brød (brurdh) *nt* (pl ~) bread; loaf; ristet ~ toast
brøkdel (*brurg*-dayl) *c* fraction
brøl (brurl) *nt* (pl ~) roar
brøle (*brūr*-ler) *v* roar
brønd (brurn) *c* well
brøndkarse (*brurn*-kaa-ser) *c* watercress
bud (boodh) *nt* (pl ~) bid
budbringer (*boodh*-bræng-o) *c* messenger
budget (bew-*s^yehd*) *nt* (pl ~ter) budget
budskab (*boodh*-sgahb) *nt* message
bue (*bōō*-oo) *c* bow; arch
bueformet (*bōō*-oo-fo-merdh) *adj* arched
buegang (*bōō*-oo-gahng) *c*

arcade

buet (*boo*-oodh) *adj* curved
bugserbåd (*boog*-sayr-bodh) *c* tug
bugt (bogd) *c* bay, gulf; creek
buket (boo-*kehd*) *c* (pl ~ter) bunch; bouquet
bukke (*bo*-ger) *v* bow; ~ **under** succumb
buksedragt (*bog*-ser-drahgd) *c* pant suit
bukser (*bog*-so) *pl* trousers *pl*; pants *plAm*
bule (*boo*-ler) *c* lump, bump; dent
bulgarer (bool-*gah*-ah) *c* Bulgarian
Bulgarien (bool-*gah*-ʸern) Bulgaria
bulgarsk (bool-*gahsg*) *adj* Bulgarian
bumletog (*bom*-ler-to⁰⁰) *nt* (pl ~) stopping train
bund (bon) *c* bottom
bundfald (*bon*-fahl) *nt* deposit; dregs
bundt (bond) *nt* bundle
bundte (*bon*-der) *v* bundle
bunke (*bong*-ger) *c* lot
buntmager (*bond*-mah-o) *c* furrier
bur (boor) *nt* cage
***burde** (*boor*-der) *v* *ought to
bureau (bew-*roa*) *nt* agency
bureaukrati (bew-roa-krah-*ti*) *nt* bureaucracy
burger (bur-gø) *c* beefburger; hamburger *nAm*
bus (booss) *c* (pl ~ser) coach, bus

busk (boosg) *c* bush
buskvækst (*boosg*-vehgsd) *c* shrub
buste (*bewss*-der) *c* bust
busteholder (*bewss*-der-ho-lo) *c* brassiere
butik (boo-*tig*) *c* (pl ~ker) shop
butiksindehaver (boo-*tigs*-ay-ner-hah-vo) *c* shopkeeper
butterfly (*bo*-do-fligh) *c* (pl -flies) bow tie; butterfly stroke
buttet (*bo*-derdh) *adj* plump
by (bew) *c* town, city
byboere (*bew*-boa-o-o) *pl* townspeople *pl*
byg (bewg) *c* barley
byge (*bēw*-ew) *c* shower
bygge (*bew*-ger) *v* *build; construct
byggeri (bew-go-*ri*) *nt* construction
bygning (*bewg*-nayng) *c* building; construction
bygningskunst (*bewg*-nayngs-konsd) *c* architecture
byld (bewl) *c* abscess, boil; sore
bymidte (*bew*-may-der) *c* town centre
bymæssig (*bew*-meh-si) *adj* urban
byrde (*bewr*-der) *c* load, burden; charge
bytning (*bewd*-nayng) *c* exchange
bytte (*bew*-der) *v* exchange; swap; *nt* booty; prey

byttepenge

byttepenge (*bew*-der-pehng-er) *pl* change
bæger (*bai*-o) *nt* (pl bægre) cup
bæk (behg) *c* (pl ~ke) stream, brook
bækken (*beh*-gern) *nt* basin; pelvis
bælte (*behl*-der) *nt* belt
bæltested (*behl*-der-sdehdh) *nt* waist
bændel (*behn*-erl) *nt* (pl -dler) tape
bænk (behngg) *c* bench
bær (bær) *nt* (pl ~) berry
bærbar (*bær*-bah) *adj* handheld
bære (*bai*-o) *v* carry; support, *bear; *wear; ~ sig ad proceed
bæver (*beh*-vo) *c* beaver
bøddel (*burdh*-erl) *c* (pl bødler) executioner
bøde (*būr*-dher) *c* penalty, fine; ticket
bøf (burf) *c* (pl ~fer) steak
bøg (bur) *c* beech
bøje (*boi*-er) *c* buoy; *v* *bend; ~ sig *bend down; **bøjet** curved
bøjelig (*boi*-er-li) *adj* flexible, supple
bøjle (*boi*-ler) *c* hanger, coat hanger
bølge (*burl*-er) *c* wave
bølgelængde (*burl*-er-lehng-der) *c* wavelength
bølget (*burl*-erdh) *adj* wavy
bolleagtig (*bu*-ler-ahg-di) *adj* rowdy
bøn (burn) *c* (pl ~ner) prayer
bønfalde (*burn*-fahl-er) *v* entreat, implore, beg
bønne (*bur*-ner) *c* bean
børnehave (*burr*-ner-haa-ver) *c* kindergarten
børnelammelse (*burr*-ner-lah-merl-ser) *c* polio
børneværelse (*burr*-ner-vai-ol-ser) *c* nursery
børs (burrs) *c* stock exchange, exchange
børste (*burr*-sder) *c* brush; *v* brush
båd (bodh) *c* boat
både ... og (*baw*-dher o) both ... and
bånd (bon) *nt* (pl ~) ribbon; band; tape
båndoptager (*bon*-ob-tah-o) *c* recorder, tape recorder

C

café (kah-*fay*) *c* café
cafeteria (kah-fer-*tayr*-ᵞah) *nt* (pl -ier) cafeteria; self-service restaurant
Call Waiting (facilitet) (koal weh-tayng) *c* call waiting
campere (kahm-*pay*-o) *v* camp
campingplads (*kahm*-payng-plahss) *c* camping site

campingvogn (*kahm*-payng-vo⁰⁰n) *c* caravan; trailer *nAm*
campist (kahm-*pisd*) *c* camper
Canada (*kah*-nah-dah) Canada
canadier (kah-*nah*-dʸo) *c* Canadian
canadisk (kah-*nah*-disg) *adj* Canadian
CD (*say*-day) *c* compact disc; ~ -afspiller compact disc player
CD (-ROM) (*say*-day) (-rom) *c* (pl ~) CD-ROM
celle (*seh*-ler) *c* cell
celsius (*sehl*-si-ooss) centigrade
cembalo (*tʸehm*-bah-loa) *nt* harpsichord
cement (say-*mehnd*) *c* cement
censur (sehn-*soor*) *c* censorship
center (sehn-*dehr*) *nt* centre
centimeter (sehn-ti-*may*-do) *c* (pl ~) centimetre
central (sehn-*trahl*) *adj* central
centralisere (sehn-trah-li-*say*-o) *v* centralize
centralvarme (sehn-*trahl*-vaa-mer) *c* central heating
centrum (*sehn*-trom) *nt* (pl -trer) centre
ceremoni (sǣ-o-moa-*ni*) *c* ceremony
ceremoniel (sǣ-o-moa-ni-*ehl*) *adj* ceremonious, formal
certifikat (sær-ti-fi-*kahd*) *nt* certificate
champagne (sʸahm-*pahn*-ʸer) *c* champagne
champignon (sʸahm-pin-*ʸong*) *c* mushroom
chance (sʸahng-ser) *c* opportunity, chance
charlatan (sʸaa-lah-tahn) *c* quack
charme (sʸaa-mer) *c* charm; attraction
charmerende (sʸah-*may*-o-ner) *adj* charming
charterflyvning (sʸaa-do-flew⁰⁰-nayng) *c* charter flight
chassis (sʸah-*si*) *nt* chassis
chauffør (sʸoa-*furr*) *c* driver; chauffeur
check (sʸehg) *c* (pl ~s) cheque; check *nAm*
checke (tʸeh-ger) *v* check; ~ ind check in; ~ ud check out
checkhæfte (sʸehg-hehf-der) *nt* chequebook; checkbook *nAm*
chef (sʸehf) *c* boss, manager
Chile (tʸee-ler) Chile
chilener (tʸi-*lay*-no) *c* Chilean
chilensk (tʸi-*laynsg*) *adj* Chilean
chok (sʸog) *nt* (pl ~) shock
choker (sʸur⁰⁰-ko) *c* choke
chokere (sʸoa-*kay*-o) *v* shock; **chokerende** shocking
chokolade (sʸoa-goa-*laa*-dher) *c* chocolate
chokoladeforretning (sʸoa-

ciffer 40

goa-*laa*-dher-fo-ræd-nayng) c sweetshop; candy store *Am*
ciffer (*si*-fo) *nt* (pl cifre) digit; figure
cigar (si-*gah*) *c* cigar
cigaret (si-gah-*ræd*) *c* (pl ~ter) cigarette
cigaretetui (si-gah-*ræd*-ay-too-i) *nt* cigarette case
cigarettobak (si-gah-*ræd*-toa-bahg) *c* (pl ~ker) cigarette tobacco
cigarettænder (si-gah-*ræd*-teh-no) *c* cigarette lighter
cigarforretning (si-*gah*-fo-ræd-nayng) *c* cigar shop
cirka (*seer*-gah) *adv* about, approximately
cirkel (*seer*-gerl) *c* (pl -kler) circle
cirkus (*seer*-gooss) *c* (pl ~) circus
citat (si-*tahd*) *nt* quotation
citere (si-*tay*-o) *v* quote
citron (si-*troan*) *c* lemon; **grøn** ~ lime
civil (si-*vil*) *adj* civil; civilian
civilisation (si-vi-li-sah-s'*oan*) *c* civilization
civiliseret (si-vi-li-*say*-odh) *adj* civilized
civilist (si-vi-*lisd*) *c* civilian
Colombia (koa-*loam*-bi-ah) Colombia
colombianer (koa-loam-bi-*ah*-no) *c* Colombian
colombiansk (koa-loam-bi-*ahnsg*) *adj* Colombian
coma (*kōa*-mah) *c* coma
compact disc (kom-*pahgd* disg) *c* compact disc
computer (kom-*pju*-ter) *c* computer
conditioner (kon-*di*-s'oa-ner) *c* conditioner
cowboybukser (*ko*⁰⁰-boi-bog-so) *pl* jeans
creme (kræm) *c* cream
Cuba (*kōō*-bah) Cuba
cubaner (koo-*bah*-no) *c* Cuban
cubansk (koo-*bahnsg*) *adj* Cuban
curlere (*kūr*-lo-o) *pl* hair rollers
cykel (*sew*-gerl) *c* (pl cykler) cycle, bicycle
cykelsti (*sew*-gerl-sdi) *c* cycle track
cykle (*sewg*-ler) *v* cycle
cyklist (sewg-*lisd*) *c* cyclist
cyklus (*sew*-klooss) *c* (pl -ler) cycle
cylinder (sew-*layn*-do) *c* (pl -dre) cylinder

D

da (dah) *adv* then; *conj* when
daddel (*dah*-dherl) *c* (pl dadler) date
dadle (*dahdh*-ler) *v* blame
dag (dah) *c* day; i ~ today; om dagen by day; per ~ per day
dagblad (*dou*-blahdh) *nt* daily
dagbog (*dou*-bo͡o) *c* (pl -bøger) diary
daggry (*dou*-grew) *nt* daybreak
daglig (*dou*-li) *adj* daily; everyday
dagligdags (*dou*-li-dahs) *adj* ordinary
dagligstue (*dou*-li-sdoo-oo) *c* living room
dagslys (*douss*-lews) *nt* daylight
dagsorden (*douss*-o-dern) *c* agenda
dagspa (*dou*-spah) *c* day spa
dagtur (*dou*-toor) *c* day trip
dal (dahl) *c* valley
dam (dahm) *c* (pl ~me) pond
dam (dahm) *nt* draughts; checkers *nAm*
dame (*daa*-mer) *c* lady
dameskrædderinde (*daa*-mer-sgræ-dho-ay-ner) *c* dressmaker
dametoilet (*daa*-mer-toa-ah-lehd) *nt* (pl ~ter) ladies' room; powder room
dameundertøj (*daa*-mer-o-

no-toi) *pl* lingerie
damp (dahmb) *c* steam; vapour
dampskib (*dahmb*-sgib) *nt* steamer
damspil (*dahm*-sbayl) *nt* (pl ~) draughts; checkers *plAm*
Danmark (*dahn*-maag) Denmark
dans (dahns) *c* dance
danse (*dahn*-ser) *v* dance
dansk (dahnsg) *adj* Danish
dansker (*dahn*-sgo) *c* Dane
danskvand (*dahnsg*-vahn) *nt* (pl ~) soda water
dase (*daa*-ser) *v* laze, loaf
dask (dahsg) *nt* (pl ~) smack
dato (*daa*-toa) *c* date
datter (*dah*-do) *c* (pl døtre) daughter
datterdatter (*dah*-do-dah-do) *c* (pl -døtre) granddaughter
dattersøn (*dah*-do-surn) *c* (pl ~ner) grandson
daværende (*dah*-veh-o-ner) *adj* of that time, then
De (di) *pron* you
de (di) *pron* they; those; *art* those
debat (day-*bahd*) *c* (pl ~ter) debate, discussion
debattere (daybah-*tay*-o) *v* discuss
debet (*day*-bayd) *c* debit
december (day-*sehm*-bo) December

decimalsystem

decimalsystem (day-si-*mahl*-sew-sdaym) *nt* decimal system
defekt (day-*fehgd*) *c* fault; *adj* faulty
definere (day-fi-*nay*-o) *v* define
definition (day-fi-ni-s^y*oan*) *c* definition
dej (dahi) *c* dough; batter
dejlig (*dighli*) *adj* nice, pleasant, good, delicious
deklaration (day-klah-rah-s^y*oan*) *c* declaration
dekoration (day-koa-rah-s^y*oan*) *c* decoration, ornament; set
dekorere (day-koa-*ræ*-ger) *v* decorate
dekort (day-*kawd*) *c* discount
del (dayl) *c* part
dele (*day*-ler) *v* share; divide; ~ sig fork; ~ ud *deal
delegation (day-lay-gah-s^y*oan*) *c* delegation
delegeret (day-lay-*gay*-odh) *c* (pl -rede) delegate
delikat (day-li-*kahd*) *adj* delicate
delikatesse (day-li-kah-*teh*-ser) *c* delicatessen
deling (*day*-layng) *c* division
dels (dayls) *adv* partly
***deltage** (*dayl*-tah-ah) *v* participate, *take part
deltagende (*dayl*-tah-ah-ner) *adj* sympathetic
deltager (*dayl*-tah-o) *c* participant
delvis (*dayl*-vis) *adj* partial;

adv partly
Dem (dehm) *pron* you
dem (dehm) *pron* them
demokrati (day-moa-krah-*ti*) *nt* democracy
demokratisk (day-moa-*krah*-disg) *adj* democratic
demonstration (day-moan-sdrah-s^y*oan*) *c* demonstration
demonstrere (day-moan-*sdræ*-o) *v* demonstrate
den (dehn) *pron* (nt det, pl de) that
denne (*deh*-ner) *pron* (nt dette, pl disse) this
dens (dehns) *pron* its
deodorant (day-oa-doa-*rahnd*) *c* deodorant
departement (day-pah-der-*mahng*) *nt* department
deponere (day-poa-*nay*-o) *v* bank, deposit
depot (day-*poad*) *nt* depot
depression (day-præ-s^y*oan*) *c* depression
deprimere (day-pri-*may*-o) *v* depress; **deprimerende** depressing
deprimeret (day-pri-*may*-odh) *adj* depressed
deputation (day-poo-tah-s^y*oan*) *c* delegation
deputeret (day-poo-*tay*-odh) *c* (pl -rede) deputy
der (dehr) *adv* there
derefter (dehr-*ehf*-do) *adv* then
Deres (*dai*-oss) *pron* (*formal*) your

diplom

deres (*dai*-oss) *pron* their
derfor (*dehr*-fo) *adv* therefore
derhen (*dehr*-hehn) *adv* there
derovre (*dehr*-o^{oo}-ro) *adv* over there
des ... des (dehss) the ... the
desertere (day-sær-*tay*-o) *v* desert
desinfektionsmiddel (dayss-ayn-fehg-s^yoans-midh-erl) *nt* (pl -midler) disinfectant
desinficere (dayss-ayn-fi-*say*-o) *v* disinfect
desperat (dayss-bo-*rahd*) *adj* desperate
dessert (day-*sehrd*) *c* dessert; sweet
desuden (dayss-*oo*-dhern) *adv* also, besides
desværre (day-*sveh*-o) *adv* unfortunately
det (day) *pron* it; that
detailhandel (day-*tighl*-hahn-erl) *c* retail trade
detailhandler (day-*tighl*-hahn-lo) *c* retailer
detaillist (day-tigh-^y*isd*) *c* retailer
detalje (day-*tahl*-^yer) *c* detail
detaljeret (day-tahl-^y*ay*-odh) *adj* detailed
det at leve (day-ahd-*lāy*-ver) *v* be alive
detektiv (day-dehg-*tee*^{oo}) *c* detective
dets *pron* its
devaluere (day-vah-loo-*ay*-o) *v* devalue
devaluering (day-vah-loo-*ay*-ræng) *c* devaluation

diabetes (di-ah-*bāy*-derss) *c* diabetes
diabetiker (di-ah-*bay*-ti-go) *c* diabetic
diagnose (di-ah-*nōā*-ser) *c* diagnosis; **stille en ~** diagnose
diagonal (di-ah-goa-*nahl*) *c* diagonal; *adj* diagonal
diagram (di-ah-*grahm*) *nt* (pl ~mer) chart
dialekt (di-ah-*lehgd*) *c* dialect
diamant (di-ah-*mahnd*) *c* diamond
diarré (di-ah-*ræ*) *c* diarrhoea
dieselmotor (*di*-serl-*mōā*-to) *c* diesel
difteritis (dif-do-*ri*-diss) *c* diphtheria
dig (digh) *pron* you, yourself
digital (di-gi-*tahl*) *adj* digital; **~foto** *nt* digital photo; **~kamera** *nt* digital camera; **~projektor** *c* digital projector
digt (daygd) *nt* poem
digter (*dayg*-do) *c* poet
dikkedarer (day-ger-*dah*-ah) *pl* fuss
diktafon (dig-tah-*foan*) *c* dictaphone
diktator (dig-*taa*-to) *c* dictator
diktere (dig-*tay*-o) *v* dictate
dille (*di*-ler) *c* craze
dimension (di-mehn-s^y*oan*) *c* size
din (din) *pron* (*informal*) (nt dit, pl dine) your
diplom (di-*ploam*) *nt*

diplomat

certificate
diplomat (di-ploa-*mahd*) *c* diplomat
direkte (di-*ræg*-der) *adj* direct; *adv* straight, directly
direktion (di-ræg-s*y*oan) *c* direction
direktiv (di-ræg-*tee*∞) *nt* directive
direktør (di-ræg-*turr*) *c* manager, director; executive
dirigent (di-ri-*gehnd*) *c* conductor
dirigere (di-ri-*gay*-o) *v* conduct
dis (dis) *c* mist, haze
disciplin (di-si-*plin*) *c* discipline
diset (*dee*-serdh) *adj* misty, hazy
disk (daysg) *c* counter
diskonto (diss-*kon*-toa) *c* bank rate
diskusprolaps (diss-kooss-proa-*lahbs*) *c* slipped disc
diskussion (diss-goo-s*y*oan) *c* discussion, argument
diskutere (diss-goo-*tay*-o) *v* discuss, argue
disponeret for (diss-boa-*nay*-odh) subject to
disponibel (diss-boa-*ni*-berl) *adj* available
disput (diss-*pewd*) *c* (pl ∼ter) dispute
disse (*di*-ser) *pron* these
distrikt (di-*sdrægd*) *nt* district
divan (*dee*-vahn) *c* couch
diverse (di-*vær*-ser) *adj* miscellaneous

diæt (di-*ehd*) *c* diet
djævel (d*y*ai-verl) *c* (pl -vle) devil
dobbelt (*do*-berld) *adj* double
dobbeltsenge (*do*-berld-sehng-er) *pl* twin beds
dog (do∞) *adv* still, however; but, though, yet
dok (dog) *c* (pl ∼ke) dock
doktor (*dog*-do) *c* doctor
dokument (doa-goo-*mehnd*) *nt* document; certificate
dokumentmappe (doa-goo-*mehnd*-mah-ber) *c* attaché case
dom (dom) *c* (pl ∼me) judgment; verdict, sentence
domfælde (*dom*-fehl-er) *v* convict
domfældelse (*dom*-fehl-erl-ser) *c* conviction
domfældt (*dom*-fehld) *c* convict
domkirke (*dom*-keer-ger) *c* cathedral
dommer (*do*-mo) *c* judge; umpire; referee
domstol (*dom*-sdoal) *c* court; law court
donation (doa-nah-s*y*oan) *c* donation
donkraft (*doan*-krahfd) *c* jack
dosis (*dōa*-siss) *c* (pl doser) dose
doven (do∞-ern) *adj* lazy; idle
download (doun-lod) *c* download; *v* download
drage (*draa*-er) *c* dragon; kite
drager (*draa*-o) *c* porter

dragkiste (*drah-keess-der*) *c* chest
drama (*draa-mah*) *nt* drama
dramatisk (*drah-mah-tisg*) *adj* dramatic
dreje (*drigh-er*) *v* turn; ~ **af for** turn off; ~ **om** turn; ~ **op for** turn on
drejning (*drigh-nayng*) *c* turn; curve
dreng (*dræng*) *c* lad, boy
drengespejder (*dræng-er-sbigh-do*) *c* boy scout
dressere (*dræ-say-o*) *v* train
drev (*dræoo*) *c* disk drive
dreven (*dræoo-ern*) *adj* skilled, shrewd
drik (*dræg*) *c* (pl ~ke) drink; beverage; **alkoholfri ~** soft drink; **stærke drikke** spirits
drikke (*dræ-ger*) *v* *drink
drikkelig (*dræ-ger-li*) *adj* drinkable; for drinking
drikkepenge (*dræ-ger-pehng-er*) *pl* tip; gratuity
drikkevand (*dræ-ger-vahn*) *nt* drinking water
drilagtig (*dræl-ahg-di*) *adj* mischievous
drille (*dræ-ler*) *v* tease; kid
dristig (*dræss-di*) *adj* bold
dristighed (*dræss-di-haydh*) *c* nerve
drive (*dree-ver*) *v* *drive; *run; laze; ~ **frem** propel
drivhus (*dreeoo-hoos*) *nt* greenhouse
drivkraft (*dreeoo-krahfd*) *c* (pl -kræfter) driving force
dronning (*dro-nayng*) *c* queen

drukne (*drog-ner*) *v* drown; *be drowned
dræbe (*dræœ-ber*) *v* kill
dræne (*dræœ-ner*) *v* drain
drøfte (*drurf-der*) *v* discuss, debate; argue
drøftelse (*drurf-derl-ser*) *c* deliberation, discussion, debate
drøm (*drurm*) *c* (pl ~me) dream
drømme (*drur-mer*) *v* *dream
drøn (*drurn*) *nt* (pl ~) roar
dråbe (*draw-ber*) *c* drop
du (*doo*) *pron* you
due (*doō-oo*) *c* pigeon
duelig (*doō-oo-li*) *adj* able
duft (*dofd*) *c* scent
dug[1] (*doo*) *c* tablecloth
dug[2] (*doo*) *c* dew
dukke (*do-ger*) *c* doll
dukketeater (*do-ger-tay-ah-do*) *nt* (pl -tre) puppet-show
dum (*doam*) *adj* stupid, silly; dumb
dumdristig (*doam-dræss-di*) *adj* daring
dumpe (*dom-ber*) *v* fail; flunk *vAm*
dun (*doon*) *nt* (pl ~) down
dundre (*don-ro*) *v* bump
dunke (*dong-ger*) *v* thump
dunkel (*dong-gerl*) *adj* dim; obscure
dusin (*doo-sin*) *nt* (pl ~) dozen
DVD (*day-vay-day*) *c* DVD
DVD-ROM (*day-vay-day-rom*) *c* DVD-ROM

dværg

dværg (dvær) *c* dwarf
dyb (dewb) *adj* deep; low
dybde (*dewb*-der) *c* depth
dybfrost (*dewb*-frosd) frozen food
dybfryser (*dewb*-frew-so) *c* deep-freeze
dybsindig (dewb-*sayn*-di) *adj* profound
dyd (dewdh) *c* virtue
dygtig (*durg*-di) *adj* able, capable; skilful
dygtighed (*durg*-di-haydh) *c* ability; skill
dykke (*dur*-ger) *v* dive
dykkerbriller (*dur*-go-bræ-lo) *pl* goggles *pl*
dynamo (dew-*naa*-moa) *c* dynamo
dyne (*dew*-ner) *c* eiderdown
dynge (*durng*-er) *c* heap
dyppekoger (*dur*-ber-ko⁰⁰-o) *c* immersion heater
dyr¹ (dewr) *nt* (pl ~) animal, beast
dyr² (dewr) *adj* expensive, dear
dyrebar (*dew*-o-bah) *adj* precious, dear
dyrekreds (*dew*-o-kræs) *c* zodiac
dyrke (*dewr*-ger) *v* cultivate, till; *grow, raise
dyrlæge (*dewr*-lai-eh) *c* veterinary surgeon
dyster (*dewss*-do) *adj* gloomy
dæk (dehg) *nt* (pl ~) deck; tire, tyre
dække (*deh*-ger) *v* cover; ~ **bord** *lay the table

dækskahyt (*dehgs*-kah-hewd) *c* (pl ~ter) deck cabin
dæktryk (*dehg*-trurg) *nt* (pl ~) tyre pressure
dæmning (*dehm*-nayng) *c* dam
dæmpet (*dehm*-perdh) *adj* dim
dæmring (*dehm*-ræng) *c* dawn
***dø** (dur) *v* die
døbe (*dürber*) *v* baptize, christen
død (durdh) *c* death; *adj* dead
dødbider (*durdh*-bidh-o) *c* bore
dødbringende (*durdh*-bræng-er-ner) *adj* mortal
dødelig (*dür*-dher-li) *adj* mortal; fatal
dødsstraf (*durdh*-sdrahf) *c* (pl ~fe) death penalty
døgn (doin) *nt* (pl ~) twenty-four hours
døgnflue (*doin*-floo-oo) *c* fad
dømme (*dur*-mer) *v* judge; sentence
dør (durr) *c* door
dørklokke (*durr*-klo-ger) *c* doorbell
dørslag (*durr*-slah) *nt* (pl ~) strainer
dørvogter (*durr*-vog-do) *c* doorman
døv (dur⁰⁰) *adj* deaf
dåb (dob) *c* baptism; christening
dåkalv (*do*-kahlv) *c* fawn
dårlig (*dawr*-li) *adj* bad, ill; sick

dåse (*daw*-ser) *c* canister; tin, can

dåseåbner (*dawser*-awb-no) *c* can opener, tin opener

E

ebbe (*eh*-ber) *c* low tide
Ecuador (eh-kvah-*doar*) Ecuador
ecuadorianer (eh-kvah-do-i-*ah*-no) *c* Ecuadorian
ed (aydh) *c* oath; vow; curse
edderkop (*edh*-o-kob) *c* (pl ~per) spider
eddike (*edh*-ger) *c* vinegar
effektiv (e-fayg-tee^{oo}) *adj* effective, efficient
efter (*ehf*-do) *prep* after; ~ at after
efterforske (ayf-do-faw-sger) *v* investigate
*efterfølge** (*ehf*-do-furl-^{y}er) *v* succeed
*eftergøre** (*ehf*-do-gur-o) *v* imitate, ape; forge; copy
efterhånden (ehf-do-*hon*-ern) *adv* gradually, progressively
efterkommer (*ehf*-do-ko-mo) *c* descendant
*efterlade** (*ehf*-do-lah-dher) *v* *leave; *leave behind
efterligne (*ehf*-do-li-ner) *v* imitate
efterligning (*ehf*-do-li-nayng) *c* imitation
efterlysning (*ehf*-do-lews-nayng) *c* police message
eftermiddag (*ehf*-do-mi-dah) *c* afternoon; i ~ this afternoon
eftermiddagste (*ehf*-do-may-dahss-tay) *c* tea
efternavn (*ehf*-do-noun) *nt* surname, family name
*efterse** (*ehf*-do-say) *v* inspect
eftersende (*ehf*-do-sehn-er) *v* forward
eftersom (*ehf*-do-som) *conj* because, as
efterspore (*ehf*-do-sboa-o) *v* trace
efterspørgsel (*ehf*-do-sburr-serl) *c* (pl -sler) demand
eftersøgning (*ehf*-do-sur-nayng) *c* search
eftertanke (*ehf*-do-tahng-ger) *c* reflection, consideration
efterår (*ehf*-do-o) *nt* (pl ~) autumn; fall *nAm*
eg (ay) *c* oak
egal (ay-*gahl*) *adj* level, even
ege ($\overline{ay}$-ay) *c* spoke
egen (*igh*-ern) *adj* own
egenskab ($\overline{ay}$-ayn-sgahb) *c* quality; property
egentlig (*ay*-aynt-li) *adv* really, properly; *adj* real, proper, actual
egern (*ay*-on) *nt* (pl ~) squirrel
egn (ighn) *c* district; country
egne sig (*igh*-ner) *c* *be fit for, qualify

egnet

egnet (*igh*-nerdh) *adj* convenient, appropriate
egoisme (ay-goa-*iss*-mer) *c* selfishness
Egypten (eh-*gewb*-dern) Egypt
egypter (eh-*gewb*-do) *c* Egyptian
egyptisk (eh-*gewb*-disg) *adj* Egyptian
eje (*igh*-er) *v* own; *nt* possession
ejendele (*igh*-ern-dāy-ler) *pl* property, belongings *pl*
ejendom (*igh*-ern-dom) *c* (pl ~me) property; premises *pl*
ejendommelig (igh-ern-*dom*-li) *adj* peculiar, quaint
ejendomsmægler (igh-ern-doms-mai-lo) *c* house agent
ejer (*igh*-o) *c* owner; proprietor
ekko (*eh*-koa) *nt* echo
eksakt (ehg-*sahgd*) *adj* precise
eksamen (ehg-*saa*-mern) *c* (pl -miner) exam (*colloquial*); *tage ~ graduate
eksamensbevis (ehg-*saa*-merns-bay-vis) *nt* diploma
eksem (eh-*saym*) *nt* eczema
eksempel (eh-*sehm*-berl) *nt* (pl -pler) instance, example; **for ~** for instance, for example
eksemplar (ehg-serm-*plah*) *nt* copy, specimen
eksil (eh-*sil*) *nt* exile
eksistens (ehg-si-*sdehns*) *c* existence
eksistere (ehg-si-*sday*-o) *v* exist
eksklusiv (*ehgs*-kloo-see^{oo}) *adj* exclusive
eksotisk (eh-*soa*-tisg) *adj* exotic
ekspedere (ehgs-bay-*day*-o) *v* dispatch; attend to, serve
ekspedient (ehg-sbay-di-*ehnd*) *c* shop assistant, salesman
ekspedition (ehg-sbay-di-s^y*oan*) *c* expedition
ekspeditrice (ehg-sbay-di-*tree*-ser) *c* salesgirl
eksperiment (ehgs-pæ-ri-*mehnd*) *nt* experiment
eksperimentere (ehgs-pæ-ri-mehn-*tay*-o) *v* experiment
ekspert (ehgs-*pærd*) *c* expert
eksplodere (ehgs-ploa-*day*-o) *v* explode
eksplosion (ehgs-ploa-s^y*oan*) *c* blast, explosion
eksplosiv (*ehgs*-ploa-see^{oo}) *adj* explosive
eksponering (ehgs-poa-*nay*-ræng) *c* exposure
eksport (ehgs-*pawd*) *c* export
eksportere (ehgs-po-*tay*-o) *v* export
ekspres (ehgs-*præss*) special delivery; **ekspres-** express
eksprestog (ehgs-*præss*-tooo) *nt* (pl ~) express train
ekstase (ehgs-*taa*-ser) *c* ecstasy
ekstra (*ehgs*-drah) *adj* extra; additional, spare

eminent

ekstravagant (ehgs-drah-vah-*gahnd*) *adj* extravagant
ekstrem (ehgs-*træm*) *adj* extreme
elasticitet (ay-lah-sdi-si-*tayd*) *c* elasticity
elastik (ay-lah-*sdig*) *c* (pl ~ker) rubber band, elastic band
elastisk (ay-*lah*-sdisg) *adj* elastic
elefant (ay-ler-*fahnd*) *c* elephant
elegance (ay-ler-*gahng*-ser) *c* elegance
elegant (ay-ler-*gahnd*) *adj* elegant
elektricitet (ay-lehg-træ-si-*tayd*) *c* electricity
elektriker (ay-*lehg*-træ-go) *c* electrician
elektrisk (ay-*lehg*-træsg) *adj* electric
elektronisk (ay-lehg-*troa*-nisg) *adj* electronic; ~ billet e-ticket; ~ spil electronic game
element (ay-ler-*mehnd*) *nt* element
elementær (ay-ler-mehn-*tær*) *adj* elementary; primary
elendig (ay-*lehn*-di) *adj* miserable
elendighed (ay-*lehn*-di-haydh) *c* misery
elev (ay-*lay*ᵒᵒ) *c* apprentice; pupil; learner
elevator (ay-ler-*vaa*-to) *c* lift; elevator *nAm*
elfenben (*ehl*-fern-bayn) *nt* ivory
eliminere (ay-li-mi-*nay*-o) *v* eliminate
eller (*eh*-lo) *conj* or; nor
ellers (*ehl*-oss) *adv* else; otherwise
elleve (*ehl*-ver) *num* eleven
ellevte (*ehlf*-der) *num* eleventh
elm (ehlm) *c* elm
elsdyr (*ehls*-dewr) *nt* (pl ~) moose
elshaver (*ehl*-sʸay-vo) *c* shaver
elske (*ehl*-sger) *v* love; **elsket** beloved
elsker (*ehl*-sgo) *c* lover
elskerinde (ehl-sgo-*ay*-ner) *c* mistress
e-mail (*ee*-mail) *c* (pl ~s) e-mail
e-maile (*ee*-mail-ler) *v* e-mail
emalje (ay-*mahl*-ʸer) *c* enamel
emaljeret (ay-mahl-ʸay-odh) *adj* enamelled
embargo (ehm-*baa*-goa) *c* embargo
embede (ehm-*bay*-dher) *nt* office
emblem (ehm-*blaym*) *nt* emblem
emigrant (ay-mi-*grahnd*) *c* emigrant
emigration (ay-mi-grah-sʸoan) *c* emigration
emigrere (ay-mi-*græ*-o) *v* emigrate
eminent (ay-mi-*nehnd*) *adj* outstanding

emne

emne (*ehm*-ner) *nt* theme, topic

en (ayn) *art* (nt et) a *art*; *num* one; **-en** the *art*; **~ til** another

enakter (*ayn*-ahg-do) *c* one-act play

end (ehn) *conj* than

ende (*eh*-ner) *c* bottom; end; *v* end

endefuld (*eh*-ner-fool) *c* spanking

endelig (*eh*-ner-li) *adj* final; eventual; *adv* at last

endeløs (*eh*-ner-lurs) *adj* endless, immense

endestation (*eh*-ner-sdah-s³oan) *c* terminal

endetarm (*eh*-ner-tahm) *c* rectum

endevende (*eh*-ner-vehn-er) *v* search

endnu (ay-*noo*) *adv* yet, still

endossere (ahng-doa-*say*-o) *v* endorse

endvidere (ehn-*vidh*-o-o) *adv* furthermore

eneforhandler (*ay*-ner-fo-hahn-lo) *c* distributor

energi (eh-nær-*gi*) *c* energy; power

energisk (eh-*nær*-gisg) *adj* energetic

eneste (*ay*-nerss-der) *adj* only; sole

enestue (*ay*-ner-sdoo-oo) *c* private room

enestående (*ay*-ner-sdo-o-ner) *adj* exceptional

eng (ehng) *c* meadow

engang (ayn-*gahng*) *adv* some time; once

engangs- (*ayn*-gahngs) disposable

engel (*ehng*-erl) *c* (pl engle) angel

engelsk (*ehng*-erlsg) *adj* English; British

England (*ehng*-lahn) England, Britain

englænder (*ehng*-lehn-o) *c* Englishman; Briton

engroshandel (ahng-*groa*-hahn-erl) *c* wholesale

enhed (*ayn*-haydh) *c* unit; unity

enhver (ayn-*vær*) *pron* everybody, anyone, everyone

***være enig** (*vai*-o *ay*-ni) agree

enighed (*ay*-ni-haydh) *c* agreement

enke (*ehng*-ger) *c* widow

enkel (*ehng*-gerl) *adj* plain, simple

enkelt (*ehng*-gerld) *adj* individual, single; *adv* simply

enkelthed (*ehng*-gerld-haydh) *c* detail

enkeltperson (*ehng*-gerld-pær-soan) *c* individual

enkeltværelse (*ehng*-gerld-vai-ol-ser) *nt* single room

enkemand (*ehng*-ger-mahn) *c* (pl -mænd) widower

enorm (ay-*nom*) *adj* immense, enormous

enquete (ahng-*kait*) *c* enquiry

ens (ayns) *adj* alike

ensartet (ayns-ah-derdh) *adj* uniform
ensidig (ayn-si-dhi) *adj* one-sided
ensom (ayn-som) *adj* lonely
enstemmig (ayn-sdehm-i) *adj* unanimous
ental (ayn-tahl) *nt* singular
enten ... eller (ehn-dern eh-lerr) either ... or
entertainer (ehn-to-tay-no) *c* entertainer
entré (ahng-tray) *c* entrance-hall; entrance fee; appearance
entreprenør (ahng-tro-pro-nurr) *c* contractor
epidemi (ay-pi-day-mi) *c* epidemic
epilepsi (ay-pi-lehb-si) *c* epilepsy
epilog (ay-pi-loa) *c* epilogue
episk (ay-pisg) *adj* epic
episode (ay-pi-soa-dher) *c* episode
epos (ay-poss) *nt* (pl ~) epic
eremit (ay-ræ-mit) *c* (pl ~ter) hermit
erfare (ær-fah-ah) *v* experience
erfaren (ær-fah-ahn) *adj* experienced
erfaring (ær-fah-ræng) *c* experience
erhverv (ær-værv) *nt* (pl ~) business
erhverve (ær-vær-ver) *v* acquire
erhvervelse (ær-vær-verl-ser) *c* acquisition

erhvervsret (ær-værvs-ræd) *c* commercial law
erindre (ay-ræn-dro) *v* recall
erindring (ay-ræn-dræng) *c* remembrance
erkende (ær-kehn-er) *v* confess, acknowledge; admit
erklære (ær-kleh-o) *v* declare; state
erklæring (ær-kleh-ræng) *c* declaration; statement
erobre (ay-roa-bro) *v* conquer
erobrer (ay-roa-bro) *c* conqueror
erobring (ay-roa-bræng) *c* conquest; capture
erstatning (ær-sdahd-nayng) *c* substitute, replacement; compensation
erstatte (ær-sdah-der) *v* replace, substitute; compensate
eskadre (eh-sgahdh-ro) *c* squadron
eskorte (eh-sgaw-der) *c* escort
eskortere (ehss-go-tay-o) *v* escort
essay (eh-say) *nt* (pl ~s) essay
essens (ay-sehns) *c* essence
etablere (ay-tahb-lay-o) *v* establish
etage (ay-taa-sʸer) *c* floor, storey; apartment *nAm*
etape (ay-tah-ber) *c* stage
etiket (ay-di-kehd) *c* (pl ~ter) label
etikettere (ay-di-keh-tay-o) *v* label
Etiopien (eh-ti-oa-pʸern)

etiopier

Ethiopia
etiopier (eh-ti-*oa*-p^yo) *c* Ethiopian
etiopisk (eh-ti-*oa*-pisg) *adj* Ethiopian
etui (ay-too-*i*) *nt* case
EU (ii-euw) EU
Euro (ay^{oo}-roa) *c* (pl ~s) Euro
Europa (ay^{oo}-*rōa*-pah) Europe
europæer (ay^{oo}-roa-*peh*-o) *c* European
europæisk (ay^{oo}-roa-*peh*-isg) *adj* European
Europæisk Union (ay^{oo}-roa-*peh*-isg-er oon-^yoan) European Union

evakuere (ay-vah-koo-*ay*-o) *v* evacuate
evangelium (ay-vahng-*gayl*-^yom) *nt* (pl -lier) gospel
eventuel (ay-vehn-too-*ehl*) *adj* possible
eventyr (*ai*-vern-tewr) *nt* (pl ~) adventure; tale, fairytale
evig (*ayvi*) *adj* eternal
evighed (*ay*-vi-haydh) *c* eternity
evne (*eh*^{oo}-ner) *c* ability, faculty; gift
evolution (ay-voa-loo-s^y*oan*) *c* evolution
excentrisk (ehg-*sehn*-træsg) *adj* eccentric

F

fabel (*fah*-berl) *c* (pl fabler) fable
fabrik (fah-*bræg*) *c* (pl ~ker) works *pl*, factory; mill
fabrikant (fah-bri-*kahnd*) *c* manufacturer
fabrikere (fah-bri-*kay*-o) *v* manufacture
facade (fah-*saa*-dher) *c* façade
facon (fah-*song*) *c* way, manner; shape
fad[1] (fahdh) *nt* dish; cask
fad[2] (fahdh) *adj* tasteless
fadøl (fahdh-url) *nt* (pl ~) draft beer
fag (fah) *nt* (pl ~) trade, discipline
fagforening (fou-fo-ay-

nayng) *c* trade union
faglært (fou-lærd) *adj* skilled
fagmand (fou-mahn) *c* (pl -mænd) expert
fakkel (*fah*-gerl) *c* (pl fakler) torch
faktisk (*fahg*-disg) *adj* actual, factual; substantial; *adv* actually, as a matter of fact, in effect
faktor (*fahg*-to) *c* factor
faktum (*fahg*-tom) *nt* (pl -ta) data *pl*
faktura (fahg-*tōō*-rah) *c* invoice
fakturere (fahg-too-*ræ*-o) *v* invoice
fakultet (fah-kool-*tayd*) *nt* faculty

fald (fahl) *nt* (pl ~) fall; **i hvert ~** at any rate
*****falde** (*fah*-ler) *v* *fall; **~ sammen** coincide; **~ til ro** calm down
faldefærdig (*fah*-ler-fær-di) *adj* ramshackle
falk (fahlg) *c* hawk
fallit (fah-*lit*) *adj* bankrupt
falme (*fahl*-mer) *v* fade; discolour; **falmet** discoloured
falsk (fahlsg) *adj* false
familie (fah-*mil*-Yer) *c* family
familiær (fah-mil-Y*ær*) *adj* familiar; free
fanatisk (fah-*nah*-disg) *adj* fanatical
fandens (*fahn*-uns) damn
fange (*fahng*-er) *c* prisoner; *v* *catch; capture; ***tage til ~** capture
fangenskab (*fahng*-ern-sgahb) *nt* imprisonment
fantasi (fahn-tah-*si*) *c* imagination; fancy, fantasy
fantastisk (fahn-*tahss*-disg) *adj* fantastic
far (faa) *c* (pl fædre) father; daddy, dad
fare (*faaah*) *c* danger; peril, risk
*****fare** (*faaah*) *v* rush; **faret vild** lost
farfar (*fah*-fah) *c* (pl -fædre) grandfather
farlig (*faa*-li) *adj* dangerous; perilous
farmakologi (fah-mah-koa-loa-*gi*) *c* pharmacology

farmor (*fah*-moar) *c* (pl -mødre) grandmother
farseret (fah-*say*-odh) *adj* stuffed
fart (fahd) *c* speed; rate; ***sætte farten ned** slow down; ***sætte farten op** accelerate
fartplan (*fahd*-plahn) *c* timetable
fartøj (*faa*-toi) *nt* vessel
farve (*faa*-ver) *c* colour; dye; *v* dye
farveblind (*faaver*-blayn) *adj* colour-blind
farvefilm (*faa*-ver-film) *c* (pl ~) colour film
farvel (fah-*vehl*) goodbye
farverig (*faaver*-ri) *adj* colourful
farvestrålende (*faa*-ver-sdrol-ner) *adj* gay
farvet (*faa*-verdh) *adj* coloured
fasan (fah-*sahn*) *c* pheasant
fascinere (fah-si-*nay*-o) *v* fascinate
fascisme (fah-*siss*-mer) *c* fascism
fascist (fah-*sisd*) *c* fascist
fascistisk (fah-*siss*-disg) *adj* fascist
fase (*faa*-ser) *c* phase; stage
fast (fahsd) *adj* firm; fixed, permanent; *adv* tight
fastboende (*fahsd*-boa-er-ner) *c* (pl ~) resident
faste (*faa*-sder) *c* fast; lent
fastelavn (fahss-der-*loun*) *c* Shrovetide

fastgøre

*fastgøre (*fahsd*-gur-o) *v* attach

*fastholde (*fahsd*-hol-er) *v* *keep, *stick to; insist

fastland (*fahsd*-lahn) *nt* continent; mainland

*fastlægge (*fahsd*-leh-ger) *v* define

fastslå (*fahsd*-slo) *v* establish; ascertain

*fastsætte (*fahsd*-seh-der) *v* determine; stipulate

fatal (fah-*tahl*) *adj* fatal

fatning (*fahd*-nayng) *c* socket

fatte (*fah*-der) *v* *take; grasp, *understand

fattig (*fah*-di) *adj* poor

fattigdom (*fah*-di-dom) *c* poverty

favorisere (fah-voa-ri-*say*-o) *v* favour

favorit (fah-voa-*rit*) *c* (pl ~ter) favourite

fax (fahgs) *nt* fax; **sende en ~** send a fax

fe (fay) *c* fairy

feber (*fay*-bo) *c* (pl febre) fever

febril (fay-*bril*) *adj* feverish

febrilsk (fay-*brilsg*) *adj* feverish, agitated

februar (*fay*-broo-ah) February

fed (faydh) *adj* fat; corpulent

fedt (fayd) *nt* fat

fedtet (*fay*-derdh) *adj* greasy; slippery; stingy

fedtfri (*fayd*-fri) *adj* fat free

fedtholdig (*fayd*-hol-di) *adj* fatty

fedtsugning (fayd-*sōō*-nayn) *c* liposuction

feinschmecker (*fighn*-smeh-go) *c* gourmet

fej (figh) *adj* cowardly

feje (*figh*-er) *v* *sweep

fejl (fighl) *c* (pl ~) mistake, fault; ***tage ~** *be mistaken; err

fejlagtig (fighl-*ahg*-di) *adj* mistaken

fejle (*figh*-ler) *v* fail, miss, err

fejlfri (*fighl*-fri) *adj* faultless

fejltagelse (*fighl*-tah-erl-ser) *c* mistake

fejltrin (*fighl*-trin) *nt* (pl ~) slip

fejre (*figh*-ro) *v* celebrate

felt (fehld) *nt* field; check

feltkikkert (*fehld*-ki-god) *c* field glasses

feltråb (*fehld*-rob) *nt* (pl ~) password

feltseng (*fehld*-sehng) *c* camp bed; cot *nAm*

fem (fehm) *num* five

feminin (fay-mi-*nin*) *adj* feminine

femte (*fehm*-der) *num* fifth

femten (*fehm*-dern) *num* fifteen

femtende (*fehm*-der-ner) *num* fifteenth

ferie (*fayr*-ᵞer) *c* holiday; vacation; **på ~** on holiday

feriekoloni (*fayr*-ᵞer-koa-loa-ni) *c* holiday camp

feriested (*fayr*-ᵞer-stehdh) *nt* holiday resort

ferm (færm) *adj* skilful

firs

fernis (fær-niss) c (pl ~ser) varnish

fernisere (fær-ni-*say*-o) v varnish

fersken (*fær*-sgern) c peach

ferskvand (*færsg*-vahn) nt fresh water

fest (fehsd) c celebration; feast; party

festival (*fehss*-di-vahl) c festival

festlig (*fehsd*-li) adj festive

feudal (fur^oo-*dahl*) adj feudal

fiasko (fi-*ahss*-goa) c failure

fiber (*fi*-bo) c (pl fibre) fibre

fidus (fi-*dooss*) c trick; confidence

figen (*fee*-in) c (pl figner) fig

figur (fi-*goor*) c figure; diagram

fiktion (fig-s^*oan*) c fiction

fil (fil) c file

filial (fi-li-*ahl*) c branch

filipens (fi-li-*pehns*) c pimple; **filipenser** acne

Filippinerne (fi-li-*pi*-no-ner) Philippines pl

filippinsk (fi-li-*pinsg*) adj Philippine

film (film) c (pl ~) film; movie

filme (*fil*-mer) v film

filmkamera (*film*-kah-may-rah) nt camera

filmlærred (*film*-lai-odh) nt screen

filosof (fi-loa-*sof*) c (pl ~fer) philosopher

filosofi (fi-loa-soa-*fi*) c philosophy

filt (fild) c felt

filter (*fil*-do) nt (pl -tre) filter

fin (fin) adj fine; **fint!** okay!, all right!

financier (fi-nahn-s^*ay*) c investor

finanser (fi-*nahn*-so) pl finances pl

finansiel (fi-nahn-s^*ehl*) adj financial

finansiere (fi-nahn-s^*ay*-o) v finance

finansministerium (fi-nahns-mi-ni-sdayr-^*om*) nt (pl -ier) treasury

***finde** (*fay*-ner) v *find; *come across; *think

finger (*fayng*-o) c (pl -gre) finger

fingeraftryk (*fayng*-o-ou-trurg) nt (pl ~) fingerprint

fingerbøl (*fayng*-o-burl) nt (pl ~) thimble

fingernem (*fayng*-o-nehm) adj dexterous

fingerpeg (*fayng*-o-pigh) nt (pl ~) hint

finke (*fayng*-ger) c finch

Finland (*fayn*-lahn) Finland

finne (*fay*-ner) c Finn

finsk (faynsg) adj Finnish

firben (*feer*-bayn) nt (pl ~) lizard

fire (*fee*-o) num four

firehjulstrækker (*fee*-o-^*ools*-træ-go) nt sport utility vehicle; SUV

firewall (*figho*-wal) c firewall

firma (*feer*-mah) nt firm, company

firs (feers) num eighty

fisk

fisk (faysg) *c* (pl ~) fish
fiske (fayss-ger) *v* fish; angle
fiskeben (fayss-ger-bayn) *nt* (pl ~) fishbone
fiskeforretning (fayss-ger-fo-rædd-nayng) *c* fish shop
fiskegrej (fay-sger-grigh) *nt* fishing tackle
fiskehandler (fayss-ger-hahn-lo) *c* fishmonger, fishdealer
fiskekrog (fayss-ger-kroo°°) *c* fishing hook
fiskekutter (fayss-ger-koo-do) *c* fishing-vessel
fiskenet (fayss-ger-nehd) *nt* (pl ~) fishing net
fisker (fayss-go) *c* fisherman
fiskeredskaber (fayss-ger-rædh-sgah-bo) *pl* fishing gear
fiskeri (fayss-go-ri) *nt* fishing industry
fiskerleje (fay-sgo-ligh-er) *c* fishinghamlet
fiskesnøre (fayss-ger-snūr-o) *c* fishing line
fiskestang (fayss-ger-sdahng) *c* (pl -stænger) fishing rod
fisketegn (fayss-ger-tighn) *nt* (pl ~) fishing licence
fjeder (f^yay-dho) *c* (pl -dre) spring
fjende (f^yay-ner) *c* enemy
fjendtlig (f^yaynd-li) *adj* hostile
fjer (f^yayr) *c* (pl ~) feather
fjerde (f^yai-ro) *num* fourth
fjerkræ (f^yayr-kræ) *nt*

56

poultry, fowl
fjern (f^yærn) *adj* distant, remote; far, far-off; **fjernere** further; **fjernest** furthest
fjernbetjening (f^yærn-bay-t^yeh-nayng) *c* remote control
fjerne (f^yær-ner) *v* remove; *take away; *take out
fjernelse (f^yær-nerl-ser) *c* removal
fjernskriver (f^yærn-sgree-vo) *c* telex
fjernsyn (f^yærn-sewn) *nt* television; telly (*colloquial*)
fjernsynsapparat (f^yærn-sewns-ah-bah-rahd) *nt* television set
fjollet (f^yo-lerdh) *adj* foolish, silly
fjols (f^yols) *nt* fool
fjorten (f^yoar-dern) *num* fourteen
fjortende (f^yoar-der-ner) *num* fourteenth
flad (flahdh) *adj* flat; level
flag (flah) *nt* (pl ~) flag
flakke om (flah-ger) wander, roam
flakon (flah-*kong*) *c* flask
flamingo (flah-*mayng*-goa) *c* flamingo
flamme (flah-mer) *c* flame
flaske (flahss-ger) *c* bottle
flaskehals (flahss-ger-hahls) *c* bottleneck
fleksibel (flehg-*si*-berl) *adj* flexible
flere (flāy-o) *adj* more; several; **flest** most

flertal (*flayr*-tahl) *nt* majority; plural

flette sammen (*fleh*-ter *sahm*-ern) *v* merge (*roads*)

flid (flidh) *c* diligence

flink (flaynggl) *adj* kind

flis (flis) *c* chip

flittig (*fli*-di) *adj* industrious, diligent

flod (floadh) *c* river; flood

flodbred (*floadh*-brædh) *c* (pl ~der) riverside, river bank

flodmunding (*floadh*-mo-nayng) *c* estuary

flok (flog) *c* (pl ~ke) flock; bunch

flonel (floa-*nehl*) *c* flannel

flot (flod) *adj* handsome

flue (*floo*-oo) *c* fly

flugt (flogd) *c* escape

*****flyde** (*flew*-dher) *v* flow; float

flydende (*flew*-dher-ner) *adj* liquid; fluid; *adv* fluent

flygel (*flew*-erl) *nt* (pl -gler) grand piano

flygte (*flurg*-der) *v* escape

flygtig (*flurg*-di) *adj* casual

flygtning (*flurgd*-nayng) *c* refugee; fugitive runaway

flystyrt (*flew*-sdewrd) *nt* (pl ~) plane crash

flytbar (*flurd*-bah) *adj* movable

flytning (*flurd*-nayng) *c* move

flytte (*flur*-der) *v* move; remove

*****flyve** (*flew*-ver) *v* *fly

flyvemaskine (*flew*-ver-mah-sgee-ner) *c* aeroplane, plane, aircraft; airplane *nAm*

flyveplads (*flew*-ver-plahss) *c* airfield

flyvning (*flew*-nayng) *c* flight

flænge (*flehng*-er) *v* rip, *tear, scratch; *c* tear, scratch

flode (*flūr*-dher) *c* cream

flødeagtig (*flūr*-dher-ahg-di) *adj* creamy

flødefarvet (*flūr*-dher-faa-vaydh) *adj* cream

fløjl (floil) *nt* velvet

fløjte (*floi*-der) *c* whistle, flute; *v* whistle

flåde (*flaw*-dher) *c* navy; fleet; **flåde-** naval

fnise (*fnee*-ser) *v* giggle

fod (foadh) *c* (pl fødder) foot; **til fods** on foot; walking

fodbold (*foadh*-bold) *c* football; soccer

fodboldhold (*foadh*-bold-hol) *nt* (pl ~) soccer team

fodboldkamp (*foadh*-bold-kahmb) *c* football match

fodbremse (*foadh*-bræm-ser) *c* foot brake

fodgænger (*foadh*-gehng-o) *c* pedestrian

fodgængerovergang (*foadh*-gehng-o-o°°-o-gahng) *c* zebra crossing; crosswalk *nAm*

fodnote (*foadh*-nōa-der) *c* footnote

fodpudder (*foadh*-poodh-o) *nt* foot powder

fold (fol) *c* fold; crease

folde (*fo*-ler) *v* fold; ~

folk 58

sammen fold; ~ ud unfold
folk (folg) *nt* (pl ~) people *pl*; nation, people; folk; **folke-** national; popular
folkedans (*fol*-ger-dahns) *c* folk dance
folkelig (*fol*-ger-li) *adj* popular, national; vulgar
folkerig (*fol*-ger-ri) *adj* populous
folkeskare (*fol*-ger-sgaaah) *c* crowd
folkeslag (*fol*-ger-slah) *nt* (pl ~) people
Folketinget (*fol*-ger-tayng-aydh) Danish parliament
folketingsmedlem (*fol*-ger-taynges-mehdh-lehm) *nt* (pl ~mer) Member of Parliament
folkevise (*fol*-ger-vee-ser) *c* folk song
folklore (fol-*klōa*-o) *c* folklore
fond (fond) *nt* (pl ~s) fund
fondsbørs (*fons*-burrs) *c* stock exchange
fonetisk (foa-*nay*-tisg) *adj* phonetic
for[1] (fo) *prep* for; *conj* for; *adv* too; ~ at in order to, to
for[2] (foar) *nt* (pl ~) lining
foragt (fo-*ahgd*) *c* contempt, scorn, disdain
foragte (fo-*ahg*-der) *v* despise; scorn
foran (*faw*-ahn) *prep* before, ahead of, in front of; *adv* ahead
forandre (fo-*ahn*-dro) *v* alter,
change
forandring (fo-*ahn*-dræng) *c* variation, change; alteration
foranstaltning (fo-ahn-*sdahld*-nayng) *c* measure; arrangement
forargelse (fo-*ah*-erl-ser) *c* indignation, scandal
forbande (fo-*bou*-ser) *v* curse
forbavse (fo-*bou*-ser) *v* amaze, astonish;
forbavsende astonishing, amazing
forbavselse (fo-*bahoo*-serl-ser) *c* amazement, astonishment
forbedre (fo-*behdh*-ro) *v* improve
forbedring (fo-*behdh*-ræng) *c* improvement
forbehold (*faw*-bay-hol) *nt* (pl ~) reservation
forberede (*faw*-bay-ræ-dher) *v* prepare
forberedelse (*faw*-bay-ræ-dherl-ser) *c* preparation
forberedende (*faw*-bay-ræ-dher-ner) *adj* preliminary
forbi (fo-*bi*) *prep* past; *adv* over
***forbigå** (fo-*bi*-go) *v* pass over, pass by
***forbinde** (fo-*bayn*-er) *v* connect; join, link; dress; bandage
forbindelse (fo-*bayn*-erl-ser) *c* connection; reference, link
forbinding (fo-*bayn*-ayng) *c* bandage
forbindskasse (fo-*bayns*-

forelsket

kah-ser) c first aid kit
forbipasserende (fo-*bi*-pah-say-o-ner) c (pl ~) passer-by
*****forblive** (fo-*bli*-ver) v stay, remain
forblæst (fo-*blehsd*) adj windy
forbløffe (fo-*blur*-fer) v amaze, astonish
forbløffende (fo-*blur*-fer-ner) adj striking
forbogstav (*faw*-bog-sdou) nt initial
forbruge (fo-*broo*-er) v use up, consume
forbruger (fo-*broo*-o) c consumer
forbrydelse (fo-*brew*-dherl-ser) c crime
forbryder (fo-*brew*-dho) c criminal
forbryderisk (fo-*brew*-dho-risg) adj criminal
forbud (*faw*-boodh) nt (pl ~) prohibition, ban
forbudt (fo-*bood*) adj prohibited
forbund (*faw*-bon) nt (pl ~) league, union; federation; **forbunds-** federal
forbundsfælle (*faw*-bons-feh-ler) c associate; ally
*****forbyde** (fo-*bew*-dher) v prohibit, *forbid
forcere (fo-*say*-o) v strain; force
fordampe (fo-*dahm*-ber) v evaporate
fordel (*faw*-dayl) c benefit, advantage, profit; *drage ~

benefit
fordelagtig (fo-dayl-*ahg*-di) adj advantageous; cheap
fordele (fo-*day*-ler) v divide, distribute
fordi (fo-*di*) conj as, because
fordom (*faw*-dom) c (pl ~me) prejudice
fordre (*faw*-dro) v claim, demand
fordrejet (fo-*drigh*-erdh) adj distorted
fordring (*faw*-dræng) c claim
*****fordrive** (fo-*driver*) v chase
fordøje (fo-*doi*-er) v digest
fordøjelig (fo-*doi*-er-li) adj digestible
fordøjelse (fo-*doi*-erl-ser) c digestion
fordøjelsesbesvær (fo-*doi*-erl-serss-bay-svær) nt indigestion
forebygge (*faw*-o-bew-ger) v prevent; **forebyggende** preventive
foredrag (*faw*-o-drou) nt (pl ~) lecture
*****foregive** (*faw*-o-gi-ver) v pretend
*****foregribe** (*faw*-o-griber) v anticipate
foregående (*faw*-o-go-er-ner) adj preceding
*****forekomme** (*faw*-o-kom-er) v happen, occur; seem
forekommende (*faw*-o-kom-er-ner) adj thoughtful, courteous
forelsket (fo-*ehl*-sgerdh) adj in love

forelægge 60

*****forelægge** (*faw*-o-leh-ger) *v* submit; present
forelæsning (*faw*-o-lehs-nayng) *c* lecture
foreløbig (*faw*-o-lur-bi) *adj* temporary; provisional
forene (fo-*ay*-ner) *v* unite; join; **forenet** joint
forenede (fo-*ay*-ner-dher) *adj* united
forening (fo-*ay*-nayng) *c* union; association, club, society
*****foreskrive** (*faw*-o-sgri-ver) *v* prescribe
*****foreslå** (*faw*-o-slo) *v* propose, suggest
*****forespørge** (*faw*-o-sburr-o) *v* inquire, enquire, query
forespørgsel (*faw*-o-sburr-serl) *c* (pl -sler) inquiry, enquiry, query
forestille (faw-o-sdayl-er) *v* introduce, present; represent; ~ **sig** imagine, fancy, conceive
forestilling (faw-o-sdayl-ayng) *c* introduction; idea; conception; show, performance
*****foretage** (*faw*-o-tah-ah) *v* *undertake
foretagende (*faw*-o-tah-er-ner) *nt* undertaking; concern, enterprise
*****foretrække** (*faw*-o-træ-ger) *v* prefer
for evigt (for *āyvi*) *adv* forever
forevise (*faw*-o-vi-ser) *v* *show, exhibit, *show

forevisning (*faw*-o-vis-nayng) *c* exhibition
forfader (*faw*-faa-dho) *c* (pl -fædre) ancestor
*****forfalde** (fo-*fahl*-er) *v* expire, *fall due; *fall into decay
forfalden (fo-*fahl*-ern) *adj* dilapidated; due
forfalske (fo-*fahl*-sger) *v* forge; counterfeit
forfalskning (fo-*fahlsg*-nayng) *c* fake
forfatning (fo-*fahd*-nayng) *c* constitution
forfatter (fo-*fah*-do) *c* author, writer
forfremme (fo-*fræm*-er) *v* promote
forfremmelse (fo-*fræm*-erl-ser) *c* promotion
forfriske (fo-*fræss*-ger) *v* refresh
forfriskende (fo-*fræss*-ger-ner) *adj* refreshing
forfriskning (fo-*fræsg*-nayng) *c* refreshment, drink
forfængelig (fo-*fehng*-er-li) *adj* vain
forfærde (fo-*færder*) *v* terrify
forfærdelig (fo-*fær*-der-li) *adj* dreadful, terrible, frightful
*****forfølge** (fo-*furl*-Yer) *v* chase; pursue
forføre (fo-*fur*-o) *v* seduce
forgifte (fo-*gif*-der) *v* poison
forgrund (*faw*-gron) *c* foreground
forgyldt (fo-*gewld*) *adj* gilt
forgænger (*faw*-gehng-o) *c* predecessor

forgæves (fo-*geh*-verss) *adj* vain; *adv* in vain
i forgårs (i *faw*-gos) the day before yesterday
forhandle (fo-*hahn*-ler) *v* negotiate
forhandler (fo-*hahn*-lo) *c* dealer
forhandling (fo-*hahn*-layng) *c* negotiation
forhastet (fo-*hahss*-derdh) *adj* premature
forhen (*faw*-hehn) *adv* formerly
forhenværende (*faw*-hehn-veh-o-ner) *adj* former
forhindre (fo-*hayn*-dro) *v* prevent
forhindring (fo-*hayn*-dræng) *c* obstacle
forhold (*faw*-hol) *nt* (pl ~) relation; affair
forholdsvis (*faw*-hols-vis) *adj* relative
forhøje (fo-*hoi*-er) *v* raise
forhøjelse (fo-*hoi*-erl-ser) *c* increase, rise
forhøjning (fo-*hoi*-nayng) *c* rise
forhør (fo-*hurr*) *nt* (pl ~) examination, interrogation
forhøre (fo-*hur*-o) *v* interrogate; ~ **sig** inquire
forhåbningsfuld (fo-*hob*-naynggs-fool) *adj* hopeful
på forhånd (po *faw*-hon) in advance
forjaget (fo-*Yah*-erdh) *adj* hasty
forkaste (fo-*kahss*-der) *v* turn

down, reject
forkert (fo-*kayrd*) *adj* false, wrong
forklare (fo-*klah*-ah) *v* explain; **forklarlig** explainable
forklaring (fo-*klah*-ayng) *c* explanation
forkludre (fo-*kloodh*-ro) *v* muddle
forklæde (*faw*-klai-dher) *nt* apron
forklæde sig (fo-*kleh*-dher) disguise
forklædning (fo-*klehdh*-nayng) *c* disguise
forkorte (fo-*kaw*-der) *v* shorten
forkortelse (fo-*kaw*-derl-ser) *c* abbreviation
forkæle (fo-*keh*-ler) *v* *spoil
forkæmper (*faw*-kehm-bo) *c* champion, advocate
forkærlighed (*faw*-kær-li-haydh) *c* preference
forkølelse (fo-*kur*-lerl-ser) *c* cold
*****blive forkølet** (*blee*-ver fo-*kur*-lerdh) *catch a cold
forkørselsret (*faw*-kurr-serls-ræd) *c* right of way
*****forlade** (fo-*lah*-dher) *v* *leave; desert; check out
forlange (fo-*lahng*-er) *v* ask, demand; charge
forlangende (fo-*lahng*-er-ner) *nt* demand
forleden (fo-*lay*-dhayn) *adv* recently
forlegen (fo-*ligh*-ern) *adj*

forlegenhed 62

embarrassed; *gøre ~
  embarrass
forlegenhed (fo-*ligh*-ern-
  hayd) *c* embarrassment
forlig (fo-*li*) *nt* (pl ~)
  settlement
forlovede (fo-*lo*-ver-dher)
  c (pl ~) fiancé; fiancée
forlovelse (fo-*lo*-verl-ser) *c*
  engagement
forlovelsesring (fo-*lo*-verl-
  serss-ræng) *c* engagement
  ring
forlovet (fo-*lo*-verdh) *adj*
  engaged
forlygte (faw-*lurg*der) *c*
  headlamp, headlight
forlyste (fo-*lurss*-der) *v*
  entertain
forlystelse (fo-*lurss*-derl-ser)
  c entertainment
*forlægge** (fo-*leh*-ger) *v*
  *mislay
forlægger (*faw*-leh-go) *c*
  publisher
forlænge (fo-*lehng*-er) *v*
  extend; renew
forlængelse (fo-*lehng*-erl-
  ser) *c* extension
forlængerledning (fo-*lehng*-
  o-laydh-nayng) *c* extension
  cord
*forløbe** (fo-*lur*-ber) *v* pass;
  forløben past; forløbet past
form (fom) *c* shape, form
formalitet (fo-mah-li-*tayd*) *c*
  formality
formand (*faw*-mahn) *c* (pl
  -mænd) chairman, president
forme (*faw*-mer) *v* form,

shape; model
formel (fo-*merl*) *c* (pl -mler)
  formula
formiddag (*faw*-mi-dah) *c*
  mid-morning, morning
formindske (fo-*mayn*-sger) *v*
  reduce, lessen, decrease
formode (fo-*moa*-dher) *v*
  suppose, assume
formodning (fo-*moadh*-
  nehng) *c* guess
formue (*faw*-mōō-oo) *c*
  fortune
formynder (fo-*murn*-o) *c*
  guardian
formynderskab (*faw*-mur-
  no-sgahb) *nt* custody,
  guardianship
formørkelse (fo-*murr*-gayl-
  ser) *c* eclipse
formål (*faw*-mol) *nt* (pl ~)
  object, purpose; objective
formålstjenlig (*faw*-mols-
  tʸain-li) *adj* appropriate,
  suitable
fornavn (*faw*-noun) *nt* first
  name; Christian name
fornem (*faw*-nehm) *adj*
  distinguished
fornemme (fo-*nehm*-er) *v*
  *feel; perceive
fornemmelse (fo-*nehm*-erl-
  ser) *c* sensation, perception
fornuft (fo-*nofd*) *c* reason,
  sense
fornuftig (fo-*nof*-di) *adj*
  reasonable, sensible
forny (fo-*new*) *v* renew
fornyelig (fo-new-*uh*-li) *adj*
  renewable

fornægte (fo-*nehg*-der) *v* disown; deny

fornærme (fo-*nær*-mer) *v* offend; insult;
fornærmende offensive

fornærmelse (fo-*nær*-merl-ser) *c* offence; insult

fornødenhed (fo-*nur*-dhern-haydh) *c* necessity, requirement

fornøjelse (fo-*noi*-erl-ser) *c* pleasure; amusement

fornøjet (fo-*noi*-erdh) *adj* glad; joyful

forpagtning (fo-*pahgd*-nayng) *c* lease

forpligte (fo-*playg*-der) *v* oblige; ~ sig engage; **være forpligtet til* *be obliged to

forpligtelse (fo-*playg*-derl-ser) *c* obligation; engagement

forpremiere (fo-*præm*-Yer-o) *c* preview

forpurre (fo-*poo*-ro) *v* prevent; *upset

forrest (*fo*-osd) *adj* first, front-line; *adv* foremost

forret (*faw*-ræd) *c* (pl ~ter) hors d'œuvre

forretning (fo-*ræd*-nayng) *c* store; deal, business; **forretnings** business; **gøre ~ med* *deal with

forretningscenter (fo-*ræd*-nayngs-sehn-do) *nt* (pl -tre) shopping centre

forretningskvinde (fo-*ræd*-nayngs-*kvay*-ner) *c* businesswoman

forretningsmand (fo-*ræd*-nayngs-mahn) *c* (pl -mænd) businessman

forretningsmæssig (fo-*ræd*-nayngs-meh-si) *adj* business-like

forretningsrejse (fo-*ræd*-nayngs-*righ*-ser) *c* business trip

forretningstid (fo-*ræd*-nayngs-tidh) *c* business hours

forrige (*faw*-i-o) *adj* former, previous, last

forrykt (fo-*rewgd*) *adj* crazy, zany

forræder (fo-*rædh*-o) *c* traitor

forræderi (fo-ræ-*dho*-*ri*) *nt* treason

forråd (*faw*-rodh) *nt* (pl ~) supply

forråde (fo-*ro*-dher) *v* betray

forsamle (fo-*sahm*-le) *v* assemble; ~ sig gather

forsamling (fo-*sahm*-layng) *c* assembly

forseelse (fo-*say*-erl-ser) *c* offence

forsende (fo-*sehn*-er) *v* despatch

forsendelse (fo-*sehn*-erl-ser) *c* expedition

*forse sig (fo-*say*) offend

forside (*faw*-see-dher) *c* front; front page

forsigtig (fo-*sayg*-di) *adj* cautious, careful; wary

forsigtighed (fo-*sayg*-di-haydh) *c* caution; precaution

forsikre (fo-*sayg*-ro) *v* assure;

forsikring 64

insure
forsikring (fo-*sayg*-ræng) *c*
insurance
forsikringspolice (fo-*sayg*-rængs-poa-lee-ser) *c*
insurance policy
forsikringspræmie (fo-*sayg*-rængs-præm-¹er) *c* premium
forsinke (fo-*sayng*-ger) *v*
delay
forsinkelse (fo-*sayng*-gerl-ser) *c* delay
forsinket (fo-*sayng*-gerdh)
adj late; overdue
forskel (*faw*-sgehl) *c* (pl ~le)
difference; distinction,
contrast
forskellig (fo-*sgehl*-i) *adj*
different; distinct, unlike;
forskellige various; ***være ~**
differ; vary
forskning (*fawsg*-nayng) *c*
research
forskrække (fo-*sgræ*-ger) *v*
frighten; ***blive forskrækket**
*be frightened
forskud (*faw*-sgoodh) *nt* (pl
~) advance; **betale i ~**
advance
forslag (*faw*-slah) *nt* (pl ~)
proposition, suggestion,
proposal; motion
forsoning (fo-*soa*-nayng) *c*
reconciliation
forspring (*faw*-spræng) *nt* (pl
~) lead
forstad (*faw*-sdahdh) *c* (pl
-stæder) suburb; **forstads-**
suburban
forstand (fo-*sdahn*) *c* reason,
brain; wits *pl*
forstavelse (*faw*-sdaa-verl-ser) *c* prefix
forstoppelse (fo-*sdob*-erl-ser) *c* constipation
forstuve (fo-*sdoo*-oo) *v*
sprain
forstuvning (fo-*sdoo*-nayng)
c sprain
forstyrre (fo-*sdew*-o) *v*
interrupt, disturb
forstyrrelse (fo-*sdew*-ol-ser)
c disturbance, interruption
forstørre (fo-*sdur*-o) *v*
enlarge
forstørrelse (fo-*sdur*-ol-ser) *c*
enlargement
forstørrelsesglas (fo-*sdur*-ol-serss-glahss) *nt* (pl ~)
magnifying glass
forstøver (fo-*sdur*-vo) *c*
atomizer
***forstå** (fo-*sdo*) *v*
*understand; *see; *take
forståelse (fo-*sdo*-erl-ser) *c*
understanding
forsvar (*faw*-svah) *nt* (pl ~)
defence; plea
forsvare (fo-*svah*-ah) *v*
defend
***forsvinde** (fo-*svayn*-er) *v*
vanish, disappear
forsvundet (fo-*svon*-erdh)
adj lost, disappeared
forsyne (fo-*sew*-ner) *v*
supply; **~ med** furnish with
forsyning (fo-*sew*-nayng) *c*
supply
forsøg (fo-*sur*) *nt* (pl ~) try,
attempt; experiment

forsøge (fo-*sur*-ur) *v* try; attempt

forsømme (fo-*surm*-er) *v* miss, neglect

forsømmelig (fo-*surm*-er-li) *adj* neglectful

forsømmelse (fo-*surm*-erl-ser) *c* neglect

fortaler (*faw*-taa-lo) *c* advocate

fortid (*faw*-tidh) *c* past

fortjene (fo-t^y*eh*-ner) *v* merit, deserve

fortjeneste (fo-t^y*eh*-nerss-der) *c* merit; gain

fortolde (fo-*tol*-er) *v* declare

fortov (*faw*-to^{oo}) *nt* pavement; sidewalk *nAm*

fortrinsret (*faw*-trins-ræd) *c* priority

fortrolig (fo-*troa*-li) *adj* confidential

fortrylle (fo-*trewl*-er) *v* bewitch

fortryllelse (fo-*trewl*-erl-ser) *c* spell; glamour

fortryllende (fo-*trewl*-er-ner) *adj* enchanting, glamorous

fortræd (fo-*trædh*) *c* harm; mischief; **gøre* ~ harm

fortræffelig (fo-*træ*-fer-li) *adj* first-rate

***fortsætte** (*fawd*-seh-der) *v* continue; *go on, proceed, carry on

fortsættelse (*fawd*-seh-derl-ser) *c* continuation; sequel

fortvivle (fo-*tvee*^{oo}-ler) *v* despair

fortvivlelse (fo-*tvee*^{oo}-lerl-ser) *c* despair

fortynde (fo-*turn*-er) *v* dilute

***fortælle** (fo-*tehl*-er) *v* *tell; relate

fortælling (fo-*tehl*-ayng) *c* story, tale

forud (*faw*-oodh) *adv* before

forudbetalt (*faw*-oodh-bay-tahld) *adj* prepaid

foruden (fo-*ōō*-dhern) *prep* besides

forudgående (*faw*-oodh-go-o-ner) *adj* previous; prior

forudsat at (*faw*-oodh-sahd ahd) provided that, supposing that

***forudse** (*faw*-oodh-say) *v* foresee

***forudsige** (*faw*-oodh-si-i) *v* predict; forecast

forudsigelse (*faw*-oodh-si-erl-ser) *c* forecast

forundre (fo-*on*-dro) *v* surprise, astonish, amaze

forundring (fo-*on*-drayng) *c* wonder, surprise, astonishment

forurene (fo-oo-*ræ*-ner) *v* pollute

forurening (fo-oo-*ræ*-nayng) *c* pollution

forurolige (fo-oo-*roa*-li-er) *v* alarm

foruroligende (fo-oo-*roa*-lee-er-ner) *adj* scary

forvaltningsret (fo-*vahld*-nayngs-ræd) *c* administrative law

forvandle til (fo-*vahn*-ler) turn into

forvaring

forvaring (fo-*vah*-ræng) *c* custody
forvask (*faw*-vahsg) *c* prewash
i forvejen (i *faw*-vigh-ern) in advance
forveksle (fo-*vehg*-sler) *v* *mistake, confuse
forvente (fo-*vehn*-der) *v* expect; anticipate
forventning (fo-*vehnd*-nayng) *c* expectation
forventningsfuld (fo-*vehnd*-naynGs-fool) *adj* expectant
forvirre (fo-*veer*-o) *v* embarrass, confuse; **forvirret** confused
forvirring (fo-*veer*-ayng) *c* confusion; disturbance, muddle
forvisse sig om (fo-*vay*-ser) ascertain
forvolde (fo-*vol*-er) *v* cause
*forvride (fo-*vri*-dher) *v* wrench, twist, sprain
forælder (fo-*ehl*-der) *c* (pl -dre) parent
forældet (fo-*ehl*-erdh) *adj* ancient; out of date
forældre (fo-*ehl*-dro) *pl* parents *pl*
forære (fo-*æ*-o) *v* *give, present
foræring (fo-*æ*-ræng) *c* gift, present
forøge (fo-*ur*-ur) *v* increase
forøgelse (fo-*ur*-url-ser) *c* increase
forår (*faw*-o) *nt* (pl ~) spring; springtime

66

forårsage (fo-o-*sah*-ah) *v* cause
fotoforretning (*foa*-toa-fo-ræd-nayng) *c* camera shop
fotograf (foa-doa-*grahf*) *c* photographer
fotografere (foa-doa-grah-*fay*-o) *v* photograph
fotografering (foa-doa-grah-*fay*-ræng) *c* photography
fotografi (foa-doa-grah-*fi*) *nt* photo, photograph
fotokopi (*foa*-toa-koa-pi) *c* photocopy
foyer (foi-*Y*ay) *c* foyer; lobby
fra (frah) *prep* out of, off, as from, from; ~ **og med** as from, from
fradrag (*frah*-drou) *nt* (pl ~) rebate
fraflytte (*frah*-flur-der) *v* vacate
fragt (frahgd) *c* freight
frakke (*frah*-ger) *c* coat
frankere (frahng-*kay*-o) *v* stamp
franko (*frahng*-koa) post-paid
Frankrig (*frahng*-kri) France
fransk (frahnsg) *adj* French
franskmand (*frahnsg*-mahn) *c* (pl -mænd) Frenchman
fraråde (*frah*-ro-dher) *v* dissuade from
frastødende (*frah*-sdur-dher-ner) *adj* repellent, repulsive
*fratage (*frah*-tah-ah) *v* deprive of
*fratræde (*frah*-træ-dher) *v* resign
fratrædelse (frah-*træ*-dherl-

ser) c resignation
*****fratrække** (*frah-træ-ger*) v deduct, subtract
fravær (*frah-vær*) nt (pl ~) absence
fraværende (*frah-veh-o-ner*) adj absent
fred (*frædh*) c peace
fredag (*fræ-dah*) c Friday
fredelig (*fræe-dher-li*) adj peaceful; restful
fredsommelig (*frædh-som-er-li*) adj peaceful
frekvens (*fray-kvehns*) c frequency
frelse (*fræl-ser*) v save, rescue; c rescue, salvation
frem (*fræm*) adv forward
fremad (*fræm-ahdh*) adv onwards
fremefter (*fræm-ayf-do*) adv forward
fremføre (*fræm-fur-o*) v adduce, advance; present; *bring up
fremgang (*fræm-gahng*) c advance, progress
fremgangsmåde (*fræm-gahngs-maw-dher*) c procedure, process; approach, method
*****fremgå** (*fræm-go*) v appear
fremhæve (*fræm-heh-ver*) v emphasize
fremkalde (*fræm-kahl-er*) v develop; cause
fremme (*fræ-mer*) v promote
fremmed (*fræ-merdh*) c stranger; adj foreign, strange
fremragende (*fræm-rou-er-ner*) adj splendid, excellent
fremskaffe (*fræm-sgah-fer*) v produce, furnish
fremskridt (*fræm-sgrid*) nt (pl ~) progress; *gøre ~ *get on
fremskridtsvenlig (*fræm-sgrids-vehn-li*) adj progressive
fremstamme (*fræm-sdahm-er*) v falter
fremstille (*fræm-sdayl-er*) v produce; manufacture
fremstilling (*fræm-sdayl-ayng*) c report, account; manufacture
fremstående (*fræm-sdo-er-ner*) adj outstanding
fremtid (*fræm-tidh*) c future
fremtidig (*fræm-ti-dhi*) adj future
fremtoning (*fræm-toa-nayng*) c appearance
*****fremtræde** (*fræm-træ-dher*) v appear
fremviser (*fræm-vi-ser*) v *show; display
fremvisning (*fræhm-vis-nayng*) c display
fri (*fri*) adj free
fribadestrand (*fri-baa-dher-sdrahn*) c nudist beach
fribillet (*fri-bi-lehd*) c (pl ~ter) free ticket
frifindelse (*fri-fayn-erl-ser*) c acquittal
frigørelse (*fri-gur-ol-ser*) c emancipation
frihed (*fri-haydh*) c freedom, liberty

friktion 68

friktion (frig-s^yoan) c friction
frikvarter (fri-kvah-tayr) nt break
frimærke (fri-mær-ger) nt stamp, postage stamp
frimærkeautomat (fri-mær-ger-ahoo-toa-mahd) c stamp machine
frisk (fræsg) adj fresh; brisk
frist (fræsd) c respite, time; term
friste (fræss-der) v tempt
fristelse (fræss-dayl-ser) c temptation
frisure (fri-sew-o) c hairdo
frisør (fri-surr) c hairdresser
***fritage** (fri-tah-ah) v exempt; ~ **for** discharge of; **fritaget** exempted
fritagelse (fri-tah-ahl-ser) c exemption
fritid (fri-tidh) c spare time, leisure
fritidscenter (fri-tidhs-sehn-do) nt (pl -centre) recreation centre
fritidstøj (fri-tidhs-toi) nt activewear
frivillig (fri-vil-i) c volunteer; adj voluntary
frokost (fro-gosd) c lunch; luncheon
from (from) adj pious
frossen (fro-sern) adj frozen
frost (frosd) c frost
frostvæske (frosd-vehss-ger) c antifreeze
frotté (froa-tay) c towelling
frue (froo-oo) c madam; mistress

frugt (frogd) c fruit
frugtbar (frogd-bah) adj fertile
frugthave (frogd-haa-ver) c orchard
fryd (frewdh) c delight, joy
frygt (frurgd) c fear
frygte (frurg-der) v fear; dread
frygtelig (frurg-der-li) adj terrible, awful, dreadful
frygtindgydende (frurgd-ayn-gew-dher-ner) adj terrifying
frynse (furn-ser) c fringe
***fryse** (frew-ser) v *freeze
frysepunkt (frew-ser-pongd) nt freezing point
fryser (frew-ser) c freezer
fræk (fræg) adj insolent, bold; cheeky (colloquial)
frækhed (fræg-haydh) c impertinence
frø¹ (frur) c frog
frø² (frur) nt (pl ~) seed
frøken (frur-gern) c miss
fugl (fool) c bird
fugt (fogd) c damp
fugte (fog-der) v moisten, damp
fugtig (fog-di) adj humid, moist, damp; wet
fugtighed (fog-di-haydh) c humidity, moisture
fugtighedscreme (fog-di-haydhs-kræm) c moisturizing cream
fuld (fool) adj full; drunk
fuldbyrde (fool-bewr-der) v accomplish

fuldende (*fool*-ehn-er) *v* complete

fuldendthed (*fool*-ehnd-haydh) *c* perfection

fuldføre (*fool*-fur-o) *v* complete; accomplish

fuldkommen (*fool*-kom-ern) *adj* perfect; complete, *adv* perfectly, quite, absolutely

fuldkommenhed (*fool*-kom-ern-haydh) *c* perfection

fuldkornsbrød (*fool*-koarns-brurdh) *nt* (pl ~) wholemeal bread

fuldstændig (*fool*-sdehn-di) *adj* total, complete;
  fuldstændigt altogether, quite, completely

fundament (fon-dah-*mehnd*) *nt* base

fundamental (fon-dah-mehn-*tahl*) *adj* fundamental

fungere (fong-*gay*-o) *v* work

funklende (*fong*-gler-ner) *adj* sparkling

funktion (fong-s^y*oan*) *c* function; operation

fusion (foo-s^y*oan*) *c* merger

fy! (few) shame!

fyld (fewl) *nt* stuffing, filling

fylde (*few*-ler) *v* fill; **~ op** fill up

fyldepen (*few*-ler-pehn) *c* (pl ~ne) fountain pen

fyldestgørende (*fewl*-ersd-gur-o-ner) *adj* sufficient

fyr (fewr) *c* guy, fellow, chap; boy

fyrre (*fūr*-o) *num* forty

fyrste (*fewr*-sder) *c* prince

fyrtårn (*fewr*-ton) *nt* lighthouse

fysik (few-*sig*) *c* physics

fysiker (*few*-si-go) *c* physicist

fysiologi (few-s^yoa-loa-*gi*) *c* physiology

fysisk (*few*-sisg) *adj* physical

fædreland (*fehdh*-ro-lahn) *nt* native country

fægte (*fehg*-der) *v* fence

fælde (*feh*-ler) *c* trap

fælg (fehl) *c* rim

fælles (*fehl*-erss) *adj* common; joint

i fællesskab (i *fehl*-erss-sgahb) jointly

fængsel (*fehng*-serl) *nt* (pl -sler) prison, jail

fængsle (*fehng*-sler) *v* imprison; captivate, fascinate

færdig (*fær*-di) *adj* finished; ***gøre ~** finish

færdighed (*fær*-di-haydh) *c* skill

færdsel (*fær*-serl) *c* traffic; **ensrettet ~** one-way traffic

færdselsåre (*fær*-serls-aw-o) *c* thoroughfare

færge (*fær*-er) *c* ferry-boat

fæste (*feh*-sder) *v* fasten; **~ med nål** pin

fæstne (*fehsd*-ner) *v* attach

fæstning (*fehsd*-nayng) *c* fortress

fætter (*fæ*-do) *c* (pl fætre) cousin

føde (*fūr*-dher) *c* food

føderation (fur-der-rah-s^y*oan*) *c* federation

fødested

fødested (*fūr-dher-sdehdh*) *nt* place of birth
fødsel (*fur-serl*) *c* (pl -sler) birth; childbirth
fødselsdag (*fur-serls-dah*) *c* birthday
fødselsveer (*fur-serls-vay-o*) *pl* labour
født (*furd*) *adj* born
føl (*furl*) *nt* (pl ~) foal
føle (*fūr-ler*) *v* *feel; ~ på *feel
følelse (*fūr-lerl-ser*) *c* feeling; sensation
følelsesløs (*fūr-lerl-serss-lurs*) *adj* insensitive; numb
følesans (*fūr-ler-sahns*) *c* touch
følge (*furl-^yer*) *c* sequence; issue, result; **som ~ af** owing to
***følge** (*furl-^yer*) *v* follow; accompany; ~ **med** *keep up with
følgelig (*furl-^yer-li*) *adv* consequently
følgende (*furl-^yer-ner*) *adj* following; subsequent, next
føljeton (*furl-^yer-tong*) *c* serial
følsom (*fūrl-som*) *adj* sensitive
før (*furr*) *conj* before; *prep* before; *adv* before
føre (*fūr-o*) *v* conduct, *drive; carry
førende (*fūr-o-ner*) *adj* leading
fører (*fūr-o*) *c* leader
førerbevis (*fūr-o-bay-vis*) *nt* driving licence
førerhund (*fūr-o-hoon*) *c* guide dog
føring (*fūr-ræng*) *c* lead
først (*furrsd*) *adj* foremost, initial; *adv* at first; **for det første** first of all; ~ **og fremmest** especially, essentially
første (*furr-sder*) *num* first
førstehjælp (*furrs-sder-^yehlb*) *c* first aid
førstehjælpsstation (*furr-sder-^yehlbs-sdah-s^hoan*) *c* first aid post
førsteklasses (*furrs-sder-klah-serss*) *adj* first-class
førsterangs (*furr-sder-rahngs*) *adj* first-rate
få (*fo*) *adj* few
***få** (*fo*) *v* receive, obtain, *get; *have; ~ **til at** cause to
får (*for*) *nt* (pl ~) sheep
fårekylling (*faw-o-kew-layng*) *c* cricket
fårekød (*faw-o-kurdh*) *nt* mutton
fåresyge (*faw-o-sew-ew*) *c* mumps

G

gab (gahb) *nt* (pl ~) mouth
gabe (*gaa*-ber) *v* yawn; gape
gade (*gaa*-dher) *c* street; road
gadedørsnøgle (*gaa*-dher-durrs-noi-ler) *c* latchkey
gadekryds (*gaa*-dher-krewss) *nt* (pl ~) crossroads
gadekær (*gaa*-dher-kær) *nt* (pl ~) village pond
gaffel (*gah*-ferl) *c* (pl gafler) fork
gage (*gaa*-s^yer) *c* pay
gal (gahl) *adj* mad
galde (*gah*-ler) *c* bile, gall
galdeblære (*gah*-ler-blai-o) *c* gall bladder
galdesten (*gah*-ler-sdayn) *c* (pl ~) gallstone
galge (*gahl*-^yer) *c* gallows *pl*
galleri (gah-ler-*ri*) *nt* gallery
gallon (gal-on) *c* gallon (Brit 4.55 l; Am 3.79 l)
galop (gah-*lob*) *c* (pl ~per) gallop
gammel (*gah*-merl) *adj* old; ancient, aged; stale
gammeldags (*gah*-merl-dahs) *adj* old-fashioned; ancient, quaint
gane (*gaa*-ner) *c* palate
gang (gahng) *c* time; hall; en ~ once; en ~ til once more; **gang på gang** again and again
gangart (*gahng*-ahd) *c* gait, pace

gange (*gah*-nger) *v* multiply
gangsti (*gahng*-sdi) *c* footpath
ganske (*gahn*-sger) *adv* quite, fairly; rather
garage (gah-*raa*-s^yer) *c* garage
garantere (gaa-ahn-*tay*-o) *v* guarantee
garanti (gaa-ahn-*ti*) *c* guarantee
garderobe (gah-der-*rōa*-ber) *c* cloakroom; wardrobe; checkroom *nAm*
garderobeskab (gah-der-*rōa*-ber-sgahb) *nt* closet *nAm*
gardin (gah-*din*) *nt* curtain
garn (gahn) *nt* (pl ~) yarn
gartner (*gaad*-no) *c* gardener
gas (gahss) *c* gas
gaskomfur (*gahss*-kom-foor) *nt* gas cooker
gasovn (*gahss*-o^{oo}n) *c* gas stove
gasværk (*gahss*-værg) *nt* gasworks
gave (*gaa*-ver) *c* gift, present; donation
gavekort (*gaa*-ver-kawd) *nt* gift card
gavl (goul) *c* gable
gavmild (*gou*-mil) *adj* liberal, generous
gavmildhed (*gou*-mil-haydh) *c* generosity

gavn 72

gavn (goun) *c* benefit, advantage, profit

gear (gir) *nt* (pl ~) gear; **skifte ~** change gear

gearkasse (*geer*-kah-ser) *c* gearbox

gearstang (*geer*-sdahng) *c* (pl -stænger) gear lever

gebis (gay-*biss*) *nt* (pl ~ser) false teeth

gebyr (gay-*bewr*) *nt* charge

ged (gaydh) *c* goat

gedeskind (*gāy*-dher-sgayn) *nt* (pl ~) kid

gejst (gighsd) *c* soul

gelé (s^yay-*lay*) *c* jelly

gelænder (gay-*lehn*-o) *nt* rail

gemen (gay-*mayn*) *adj* mean

gemme (*geh*-mer) *v* *hide

gemytlig (gay-*mewd*-li) *adj* jolly

genbrug (*gayn*-broo) *v* recycle

genbrugelig (gayn-*broo*-er-li) *adj* recyclable

genbrugs- (*gayn*-broos) *adj* recyclable

general (gay-ner-*rahl*) *c* general

generation (gay-ner-rah-s^yoan) *c* generation

generator (gay-ner-*raa*-to) *c* generator

genere (s^yay-*nay*-o) *v* bother

generel (gay-ner-*ræl*) *adj* general

genert (s^yay-*nayrd*) *adj* shy

generthed (s^yay-*nayrd*-haydh) *c* timidity, shyness

generøs (s^yay-ner-*rurs*) *adj* generous

***genfinde** (*gehn*-fayn-er) *v* recover

genforene (*gehn*-fo-oay-ner) *v* reunite

geni (s^yay-*ni*) *nt* genius

genial (gay-ni-*ahl*) *adj* brilliant

genkende (*gehn*-kehn-er) *v* recognize

genlyd (*gehn*-lewdh) *c* echo

gennem (*gehn*-erm) *prep* through

gennemblode (geh-*nerm*-blur-dher) *v* soak

gennembore (geh-*nerm*-boa-o) *v* pierce

gennemføre (geh-*nerm*-fur-o) *v* carry out

gennemførlig (geh-*nerm*-furr-li) *adj* feasible

***gennemgå** (*geh*-nerm-go) *v* *go through; suffer

gennemrejse (geh-*nerm*-righ-ser) *c* passage

gennemsigtig (geh-*nerm*-sayg-di) *adj* transparent; sheer

gennemslag (*geh*-nerm-slah) *nt* (pl ~) carbon copy

gennemsnit (*geh*-nerm-snid) *nt* (pl ~) average; profile; **i ~** on the average

gennemsnitlig (*geh*-nehm-snid-li) *adj* average; medium

gennemsøge (geh-*nerm*-sur-ur) *v* search

gennemtræk (*geh*-nerm-træg) *c* draught

gennemtrænge (gehn-*nerm*-

globalt positionerings-system

træng-er) v penetrate
gennemvæde (geh-nerm-veh-dher) v soak
genopblomstring (gehn-ob-blom-sdræng) c revival
*****genoptage** (gehn-ob-tah-ah) v resume
gensidig (gehn-si-dhi) adj mutual
genstand (gehn-sdahn) c article; object
genstridig (gehn-sdri-dhi) adj obstinate
*****gentage** (gehn-tah-ah) v repeat
gentagelse (gehn-tah-erl-ser) c repetition
geografi (gay^{oo}-grah-fi) c geography
geologi (gay-oa-loa-gi) c geology
geometri (gay-oa-may-tri) c geometry
gerne (gær-ner) adv gladly
gerning (gær-nayng) c deed
gespenst (gay-sbehnsd) nt phantom
gestikulere (gehss-di-koo-lay-o) v gesticulate
gestus (gehss-dooss) c (pl ~) sign
gevinst (gay-vaynsd) c winnings pl
gevær (gay-vær) nt rifle; gun
gidsel (gi-serl) nt (pl -sler) hostage
gift (gifd) c poison
gifte sig (gif-der) marry
giftig (gif-di) adj poisonous; toxic

gigantisk (gi-gahn-tisg) adj gigantic
gigt (gigd) c gout, rheumatism
gips (gibs) c plaster
gisne (giss-ner) v guess
gispe (giss-ber) v pant
*****give** (gee-ver) v *give; ~ efter *give away; ~ tilladelse v license, *give in; ~ ud *spend
giver (gee-vo) c donor
glad (glahdh) adj cheerful, delighted; good-humoured
glamme (glah-mer) v bay
glans (glahns) c gloss
glansløs (glahns-lurs) adj mat
glas (glahss) nt (pl ~) glass; **glas-** glass; **kulørt ~** stained glass
glasere (glah-say-o) v glaze
glat (glahd) adj even, smooth; slippery
gleh-mer (gleh-mer) v *forget
glemsom (glehm-som) adj forgetful
gletscher (glehd-s^{y}o) c glacier
*****glide** (glee-dher) v *slide, glide; slip, skid
glimt (glaymd) nt (pl ~) glimpse; flash
glippe (glay-ber) v fail
global (gloa-bahl) adj global
globalisering (gloa-bah-li-say-rayng) c globalization
globalisere (gloa-bah-li-say-ro) v globalize
globalt positionerings-system nt; global

globus

positioning system, GPS
globus (*gloa*-booss) c (pl ~ser) globe
glæde (*glai*-dher) c joy, gladness; pleasure; med ~ gladly
glæde sig over (*glai*-dher) enjoy
glædelig (*glai*-dher-li) *adj* joyful
glød (glurdh) c glow
gløde (*glūr*-dher) v glow
gnaven (*gnaa*-vern) *adj* cross
***gnide** (*gnee*-dher) v rub
gnist (gnisd) c spark
gnubbe (*gnoo*-ber) v scratch, scour, scrub
gobelin (goa-ber-*lehng*) c tapestry
god (goadh) *adj* good, kind; **godt** well; godt! all right!
goddag! (goa-*dah*) hello!
godkende (*goadh*-kehn-er) v approve of
godkendelse (*goadh*-kehn-erl-ser) c authorization
godmodig (goadh-*moa*-dhi) *adj* good-natured
gods (goss) *nt* estate; goods *pl*
***godskrive** (*goadh*-sgri-ver) v credit
godstog (goss-to⁰⁰) *nt* goods train; freight train *nAm*
godter (go-do) *pl* sweets; candy *nAm*
***godtgøre** (*god*-gur-o) v prove, *make good; reimburse
godtroende (*goadh*-troa-oa-

ner) *adj* credulous
golf (golf) golf
golfbane (*golf*-baa-ner) c golf links, golf course
gondol (gon-*doal*) c gondola
GPS (gay-pay-ess) *nt* GPS, global positioning system
graciøs (grah-si-*urs*) *adj* graceful
grad (grahdh) c degree; **i den ~ so**
gradvis (grahdh-vis) *adj* gradual; *adv* gradually
graf (grahf) c graph
grafisk (*grah*-fisg) *adj* graphic
gram (grahm) *nt* (pl ~) gram
grammatik (grah-mah-*tig*) c grammar
grammatisk (grah-*mah*-disg) *adj* grammatical
grammofonplade (grah-moa-*foan*-plaa-dher) c record; disc
gran (grahn) c fir tree
granit (grah-*nid*) c (pl ~ter) granite
grapefrugt (*græeb*-frogd) c grapefruit
gratis (*graa*-diss) *adj* gratis, free, free of charge
gratulation (grah-too-lah-s'oan) c congratulation
gratulere (grah-too-*lay*-o) v congratulate
grav (grahoo) c pit; grave, tomb
grave (*graa*-ver) v *dig
gravere (grah-*vay*-o) v engrave
gravid (grah-*vidh*) *adj*

pregnant
gravsten (*grou*-sdayn) *c* (pl ~) tombstone, gravestone
gravsætning (*grou*-sehd-nayng) *c* burial
gravør (grah-*vurr*) *c* engraver
greb (græb) *nt* (pl ~) grasp, clutch; grip
gren (græn) *c* branch
greve (*græ*æ-ver) *c* count; earl
grevinde (græoo-*ay*-ner) *c* countess
grevskab (*græ*oo-sgahb) *nt* county
grib (grib) *c* (pl ~be) vulture
*****gribe** (*gree*-ber) *v* *catch; *take, seize; grasp, grip; ~ ind intervene; interfere
grill (grill) *c* barbecue
grille (*gri*-ler) *c* whim; *v* grill
grill-restaurant (*gril*-ræss-doa-rahng) *c* grillroom
grim (græm) *adj* ugly
grin (grin) *nt* (pl ~) grin; *gøre til ~ ridicule
grine (*gree*-ner) *v* grin
gris (gris) *c* pig
gros (gros) *nt* (pl ~) gross
grosserer (groa-*say*-o) *c* merchant
grossist (groa-*sisd*) *c* wholesale dealer
grotte (*gro*-der) *c* cave; grotto
grov (gro^{oo}) *adj* coarse; gross
gru (groo) *c* horror; dread
grube (*groo*-ber) *c* pit
grufuld (*groo*-fool) *adj* horrible
grund (gron) *c* grounds,

ground; reason, cause; **på ~ af** for, because of; owing to, on account of
grundig (*gron*-di) *adj* thorough
grundlag (*gron*-lah) *nt* (pl ~) basis
*****grundlægge** (*gron*-leh-ger) *v* found
grundlæggende (*gron*-leh-ger-ner) *adj* basic
grundreglerne (*gron*-ræg-leh-ner) *npl* basics
grundsætning (*gron*-sehd-nayng) *c* principle
gruppe (*groo*-ber) *c* group, party; set
grus (groos) *nt* gravel; grit
grusom (*groo*-som) *adj* cruel; harsh
gryde (*grew*-dher) *c* pot
*****græde** (*græ*æ-dher) *v* *weep, cry
Grækenland (*græ*-gern-lahn) Greece
græker (*græ*-go) *c* Greek
græmmelse (*græ*-merl-ser) *c* sorrow
grænse (*græn*-ser) *c* boundary, frontier; border; limit, bound
grænseløs (*græn*-ser-lurs) *adj* unlimited
græs (græss) *nt* grass
græsgang (*græss*-gahng) *c* pasture
græshoppe (*græss*-ho-ber) *c* grasshopper
græsk (græsg) *adj* Greek
græsplæne (*græss*-plai-ner)

græsse 76

c lawn
græsse (*græ*-ser) *v* graze
græsstrå (*græss*-sdro) *nt* (pl ~) blade of grass
grøft (grurfd) *c* ditch
grøn (grurn) *adj* green
grønthandler (*grurn*-hahn-lo) *c* greengrocer; vegetable merchant
grøntsag (*grurn*-sah) *c* vegetable; **grøntsager** greens *pl*
grå (gro) *adj* grey
grådig (*graw*-dhi) *adj* greedy
gud (goodh) *c* god
guddommelig (goodh-*dom*-er-li) *adj* divine
gudfar (*goodh*-faa) *c* (pl -fædre) godfather
gudinde (goodh-*ay*-ner) *c* goddess
gudmoder (*goodh*-mōa-dho) *c* (pl -mødre) godmother
gudstjeneste (*goodhs*-tʸeh-ner-sder) *c* service
guide (gaayd) *c* guide; guidebook
guitar (gi-*tah*) *c* guitar
gul (gool) *adj* yellow
gulbrun (*gool*-broon) *adj* fawn
guld (gool) *nt* gold
guldsmed (*gool*-smaydh) *c* goldsmith
gulerod (*goo*-ler-roadh) *c* (pl -rødder) carrot
gulsot (*gool*-soad) *c* jaundice
gulv (gol) *nt* floor
gulvtæppe (*gol*-teh-per) *nt* carpet

gummi (*go*-mi) *c* gum, rubber
gummisko (*go*-mi-sgoa) *pl* plimsolls *pl*
gunstig (*gon*-sdi) *adj* favourable
gurgle (*goor*-ler) *v* gargle
guvernante (goo-vær-*nahn*-der) *c* governess
guvernør (goo-vær-*nurr*) *c* governor
gyde (*gēw*-dher) *c* alley
gylden (*gewl*-ern) *adj* golden
gyldig (*gewl*-di) *adj* valid
gylp (gewlb) *c* fly
gymnasielærer (gewm-*nah*-sʸer-lai-o) *c* teacher
gymnast (gewm-*nahsd*) *c* gymnast
gymnastik (gewm-nah-*sdig*) *c* gymnastics *pl*
gymnastikbukser (gewm-nah-*sdig*-bog-so) *pl* trunks *pl*
gymnastiksal (gewm-nah-*sdig*-sahl) *c* gymnasium
gymnastiksko (gewm-nah-*sdig*-sgoa) *pl* gym shoes; sneakers *plAm*
gynge (*gurng*-er) *c* swing; *v* rock, *swing
gynækolog (gew-neh-koa-*loa*) *c* gynaecologist
gysen (*gēw*-sern) *c* shudder
gæld (gehl) *c* debt
***gælde** (*geh*-ler) *v* *be worth; apply
gælle (*geh*-ler) *c* gill
gængs (gehngs) *adj* current
gær (gær) *c* yeast
gærde (*gai*-o) *nt* fence

gære (gai-o) v ferment
gæs (gehss) npl geese
gæst (gehsd) c guest
gæsteværelse (gehss-der-vai-ol-ser) nt spare room, guest room
gæstfri (gehsd-fri) adj hospitable
gæstfrihed (gehsd-fri-haydh) c hospitality
gætte (geh-der) v guess
go (gur) v bark
gødning (gurdh-nayng) c dung, manure
gøg (gur) c cuckoo
*gøre (gūr-o) v *do; gøre for meget ud af (gūr-o for migh-erdh oodh af) v overdo
*gå (go) v *go; walk; ~ forbi pass by; ~ forud for precede; ~ fra borde disembark; ~ fremad advance; ~ igennem *go through; ~ ind enter, *go

in; ~ ned descend; ~ om bord embark; ~ op ad mount; ~ på pension v retire; ~ tilbage return; ~ til valgstederne *go to the polls; ~ ud *go out; ~ uden om by-pass; ~ ud fra suppose, assume; ~ videre *go on, *go ahead
gåde (gaw-dher) c enigma, riddle, puzzle
gådefuld (gaw-dher-fool) adj mysterious; enigmatic
i går (i gor) yesterday
gård (gor) c yard, court; farm
gårdejer (gaw-igh-o) c farmer
gårdmandskone (gaw-mahns-kōa-ner) c farmer's wife
gås (gos) c (pl gæs) goose
gåsehud (gaw-ser-hoodh) c goose flesh

H

had (hahdh) nt hatred, hate
hade (haa-dher) v hate
hage (haa-er) c chin
hagl (houl) nt (pl ~) hail
haj (high) c shark
hakke (hah-ger) v chop, mince
hale (haa-ler) c tail; v haul
hals (hahls) c neck, throat; ondt i halsen sore throat
halsbrand (hahls-brahn) c heartburn
halsbånd (hahls-bon) nt (pl

~) collar
halssmykke (hahls-smur-ger) nt necklace
halstørklæde (hahls-turr-klai-dher) nt scarf
halt (hahld) adj lame
halte (hahl-der) v limp
halv (hahl) adj half; halv- semi-; halvt half
halvcirkel (hahl-seer-gerl) c (pl -kler) semicircle
halvdel (hahl-dayl) c half
halvere (hahl-vay-o) v halve

halvfems (hahl-*fehms*) num ninety

halvfjerds (hahl-*f*ʲ*ærs*) num seventy

halvleg (*hah*-ligh) c half time

halvtreds (hahl-*træss*) num fifty

halvvejs (*hahl*-vighs) adv halfway

halvø (*hahl*-ur) c peninsula

ham (hahm) *pron* him

hammer (*hah*-mo) c (pl hamre) hammer

hamp (hahmb) c hemp

han (hahn) *pron* he; **han-** male

handel (*hahn*-erl) c business, trade; commerce; **handels-** commercial

handelsvare (hahn-erls-vaa-ah) c merchandise

handicappet (hahn-di-kah-berdh) *adj* disabled

handikap (*hahn*-di-kab) *nt* (pl ~) handicap

handikappe (*hahn*-di-kab-er) *v* handicap

handikappet (*hahn*-di-kab-erdh) *adj* handicapped

handle (*hahn*-ler) *v* act; trade, shop

handlende (*hahn*-ler-ner) c (pl ~) dealer

handling (*hahn*-layng) c act, action; deed; plot

handske (*hahn*-sger) c glove

hane (*haa*-ner) c cock

hans (hahns) *pron* his

hare (*haa*-ah) c hare

harmoni (hah-moa-*ni*) c harmony

harpe (*haa*-ber) c harp

harsk (haasg) *adj* rancid

hasselnød (*hah*-serl-nurdh) c (pl ~der) hazelnut

hast (hahsd) c haste; **haste-** urgent; **i** ~ in a hurry

hastig (*hahss*-di) *adj* rapid

hastighed (*hahss*-di-haydh) c speed

hastighedsbegrænsning (hahss-di-haydhs-bay-græns-nayng) c speed limit

hastighedsgrænse (hahss-di-haydhs-græn-ser) c speed limit

hastværk (*hahsd*-værg) *nt* hurry

hat (hahd) c (pl ~te) hat

hav (hou) *nt* sea

have (*haa*-ver) c garden; **zoologisk** ~ zoological gardens

***have** (hah) *v* *have; ~ **på** *wear

havedyrkning (*haa*-ver-dewrg-nayng) c horticulture

havfugl (*hou*-fool) c seabird

havmåge (*hou*-maw-er) c seagull

havn (houn) c port, harbour; seaport

havnearbejder (*hou*-ner-aa-bigh-do) c docker

havre (*hou*-ro) c oats *pl*

havvand (*hou*-vahn) *nt* sea water

hebraisk (hay-*brah*-isg) *nt* Hebrew

hed (haydh) *adj* warm, hot

*hedde (*hay*-dher) *v* *be called, *be named
hede (*hay*-dher) *c* heat; heath
hedensk (*hay*-dhernsg) *adj* pagan, heathen
hedning (*haydh*-nayng) *c* pagan, heathen
heftig (*hehf*-di) *adj* fierce, intense, violent
hegn (highn) *nt* (pl ~) fence
Hej! (high) Hello!
hejre (*high*-ro) *c* heron
hejse (*high*-se) *v* hoist
heks (hehgs) *c* witch
hel (hayl) *adj* whole, entire; **helt** completely, entirely; quite; **helt igennem** quite
helbred (*hehl*-brædh) *nt* health
helbrede (*hehl*-bræ-dher) *v* cure, heal
helbredelse (*hehl*-bræ-dherl-ser) *c* cure; recovery
held (hehl) *nt* luck
heldig (*hehl*-di) *adj* lucky; fortunate
heldigvis (*hehl*-di-vis) *adv* fortunately
hele (*hay*-ler) *nt* whole, entity
helgen (*hehl*-ᵞern) *c* saint
helgenskrin (*hehl*-ᵞern-sgrin) *nt* (pl ~) shrine
helikopter (heh-li-*kob*-to) *c* helicopter
helleflynder (*heh*-ler-flur-no) *c* halibut
hellere (*heh*-law-o) *adv* rather
hellig (*heh*-li) *adj* holy; sacred
helligbrøde (*heh*-li-brur-dher) *c* sacrilege
helligdag (*heh*-li-dah) *c* holiday
helligdom (*heh*-li-dom) *c* (pl ~me) shrine
hellige (*heh*-li-i) *v* dedicate; devote
helpension (*hayl*-pahng-sᵞoan) *c* full board, bed and board
helt (hehld) *c* hero
helvede (*hehl*-ver-dher) *nt* hell
hemmelig (*heh*-mer-li) *adj* secret
hemmelighed (*heh*-mer-li-haydh) *c* secret
hende (*hay*-ner) *pron* her
hendes (*hay*-nerss) *pron* her
hengiven (*hehn*-gi-vern) *adj* affectionate
hengivenhed (hehn-*gi*-vern-haydh) *c* affection
i henhold til (i *hehn*-hol tayl) with reference to
henrette (*hehn*-ræ-der) *v* execute
henrettelse (*hehn*-ræ-derl-ser) *c* execution
henrivende (hehn-*ri*-ve-ner) *adj* adorable; delightful
henrykke (*hehn*-rur-ger) *v* delight; **henrykt** delighted
hensigt (*hehn*-saygd) *c* purpose, intention; design; ***have til ~** intend
hensigtsmæssig (*hehn*-saygds-meh-si) *adj* adequate
henstand (*hehn*-sdahn) *c* respite

hensyn

hensyn (*hehn*-sewn) *nt* (pl ~) consideration; **med ~ til** regarding

hensynsfuld (*hehn*-sewns-fool) *adj* considerate

hensynsløs (*hehn*-sewns-lurs) *adj* inconsiderate

hente (*hehn*-der) *v* fetch, *get; pick up, collect

hen til (hehn tayl) to

henvende sig til (*hehn*-vehn-er) turn to; address oneself to

henvise til (*hehn*-vi-ser) refer to

henvisning (*hehn*-vis-nayng) *c* reference

her (hayr) *adv* here

herberg (*hær*-bær) *nt* hostel

herkomst (*hær*-komsd) *c* origin, birth

herlig (*hær*-li) *adj* wonderful, delightful

herre (*hær*-ro) *c* gentleman; master

herredømme (*hær*-ro-dur-mer) *nt* dominion, rule

herregård (*hær*-ro-gor) *c* manor, manor house

herretoilet (*hær*-ro-toa-ah-lehd) *nt* (pl ~ter) men's room

herske (*hær*-sger) *v* rule

hersker (*hær*-sgo) *c* ruler

hertug (*hær*-too) *c* duke

hertuginde (hær-too-*ay*-ner) *c* duchess

hest (hehsd) *c* horse

hestekraft (*hehss*-der-krahfd) *c* (pl -kræfter) horsepower

hestesko (*hehss*-der-sgoa) *c* (pl ~) horseshoe

hestevæddeløb (*hehss*-der-vai-dher-lurb) *nt* (pl ~) horserace

heteroseksuel (*hay*-to-roa-sehg-soo-ehl) *adj* heterosexual

hidsig (*hi*-si) *adj* hot-tempered, quick-tempered

hidtil (*hidh*-tayl) *adv* so far

hierarki (hi-ay-rah-*ki*) *nt* hierarchy

hige efter (*hee*-i) aspire to, crave for

hikke (*hay*-ger) *c* hiccup

hilse (*hil*-ser) *v* greet; salute

hilsen (*hil*-sern) *c* greeting; **med venlig ~** sincerely

himmel (*hay*-merl) *c* (pl himle) sky, heaven

hinanden (hin-*ahn*-ern) *pron* each other

hindbær (*hayn*-bær) *nt* (pl ~) raspberry

hinde (*hay*-ner) *c* membrane

hindre (*hayn*-dro) *v* impede, hinder

hindring (*hayn*-dræng) *c* impediment, obstacle

hinke (*hayng*-ger) *v* play hopscotch

hinsides (*hin*-si-dherss) *prep* beyond

hip-hop (hib-hob) *c* hip-hop

historie (hi-*sdoar*-ʸer) *c* story; history

historiker (hi-*sdoa*-ri-go) *c* historian

historisk (hi-*sdoa*-risg) *adj*

horisont

historic, historical
hittegods (hi-deh-goss) *nt* lost and found, lost property
hittegodskontor (hi-der-goss-koan-toar) *nt* lost property office
hjelm (*y*ehlm) *c* helmet
hjem[1] (*y*ehm) *nt* (pl ~) home
hjem[2] (*y*ehm) *adv* home; *tage ~ *go home
hjemme (*y*eh-mer) *adv* home, at home
hjemme- (yeh-mer) *adj* domestic (in-country)
hjemmelavet (*y*eh-mer-lah-verdh) *adj* home-made
hjemmeside (*y*eh-mer-seedher) *nt* website
hjemrejse (*y*ehm-righ-ser) *c* journey home; return journey
hjemve (*y*ehm-ver) *c* homesickness
hjerne (*y*ær-ner) *c* brain
hjernerystelse (*y*ær-ner-rurss-derl-ser) *c* concussion
hjerte (*y*ær-der) *nt* heart
hjerteanfald (*y*ær-der-ahn-fahl) *nt* (pl ~) heart attack
hjertebanken (*y*ær-der-bahng-gern) *c* palpitation
hjertelig (*y*ær-der-li) *adj* cordial; hearty
hjerteløs (*y*ær-der-lurs) *adj* heartless
hjord (hol) *c* herd
hjort (*y*awd) *c* deer
hjul (*y*ool) *nt* (pl ~) wheel
hjælp (*y*ehlp) *c* aid, assistance, help; relief
***hjælpe** (*y*ehl-ber) *v* help; aid, assist
hjælper (*y*ehl-bo) *c* helper
hjælpsom (*y*ehlb-som) *adj* helpful
hjørne (*y*urr-ner) *nt* corner
hof (hof) *nt* (pl ~fer) court
hofte (hof-der) *c* hip
hofteholder (hof-der-ho-lo) *c* girdle
hold (hol) *nt* (pl ~) team
holdbar (hol-bah) *adj* durable; valid
***holde** (ho-ler) *v* *keep, *hold; pull up; ~ af love, like; fancy, *be fond of; ~ op cease; quit; ~ oppe *hold up; ~ på *hold; insist; ~ sig fast *hold on; ~ sig fra *keep off; ~ tilbage restrain; ~ ud *stand, endure; *keep up
holdning (hol-nayng) *c* attitude, position
Holland (ho-lahn) Holland
hollandsk (ho-lahnsg) *adj* Dutch
hollænder (ho-lehn-o) *c* Dutchman
homoseksuel (hōa-moa-sehg-soo-ehl) *adj* homosexual
honning (ho-nayng) *c* honey
honorar (hoa-noa-*rah*) *nt* fee
honorere (hoa-noa-*ræ*-o) *v* remunerate
hop (hob) *nt* (pl ~)
hoppe (*ho*-ber) *v* jump; *leap; hop; skip; *c* mare
horisont (hoa-ri-*sond*) *c* horizon

horn

horn (hoarn) *nt* (pl ~) horn
hornorkester (*hoarn*-o-kehss-do) *nt* (pl -tre) brass band
hos (hoass) *prep* at
hospital (hoass-bi-*tahl*) *nt* hospital
hoste (*hoa*-sder) *c* cough; *v* cough
hotel (hoa-*tehl*) *nt* (pl ~ler) hotel
hotspot (hod-spod) *c* hotspot (*internet*)
hov (ho͞o) *c* hoof
hoved (*hoa*-oadh) *nt* head; **hoved-** main, chief, principal, primary; capital, cardinal; **på hovedet** upside down
hovedbanegård (*hoa*-oadh-baa-ner-go) *c* central station
hovedbrud (*hoa*-oadh-broodh) *nt* (pl ~) puzzle
hoveddæk (*hoa*-oadh-dehg) *nt* (pl ~) main deck
hovedgade (*hoa*-oadh-gaa-dher) *c* main street
hovedkvarter (*hoa*-oadh-kvah-tayr) *nt* headquarters *pl*
hovedledning (*hoa*-oadh-laydh-nayng) *c* mains *pl*
hovedlinje (*hoa*-oadh-lin-yer) *c* main line
hovedpine (*hoa*-oadh-pee-ner) *c* headache
hovedpude (*hoa*-oadh-po͞o-dher) *c* pillow
hovedsag (*hoa*-oadh-sah) *c* main thing

hovedsagelig (*hoa*-oadh-sah-er-li) *adv* mainly
hovedstad (*hoa*-oadh-sdahdh) *c* (pl -stæder) capital
hovedvej (*hoa*-oadh-vigh) *c* main road; thoroughfare
hovmester (ho͞o-*mehss*-do) *c* (pl -mestre) steward
hovmodig (ho͞o-*moa*-dhi) *adj* haughty
hud (hoodh) *c* skin; hide
hudafskrabning (*hoodh*-ou-sgrahb-nayng) *c* graze, abrasion
hudcreme (*hoodh*-kræm) *c* skin cream
hue (*ho͞o*-oo) *c* cap
hukommelse (hoo-*kom*-erl-ser) *c* memory
hul[1] (hol) *nt* (pl ~ler) hole
hul[2] (hool) *adj* hollow
hule (*ho͞o*-ler) *c* cavern, cave
hulepindsvin (*ho͞o*-ler-payn-svin) *nt* (pl ~) porcupine
hulhed (*hool*-haydh) *c* cavity
humle (*hom*-ler) *c* hop
humlebi (*hom*-ler-bi) *c* bumblebee
hummer (*hom*-o) *c* lobster
humor (*hoo*-mo) *c* humour
humoristisk (hoo-moa-*riss*-disg) *adj* humorous
humør (hoo-*murr*) *nt* mood; spirits, spirit; **i godt ~** good-tempered
hun (hoon) *pron* she; **hun-** female
hund (hoon) *c* dog
hundegalskab (*hoo*-ner-

hvorfor

gahl-sgahb) *c* rabies
hundehus (*hoo*-ner-hoos) *nt* kennel
hundrede (*hoon*-ro-dher) *num* hundred
hurtig (*hoar*-di) *adj* quick, fast; swift, rapid; **hurtigt** soon, quickly
hurtighed (*hoar*-di-haydh) *c* speed
hus (hoos) *nt* house; home
husassistent (*hooss*-ah-si-sdehnd) *c* housemaid
husbåd (*hooss*-bodh) *c* houseboat
husdyr (*hooss*-dewr) *nt* (pl ~) domestic animal
huse (*hōō*-ser) *v* house; lodge
husejer (*hooss*-igh-o) *c* landlord
husholderske (*hooss*-hol-o-sger) *c* housekeeper
husholdning (*hooss*-hol-nayng) *c* housework, household, housekeeping
huske (*hooss*-ger) *v* remember
huslig (*hooss*-li) *adj* domestic (home)
husly (*hooss*-lew) *nt* accommodation; **skaffe ~** accommodate
huslærer (*hooss*-lai-o) *c* tutor
husmor (*hooss*-moar) *c* (pl -mødre) housewife
hustru (*hooss*-droo) *c* wife
husvært (*hooss*-værd) *c* landlord
hvad (vahdh) *pron* what; **~ end** whatever; **~ som helst** anything
hval (vahl) *c* whale
hvede (*vāy*-dher) *c* wheat
hvedebrødsdage (*vāy*-dher-brurdhs-daa-ah) *pl* honeymoon
hvedemel (*vāy*-dher-mayl) *nt* flour
hvem (vehm) *pron* who; whom; **~ der end** whoever; **~ som helst** anybody
hveps (vehbs) *c* wasp
hver (vær) *pron* each, every
hverdag (*vær*-dah) *c* weekday
hverken ... eller (*vær*-gern eh-lo) neither ... nor
hvid (vidh) *adj* white
hvidløg (*vidh*-loi) *nt* (pl ~) garlic
hvile (*vee*-ler) *c* rest; *v* rest; **~ sig** rest; **~ ud** rest
hvilehjem (*vee*-ler-ʸehm) *nt* (pl ~) rest home
hvilken (*vil*-gern) *pron* which; **~ som helst** whichever; any
hvilling (*vi*-layng) *c* whiting
hvin (vin) *nt* (pl ~) shriek
hvine (*vee*-ner) *v* shriek
hvis (vayss) *pron* whose; *conj* if
hviske (*vayss*-ger) *v* whisper
hvisken (*vayss*-gern) *c* whisper
hvor (vo) *adv* where; how; **~ end** wherever; **~ mange** how many; **~ meget** how much; **~ som helst** anywhere
hvordan (vo-*dahn*) *adv* how
hvorfor (vo-*fo*) *adv* why; what

hvornår 84

for
hvornår (vo-*no*) *adv* when
hvælving (*vehl*-vayng) *c* arch; vault
hyggelig (*hew*-ger-li) *adj* cosy; enjoyable
hygiejne (hew-gi-*igh*-ner) *c* hygiene
hygiejnebind (hew-gi-*igh*-ner-bayn) *nt* (pl ~) sanitary towel
hygiejnisk (hew-gi-*igh*-nisg) *adj* hygienic
hykler (*hewg*-lo) *c* hypocrite
hykleri (hewg-lo-*ri*) *nt* hypocrisy
hyklerisk (*hewg*-lo-risg) *adj* hypocritical
hyl (hewl) *nt* (pl ~) yell
hylde (*hew*-ler) *c* shelf; *v* cheer
hyldest (*hewl*-ersd) *c* tribute; homage
hyle (*hew*-ler) *v* yell; roar
hymne (*hewm*-ner) *c* hymn
hyppig (*hew*-bi) *adj* frequent; **hyppigt** frequently
hyppighed (*hew*-bi-haydh) *c* frequency
hyrde (*hewr*-der) *c* shepherd
hyrevogn (*hēw*-o-vo^{oo}n) *c* taxi
hysterisk (hew-*sday*-risg) *adj* hysterical
hytte (*hew*-der) *c* cabin; hut
hæder (*heh*-dho) *c* glory
hædre (*hehdh*-ro) *v* honour
hæfteklamme (*hehf*-der-klah-mer) *c* staple
hæfteplaster (*hehf*-der-plahss-do) *nt* (pl -tre) adhesive tape, plaster
hæk (hehg) *c* (pl ~ke) hedge
hækle (*hehg*-ler) *v* crochet
hæl (hehl) *c* heel
hælde (*heh*-ler) *v* pour; ~ **til** tend to
hældning (*hehl*-nayng) *c* gradient
hæmme (*heh*-mer) *v* impede, restrain
hæmorroider (heh-moa-*ree*-dho) *pl* haemorrhoids *pl*, piles *pl*
hænde (*heh*-ner) *v* occur
hændelse (*heh*-nerl-ser) *c* happening, occurrence; event
hænge fast (*hehng*-er fahsd) *v* cling
hænge op (hehng-er) **hang
*hænge (*hehng*-er) *v *hang
hængebro (*hehng*-er-broa) *c* suspension bridge
hængekøje (*hehng*-er-koi-er) *c* hammock
hængelås (*hehng*-er-los) *c* padlock
hængesmykke (*hehng*-er-smur-ger) *nt* pendant
hængsel (*hehng*-serl) *nt* (pl -sler) hinge
hær (hær) *c* army
hæs (hehs) *adj* hoarse
hæslig (*hehss*-li) *adj* hideous
hætte (*heh*-der) *c* hood
hævde (*heh^{oo}*-der) *v* maintain; assert
hæve (*hai*-ver) *v* raise; *draw, cash

håndgribelig

hævn (heh°°n) *c* revenge
hø (hur) *nt* hay
høfeber (*hur*-fay-bo) *c* hay fever
høflig (*hurf*-li) *adj* polite; civil
høg (hur) *c* hawk
høj (hoi) *adj* high, tall; loud; *c* hillock
højde (*hoi*-der) *c* height; altitude
højdepunkt (*hoi*-der-pongd) *nt* height; zenith
højderyg (*hoi*-der-rurg) *c* (pl ~ge) ridge
højere (*hoi*-o-o) *adj* superior; upper; taller, higher; louder
højest (*hoi*-ersd) *adj* extreme; tallest, highest; loudest; supreme
højhus (*hoi*-hoos) *nt* tower block
højklasse (hoi-*klah*-ser) *adj* upscale (*neighborhood*)
højland (*hoi*-lahn) *nt* uplands *pl*
højlydt (*hoi*-lewd) *adj* loud
højmesse (*hoi*-meh-ser) *c* morning service
højre (*hoi*-ro) *adj* right; right-hand
højrød (*hoi*-rurdh) *adj* crimson
højslette (*hoi*-sleh-der) *c* plateau
højst (hoisd) *adv* at most
højsæson (*hoi*-seh-song) *c* high season, peak season
højt (hoid) *adv* aloud
højtidelig (hoi-*ti*-dher-li) *adj* solemn

højttaler (*hoi*-taa-lo) *c* loudspeaker
højvande (*hoi*-vah-ner) *nt* high tide
høne (*hūr*-ner) *c* hen
høre (*hūr*-o) *v* *hear
hørelse (*hūr*-ol-ser) *c* hearing
hørlig (*hurr*-li) *adj* audible
høst (hursd) *c* harvest
høste (*hurss*-der) *v* reap, harvest
høvding (*hur*°°-dayng) *c* chief; chieftain
håb (hob) *nt* (pl ~) hope
håbe (*haw*-ber) *v* hope
håbløs (*hawb*-lurs) *adj* hopeless
hån (hon) *c* scorn
hånd (hon) *c* (pl hænder) hand; **for hånden** available; **hånd-** manual
håndarbejde (*hon*-aa-bigh-der) *nt* handicraft, handwork; needlework
håndbagage (*hon*-bah-gaa-s^yer) *c* hand luggage; hand baggage *Am*
håndbog (*hon*-bo°°) *c* (pl -bøger) handbook
håndbold (*hon*-bold) hand-ball
håndbremse (*hon*-bræm-ser) *c* handbrake
håndcreme (*hon*-kræm) *c* handcream, lotion
håndflade (*hon*-flaa-dher) *c* palm
håndfuld (*hon*-fool) *c* handful
håndgribelig (hon-*gri*-ber-li)

håndjern

adj tangible, palpable
håndjern (hon-^yærn) *pl* handcuffs *pl*
håndklæde (hon-klai-dher) *nt* towel
håndlavet (hon-lah-verdh) *adj* hand-made
håndled (hon-laydh) *nt* (pl ~) wrist
håndskrift (hon-sgræfd) *c* handwriting
håndtag (hon-tah) *nt* (pl ~) handle; knob; grip
håndtaske (hon-tahss-ger) *c* bag, handbag
håndtere (hon-tay-o) *v* handle
håndterlig (hon-tayr-li) *adj* manageable
håndtryk (hon-trurg) *nt* (pl ~) handshake
håndvask (hon-vahsg) *c* washbasin
håne (haw-ner) *v* mock
hår (ho) *nt* (pl ~) hair
hårbørste (haw-burr-sder) *c* hairbrush
hårcreme (haw-kræm) *c* hair cream
hård (ho) *adj* hard
hårdnakket (haw-nah-gerdh) *adj* obstinate
håret (haw-odh) *adj* hairy
hårgelé (haw-s^yay-lay) *c* hair gel
hårklemme (haw-kleh-mer) *c* hairgrip; bobby pin *Am*
hårlak (haw-lahg) *c* (pl ~ker) hair spray
hårnet (haw-nehd) *nt* (pl ~) hair net
hårnål (haw-nol) *c* hairpin
hårnålesvingning (haw-no-ler-svayng) *nt* (pl ~) hairpin bend
hårrejsende (haw-righ-ser-ner) *adj* horrible
hårtørrer (haw-tūr-o) *c* hairdrier, hairdryer
hårvand (haw-vahn) *nt* hair tonic

I

I (i) *pron* you
i (i) *prep* for, in, to, at
*****iagttage** (i-ahg-tah-ah) *v* watch; observe
iagttagelse (i-ahg-tah-ahl-ser) *c* observation
ibenholt (i-bern-hold) *nt* ebony
idé (i-day) *c* idea; **lys ~** brain wave
ideal (i-day-ahl) *nt* ideal
ideel (i-day-ehl) *adj* ideal
identificere (i-dehn-ti-fi-say-o) *v* identify
identifikation (i-dehn-ti-fi-kah-s^yoan) *c* identification
identisk (i-dehn-tisg) *adj* identical
identitet (i-dehn-ti-tayd) *c* identity

idiom (i-di-*oam*) *nt* idiom
idiomatisk (i-di-oa-*mah*-tisg) *adj* idiomatic
idiot (i-di-*oad*) *c* idiot
idiotisk (i-di-*oa*-disg) *adj* idiotic
idol (i-*doal*) *nt* idol
idrætsmand (i-dræds-mahn) *c* (pl -mænd) athlete
ifølge (i-*furl*-Yer) *prep* according to
igen (i-*gehn*) *adv* again
ignorere (in-Yo-*ræ*-o) *v* ignore
ihærdig (i-*hær*-di) *adj* energetic, diligent
ikke (*ay*-ger) not; **slet ~** by no means
ikke-ryger (*ay*-ger-*rew*-o) *c* non-smoker
ikon (i-*koan*) *c* icon
ild (il) *c* fire
ildelugtende (*i*-ler-log-der-ner) *adj* smelly, evil-smelling
ildeset (*i*-ler-sayd) *adj* unpopular
ildevarslende (*i*-ler-vaa-sler-ner) *adj* ominous
ildfast (*il*-fahsd) *adj* fireproof
indlede (ayn-*lay*-dher) *v* initiate
ildslukker (*il*-slo-go) *c* fire extinguisher
ildsted (*il*-sdehdh) *nt* hearth
ile (i-*loal*) *v* hurry, hasten
illegal (i-ler-*gahl*) *adj* illegal
illumination (i-loo-mi-nah-sYoan) *c* illumination
illuminere (i-loo-mi-*nay*-o) *v* illuminate

illusion (i-loo-sYoan) *c* illusion
illustration (i-loo-sdrah-sYoan) *c* picture, illustration
illustrere (i-loo-sdræ-o) *v* illustrate
ilt (ild) *c* oxygen
imellem (i-*mehl*-erm) *prep* among
imens (i-*mehns*) *adv* meanwhile
imidlertid (i-*midh*-lo-tidh) *adv* however; yet
imitation (i-mi-tah-sYoan) *c* imitation
imitere (i-mi-*tay*-o) *v* imitate
immunisere (i-moo-ni-*say*-o) *v* immunize
immunitet (i-moo-ni-*tayd*) *c* immunity
imod (i-*moadh*) *prep* towards
imperium (aym-*payr*-Yom) *nt* (pl -ier) empire
impliceret (aym-pli-*say*-odh) *adj* concerned
imponere (aym-poa-*nay*-o) *v* impress
imponerende (aym-poa-*nay*-o-ner) *adj* imposing, impressive
import (aym-*pawd*) *c* import
importafgift (aym-*pawd*-ou-gifd) *c* duty
importere (aym-po-*tay*-o) *v* import
importtold (aym-*pawd*-tol) *c* import duty
importvarer (aym-*pawd*-vaa-ah) *pl* import
importør (aym-po-*turr*) *c* importer

impotens 88

impotens (aym-poa-tehns) *c* impotence
impotent (aym-poa-tehnd) *adj* impotent
improvisere (aym-proa-vi-say-o) *v* improvise
impuls (aym-*pools*) *c* impulse
impulsiv (aym-pool-see⁰⁰) *adj* impulsive
imødekommende (i-*mūr*-dher-kom-er-ner) *adj* obliging; kind
ind (ayn) *adv* in; ~ **i** inside; ~ **imellem** in the meantime
indad (ayn-ahdh) *adv* inwards
indbefatte (ayn-bay-fah-der) *v* comprise
indbildsk (ayn-bilsg) *adj* conceited
indbildt (ayn-bild) *adj* imaginary
indbinding (ayn-bayn-ayng) *c* binding
indblandet (ayn-blahn-erdh) *adj* involved
indblanding (ayn-blahn-ayng) *c* interference
indblik (ayn-blayg) *nt* insight
indbringende (ayn-bræng-er-ner) *adj* profitable
indbrud (ayn-broodh) *nt* (pl ~) house-breaking; burglary
indbrudstyv (ayn-broodhs-tew⁰⁰) *c* burglar
*indbyde (ayn-bew-dher) *v* invite, ask
indbygger (ayn-bew-go) *c* inhabitant
indbyrdes (ayn-bewr-derss) *adj* mutual

inde (ay-ner) *adv* indoors, inside
*indebære (ay-ner-beh-o) *v* imply
indehaver (ay-ner-hah-vo) *c* owner
*indeholde (ay-ner-hol-er) *v* contain
indeks (ayn-dehgs) *nt* index
inden (ay-nern) *adv* before; ~ **for** within; ~ **længe** shortly, soon
indendørs (ay-nern-durrs) *adj* indoor
indeni (ay-nern-i) *adv* inside; **inden i** inside
indenrigs- (ay-nern-riss) domestic
inder (ay-no) *c* Indian
inderside (ay-no-see-dher) *c* inside
*indeslutte (ay-ner-sloo-der) *v* encircle
indespærre (ay-ner-sbær-o) *v* lock up
indeværende (ay-ner-veh-o-ner) *adj* current
indfald (ayn-fahl) *nt* (pl ~) invasion; idea
indflydelse (ayn-flew-dherl-ser) *c* influence
indflydelsesrig (ayn-flew-dherl-serss-ri) *adj* influential; powerful
indfri (ayn-fri) *v* redeem; *pay off
indfødt (ayn-furd) *c* native; *adj* native
indføje (ayn-foi-er) *v* insert
indføre (ayn-fur-o) *v* import;

indskibning

introduce; enter
indførsel (*ayn*-furr-serl) *c* (pl -sler) import
indgang (*ayn*-gahng) *c* entrance, entry; way in
indhold (*ayn*-hol) *nt* contents *pl*
indholdsfortegnelse (*ayn*-hols-fo-tigh-nerl-ser) *c* table of contents
indianer (ayn-di-*ah*-no) *c* Indian
indiansk (*ayn*-di-*ahnsg*) *adj* Indian
indicere (ayn-di-*say*-o) *v* indicate
Indien (*ayn*-dʸern) India
indirekte (*ayn*-di-ræg-der) *adj* indirect
indisk (*ayn*-disg) *adj* Indian
individ (ayn-di-*vidh*) *nt* individual
individuel (ayn-di-vi-doo-*ehl*) *adj* individual
indkassere (*ayn*-kah-say-o) *v* cash
indkomst (*ayn*-komsd) *c* revenue, income
indkomstskat (*ayn*-komsd-sgahd) *c* (pl ~ter) income tax
indkøbstaske (*ayn*-kurbs-tahss-ger) *c* shopping bag
indledende (*ayn*-lay-dher-ner) *adj* preliminary
indledning (*ayn*-laydh-nayng) *c* introduction, beginning, opening
indlysende (*ayn*-lew-ser-ner) *adj* obvious
indlæggelse (*ayn*-leh-gerl-ser) *c* hospitalization
indløse (*ayn*-lur-ser) *v* cash
indmeldelse (*ayn*-mehl-erl-ser) *c* registration
indmeldesesblanket (*ayn*-mehl-erl-serss-blahng-*kehd*) *c* (pl ~ter) registration form
indoneser (ayn-doa-*nay*-so) *c* Indonesian
Indonesien (ayn-doa-*nay*-sʸern) Indonesia
indonesisk (ayn-doa-*nay*-sisg) *adj* Indonesian
indpakning (*ayn*-pahg-nayng) *c* packing
indpakningspapir (*ayn*-pahg-nayngs-pah-peer) *nt* wrapping paper
indre (*ayn*-dro) *nt* interior; *adj* inside, inner, internal
indretning (*ayn*-ræd-nayng) *c* arrangement; apparatus, appliance
indrette (*ayn*-ræ-der) *v* arrange, furnish
indrømme (*ayn*-rurm-er) *v* admit; acknowledge
indrømmelse (*ayn*-rurm-erl-ser) *c* concession
indsamle (*ayn*-sahm-ler) *v* collect
indsamler (*ayn*-sahm-lo) *c* collector
indsat (*ayn*-sahd) *c* (pl ~te) prisoner
indsats (*ayn*-sahts) *c* bet
***indse** (*ayn*-say) *v* *see, realize
indsigt (*ayn*-saygd) *c* insight
indskibning (*ayn*-sgib-nayng) *c* embarkation

indskrive

*****indskrive** (ayn-sgri-ver) v
book; register; inscribe; ~
sig check in, register

indskrænkning (ayn-sgrængg-nayng) c restriction

*****indskyde** (ayn-sgew-dher) v
insert

indsprøjte (ayn-sbroi-der) v
inject

indsprøjtning (ayn-sbroid-nayng) c injection; shot

indstille (ayn-sdayl-er) v
adjust

*****indtage** (ayn-tayl) v *take in;
capture

indtil (ayn-tayl) prep till, until;
conj till; ~ **nu** so far

indtryk (ayn-trug) nt (pl ~)
impression; *****gøre** ~ **på**
impress

indtræden (ayn-træ-dhern) c
entry, entrance

*****indtræffe** (ayn-træ-fer) v
happen

indtægt (ayn-tehgd) c
revenue; earnings pl

indtørre (ayn-tūr-o) v dry up

industri (ayn-doo-sdri) c
industry

industriel (ayn-doo-sdri-ehl)
adj industrial

industriområde (ayn-doo-sdri-om-raw-dher) nt
industrial area

industrivirksomhed (ayn-doo-sdri-veerg-som-haydh)
c plant

indvandre (ayn-vahn-dro) v
immigrate

indvandrer (ayn-vahn-dro) c
immigrant

indvandring (ayn-vahn-dræng) c immigration

indvende (ayn-vehn-er) v
object

indvendig (ayn-vehn-di) adj
internal; inner; **indvendigt**
within

indvending (ayn-vehn-ayng)
c objection

indviklet (ayn-vayg-lerdh) adj
complicated; complex

indvillige (ayn-vil-i-er) v
agree; consent

indvilligelse (ayn-vil-i-erl-ser) c consent; approval

indvolde (ayn-vo-ler) pl
bowels pl; insides, intestines

indånde (ayn-on-er) v inhale

infanteri (ayn-fahn-to-ri) nt
infantry

infektion (ayn-fehg-sʸoan) c
infection

infinitiv (ayn-fi-ni-tee ᵒᵒ)
infinitive

inflation (ayn-flah-sʸoan) c
inflation

influenza (ayn-floo-ehn-sah)
c flu, influenza

information (ayn-fo-mah-sʸoan) c information

informationskontor (ayn-fo-mah-sʸoans-koan-toar) nt
information bureau

informere (ayn-fo-may-o) v
inform

infrarød (ayn-frah-rurdh) adj
infra-red

ingefær (ayng-er-fær) c ginger

ingen (ayng-ern) pron no; no

intetsteds

one, nobody; none
ingeniør (ayn-s⁽ʸ⁾ayn-⁽ʸ⁾*urr*) *c* engineer
ingrediens (ayn-græ-di-*ehns*) *c* ingredient
initiativ (i-ni-ti-ah-*tee*ᵒᵒ) *nt* initiative
inkludere (ayn-kloo-*day*-o) *v* include; **inkluderet** included
inklusive (ayn-kloo-*see*ᵒᵒ) *adv* inclusive
inkompetent (ayn-kom-bay-*tehnd*) *adj* incompetent
insekt (ayn-*sehgd*) *nt* insect; bug *nAm*
insektmiddel (ayn-*sehgd*-midh-erl) *nt* (pl -midler) insect repellent
insistere (ayn-si-*sday*-o) *v* insist
inskription (ayn-sgræb-s⁽ʸ⁾*oan*) *c* inscription
inspektion (ayn-sbehg-*s⁽ʸ⁾oan*) *c* inspection
inspektør (ayn-sbehg-*turr*) *c* inspector
inspicere (ayn-sbi-*say*-o) *v* inspect
inspirere (ayn-sbi-*ray*-o) *v* inspire
installation (ayn-sdah-lah-s⁽ʸ⁾*oan*) *c* installation
installere (ayn-sdah-*lay*-o) *v* install
instinkt (ayn-*sdayngd*) *nt* instinct
institut (ayn-sdi-*tood*) *nt* (pl ⁓ter) institute
institution (ayn-sdi-too-s⁽ʸ⁾*oan*) *c* institution

instruere (ayn-sdroo-*ay*-o) *v* direct
instruktør (ayn-sdroog-*turr*) *c* director; instructor
instrument (ayn-sdroo-*mehnd*) *nt* instrument
instrumentbræt (ayn-sdroo-*mehnd*-bræd) *nt* (pl ⁓ter) dashboard
intakt (ayn-*tahgd*) *adj* intact; unbroken
integrere (ayn-ter-græ-o) *v* integrate
intellekt (ayn-tay-*lehgd*) *c* intellect
intellektuel (ayn-tay-lehg-too-*ehl*) *adj* intellectual
intelligens (ayn-tay-li-*gehns*) *c* intelligence
intelligent (ayn-tay-li-*gehnd*) *adj* clever, intelligent
interessant (ayn-træ-*sahnd*) *adj* interesting
interesse (ayn-to-*ræ*-ser) *c* interest
interessere (ayn-træ-*say*-o) *v* interest; **interesseret** *adj* interested
intern (ayn-*tærn*) *adj* internal
international (ayn-to-nah-s⁽ʸ⁾oa-nahl) *adj* international
Internet (ayn-ter-nehd) *nt* Internet
intet (ayn-derdh) nothing
intetkøns- (ayn-derdh-kurns) neuter
intetsigende (ayn-derdh-si-er-ner) *adj* insignificant
intetsteds (ayn-derdh-sdehdhs) *adv* nowhere

intim 92

intim (ayn-*tim*) *adj* intimate
intrige (ayn-*tree*-er) *c* intrigue
introducere (ayn-troa-doo-*say*-o) *v* introduce
invadere (ayn-vah-*day*-o) *v* invade
invalid (ayn-vah-*lidh*) invalid; *adj* crippled, disabled
invasion (ayn-vah-*s*ʸ*oan*) *c* invasion
investere (ayn-veh-*sday*-o) *v* invest
investering (ayn-veh-*sday*-ræng) *c* investment
invitere (ayn-vi-*tay*-o) *v* invite; **invitation** *c* invitation
involvere (ayn-vol-*vay*-o) *v* involve
Irak (ee-*rahg*) Iraq
iraker (i-*rah*-ko) *c* Iraqi
irakisk (i-*rah*-kisg) *adj* Iraqi
Iran (ee-*rahn*) Iran
iraner (i-*rah*-no) *c* Iranian
iransk (i-*rahnsg*) *adj* Iranian
Irland (*eer*-lahn) Ireland
ironi (i-roa-*ni*) *c* irony
ironisk (i-*roa*-nisg) *adj* ironical
irritabel (eer-i-*tah*-berl) *adj* irritable
irritere (eer-i-*tay*-o) *v* annoy, irritate
irriterende (eer-i-*tay*-o-ner) *adj* annoying
irsk (eersg) *adj* Irish
is (iss) *c* ice; ice cream
isenkram (*i*-sern-krahm) *nt* hardware
isenkramforretning (*i*-sern-krahm-fo-ræd-nayng) *c* hardware store
iskold (*iss*-kol) *adj* freezing
Island (*iss*-lahn) Iceland
islandsk (*iss*-lahnsg) *adj* Icelandic
islænding (*iss*-lehn-ayng) *c* Icelander
isolation (i-soa-lah-*s*ʸ*oan*) *c* isolation
isolator (i-soa-*laa*-to) *c* insulator
isolere (i-soa-*lay*-o) *v* isolate; insulate; **isoleret** isolated
isolering (i-soa-*lay*-ræng) *c* isolation; insulation
ispose (*iss*-poa-ser) *c* ice bag
Israel (*iss*-rahl) Israel
israeler (iss-rah-*ay*-lo) *c* Israeli
israelsk (iss-rah-*aylsg*) *adj* Israeli
isskab (*iss*-sgahb) *nt* refrigerator
istap (*iss*-tahb) *c* (pl ~per) icicle
isvand (*iss*-vahn) *nt* iced water
især (i-*sær*) *adv* in particular, especially
Italien (i-*tahl*-ʸern) Italy
italiener (i-tahl-ʸ*eh*-no) *c* Italian
italiensk (i-tahl-ʸ*ehnsg*) *adj* Italian
iver (*i*-vo) *c* zeal; diligence
ivrig (*ee*ᵒᵒ-ri) *adj* anxious, zealous; eager
*****iværksætte** (i-*værg*-seh-der) *v* *bring about; *put into effect

J

ja (^yah) yes
jade (^yaa-dher) c jade
jage (^yaa-ah) v hunt; ~ **bort** chase
jagt (^yahgd) c hunt; chase; hunting
jagthytte (^yahgd-hew-der) c lodge
jagttegn (^yahgd-tighn) nt (pl ~) game licence
jakke (^yah-ger) c jacket
jakkesæt (^yah-ger-sæd) nt (pl ~) suit
jalousi (s^yah-loo-*si*) c jealousy; nt shutter
jaloux (s^yah-*loo*) adj jealous
jammer (^yahm-o) c misery
jamre (^yahm-ro) v moan
januar (^yah-noo-ah) January
Japan (^yaa-pahn) Japan
japaner (^yah-*pah*-no) c Japanese
japansk (^yah-*pahnsg*) adj Japanese
jeg (^yigh) pron I
jer (^yær) pron you; yourselves
jeres (^yai-oss) pron your
jern (^yærn) nt (pl ~) iron; **jern-** iron
jernbane (^yærn-baa-ner) c railway; railroad nAm
jernbanefløjl (^yærn-baa-ner-floil) nt corduroy
jernbaneoverskæring (^yærn-baa-ner-o^{oo}-o-sgeh-ræng) c level crossing, crossing
jernbanevogn (^yærn-baa-ner-vo^{oo}n) c waggon, coach
jetfly (d^yehd-flew) nt (pl ~) jet
jetlag (dyehd-lah) c jet lag
jeton (s^yeh-*tong*) c (pl ~s) chip
jod (^yoadh) c iodine
jolle (^yo-ler) c dinghy
jomfru (^yom-froo) c virgin
jord (^yoar) c earth; ground, soil
Jordan (^yoar-dahn) Jordan
jordaner (^yoar-*dah*-no) c Jordanian
jordansk (^yoar-*dahnsg*) adj Jordanian
jordbon (^yoar-bon) c soil
jordbund (^yoar-bon) c soil
jordbunden (^yoar-bon-ern) adj down-to-earth
jordbær (^yoar-bær) nt (pl ~) strawberry
jordemoder (^yoar-moar) c (pl -mødre) midwife
jordnød (^yoar-nurdh) c (pl ~der) peanut
jordskælv (^yoar-sgehlv) nt (pl ~) earthquake
journalist (s^yoor-nah-*lisd*) c journalist; reporter
journalistik (s^yoor-nah-li-*sdig*) c journalism
jubilæum (^yoo-bi-*lai*-om) nt (pl -æer) jubilee
juble (^yoo-bler) v cheer, shout with joy
juks (^yoohgs) c kitsch

jul (ᵌool) Christmas; Xmas
juli (ᵌoo-li) July
jumper (dᵌom-bo) c jersey
jungle (dᵌong-ler) c jungle
juni (ᵌoo-ni) June
junior (ᵌoon-ᵌo) adj junior
juridisk (ᵌoo-ri-dhisg) adj legal
jurist (ᵌoo-risd) c lawyer
jury (ᵌoo-ri) c jury
justere (ᵌoo-stay-o) v adjust
justits (ᵌoo-sdids) c justice
juvel (ᵌoo-vayl) c gem;
 juveler jewellery

juvelér (ᵌoo-ver-layr) c jeweller
jæger (ᵌai-o) c hunter
jævn (ᵌehᵒᵒn) adj level; flat; plain, simple
jævnbyrdighed (ᵌehᵒᵒn-bewr-di-haydh) c equality
jævne (ᵌehᵒᵒ-ner) v thicken
jævnstrøm (ᵌehᵒᵒn-sdrurm) c direct current
jøde (ᵌūr-dher) c Jew
jødisk (ᵌūr-dhisg) adj Jewish
jøkel (ᵌūr-gel) c glacier

K

kabaret (kah-bah-ræ) c (pl ~ter) cabaret
kabel (kah-berl) nt (pl kabler) cable; ~ tv cable tv
kabine (kah-bee-ner) c cabin
kabinet (kah-bi-nehd) nt (pl ~ter) cabinet
kaffe (kah-fer) c coffee
kaffeinfri (kah-fer-een-fri) c decaf(feinated)
kaffekande (kah-fer-kah-ner) c coffee pot
kaffekolbe (kah-fer-kol-ber) c percolator
kaffekop (kah-fer-kob) c (pl ~per) coffee cup
kage (kaa-ah) c cake
kahyt (kah-hewd) c (pl ~ter) cabin
kaj (kahi) c wharf, quay; dock
kaki (kah-gi) c khaki
kakkel (kah-gerl) c (pl kakler) tile

kalamitet (kah-lah-mi-tayd) c calamity
kalcium (kahl-sᵌom) nt calcium
kalde (kah-ler) v call
kalender (kah-lehn-o) c calendar; diary
kalk (kahlg) c lime
kalkun (kahl-koon) c turkey
kalorie (kah-loar-ᵌer) c calorie
kalv (kahlv) c calf
kalvekød (kahl-ver-kurdh) nt veal
kalveskind (kahl-ver-sgayn) nt (pl ~) calf skin
kam (kahm) c (pl ~me) comb
kamé (kah-may) c cameo
kamel (kah-mayl) c camel
kamera (kah-mo-rah) c camera

kamin (kah-*min*) *c* fireplace
kammer (kahm-o) *nt* (pl kamre) chamber
kammerat (kah-mo-*rahd*) *c* buddy (*colloquial*)
kammertjener (*kahm*-o-t^yai-no) *c* valet
kamp (kahmb) *c* fight, combat; struggle, battle; match
kampagne (kahm-*pahn*-^yer) *c* campaign
kanal (kah-*nahl*) *c* canal; channel
kanariefugl (kah-*nah*-^yer-fool) *c* canary
kande (*kah*-ner) *c* jug, pitcher
kandidat (kahn-di-*dahd*) *c* candidate
kane (*kaa*-ner) *c* sleigh
kanel (kah-*nayl*) *c* cinnamon
kanin (kah-*nin*) *c* rabbit
kano (*kaa*-noa) *c* canoe
kanon (kah-*noan*) *c* gun
kant (kahnd) *c* edge; rim; verge
kantine (kahn-*tee*-ner) *c* canteen
kantsten (*kahnd*-sdayn) *c* (pl ~) curb
kaos (*kaa*-oss) *nt* chaos
kaotisk (kah-*oa*-tisg) *adj* chaotic
kap (kahb) *nt* (pl ~) cape
kapacitet (kah-pah-si-*tayd*) *c* capacity
kapel (kah-*pehl*) *nt* (pl ~ler) chapel
kapellan (kah-bay-*lahn*) *c* chaplain

kapital (kah-bi-*tahl*) *c* capital
kapitalanbringelse (kah-bi-*tahl*-ahn-bræng-erl-ser) *c* investment
kapitalisme (kah-bi-tah-*liss*-mer) *c* capitalism
kapitulation (kah-bi-too-lah-s^y*oan*) *c* capitulation
kapløb (*kahb*-lurb) *nt* (pl ~) race
kappe (*kah*-ber) *c* cloak; robe
kappestrid (*kah*-ber-stridh) *c* competition
kapre (*kaa*-bro) *v* hijack
kaprer (*kaa*-bro) *c* hijacker
kapsel (*kahb*-serl) *c* (pl -sler) capsule
kaptajn (kahb-*tighn*) *c* captain
kar (kah) *nt* (pl ~) vessel
karakter (kaa-ahg-*tayr*) *c* character; mark
karakterisere (kaa-ahg-tayr-i-*say*-o) *v* characterize
karakteristisk (kaa-ahg-tay-*riss*-disg) *adj* typical, characteristic
karakterstyrke (kaa-ahg-*tayr*-sdewr-ger) *c* guts
karaktertræk (kaaahg-*tayr*-træg) *nt* (pl ~) characteristic
karamel (kaa-ah-*mehl*) *c* (pl ~ler) caramel, toffee
karantæne (kaa-ahn-*tai*-ner) *c* quarantine
karat (kah-*rahd*) *c* (pl ~) carat
karbonpapir (kah-*bong*-pah-peer) *nt* carbon paper
karburator (kah-boo-*raa*-to) *c* carburettor

kardinal

kardinal (kah-di-*nahl*) *c* cardinal

karet (kah-*ræd*) *c* coach

karneval (*kaa*-ner-vahl) *nt* (pl ~ler) carnival

karosseri (kah-ro-so-*ri*) *nt* body-work; body *nAm*

karpe (*kaa*-ber) *c* carp

karré (kah-*ræ*) *c* house block *Am*

karriere (kah-i-*ai*-o) *c* career

karrosse (kah-*ro*-ser) *c* carriage

karrusel (kah-roo-*sehl*) *c* (pl ~ler) merry-go-round

karry (*kaa*-i) *c* curry

kartoffel (kah-*to*-ferl) *c* (pl -tofler) potato; **mosede kartofler** *npl* mashed potatoes

karton (kah-*tong*) *c* cardboard; carton; **karton-** cardboard

kaserne (kah-*sær*-ner) *c* barracks *pl*

kashmir (*kahsh*-meer) *c* cashmere

kasino (kah-*see*-noa) *nt* casino

kasket (kah-*sgehd*) *c* (pl ~ter) cap

kasse (*kah*-ser) *c* pay desk; cashier's office

kassere (kah-*say*-o) *v* discard; reject

kasserer (kah-*say*-o) *c* cashier; treasurer

kassererske (kah-*say*-o-sger) *c* cashier

kasserolle (kah-ser-*ro*-ler) *c* saucepan

kassette (kah-*seh*-deh) *c* cassette

kast (kahsd) *nt* (pl ~) throw, cast

kastanje (kah-*sdahn*-^yer) *c* chestnut

kaste (*kahss*-der) *v* *throw; toss, *cast; ~ **op** vomit

kat (kahd) *c* (pl ~te) cat

katakombe (kah-tah-*koam*-ber) *c* catacomb

katalog (kah-tah-*loa*) *nt* catalogue

katar (kah-*tah*) *c* catarrh

katastrofal (kah-dah-sdroa-*fahl*) *adj* disastrous

katastrofe (kah-dah-*sdroa*-fer) *c* catastrophe, disaster

katedral (kah-der-*drahl*) *c* cathedral

kategori (kah-der-goa-*ri*) *c* category

katolsk (kah-*toalsg*) *adj* catholic

kaution (kou-s^y*oan*) *c* bail, security

kaviar (*kah*-vi-ah) *c* caviar

ked af det (kaydh ah day) sorry

kede (*kay*-dher) *v* bore; ~ **sig** *be bored

kedel (*kay*-dherl) *c* (pl kedler) kettle

kedelig (*kay*-dher-li) *adj* boring, unpleasant; dull

keglebane (*kigh*-ler-baa-ner) *c* bowling alley

kejser (*kigh*-so) *c* emperor

kejserdømme (*kigh*-so-dur-

kejserinde (kigh-so-*ay*-ner) *c* empress

kejserlig (*kigh*-so-li) *adj* imperial

kejtet (*kigh*-derdh) *adj* awkward

kejthåndet (*kighd*-hon-erdh) *adj* left-handed

kemi (kay-*mi*) *c* chemistry

kemisk (*kay*-misg) *adj* chemical

kende (*keh*-ner) *v* *know

kendelse (*keh*-nerl-ser) *c* verdict

kendeord (*keh*-ner-oar) *nt* (pl ~) article

kender (*keh*-no) *c* connoisseur

kendetegn (*keh*-ner-tighn) *nt* (pl ~) characteristic

kendetegne (*keh*-ner-tigh-ner) *v* characterize; mark

kendsgerning (*kehns*-gær-nayng) *c* fact

kendskab (*kehn*-sgahb) *nt* knowledge

kendt (kehnd) *adj* well--known, famous

kennel (*kehn*-erl) *c* kennel

Kenya (*kehn*-ʸah) Kenya

keramik (kay-rah-*mig*) *c* pottery, ceramics *pl*

kerne (*kær*-ner) *c* nucleus; pip; core, heart, essence; **kerne-** nuclear

kernehus (*kær*-ner-hoos) *nt* core

ketsjer (*kehd*-sʸo) *c* racquet

kigge (*ki*-ger) *v* glance, look; peep

kighoste (*kee*-hōa-sder) *c* whooping cough

kikkert (*ki*-god) *c* binoculars *pl*

kilde (*ki*-ler) *c* spring, well; source, fountain; *v* tickle

kile (*kee*-ler) *c* wedge

kilo (*ki*-loa) *nt* (pl ~) kilogram

kilometer (ki-loa-*may*-do) *c* (pl ~) kilometre

kilometersten (ki-loa-*may*-do-sdayn) *c* (pl ~) milestone

kilometertal (ki-loa-*may*-do-tahl) *nt* distance in kilometres

kim (kim) *c* (pl ~) germ

Kina (*kee*-nah) China

kind (kayn) *c* cheek

kindben (*kayn*-bayn) *nt* (pl ~) cheekbone

kindtand (*kayn*-tahn) *c* (pl -tænder) molar

kineser (ki-*nay*-so) *c* Chinese

kinesisk (ki-*nay*-sisg) *adj* Chinese

kiosk (kʸosg) *c* kiosk

kirke (*keer*-ger) *c* church; chapel

kirkegård (*keer*-ger-go) *c* cemetery; graveyard, churchyard

kirketårn (*keer*-ger-ton) *nt* steeple

kirsebær (*keer*-ser-bær) *nt* (pl ~) cherry

kirtel (*keer*-derl) *c* (pl -tler) gland

kirurg (ki-*roor*) *c* surgeon

kjole (kʸōa-ler) *c* dress; frock

klage

klage (*klaa*-ah) *c* complaint; *v* complain

klagebog (*klaa*-ah-bo⁰⁰) *c* (pl -bøger) complaints book

klam (klahm) *adj* damp

klampe (*klahm*-ber) *c* clamp

klang (klahng) *c* sound; tone

klappe (*klah*-ber) *v* clap

klar (klah) *adj* clear; serene, bright; evident; ready

klare (*klaa*-ah) *v* manage, *make; ~ sig med *make do with

***klargøre** (*klaa*-gur-o) *v* *make ready

***klarlægge** (*klaa*-leh-ger) explain, clarify

klarsyn (*klaa*-sewn) *nt* vision

klasse (*klah*-ser) *c* form, class; *adj* upscale (restaurant)

klassekammerat (*klah*-ser-kah-mo-rahd) *c* classmate

klasseværelse (*klah*-ser-vai-ol-ser) *nt* classroom

klassificere (klah-si-fi-*say*-o) *v* classify

klassisk (*klah*-sisg) *adj* classical

klat (klahd) *c* (pl ~ter) blot

klatre (*klahd*-ro) *v* climb

klatring (*klahd*-ræng) *c* climb

klausul (klou-*sool*) *c* clause

klaver (klah-*vayr*) *nt* piano

klenodie (klay-*noadh*-¹er) *nt* gem

klient (kli-*aynd*) *c* client; customer

klikke (*klay*-ger) *v* click

klima (*klee*-mah) *nt* climate

klimaanlæg (*klee*-mah-ahn-lehg) *nt* (pl ~) air conditioning

klinik (kli-*nig*) *c* (pl -ker) clinic

klipning (*klayb*-nayng) *c* haircut

klippe (*klay*-ber) *c* rock; *cut; ~ af *cut off

klippeblok (*klay*-ber-blog) *c* (pl ~ke) boulder

klipperig (*klay*-ber-ri) *adj* rocky

klippeskrænt (*klay*-ber-sgrænd) *c* cliff

klistre (*kliss*-dro) *v* paste; *stick

klit (klid) *c* (pl ~ter) dune

klo (kloa) *c* (pl kløer) claw

kloak (kloa-*aag*) *c* (pl ~ker) sewer

klode (*kloa*-dher) *c* globe

klods (kloss) *c* block

klodset (*klo*-serdh) *adj* clumsy

klog (klo⁰⁰) *adj* clever

klokke (*klo*-ger) *c* bell; **klokken ...** at ... o'clock

klokkespil (*klo*-ger-sbayl) *nt* (pl ~) chimes *pl*

klone (*kloa*-ner) *c* clone

kloning (*kloa*-nayn) *c* clone

klor (kloar) *c* chlorine

kloster (*klo*-sdo) *nt* (pl -tre) convent, monastery; cloister

klovn (klo⁰⁰n) *c* clown

klub (kloob) *c* (pl ~ber) club

klud (kloodh) *c* rag; cloth

klukke (*kloo*-ger) *v* chuckle

klump (klomb) *c* lump
klumpet (*klom*-berdh) *adj* lumpy
klæbe (*klai*-ber) *v* *stick
klæbestrimmel (*klai*-bersdræm-erl) *c* (pl -strimler) adhesive tape
klæbrig (*klaib*-ri) *adj* sticky
klæde (*klai*-dher) *nt* cloth; *v* suit, *become; ~ **på** dress; ~ **sig** dress; ~ **sig af** undress; ~ **sig om** change; ~ **sig på** dress
klæder (*klai*-dho) *pl* clothes *pl*
klædeskab (*klai*-dher-sgahb) *nt* wardrobe
klø (klur) *v* itch; *pl* beating
klø**e** (*klūr*-ur) *c* itch
klø**ft** (klurfd) *c* chasm
klø**gt** (klurgd) *c* wit
klø**ver** (*klur*-vo) *c* clover
knage (*knaa*-ah) *c* peg
knagerække (*knaa*-ah-ræ-ger) *c* hat rack
knallert (*knahl*-od) *c* moped; motorbike *nAm*
knap[1] (knahb) *c* (pl ~per) button
knap[2] (knahb) *adj* scarce; barely
knaphed (*knahb*-haydh) *c* shortage, scarcity
knaphul (*knahb*-hol) *nt* (pl ~ler) buttonhole
knappe (*knah*-ber) *v* button; ~ **op** unbutton
knappenål (*knah*-ber-nol) *c* pin
kneb (knayb) *nt* (pl ~) trick

knejpe (*knigh*-ber) *c* pub
*knibe (*knee*-ber) *v* pinch
knibtang (*knee*ᵒᵒ-tahng) *c* (pl -tænger) pincers *pl*
knipling (*knib*-layng) *c* lace
knippel (*knay*-berl) *c* (pl -pler) club
knirke (*kneer*-ger) *v* creak
kniv (kneeᵒᵒ) *c* knife
kno (knoa) *c* knuckle
knogle (*knoᵒᵒ*-ler) *c* bone
knop (knob) *c* (pl ~per) bud
knude (*knōō*-dher) *c* knot
knudepunkt (*knōō*-dher-pongd) *nt* junction
knurre (*knoo*-o) *v* grumble
knus (knoos) *nt* (pl ~) hug
knuse (*knōō*-ser) *v* crush, *break, smash; hug; cuddle
knust (knoosd) *adj* broken
knytnæve (*knewd*-nai-ver) *c* fist
knytte (*knew*-der) *v* tie, knot; **knyttet til** attached to
knæ (kneh) *nt* (pl ~) knee
knægt (knehgd) *c* lad; knave
knæle (*knai*-ler) *v* *kneel
knæskal (*kneh*-sgahl) *c* (pl ~ler) kneecap
ko (koa) *c* (pl køer) cow
koagulere (koa-ah-goo-*lay*-o) *v* coagulate
kobber (*ko*ᵒᵒ-o) *nt* copper
kobling (*kob*-layng) *c* clutch
kode (*koa*-dher) *c* code
kofanger (*koa*-fahng-o) *c* bumper
koffein (ko-fer-*in*) *nt* caffeine
koffeinfri (ko-fer-*in*-fri) *adj* decaffeinated

koge

koge (*kaw*-er) *v* boil
kogebog (*kaw*-er-bo⁰⁰) *c* (pl -bøger) cookery book; cookbook *nAm*
kok (kog) *c* (pl ~ke) cook
kokain (koa-kah-*in*) *c* cocaine
kokosnød (*koa*-goass-nurdh) *c* (pl ~der) coconut
kold (kol) *adj* cold
kollega (koa-*lay*-gah) *c* (pl -ger) colleague
kollektiv (*ko*-layg-tee⁰⁰) *adj* collective
kollidere (koa-li-*day*-o) *v* collide
kollision (koa-li-s^y*oan*) *c* crash, collision
koloni (koa-loa-*ni*) *c* colony
kolonialvarer (koa-loa-lo-ahl-vaa-ah) *pl* groceries *pl*
kolonne (koa-*lo*-ner) *c* column
kolossal (koa-loa-*sahl*) *adj* tremendous, enormous
kombination (kom-bi-nah-s^y*oan*) *c* combination
kombinere (kom-bi-*nay*-o) *v* combine
komedie (koa-*mayd*h-^yer) *c* comedy
komfort (kom-*fawd*) *c* comfort
komfortabel (kom-fo-*tah*-berl) *adj* comfortable
komfur (kom-*foor*) *nt* stove, cooker
komiker (*koa*-mi-go) *c* comedian
komisk (*koa*-misg) *adj* comic
komité (koa-mi-*tay*) *c* committee

komma (*ko*-mah) *nt* comma
kommandere (koa-mahn-*day*-o) *v* command
komme (*ko*-mer) *nt* arrival, coming
***komme** (*ko*-mer) *v* *come; **kommende** oncoming; following; **~ sig** recover; **~ tilbage** return
kommentar (koa-mehn-*tah*) *c* comment
kommentere (koa-mehn-*tay*-o) *v* comment
kommerciel (ko-mær-s^y*ehl*) *adj* commercial
kommission (koa-mi-s^y*oan*) *c* commission
kommode (koa-*mōā*-dher) *c* chest of drawers; bureau *nAm*
kommunal (koa-moo-*nahl*) *adj* municipal
kommunalbestyrelse (koa-moo-*nahl*-bay-sdew-ol-ser) *c* town council; municipality
kommune (koa-*mōō*-ner) *c* commune
kommunikation (koa-moo-ni-kah-s^y*oan*) *c* communication
kommunisme (koa-moo-*niss*-mer) *c* communism
kommunist (koa-moo-*nisd*) *c* communist
kompagnon (kom-pahn-^y*ong*) *c* associate; partner
kompakt (kom-*pahgd*) *adj* compact
kompas (kom-*pahss*) *nt* (pl

~ser) compass
kompensation (kom-pehn-sah-s^y*oan*) c compensation
kompensere (kom-pehn-*say*-o) v compensate
kompetence (kom-per-*tahng*-ser) c competence, capacity
kompetent (kom-per-*tehnd*) adj competent, qualified; capable
kompleks (kom-*plehgs*) nt complex
komplet (kom-*plehd*) adj utter, complete
kompliceret (kom-pli-*say*-odh) adj complicated
kompliment (kom-pli-*mahng*) c compliment
komplimentere (kom-pli-mayn-*tay*-o) v compliment
komplot (kom-*plod*) nt (pl ~ter) plot
komponist (koam-poa-*nisd*) c composer
komposition (koam-poa-si-s^y*oan*) c composition
kompromis (koam-proa-*mi*) nt compromise
koncentration (kon-sayn-trah-s^y*oan*) c concentration
koncentrere (kon-sehn-*træ*-o) v concentrate
koncern (kon-*surn*) c concern
koncert (kon-*særd*) c concert
koncertsal (kon-*særd*-sahl) c concert hall
koncession (kon-seh-s^y*oan*) c concession
koncis (kon-*sis*) adj concise

kondition (kon-di-s^y*oan*) c condition
konditor (kon-*di*-do) c confectioner
konditori (kon-di-do-*ri*) nt pastry shop
kondom (kon-*dom*) nt condom
konduktør (kon-doag-*turr*) c conductor
kone (k*oa*-ner) c wife
konfekt (kon-*fehgd*) c chocolates pl
konfektionssyet (kon-fehg-s^y*oans*-sew-erdh) adj ready-made
konference (kon-fer-*rahng*-ser) c conference
konfiskere (kon-fi-*sgay*-o) v confiscate
konflikt (kon-*fligd*) c conflict
konge (*kong*-er) c king
kongelig (*kong*-er-li) adj royal
kongregation (kong-græ-gah-s^y*oan*) c congregation
kongres (kong-*græss*) c (pl ~ser) congress
konklusion (kong-kloo-s^y*oan*) c conclusion
konkret (kong-*kræd*) adj concrete
konkurrence (kong-goo-*rahng*-ser) c contest, competition; rivalry
konkurrent (kong-goo-*rænd*) c competitor, rival
konkurrere (kong-goo-*ræ*-o) v compete
konkurs (kong-*koors*) adj

konsekvens 102

bankrupt
konsekvens (kon-ser-*kvehns*) *c* consequence
konservativ (kon-sær-vah-tee⁰⁰) *adj* conservative
konservatorium (kon-sær-vah-*toar*-⁹om) *nt* (pl -ier) music academy
konservere (kon-sær-*vay*-o) *v* preserve
konservering (kon-sær-*vayr*-ayng) *c* preservation
konserves (kon-*sær*-verss) *pl* tinned food
konstant (kon-*sdahnd*) *adj* constant; even
konstatere (kon-sdah-*tay*-o) *v* *find; note, ascertain; diagnose
konstruere (kon-sdroo-*ay*-o) *v* construct
konstruktion (kon-sdroog-s⁹*oan*) *c* construction
konsul (*kon*-sool) *c* consul
konsulat (kon-soo-*lahd*) *nt* consulate
konsultation (kon-sool-tah-s⁹*oan*) *c* consultation
konsultationscenter (kon-sool-tah-s⁹*oans*-sehn-do) *nt* (pl -tre) health centre
konsultationstid (kon-sool-tah-s⁹*oans*-tidh) *c* consultation hours, surgery hours
konsultationsværelse (kon-sool-tah-s⁹*oans*-vai-ol-ser) *nt* surgery
konsultere (kon-sool-*tay*-o) *v* consult

konsument (kon-soo-*mehnd*) *c* consumer
kontakt (kon-*tahgd*) *c* contact
kontakte (kon-*tahg*-der) *v* contact
kontaktlinser (kon-*tahgd*-layn-so) *pl* contact lenses
kontanten (kon-*tahn*-dern) *c* cash dispenser, ATM
kontanter (kon-*tahn*-do) *pl* cash
kontinent (kon-ti-*nehnd*) *nt* continent
kontinental (kon-ti-nehn-*tahl*) *adj* continental
kontingent (kon-tayng-*gehnd*) *nt* subscription; contingency
kontinuerlig (kon-ti-noo-*ayr*-li) *adj* continuous
konto (*kon*-toa) *c* (pl -ti) account
kontor (koan-*toar*) *nt* office
kontorist (kon-toa-*risd*) *c* clerk
kontra (*kon*-trah) *prep* versus
kontrakt (kon-*trahgd*) *c* agreement, contract
kontrast (kon-*trahsd*) *c* contrast
kontrol (koan-*trol*) *c* (pl ~ler) inspection, control; supervision; **føre ~ med** supervise
kontrollere (kon-troa-*lay*-o) *v* control, check
kontrollør (kon-troa-*lurr*) *c* supervisor; usher
kontroversiel (kon-troa-vær-s⁹*ehl*) *adj* controversial

kontusion (kon-too-s^yoan) c bruise

konversation (kon-vær-sah-s^yoan) c conversation

konvolut (kon-voa-*lood*) c (pl ~ter) envelope

koordination (kōa-o-di-nah-s^yoan) c coordination

koordinere (kōa-o-di-*nay*-o) v coordinate

kop (kob) c (pl ~per) cup

kopi (koa-*pi*) c copy

kopiere (koa-p^yay-o) v copy

kopper (*ko*-bo) pl smallpox

kor (koar) nt (pl ~) choir

koral (koa-*rahl*) c (pl ~ler) coral

korend (koa-*ræn*) c currant

korn (koarn) nt (pl ~) grain, corn

kornmark (*koarn*-maag) c cornfield

korpulent (ko-boo-*lehnd*) adj stout, corpulent

korrekt (ko-*rægd*) adj correct; right

korrespondance (kaw-o-sbon-*dahng*-ser) c correspondence

korrespondent (kaw-o-sbon-*dehnd*) c correspondent

korrespondere (kaw-oss-bon-*day*-o) v correspond

korridor (ko-i-*doar*) c corridor

korrigere (ko-i-*gay*-o) v correct

korrupt (ko-*roobd*) adj corrupt

korruption (koa-roob-s^yoan) c corruption

kors (kawss) nt (pl ~) cross

korset (ko-*sehd*) nt (pl ~ter) corset

korsfæste (*kawss*-fehss-der) v crucify

korsfæstelse (*kawss*-fehss-derl-ser) c crucifixion

korstog (*kawss*-to^{oo}) nt (pl ~) crusade

korsvej (*kawss*-vigh) c road fork

kort (kawd) nt (pl ~) map; card; adj short, brief; **grønt ~** green card

kortfattet (*kawd*-fah-derdh) adj brief

kortslutning (*kawd*-slood-nayng) c short circuit

kosmetik (koss-mer-*tig*) c cosmetics pl

kost[1] (kosd) c food; fare; **~ og logi** room and board, board and lodging, bed and board

kost[2] (koast) c broom

kostbar (*kosd*-bah) adj expensive; precious

koste (*koss*-der) v *cost

kostskole (*kosd*-sgōa-ler) c boarding school

kotelet (koa-der-*lehd*) c (pl ~ter) cutlet, chop

kovending (*koa*-veh-nayng) c veering; volte-face

koøje (*koa*-oi-er) nt porthole

krabbe (*krah*-ber) c crab

kradse (*krah*-ser) v scratch

kraft (krahfd) c (pl kræfter) force, power; energy

kraftig (*krahf*-di) adj strong;

kraftværk

powerful; stout
kraftværk (*krahfd*-værg) *nt*
 power station
krage (*kraa*-er) *c* crow
krampe (*krahm*-ber) *c* cramp;
 convulsion
kran (krahn) *c* crane
kranium (*krahn*-³om) *nt* (pl
 -ier) skull
krat (krahd) *nt* (pl ~) scrub
krater (*krah*-do) *nt* crater
krav (krou) *nt* (pl ~) claim;
 requirement
krave (*kraa*-ver) *c* collar
kraveben (*kraa*-ver-bayn) *nt*
 (pl ~) collarbone
kraveknap (*kraa*-ver-knahb)
 c (pl ~per) collar stud
kravle (*krou*-ler) *v* crawl
kreativ (kræ-ah-*tiv*) *adj*
 creative
kredit (kræ-*did*) *c* (pl ~ter)
 credit
kreditkort (kræ-*did*-kawd) *nt*
 (pl ~) credit card; charge
 plate *Am*
kreditor (*kræ*-di-to) *c* creditor
kreds (kræs) *c* circle; ring;
 district; sphere
kredsløb (*kræœss*-lurb) *nt* (pl
 ~) circulation; cycle
kreere (kræ-*ay*-o) *v* create
kridt (krid) *nt* chalk
krig (kri) *c* war
krigsfange (*kriss*-fah-nger) *c*
 prisoner of war
krigsmagt (*kriss*-mahgd) *c*
 military force
krigsskib (*kriss*-sgib) *nt* man-
 -of-war

kriminalitet (kri-mi-nah-li-
 tayd) *c* criminality
kriminalroman (kri-mi-*nahl*-
 roa-mahn) *c* detective story
kriminel (kri-mi-*nehl*) *adj*
 criminal
krise (*kree*-ser) *c* crisis
kristen¹ (*kræss*-dern) *c* (pl
 -tne) Christian
kristen² (*kræss*-dern) *adj*
 Christian
Kristus (*kræss*-dooss) Christ
kritik (kri-*tig*) *c* (pl ~ker)
 criticism
kritiker (*kri*-ti-go) *c* critic
kritisere (kri-ti-*say*-o) *v*
 criticize
kritisk (*kri*-tisg) *adj* critical
kro (kroa) *c* inn; tavern
krog (kro^{oo}) *c* hook; corner
kroget (kro^{oo}-erdh) *adj*
 crooked
krokodille (kro-ger-*di*-ler) *c*
 crocodile
kronblad (*krōan*-blahdh) *nt*
 petal
krone (*krōa*-ner) *c* crown; *v*
 crown
kronisk (*kroa*-nisg) *adj*
 chronic
kronologisk (kroa-noa-*loa*-
 isg) *adj* chronological
krop (krob) *c* (pl ~pe) body
krucifiks (kroo-si-*figs*) *nt*
 crucifix
krudt (krood) *nt* gunpowder
krukke (*kro*-ger) *c* jar; ham
krum (krom) *adj* bent
krumme (*kro*-mer) *c* crumb
krumning (*krom*-nayng) *c*

kunstudstilling

bend
krus (kroos) *nt* (pl ~) mug
krybbe (*krew*-ber) *c* manger
krybdyr (*krewb*-dewr) *nt* (pl ~) reptile
***krybe** (*krew*-ber) *v* *creep; *shrink
krydderi (krur-dho-*ri*) *nt* spice
krydret (*krurdh*-rodh) *adj* spiced; spicy
krydse (*krew*-ser) *v* cross; **~ af** tick off
krydsning (*krewss*-nayng) *c* crossing
krydstogt (*krewss*-togd) *nt* cruise
krykke (*krur*-ger) *c* crutch
krympefri (*krurm*-ber-fri) *adj* shrinkproof
krystal (krew-*sdahl*) *nt* (pl ~ler) crystal; **krystal-** crystal
kræft (kræfd) *c* cancer
krænke (*kræng*-ger) *v* violate; insult; injure
krænkelse (*kræng*-gerl-ser) *c* violation
kræsen (*kræ̈æ*-sern) *adj* particular
kræve (*kræ̈æ*-ver) *v* claim; require, ask for, demand
krølle (*krur*-ler) *c* curl; *v* curl; crease; **krøllet** curly
kuffert (*ko*-fod) *c* trunk; case; suitcase; bag
kugle (*kōō*-ler) *c* bullet; sphere
kuglepen (*kōō*-ler-pehn) *c* (pl ~ne) ballpoint pen, Biro
kujon (koo-*ʸoan*) *c* coward

kul (kol) *nt* (pl ~) coal
kuld (kool) *nt* (pl ~) litter
kulde (*koo*-ler) *c* cold
kuldegysning (*koo*-ler-gewss-nayng) *c* chill, shiver
kuller (*kool*-o) *c* haddock
kultiveret (kool-ti-*vay*-odh) *adj* cultured
kultur (kool-*toor*) *c* culture
kun (kon) *adv* only
kunde (*kon*-ner) *c* customer; client
***kundgøre** (*kon*-gur-o) *v* announce; proclaim
kundgørelse (*kon*-gur-ol-ser) *c* announcement
***kunne** (*koo*-ner) *v* *can, *be able to; *may; *might
kunst (konsd) *c* art; **de skønne kunster** fine arts
kunstakademi (*konsd*-ah-kah-der-mi) *nt* art school
kunstgalleri (*konsd*-gah-lo-ri) *nt* gallery, art gallery
kunsthistorie (*konsd*-hi-stoar-ʸay) *c* art history
kunsthåndværk (*konsd*-hon-værg) *nt* (pl ~) handicraft
kunstig (*kon*-sdi) *adj* artificial
kunstindustri (*konsd*-ayn-doo-sdri) *c* arts and crafts
kunstner (*konsd*-no) *c* artist
kunstnerinde (konsd-no-*ay*-ner) *c* artist
kunstnerisk (*konsd*-no-risg) *adj* artistic
kunstsamling (*konsd*-sahm-layng) *c* art collection
kunstudstilling (*konsd*-

kunstværk

oodh-*sdayl*-ayng) *c* art exhibition
kunstværk (*konsd*-værg) *nt* work of art
kupé (koo-*pay*) *c* compartment
kupon (koo-*pong*) *c* coupon
kuppel (*koo*-berl) *c* (pl kupler) dome
kur (koor) *c* cure
kurere (koo-*ræ*-o) *v* cure
kuriositet (koo-ri-o-a-si-*tayd*) *c* curiosity
kurs (koors) *c* course
kursted (*koor*-sdehdh) *nt* spa
kursus (*koor*-sooss) *nt* (pl kurser) course
kurv (koorv) *c* basket; hamper
kurve (*koor*-ver) *c* curve; bend
kusine (koo-*see*-ner) *c* cousin
kustode (koo-*stoa*-dher) *c* attendant
kuvertafgift (koo-*værd*-ou-gifd) *c* cover charge
kvadrat (kvah-*drahd*) *nt* square
kvadratisk (kvah-*drah*-disg) *adj* square
kvaksalver (*kvahg*-sahl-vo) *c* quack
kvalificeret (kvah-li-fi-*say*-odh) *adj* qualified
kvalifikation (kvah-li-fi-kah-s^y*oan*) *c* qualification
kvalitet (kvah-li-*tayd*) *c* quality
kvalme (*kvahl*-mer) *c* nausea; sickness

kvantitet (kvahn-ti-*tayd*) *c* quantity
kvart (kvaad) *c* quarter
kvartal (kvah-*tahl*) *nt* quarter
kvarter (kvah-*tayr*) *nt* quarter of an hour; district, quarter
kvartårlig (*kvaad*-aw-li) *adj* quarterly
kviksølv (*kvig*-surl) *nt* mercury
kvinde (*kvay*-ner) *c* woman
kvindelæge (*kvay*-ner-lai-eh) *c* gynaecologist
kvist (kvaysd) *c* twig
kvittering (kvi-*tay*-ræng) *c* receipt
kvota (*kvoa*-tah) *c* quota
kvæg (kveh) *nt* (pl ~) cattle pl
*****kvæle** (*kvai*-ler) *v* strangle, choke
*****kvæles** (*kvai*-lerss) *v* choke
kvælstof (*kvail*-sdof) *nt* nitrogen
kvæste (*kvehss*-der) *v* injure; kvæstet injured
kvæstelse (*kvehss*-derl-ser) *c* injury
kylling (*kew*-layng) *c* chicken
kys (kurss) *nt* (pl ~) kiss
kysk (kewsg) *adj* chaste
kysse (*kur*-ser) *v* kiss
kyst (kursd) *c* coast; seashore, seaside
kæbe (*kai*-ber) *c* jaw
kæde (*kai*-dher) *c* chain
kæk (kehg) *adj* brave; plucky
kælder (*keh*-lo) *c* (pl -dre) cellar, basement
kæledyr (*kai*-ler-dewr) *nt* (pl ~) pet

kæledægge (kai-ler-*deh*-ger) *c* pet, darling
kælk (kehlg) *c* sledge
kæmme (kehm-er) *v* comb
kæmpe (kehm-ber) *c* giant; *v* *fight, struggle, battle; combat
kæmpehøj (kehm-ber-hoi) *c* barrow, tumulus
kæmpemæssig (kehm-ber-meh-si) *adj* enormous
kæmpestor (kehm-ber-sdoar) *adj* huge
kænguru (kehng-$g\overline{oo}$-roo) *c* kangaroo
kæp (kehb) *c* (pl ~pe) stick
kæphest (kehb-hehsd) *c* hobbyhorse
kær (kær) *adj* dear
kæreste (kai-o-sder) *c* boyfriend/girlfriend; sweetheart
kærlig (kær-li) *adj* affectionate
kærlighed (kær-li-haydh) *c* love
kærlighedshistorie (kær-li-haydhs-hi-sdoar-^yer) *c* love story
kærre (kær-ro) *c* cart
kærtegn (kær-tighn) *nt* (pl ~) caress
kø (kur) *c* queue; *stå i ~ queue; stand in line *Am
køb (kurb) *nt* (pl ~) purchase
købe ($k\overline{ur}$-ber) *v* *buy; purchase
købekraft ($k\overline{ur}$-ber-krahfd) *c* purchasing power
køber ($k\overline{ur}$-bo) *c* buyer; purchaser
købesum (kur-ber-som) *c* (pl ~mer) purchase price
købmand (kur-mahn) *c* (pl -mænd) grocer; merchant, tradesman
købmandsforretning (kur-mahns-fo-ræd-nayng) *c* grocer's; grocery store *nAm
***købslå** (kurb-slo) *v* bargain
kød (kurdh) *nt* flesh; meat
køje (koi-er) *c* bunk
køkken (kur-gern) *nt* kitchen
køkkenchef (kur-gern-s^yehf) *c* chef
køkkenhave (kur-gern-haa-ver) *c* kitchen garden
køl (kurl) *c* keel
køleskab ($k\overline{ur}$-ler-sgahb) *nt* refrigerator; fridge
kølig ($k\overline{ur}$-li) *adj* chilly, cool
kølle (kur-ler) *c* club
køn[1] (kurn) *nt* (pl ~) gender, sex; **køns-** genital
køn[2] (kurn) *adj* good-looking, pretty
kønssygdom (kurns-sew-dom) *c* (pl ~me) venereal disease
køre ($k\overline{ur}$-o) *v* *drive; *ride; ~ **i bil** motor
kørebane ($k\overline{ur}$-o-baa-ner) *c* carriageway; roadway *nAm
kørekort ($k\overline{ur}$-o-kawd) *nt* (pl ~) driver's licence, driving licence
køreplan ($k\overline{ur}$-o-plahn) *c* schedule
køre sammen ($k\overline{ur}$-o *sahm*-ern) *v* carpool

kørestol

kørestol (*kūr*-o-sdoal) *c* wheelchair
køretur (*kūr*-o-toor) *c* drive
køretøj (*kūr*-o-toi) *nt* vehicle
kål (kol) *c* cabbage

L

labbe (lah-ber) *v* slurp
laboratorium (lah-boa-rah-*toar*-^yom) *nt* (pl -ier) laboratory
labyrint (lah-bew-*rænd*) *c* labyrinth; maze
lade (*laa*-dher) *c* barn
*****lade** (*laa*-dher) *v* *let; allow to; ~ ligge *leave; ~ som om pretend; ~ til seem
ladning (*lahdh*-nayng) *c* cargo; charge
lag (lah) *nt* (pl ~) layer
lagen (*lah*-ern) *nt* sheet
lager (*lah*-o) *nt* (pl lagre) store, stock; *have på ~ stock
lagerbygning (*lah*-o-bewg-nayng) *c* warehouse
lageropgørelse (*lah*-o-obgur-ol-ser) *c* inventory
lagkage (*lou*-kaa-ah) *c* layer cake
lagune (lah-*gōō*-ner) *c* lagoon
lak (lahg) *c* (pl ~ker) lacquer; varnish
lakrids (lah-*kriss*) *c* liquorice
laks (lahgs) *c* (pl ~) salmon
laktose (lahg-*toa*-ser) *c* lactose
laktose-intolerant (lahg-*toa*-ser ayn-to-lo-rahnd) *adj* lactose intolerant

lam[1] (lahm) *nt* (pl ~) lamb
lam[2] (lahm) *adj* lame
lamme (*lah*-mer) *v* paralyse
lammekød (*lah*-mer-kurdh) *nt* lamb
lampe (*lahm*-ber) *c* lamp
lampeskærm (*lahm*-ber-sgærm) *c* lampshade
land (lahn) *nt* country; land; *gå i ~ land; i ~ ashore; **landet** country; countryside
landbrug (*lahn*-broo) *nt* agriculture
lande (*lah*-ner) *v* land
landevej (*lah*-ner-vigh) *c* highway
landevejskro (*lah*-ner-vighss-kroa) *c* roadhouse; roadside restaurant
landflygtig (lahn-*flurg*-di) *c* exile
landgangsbro (*lahn*-gahngs-broa) *c* gangway
landlig (*lahn*-li) *adj* rural; rustic
landmand (*lahn*-mahn) *c* (pl -mænd) farmer
landmærke (*lahn*-mær-ger) *nt* landmark
landsby (*lahns*-bew) *c* village
landskab (*lahn*-sgahb) *nt* landscape, scenery
landsmand (*lahns*-mahn) *c*

(pl -mænd) countryman
landsted (*lahn*-sdehdh) *nt* country house
landstryger (*lahn*-sdrew-o) *c* tramp
lang (lahng) *adj* long; **langt** by far
langs (lahngs) *prep* along, past; **på ~** lengthways
langsom (*lahng*-som) *adj* slow
langsynet (*lahng*-sew-nerdh) *adj* long-sighted
langt (lahngd) *adj* far; **~ væk** *adv* far away
langvarig (*lahng*-vah-i) *adj* long; prolonged
lappe (*lah*-ber) *v* patch
laptop (*lahb*-tob) *c* laptop
large (lahrsh) *adj* liberal
last (lahsd) *c* cargo; vice
lastbil (*lahsd*-bil) *c* lorry; truck *nAm*
laste (*lahss*-der) *v* charge
lastrum (*lahsd*-rom) *nt* (pl ~) hold
Latinamerika (lah-*tin*-ah-may-ri-kah) Latin America
latinamerikansk (lah-*tin*-ah-may-ri-kahnsg) *adj* Latin-American
latter (*lah*-do) *c* laugh, laughter
latterlig (*lah*-do-li) *adj* ridiculous; ludicrous
*latterliggøre (*lah*-do-li-gur-o) *v* ridicule
lav (lahv) *adj* low
lave (*laa*-ver) *v* *make; fix
lavine (lah-*vee*-ner) *c* avalanche
lavland (*lou*-lahn) *nt* lowlands *pl*
lavsæson (*lou*-seh-song) *c* low season
lavtryk (*lou*-trurg) *nt* (pl ~) depression; low pressure
lavvande (*lou*-vah-ner) *nt* low tide
lavvandet (*lou*-vahn-erdh) *adj* shallow
*le (lay) *v* laugh
led (laydh) *nt* (pl ~) joint; link
lede (*lay*-dher) *v* direct; head; **~ efter** look for; hunt for
ledelse (*lay*-dherl-ser) *c* leadership, management, administration
ledende (*lay*-dher-ner) *adj* leading
ledig (*lay*-dhi) *adj* vacant; unoccupied
ledning (laydh-nayng) *c* flex; electric cord
ledsage (laydh-sah-ah) *v* accompany; conduct
ledsager (laydh-sah-o) *c* companion
leg (ligh) *c* play
legal (lay-*gahl*) *adj* legal
legalisering (lay-gah-li-*say*-ræng) *c* legalization
legat (lay-*gahd*) *nt* scholarship, grant
legation (lay-gah-s^y*oan*) *c* legation
lege (*ligh*-er) *v* play
legeme (*lai*-eh-mer) *nt* body
legeplads (*ligh*-er-plahss) *c* recreation ground,

legetøj 110

playground
legetøj (*ligh-*er-toi) *pl* toy
legetøjsforretning (*ligh*-er-toiss-fo-ræd-nayng) *c* toyshop
legitimationskort (lay-gi-ti-mah-s^yoan-kawd) *nt* (pl ~) identity card
leje (*ligh*-er) *c* rent; *v* hire, rent; lease; **til** ~ for hire
lejekontrakt (*ligh*-er-kon-trahgd) *c* lease
lejer (*ligh*-o) *c* tenant
lejlighed (*ligh*-li-haydh) *c* opportunity, occasion, chance; flat; apartment *nAm*
lejlighedskøb (*ligh*-li-haydhs-kurb) *nt* (pl ~) bargain
lejr (ligho) *c* camp
leksikon (*lehg*-si-kon) *nt* (pl -ka) encyclopaedia
lektie (*lehg*-s^yer) *c* lesson
lektier (*lehg*-s^yer) *npl* homework
lektor (*lehg*-to) *c* master
lem (lehm) *nt* (pl ~mer) limb
ler (layr) *nt* clay
lertøj (*layr*-toi) *pl* crockery
lervarer (*layr*-vaa-ah) *pl* ceramics *pl*
let (lehd) *adj* light, easy; gentle
letfordærvelig (*lehd*-fo-dær-ver-li) *adj* perishable
lethed (*lehd*-haydh) *c* ease
lettelse (*lehd*-erl-ser) *c* relief
leve (*lay*-ver) *v* live
levebrød (*lay*-ver-brurdh) *nt*
(pl ~) livelihood; job
levende (*lay*-ver-ner) *adj* alive, live
lever (*lay*-vo) *c* liver
levere (lay-*vay*-o) *v* provide, furnish; deliver
levering (lay-*vay*-ræng) *c* delivery
levestandard (*lay*-ver-stahn-dahd) *c* standard of living
levetid (*lay*-ver-tidh) *c* lifetime
levevis (*lay*-ver-vis) *c* (pl ~) lifestyle
levning (*leh*^{oo}-nayng) *c* remnant, remains *pl*
libaneser (li-bah-*nayso*) *c* Lebanese
libanesisk (li-bah-*nay*-sisg) *adj* Lebanese
Libanon (*libah*-non) Lebanon
liberal (li-ber-*rahl*) *adj* liberal
Liberia (li-*bayr*-^yah) Liberia
liberianer (li-bay-ri-*^yah*-no) *c* Liberian
liberiansk (li-bay-ri-*^yahnsg*) *adj* Liberian
licens (li-*sehns*) *c* licence
*lide (lee-dher) *v* suffer
lidelse (*lee*-dherl-ser) *c* suffering
liden (li-*dhern*) *adj* (nt lidet) little
lidenskab (*lee*-dhern-sgahb) *c* passion
lidenskabelig (lee-dhern-sgahb-li) *adj* passionate
lig¹ (li) *nt* (pl ~) corpse
lig² (li) *adj* alike, like

ligbrænde (lee-bræ-ner) v cremate
lige (lee-i) adj even; straight; level; adv equally; ~ **så** as; ~ **så meget** as much
ligeglad (lee-i-glahdh) adj careless, indifferent
ligeledes (lee-i-lāy-dherss) adv likewise, also
ligesindet (lee-i-sayn-erdh) adj like-minded
ligesom (lee-i-som) conj as
ligeså (lee-i-so) adv likewise
ligetil (lee-i-tayl) adj simple
ligeud (lee-i-oodh) adv straight ahead, straight on
ligevægt (lee-i-vehgd) c balance
*****ligge** (lay-ger) v *lie
liggestol (lay-ger-sdoal) c deck chair
lighed (lee-haydh) c similarity, resemblance
lighter (ligh-to) c lighter
ligne (lee-ner) v resemble
lignende (lee-ner-ner) adj similar
ligtorn (lee-toarn) c corn
likør (li-kurr) c liqueur
lilje (lil-ʸer) c lily
lille (li-ler) adj (pl små) small, little; short, minor; petty; ~ **bitte** tiny, minute
lillefinger (li-ler-fayng-o) c (pl -gre) little finger
lim (lim) c glue; gum
lind (layn) c lime
lindetræ (lay-ner-træ) nt limetree
lindre (layn-dro) v relieve, alleviate
lindring (layn-dræng) c relief
line (lee-ner) c line
lineal (li-nay-ahl) c ruler
linje (lin-ʸer) c line
link nt link
linned (lay-nerdh) nt linen
linse (layn-ser) c lens
list (laysd) c ruse, trick
liste (layss-der) c list
liter (li-do) c (pl ~) litre
litteratur (li-der-rah-toor) c literature
litterær (li-der-rær) adj literary
liv (lee^{oo}) nt (pl ~) life; **i live** alive
livlig (lee^{oo}-li) adj lively; vivid
livmoder (lee^{oo}-moā-dho) c womb
livredder (lee^{oo}-rædh-o) c pool attendant
livsforsikring (lee^{oo}ss-fo-sayg-ræng) c life insurance
livsvigtig (lee^{oo}ss-vayg-di) adj vital
livvagt (lee^{oo}-vahgd) c bodyguard
lod[1] (lodh) nt (pl ~der) lot; *****trække** ~ draw lots
lod[2] (lodh) c (pl ~der) lot, destiny
lodret (lodh-ræd) adj vertical, perpendicular
lods (loas) c pilot
lodseddel (lodh-sehdh-erl) c (pl -sedler) lottery ticket
lodtrækning (lodh-træg-naynng) c draw
loft (lofd) nt ceiling; attic

logerende

logerende (loa-s^yay-o-ner) c (pl ~) lodger
logge af (lo-ger-ah) v log off
logge ind (lo-ger-ayn) v log in
logi (loa-s^yi) c accommodation, lodgings pl
logik (loa-gig) c logic
logisk (loa-gisg) adj logical
lokal (loa-*kahl*) adj local
lokalisere (loa-kah-li-*say*-o) v locate
lokalitet (loa-kah-li-*tayd*) c locality
lokalsamtale (loa-*kahl*-sahm-taa-ler) c local call
lokaltelefon (loa-*kahl*-tay-ler-foan) c extension
lokaltog (loa-*kahl*-tooo) nt (pl ~) local train
lokkemad (*lo*-ger-mahdh) c bait
lokomotiv (loa-goa-moa-tee^{oo}) nt locomotive, engine
lomme (*lo*-mer) c pocket
lommekniv (*lo*-mer-knee^{oo}) c penknife, pocketknife
lommelygte (*lo*-mer-lurg-der) c flashlight, torch
lommeregner (*lo*-mer-righ-ner) c calculator
lommetørklæde (*lo*-mer-turr-klai-dher) nt handkerchief
lort (lord) nt crap
losse (*lo*-ser) v discharge, unload
lotteri (lo-do-*ri*) c lottery
lov (lo^{oo}) c law; permission; *give ~ til permit; *have ~ til *be allowed to

love (*law*-ver) v promise
lovlig (lo^{oo}-li) adj lawful
lovmæssig (lo^{oo}-meh-si) adj legal
lovprisning (lo^{oo}-priss-nayng) c praise, glory
loyal (loi-^y*ahl*) adj loyal
LP plade (ehl-pay-plaa-dher) c long-playing record; album nAm
luder (*loodh*-o) c whore
luft (lofd) c air; sky
lufte (*lof*-der) v air; ~ **ud** ventilate
luftfartsselskab (*lofd*-fahds-sehl-sgahb) nt airline
luftfilter nt (pl -tre) air-filter
lufthavn (*lofd*-houn) c airport
luftig (*lof*-di) adj airy
luftkaptajn (*lofd*-kahb-tighn) c captain
luftkonditioneret (*lofd*-kon-di-s^yoa-nay-odh) adj air-conditioned
luftmadras (*lofd*-mah-drahss) c (pl ~ser) air mattress
luftpost (*lofd*-posd) c airmail
luftsyge (*lofd*-sew-ew) c airsickness
lufttryk (*lofd*-trurg) nt (pl ~) atmospheric pressure
lufttæt (*lofd*-tæd) adj airtight
luge (*loo*-oo) c hatch
lugt (logd) c smell; odour
lugte (*log*-der) v *smell
lukke (*lo*-ger) v close, *shut; fasten; ~ **for** *cut off; ~ **inde** *shut in; ~ **op** unlock; ~ **op for** turn on; **lukket** shut,

closed
lukketøj (*lo*-ger-toi) *nt* fastener
luksuriøs (log-soor-ʸurs) *adj* luxurious
luksus (*log*-sooss) *c* luxury
lumbago (lom-*baa*-goa) *c* lumbago
lund (lon) *c* grove
lune (*loo*-ner) *nt* humour, mood; whim; *v* warm
lunge (*long*-er) *c* lung
lungebetændelse (*long*-er-bay-tehn-erl-ser) *c* pneumonia
lunken (*long*-gern) *adj* tepid, lukewarm
luns (lons) *c* chunk
lunte (*lon*-der) *c* fuse
lur (loor) *c* nap
lus (loos) *c* (pl ~) louse
luvslidt (*leev*-slid) *adj* threadbare
ly (lew) *nt* shelter
lyd (lewdh) *c* sound; noise
lydbånd (*lewdh*-bon) *nt* (pl ~) tape; sound track
***lyde** (*lēw*-dher) *v* sound
lydig (*lēw*-dhi) *adj* obedient
lydighed (*lēw*-dhi-haydh) *c* obedience
lydpotte (*lewdh*-po-der) *c* silencer; muffler *nAm*
lydt (lewd) *adj* noisy
lydtæt (*lewdh*-tehd) *adj* soundproof
lygte (*lurg*-der) *c* lantern; lamp
lykke (*lur*-ger) *c* happiness; fortune

lykkelig (*lur*-ger-li) *adj* happy
lykkes (*lur*-gerss) *v* manage, succeed
lykønske (lurg-*urn*-sger) *v* congratulate; compliment
lykønskning (lurg-*urnsg*-nayng) *c* congratulation
lyn (lewn) *nt* (pl ~) lightning
lyng (lurng) *c* heather
lynghede (*lurng*-hāy-dher) *c* moor
lynkursus (*lēwn*-koor-sooss) *nt* (pl -kurser) intensive course
lynlås (*lewn*-los) *c* zip, zipper
lys¹ (lews) *nt* (pl ~) light; **skarpt** ~ glare
lys² (lews) *adj* light; pale
lysbillede (*lewss*-bay-ler-dher) *nt* slide
lysende (*lēw*-ser-ner) *adj* shining; luminous
lyserød (*lew*-ser-rurdh) *adj* pink
lyshåret (*lewss*-ho-odh) *adj* fair
lyske (*lewss*-ger) *c* groin
lysning (*lewss*-nayng) *c* clearing
lyst (lursd) *c* desire; ***have** ~ **til** *v* feel like, fancy
lystig (*lurss*-di) *adj* merry, gay, jolly; humorous
lystspil (*lursd*-spayl) *nt* (pl ~) comedy
lytte (*lew*-der) *v* listen
lytter (*lew*-do) *c* listener
***lyve** (*lēw*-ver) *v* lie
læ (leh) *nt* cover
læbe (*lai*-ber) *c* lip

læbestift (*lai*-ber-sdayfd) *c* lipstick
læder (lehdh-o) *nt* leather; **læder-** leather
læg¹ (lehg) *nt* (pl ~) pleat, tuck
læg² (lehg) *c* (pl ~ge) calf
læge (*lai*-eh) *c* doctor, physician; *v* heal; **praktiserende ~** general practitioner
lægeerklæring (*lai*-eh-ær-kleh-ræng) *c* health certificate
lægelig (*lai*-eh-li) *adj* medical
lægemiddel (*lai*-eh-midh-erl) *nt* (pl -midler) remedy, medicament
lægevidenskab (*laieh*-vidhern-sgahb) *c* medicine
*lægge (leh-ger) v *put, *lay; ~ i blød soak; ~ ned lengthen; ~ sammen add; ~ sig ned *lie down; ~ til dock
lægmand (*leh*-mahn) *c* (pl -mænd) layman
læk (lehg) *c* leak; *adj* leaky
lække (*leh*-ger) *v* leak
lækker (*leh*-go) *adj* delicious; enjoyable
lækkeri (leh-go-*ri*) *nt* delicacy
læne sig (*lai*-ner) *lean
lænestol (*lai*-ner-sdoal) *c* armchair; easy chair
længde (lehng-der) *c* length
længdegrad (lehng-der-grahdh) *c* longitude
længe (*lehng*-er) *c* wing
længere væk (*lehng*-o-ræ vehg) *adv* farther

længes efter (*lehng*-erss) long for
længsel (lehng-serl) *c* (pl -sler) longing
lærd (lærd) *c* scholar; *adj* learned
lære (*lai*-o) *c* teachings *pl*; *v* *learn; *teach; ~ **udenad** memorize
lærebog (*lai*-a-bo⁰⁰) *c* (pl -bøger) textbook
lærer (*lai*-o) *c* schoolteacher, teacher; master
lærerig (lai-o-ri) *adj* instructive
lærerinde (lai-o-*ay*-ner) *c* teacher
læresætning (*lai*-o-sehdnayng) *c* thesis
lærke (*lær*-ger) *c* lark
lærling (*lai*-layng) *nt* apprentice
lærred (*lær*-odh) *nt* linen; canvas
læs (lehss) *nt* (pl ~) load
læse (*lai*-ser) *v* *read
læselampe (*lai*-ser-lahmber) *c* reading lamp
læselig (*lai*-ser-li) *adj* legible
læsepult (*lai*-ser-poold) *c* desk
læser (*lai*-so) *c* reader
læsesal (*lai*-ser-sahl) *c* reading room
læsion (leh-sʸ*oan*) *c* injury
læsning (laiss-nayng) *c* reading
læsse (*leh*-ser) *v* load; **~ af** unload
løb (lurb) *nt* (pl ~) course, run,

race
løbe (*lūr*-ber) v *run; ~ **på rollerblades** rollerblade
løbebane (*lūr*-ber-baa-ner) c career
løbehjul (*lūr*-ber-²ool) nt (pl ~) scooter
løber (*lūr*-bo) c runner
løfte (*lurf*-der) nt promise; vow; v lift
løftestang (*lurf*-der-sdahng) c (pl -stænger) lever
løg (loi) nt (pl ~) onion; bulb
løgn (loin) c lie
løgner (loin-o) c liar
løjerlig (*lo*-²o-li) adj queer, odd, funny
løkke (*lur*-ger) c loop
løn (lurn) c pay, salary, wages pl
lønforhøjelse (*lurn*-fo-hoi-erl-ser) c rise; raise nAm
lønmodtager (*lurn*-moadh-tah-o) c employee
lønstigning (*lurn*-sdee-

nayng) c increase of salary; rise; raise nAm
lørdag (*lurr*-dah) c Saturday
løs (lurs) adj loose, detachable
løse (*lūr*-ser) v solve; ~ **op** *undo, untie, loose, *let loose, loosen, release
løsesum (*lūr*-ser-som) c (pl ~mer) ransom
løsne (lurss-ner) v loosen; detach, unfasten
løsning (*lūrss*-nayng) c solution
løve (*lūr*-ver) c lion
låg (lo) nt (pl ~) cover, lid; top
låge (*law*-er) c gate
lån (lon) nt (pl ~) loan
låne (*law*-ner) v borrow; ~ **ud** *lend
lår (lor) nt (pl ~) thigh
lås (los) c lock
låse (*law*-ser) v lock; ~ **inde** lock up; ~ **op** unlock

M

mad (mahdh) c fare; **lave ~** cook
made (*maa*-dher) v *feed
madforgiftning (*mahdh*-fo-gifd-nayng) c food poisoning
mading (*mah*-dhayng) c bait
madlyst (*mahdh*-lursd) c appetite
madolie (*mahdh*-oal-²er) c salad-oil
madras (mah-*drahss*) c (pl

~ser) mattress
mager (*mah*-o) adj lean
magi (mah-*gi*) c magic
magisk (*mah*-gisg) adj magic
magnet (mou-*nayd*) c magneto
magnetisk (mou-*nay*-disg) adj magnetic
magt (mahgd) c power; might; **udøvende ~** executive power

magtesløs

magtesløs (*mahg-derss-lurs*) *adj* powerless
maj (migh) May
major (*mah-s*yoar) *c* major
majs (mighs) *c* maize
majskolbe (*mighs-*kol-ber) *c* corn on the cob
makrel (mah-*kræl*) *c* (pl ~) mackerel
malaria (mah-*lah*-ri-ah) *c* malaria
Malaysia (mah-*ligh*-s*y*ah) Malaysia
malaysier (mah-*ligh*-s*y*o) *c* Malaysian
malaysisk (mah-*ligh*-sisg) *nt* Malay; *adj* Malaysian
male (*maa*-ler) *v* paint; *grind
maler (*maa*-lo) *c* painter
maleri (maa-lo-*ri*) *nt* picture, painting
malerisk (*maa*-lo-risg) *adj* picturesque
malerkasse (*maa*-lo-kah-ser) *c* paintbox
maling (*maa*-layng) *c* paint
malm (mahlm) *c* ore
malplaceret (mahl-plah-*say*-odh) *adj* misplaced
man (mahn) *pron* one; you; we
manchet (mahng-s*y*ehd) *c* (pl ~ter) cuff
manchetknapper (mahng-s*y*ehd-knah-bo) *pl* cuff links *pl*
mand (mahn) *c* (pl mænd) man; husband
mandag (*mahn*-dah) *c* Monday

mandarin (mahn-dah-*rin*) *c* mandarin; tangerine
mandat (mahn-*daht*) *nt* mandate
mandel (*mahn*-erl) *c* (pl -dler) almond; **(hals)mandler** tonsils *pl*
mandskab (*mahn*-sgahb) *nt* crew
manege (mah-*nāy*-sher) *c* ring
manerer (mah-*nay*-o) *pl* manners *pl*, ways *pl*
mange (*mahng*-er) *adj* many; much
mangel (*mahng*-erl) *c* (pl -gler) shortage, lack; want; deficiency
mangelfuld (*mahng*-erl-fool) *adj* faulty, defective
mangle (*mahng*-ler) *v* lack; fail; **manglende** missing
manicure (mah-ni-*kew*) *c* manicure
manicurere (mah-ni-kew-*ræ*-o) *v* manicure
mannequin (mah-ner-*kehng*) *c* model
manufakturvarer (mah-noo-fahg-*toor*-vaa-ah) *pl* drapery
manuskript (mah-noo-*sgræbd*) *nt* manuscript
mappe (*mah*-ber) *c* briefcase
march (maash) *c* march
marchere (mah-*shay*-o) *v* march
marchhastighed (*maash*-hahss-di-haydh) *c* pace; cruising speed
margarine (mah-gah-*ree*-ner)

mave

c margarine
margen (*mou*-ern) *c* margin
marinebillede (mah-*ree*-ner-bay-ler-dher) *nt* seascape
maritim (maa-i-*tim*) *adj* maritime
mark (maag) *c* field
markblomst (*maag*-blomsd) *c* wild flower
marked (*maa*-gerdh) *nt* market, fair
markere (mah-*kay*-o) *v* indicate, mark; stress
marmelade (mah-mer-*laa*-dher) *c* marmalade
marmor (*mah*-mo) *nt* marble
marmorkugle (*mah*-mo-koo-ler) *c* marble
marokkaner (mah-roa-*kah*-no) *c* Moroccan
marokkansk (mah-roa-*kahnsg*) *adj* Moroccan
Marokko (mah-*ro*-koa) Morocco
marsvin (maa-svin) *nt* (pl ~) guinea pig
marts (maads) March
martyr (*maa*-tewr) *c* martyr
marv (mahoo) *c* marrow
mascara (mah-*sgaa*-ah) *c* mascara
mase (*maa*-ser) *v* toil; mash, pulp, crush; smash
maske (*mahss*-ger) *c* mask; mesh
maskine (mah-*sgee*-ner) *c* engine, machine
maskineri (mah-sgi-no-*ri*) *nt* machinery
*****maskinskrive** (mah-*sgeen*-sgree-ver) *v* type
maskinskriverske (mah-*sgeen*-sgri-vo-sger) *c* typist
maskulin (mah-sgoo-lin) *adj* masculine
massage (mah-*saa*-sher) *c* massage
masse (*mah*-ser) *c* mass; bulk; heap, lot
masseproduktion (*mah*-ser-proa-doog-s'oan) *c* mass production
massere (mah-*say*-o) *v* massage
massiv (mah-*see*oo) *adj* solid, massive
masseødelæggelsesvåben(mah-ser-ūr-dher-leh-gerl-sers-vo-bern) *nt* (pl – våben) weapons of mass destruction; WMD
massør (mah-*surr*) *c* masseur
mast (mahsd) *c* mast
mat (mahd) *adj* dull, mat; faint
matematik (mah-der-mah-*tig*) *c* mathematics
matematisk (mah-der-*mah*-disg) *adj* mathematical
materiale (mah-tri-*aa*-ler) *nt* material
materialhandel (mah-tri-*ahl*-hahn-erl) *c* pharmacy, chemist's; drugstore *nAm*
materiel (mah-tri-*ehl*) *adj* material
mausoleum (moa-soa-*lai*-om) *nt* (pl -eer) mausoleum
mave (*maa*-ver) *c* stomach;

mavepine

belly; **mave-** gastric
mavepine (*maa*-ver-pee-ner) *c* stomach ache
mavesmerter (*maa*-ver-smær-do) *pl* stomach ache
mavesår (*maa*-ver-so) *nt* (pl ~) gastric ulcer
med (mehdh) *prep* with; by
medalje (may-*dahl*-yer) *c* medal
***medbringe** (*mehdh*-brænger) *v* *bring, *bring along
meddele (*mehdh*-day-ler) *v* inform; communicate, notify
meddelelse (*mehdh*-day-lerl-ser) *c* information; bulletin
medejer (*mehdh*-igh-o) *c* partner, associate
medens (*may*-dherns) *conj* whilst
medfødt (*mehdh*-furd) *adj* natural
medfølelse (*mehdh*-fur-lerl-ser) *c* sympathy
medfølende (*mehdh*-fur-ler-ner) *adj* sympathetic
medgang (*mehdh*-gahng) *c* success; good fortune; prosperity
medicin (may-di-*sin*) *c* medicine; drug
medicinsk (may-di-*sinsg*) *adj* medical
medier (mayd-jer) *npl* media
meditere (may-di-*tay*-o) *v* meditate
medlem (*mehdh*-lehm) *nt* (pl ~mer) associate, member
medlemskab (*mehdh*-lehm-sgahb) *nt* membership
medlidenhed (may-*li*-dhern-haydh) *c* pity; ***have** ~ **med** pity
medmindre (meh-*mayn*-dro) *conj* unless
medregne (*mehdh*-righ-ner) *v* include, count
medvirken (*mehdh*-veer-gern) *c* cooperation, assistance
megen (*migh*-ern) *adj* (nt meget) much
meget (*migh*-erdh) *adv* very, much; far
mejeri (migh-o-*ri*) *nt* dairy
mejsel (*mahi*-serl) *c* (pl -sler) chisel
mekaniker (may-*kah*-ni-go) *c* mechanic
mekanisk (may-*kah*-nisg) *adj* mechanical
mekanisme (may-kah-*niss*-mer) *c* mechanism
mel (mayl) *nt* flour
melankoli (may-lahng-koa-*li*) *c* melancholy
melankolsk (may-lahng-*koalsg*) *adj* melancholic
melde (*mehl*-er) *v* report; ~ **sig** report; ~ **sig ind i** join
mellem (*mehl*-erm) *prep* between, among
mellemmand (*meh*-lerm-mahn) *c* (pl -mænd) intermediary
mellemmåltid (*meh*-lerm-mol-tidh) *nt* snack
mellemrum (*meh*-lerm-rom) *nt* (pl ~) interval, space

mellemsokkel (*mehl-erm-sog-gerl*) *c* adaptor
mellemspil (*meh-lerm-spayl*) *nt* (pl ~) interlude
mellemste (*mehl-erm-sder*) *adj* middle
mellemtid (*meh-lerm-tidh*) *c* interim; **i mellemtiden** meanwhile, in the meantime
melodi (*may-loa-di*) *c* tune, melody
melodisk (*may-loa-disg*) *adj* tuneful
melon (*may-loan*) *c* melon
membran (*mehm-brahn*) *c* membrane; diaphragm
memo (*māy-moa*) *nt* memo
men (*mehn*) *conj* but; only
mene (*māy-ner*) *v* *mean, *think; consider
mened (*māyn-aydh*) *c* perjury
menighed (*māy-ni-haydh*) *c* congregation; community; Church
mening (*māy-nayng*) *c* opinion, meaning; sense
meningsløs (*māy-nayngs-lurs*) *adj* meaningless, senseless
menneske (*meh-ner-sger*) *nt* human being; man
menneskehed (*meh-ner-sger-haydh*) *c* humanity, mankind
menneskelig (*meh-ner-sger-li*) *adj* human, humane
menneskemængde (*meh-ner-sger-mehng-der*) *c* crowd
mens (*mehns*) *conj* while

menstruation (*mehn-sdroo-ah-s^yoan*) *c* menstruation
mental (*mehn-tahl*) *adj* mental
menukort (*may-new-kawd*) *nt* (pl ~) menu
messe (*meh-ser*) *c* Mass; fair
messing (*meh-sayng*) *nt* brass
mester (*mehss-do*) *c* (pl mestre) champion; master
mesterværk (*mehss-do-værg*) *nt* masterpiece
mestre (*mehss-dro*) *v* master
metal (*may-tahl*) *nt* (pl ~ler) metal; **metal-** metal
meter (*may-do*) *c* (pl ~) metre
metode (*may-tōa-dher*) *c* method
metodisk (*may-toa-dhisg*) *adj* methodical
metrisk (*may-træsg*) *adj* metric
mexicaner (*mehg-si-kah-no*) *c* Mexican
mexicansk (*mehg-si-kahnsg*) *adj* Mexican
Mexico (*mehg-si-koa*) Mexico
middag (*may-dah*) *c* noon, midday; dinner
middagsmad (*may-dahss-mahdh*) *c* dinner
middel (*midh-erl*) *nt* (pl midler) means; remedy; **antiseptisk ~** antiseptic; **beroligende ~** sedative; **insektdræbende ~** insecticide; **narkotisk ~** narcotic; **styrkende ~** tonic
middel- (*midh-erl*) medium

middelalder (*midh*-erl-ahl-o) c Middle Ages
middelalderlig (*midh*-erl-ahl-o-li) adj mediaeval
Middelhavet (*midh*-erl-hah-verdh) the Mediterranean
middelklasse (*midh*-erl-klah-ser) c middle class
middelmådig (*midh*-erl-mo-dhi) adj mediocre, moderate
midlertidig (*midh*-lo-ti-dhi) adj provisional, temporary
midnat (*midh*-nahd) midnight
midsommer (*midh*-so-mo) midsummer
midte (*may*-der) c middle; midst
midtergang (*may*-do-gahng) c aisle
midt i (mayd) amid
midtpunkt (*mayd*-pongd) nt centre
mig (migh) pron me; myself
migræne (mi-*græ*-ner) c migraine
mikrobølgeovn (mi-kroa-burl-ger-o°n) c microwave oven
mikrofon (mi-kroa-*foan*) c microphone
mild (mil) adj gentle, mild
militær (mi-li-*tær*) adj military
miljø (mil-*y*ur) nt environment, milieu
milliard (mil-*yadh*) c billion
million (mil-*y*oan) c million
millionær (mil-*y*oa-*nær*) c millionaire

min (min) pron (nt mit, pl mine) my
minde (*may*-ner) nt memory; remembrance
minde om (*may*-ner) remind
mindes (*may*-ness) v recall, recollect
mindesmærke (*may*-nerss-mær-ger) nt memorial, monument
mindeværdig (*may*-ner-vær-di) adj memorable
mindre (*mayn*-dro) adj minor; adv less; **ikke desto ~** nevertheless
mindretal (*mayn*-dro-tahl) nt (pl ~) minority
mindreværdskompleks (*mayn*-dro-værs-kom-plehgs) nt inferiority complex
mindreårig (*mayn*-dro-o-i) c minor; adj under age
mindske (*mayn*-sger) v lessen, decrease
mindst (maynsd) adj least; adv at least; **i det mindste** at least
mine (*mee*-ner) c air, look; mine
minearbejder (*mee*-ner-aa-bigh-do) c miner
minedrift (*mee*-ner-dræfd) c mining
mineral (mi-ner-*rahl*) nt mineral
mineralvand (mi-ner-*rahl*-vahn) c soda water, mineral water
miniature (min-*y*ah-*tewr*) c

miniature

minimum (*mi*-ni-mom) *nt* (pl -ma) minimum

minister (mi-*niss*-do) *c* (pl -tre) minister

ministerium (mi-ni-*sdayr*-Yom) *nt* (pl -ier) ministry

mink (mayngg) *c* mink

minus (*mee*-nooss) *nt* drawback; minus; *adv* minus

minut (mi-*nood*) *nt* (pl ~er) minute

mirakel (mi-*rah*-gerl) *nt* (pl -kler) miracle

mirakuløs (mi-rah-goo-*lurs*) *adj* miraculous

misbillige (*miss*-bi-li-er) *v* disapprove

misbrug (*miss*-broo) *nt* (pl ~) misuse; abuse

misdannet (*miss*-dah-nerdh) *adj* deformed

*****misforstå** (*miss*-fo-sdo) *v* *misunderstand

misforståelse (*miss*-fo-sdo-erl-ser) *c* misunderstanding

mishage (*miss*-hah-ah) *v* displease

miskredit (*miss*-kræ-did) *c* discredit

mislyd (*miss*-lewdh) *c* dissonance, discord

mislykkes (*miss*-lur-gerss) *v* fail

mislykket (*miss*-lur-gerdh) *adj* unsuccessful

mistanke (*miss*-tahng-ger) *c* suspicion

miste (*mayss*-der) *v* *lose

mistro (*miss*-troa) *c* suspicion; **nære ~ til** mistrust

mistroisk (*miss*-troa-isg) *adj* suspicious

mistænke (*miss*-tehng-ger) *v* suspect

mistænkelig (miss-*tehng*-ger-li) *adj* suspicious

mistænksom (*miss*-tehngg-som) *adj* suspicious

mistænkt (*miss*-tehngd) *c* suspect

misunde (*miss*-on-er) *v* envy; grudge

misundelig (miss-*on*-er-li) *adj* envious

misundelse (miss-*on*-erl-ser) *c* envy

mobil (moa-*bil*) *adj* mobile

mobiltelefon (moa-*bil*-tay-ler-foan) *c* mobile phone; cell phone *nAm*

mod[1] (moadh) *nt* courage

mod[2] (moadh) *prep* against

modbydelig (moadh-*bew*-dher-li) *adj* revolting, repellent

mode (*mōa*-dher) *c* fashion

model (moa-*dehl*) *c* (pl -ler) model

modellere (moa-der-*lay*-o) *v* model

modem (moa-*dehm*) *nt* (pl ~) modem

moden (*moa*-dhern) *adj* mature, ripe

modenhed (*moa*-dhern-haydh) *c* maturity

moderat (moa-der-*rahd*) *adj* moderate

moderigtig (*mōa*-dher-ræg-

modermærke

di) *adj* trendy
modermærke (*mōa*-dho-mær-ger) *nt* birthmark
moderne (moa-*dær*-ner) *adj* modern; fashionable
modernisere (moa-dær-ni-*say*-o) *v* modernize; renovate
modersmål (*mōa*-dhoss-mol) *nt* (pl ~) mother tongue, native language
modgang (*moadh*-gahng) *c* bad luck, reverse
modgående (*moadh*-go-o-ner) *adj* oncoming
modificere (moa-di-fi-*say*-o) *v* modify
modig (*mōa*-dhi) *adj* courageous, brave
modsat (*moadh*-sahd) *adj* opposite; reverse, contrary
*****modsige** (*moadh*-si-i) *v* contradict
modstand (*moadh*-sdahn) *c* resistance; opposition
modstander (*moadh*-sdahn-o) *c* opponent
modstridende (*moadh*-sdri-dher-ner) *adj* contradictory
modstående (*moadh*-sdo-o-ner) *adj* opposite
modsætning (*moadh*-sehd-nayng) *c* contrast; difference
*****modsætte sig** (*moadh*-seh-der) resist, oppose
*****modtage** (*moadh*-tah-ah) *v* receive, accept
modtagelig for (moadh-*tah*-ah-li fo) susceptible; amenable

modtagelse (*moadh*-tah-ahl-ser) *c* reception, receipt
modtagelsesbevis (*moadh*-tah-ahl-serss-bay-vis) *nt* receipt
modvilje (*moadh*-vil-^yer) *c* dislike; antipathy
mohair (moa-*hæær*) *c* mohair
mole (*mōa*-ler) *c* jetty, pier
moment (moa-*mehnd*) *nt* factor
momentan (moa-mehn-*tahn*) *adj* momentary
monark (moa-*naag*) *c* monarch
monarki (moa-nah-*ki*) *nt* monarchy
monetær (moa-nay-*tær*) *adj* monetary
monolog (moa-noa-*loa*) *c* monologue
monopol (moa-noa-*poal*) *nt* monopoly
monoton (moa-noa-*toan*) *adj* monotonous
montere (moan-*tay*-o) *v* mount, install
montre (*mong*-tro) *c* showcase
montør (moan-*turr*) *c* mechanic
monument (moa-noo-*mehnd*) *nt* monument
mor (moar) *c* (pl mødre) mother
moral (moa-*rahl*) *c* morals, moral
moralitet (moa-rah-li-*tayd*) *c* morality
moralsk (moa-*rahlsg*) *adj*

multikulturel

moral
mord (moar) *nt* (pl ~) murder; assassination
morder (*moar*-do) *c* murderer
more (*mōa*-o) *v* amuse
morfar (*mo*-fah) *c* (pl -fædre) grandfather
morfin (mo-*fin*) *c* morphine
morgen (*maw*-on) *c* morning; **i** ~ tomorrow; **i morges** this morning
morgenavis (*maw*-on-ah-vis) *c* morning paper
morgendæmring (*maw*-on-dehm-ræng) *c* dawn
morgenkåbe (*maw*-on-kaw-ber) *c* dressing gown
morgenmad (*maw*-on-mahdh) *c* breakfast
morgensko (*maw*-on-sgoa) *c* (pl ~) slipper
morgenudgave (*maw*-on-oodh-gaa-ver) *c* morning edition
mormor (*mo*-moar) *c* (pl -mødre) grandmother
morskab (*moar*-sgahb) *c* fun, amusement
morsom (*moar*-som) *adj* amusing; entertaining, enjoyable
mos (moass) *nt* (pl ~ser) moss
mosaik (moa-sah-*ig*) *c* (pl ~ker) mosaic
mose (*mōa*-ser) *c* bog; swamp; *v* mash
moské (moa-*sgay*) *c* mosque
moskito (moa-*sgi*-toa) *c* mosquito
moskitonet (moa-*sgi*-toa-nehd) *nt* (pl ~) mosquito net
motiv (moa-*tee*ᵒᵒ) *nt* motive; motif, theme; subject
motivere (moa-tee ᵒᵒ-*vay*-o) *v* motivate
motor (*mōa*-to) *c* engine; motor
motorbåd (*mōa*-to-bodh) *c* motorboat
motorcykel (*mōa*-to-sew-gerl) *c* (pl -kler) motorcycle
motorhjelm (*mōa*-to-ᵞehlm) *c* bonnet; hood *nAm*
motorskade (*mōa*-to-sgaa-dher) *c* breakdown
motorskib (*mōa*-to-sgib) *nt* launch
motorstop (*mōa*-to-sdob) *nt* (pl ~) engine failure, breakdown; ***få** ~ *break down
motorvej (*mōa*-to-vigh) *c* motorway; highway *nAm*; **afgiftsbelagt** ~ turnpike *nAm*
motto (*mo*-toa) *nt* motto
mousserende (moo-*say*-o-ner) *adj* fizzy, sparkling
mudder (*moodh*-o) *nt* mud
mudret (*moodh*-rodh) *adj* muddy
muldyr (*mool*-dewr) *nt* (pl ~) mule
mulig (*mōō*-li) *adj* possible; eventual, probable
mulighed (*mōō*-li-haydh) *c* possibility, chance
muligvis (*mōō*-li-vis) *adv* perhaps
multikulturel (mool-ti-kool-

multiplicere

too-ral) adj multicultural
multiplicere (mool-ti-pli-*say*-o) v multiply
multiplikation (mool-ti-pli-gah-s%oan) c multiplication
mund (mon) c mouth
mundfuld (*mon*-fool) c bite
munding (*mo*-nayng) c mouth
mundtlig (*mond*-li) adj oral, verbal
mundvand (*mon*-vahn) nt mouthwash
munk (mongg) c monk
munter (*mon*-do) adj gay, cheerful; merry
munterhed (*mon*-do-haydh) c gaiety, cheerfulness
mur (moor) c wall
mure (*moo*-o) v *build; *lay bricks
murer (*moo*-o) c bricklayer
mursten (*moor*-sdayn) c (pl ~) brick
mus (moos) c (pl ~) mice
museum (moo-*sai*-om) nt (pl -eer) museum
musical (m%o-si-kahl) c (pl ~s) musical comedy
musik (moo-*sig*) c music
musikalsk (moo-si-*kahlsg*) adj musical
musiker (*moo*-si-go) c musician
musikinstrument (moo-*sig*-ayn-sdroo-mehnd) nt musical instrument
muskat (moo-*sgahd*) c nutmeg
muskel (*mooss*-gerl) c (pl

-kler) muscle
muskulos (mooss-goo-*lurs*) adj muscular
musling (*mooss*-layng) c mussel
muslingeskal (*mooss*-layng-er-sgahl) c (pl ~ler) seashell
musselin (moo-ser-*lin*) nt muslin
myg (mewg) c (pl ~) mosquito
myldretid (*mewl*-ro-tidh) c peak hour, rush hour
mynde (*mur*-ner) c greyhound
myndig (*murn*-di) adj of age
myndighed (*murn*-di-haydh) c authority; **myndigheder** authorities pl
mynte (*murn*-der) c mint
myrde (*mewr*-der) v murder
myre (*mew*-o) c ant
mysterium (mew-*sdayr*-%om) nt (pl -ier) mystery
mystisk (*mewss*-disg) adj mysterious
myte (*mew*-ter) c myth
mytteri (mew-do-*ri*) nt mutiny
mægle (*mai*-ler) v mediate
mægler (*mai*-lo) c mediator; broker
mægtig (*mehg*-di) adj powerful; mighty
mælk (mehlg) c milk
mælkebøtte (*mehl*-ger-bur-der) c dandelion
mælkemand (*mehl*-ger-mahn) c (pl -mænd) milkman
mælket (*mehl*-gerdh) adj

milky

mængde (*mehng*-der) *c* lot, amount

mærkbar (*mærg*-bah) *adj* perceptible; noticeable

mærke (*mær*-ger) *nt* brand, sign, mark; *v* mark; **feel, mark; *lægge ~ til *pay attention to, notice; *sætte ~ ved* mark; *blåt ~* bruise;

mærkelig (*mærg*-li) *adj* odd, strange; queer; curious

mærkepæl (*mær*-ger-pehl) *c* landmark

mærkeseddel (*mær*-ger-sehdh-erl) *c* (pl -sedler) tag

mærkværdig (*mærg*-vær-di) *adj* singular, strange

mæslinger (*mehss*-layng-o) *pl* measles

møbler (*murb*-lo) *pl* furniture

møblere (murb-*lay*-o) *v* furnish

møde (*mūr*-dher) *nt* encounter, meeting; appointment; *v* encounter, *meet

mødested (*mūr*-dher-sdehdh) *nt* meeting place

møje (*moi*-er) *c* difficulty, trouble, pains *pl*

møl (murl) *nt* (pl ~) moth

mølle (*mur*-ler) *c* mill

møller (*mur*-lo) *c* miller

monster (murn) *nt* (pl -tre) pattern

mønt (murnd) *c* coin

møntenhed (*murnd*-ayn-haydh) *c* monetary unit

møntindkast (*murnd*-ayn-

kahsd) *nt* (pl ~) slot

møntvaskeri (*murnd*-vahss-go-ri) *nt* launderette

mør (murr) *adj* tender

mørk (murrg) *adj* dark; obscure

mørke (*murr*-ger) *nt* dark; gloom

møtrik (*mur*-træg) *c* (pl ~ker) nut

måde (*maw*-dher) *c* way, manner; fashion; *på ingen ~* by no means; *på samme ~* alike

mådeholdende (*maw*-dher-hol-er-ner) *adj* moderate

måge (*maw*-er) *c* gull

mål (mol) *nt* (pl ~) measure; goal; aim, target

målbevidst (*mawl*-bay-vaysd) *adj* determined

måle (*maw*-ler) *v* measure

målebånd (*maw*-ler-bon) *c* (pl ~) tape measure

måleenhed (*maw*-ler-āyn-haydh) *c* standard

måler (*maw*-lo) *c* gauge

målestok (*maw*-ler-sdog) *c* (pl ~ke) scale

målløs (*mo*-lurs) *adj* speechless

målmand (*mawl*-mahn) *c* (pl -mænd) goalkeeper

målstreg (*mawl*-sdrigh) *c* finish

måltid (*mol*-tidh) *nt* meal

måne (*maw*-ner) *c* moon

måned (*maw*-nerdh) *c* month

månedlig (*maw*-nerdh-li) *adj* monthly

månedsblad

månedsblad (*maw*-nerdhs-blahdh) *nt* monthly magazine
måneskin (*maw*-ner-sgayn) *nt* moonlight

måske (mo-*sgay*) *adv* maybe, perhaps
måtte (*mo*-der) *c* mat
***måtte** (*mo*-der) *v* *may

N

nabo (*naa*-boa) *c* neighbour
nabolag (*naa*-boa-lah) *nt* (pl ~) neighbourhood; vicinity
naiv (nah-*ee*⁰⁰) *adj* naïve
nakke (*nah*-ger) *c* nape of the neck
nar (nah) *c* (pl ~re) fool
narkose (nah-*koa*-ser) *c* narcosis
narkotikum (nah-*koa*-ti-kom) *nt* (pl -ka) drug
narre (*naa*-ah) *v* fool
nat (nahd) *c* (pl nætter) night; **i ~** tonight; **natten over** overnight; **om natten** by night
natcreme (*nahd*-kræm) *c* night cream
natfly (*nahd*-flew) *nt* (pl ~) night flight
nation (nah-sʸ*oan*) *c* nation
national (nah-sʸoa-*nahl*) *adj* national
nationaldragt (nah-sʸoa-*nahl*-drahgd) *c* national dress
nationalisere (nah-sʸoa-nah-li-*say*-o) *v* nationalize
nationalitet (nah-sʸoa-nah-li-*tayd*) *c* nationality
nationalpark (nah-sʸoa-*nahl*-paag) *c* national park
nationalsang (nah-sʸoa-*nahl*-sahng) *c* national anthem
natklub (*nahl*-kloob) *c* (pl ~ber) nightclub
natlig (*nahd*-li) *adj* nightly
natmad (*nahd*-mahdh) *c* midnight snack
nattakst (*nahd*-tahgsd) *c* night rate
nattergal (*nahd*-do-gahl) *c* nightingale
nattog (*nahd*-tooo) *nt* (pl ~) night train
natur (nah-*toor*) *c* nature
naturalisere (nah-too-rah-li-*say*-o) *v* naturalize
naturlig (nah-*toor*-li) *adj* natural
naturligvis (nah-*toor*-li-vis) *adv* of course, naturally
natursilke (nah-*toor*-sayl-ger) *c* real silk
naturskøn (nah-*toor*-sgurn) *adj* scenic, beautiful
naturvidenskab (nah-*toor*-vidh-ern-sgahb) *c* natural science
navigation (nah-vi-gah-sʸ*oan*) *c* navigation

navigere (nah-vi-*gay*-o) *v* navigate

navle (*nou*-ler) *c* navel

navn (noun) *nt* name; **i ... ~** on behalf of, in the name of

navneord (*nou*-ner-oar) *nt* (pl ~) noun

*navngive (*noun*-gi-ver) *v* name

ned (naydh) *adv* down

nedad (*naydh*-ahdh) *adv* downwards

nedarvet (*naydh*-ah-verdh) *adj* hereditary

nedbør (*naydh*-burr) *c* fall of rain; precipitation

nede (*nāy*-dher) *adv* below

nedefter (*naydh*-ehf-do) *adv* downwards, down

nedenfor (*nāy*-dhern-fo) *adv* beneath

nedenunder (*nāy*-dhern-on-o) *adv* downstairs; under

nederdel (*nāy*-dho-dayl) *c* skirt

nederdrægtig (nay-dho-*dræg*-di) *adj* infamous, foul

nederlag (*nāy*-dho-lah) *nt* (pl ~) defeat

Nederland (*nāy*-dho-lahn) the Netherlands

nederlandsk (*nāy*-dho-lahnsg) *adj* Dutch

nedgang (*naydh*-gahng) *c* decrease

nedkomst (*naydh*-komsd) *c* delivery, confinement

*nedlægge (*naydh*-leh-ger) *v* discontinue

nedre (*naydh*-ro) *adj* inferior;

nederst bottom

*nedrive (*naydh*-ri-ver) *v* demolish, pull down

nedrivning (*naydh*-ree^{oo}-nayng) *c* demolition

*nedskære (*naydh*-sgeh-o) *v* *cut, *cut down, reduce

nedslået (*naydh*-slo-odh) *adj* depressed, down

nedstamning (*naydh*-sdahm-nayng) *c* origin

nedstigning (*naydh*-sdi-nayng) *c* descent

*nedsætte (*naydh*-seh-der) *v* lower, reduce

nedtrykt (*naydh*-trurgd) *adj* depressed, blue

negativ (*nay*-gah-tee^{oo}) *nt* negative; *adj* negative

neger (*nāy*-o) *c* (pl negre) Negro

negl (nighl) *c* nail

neglefil (*nigh*-ler-fil) *c* nail file

neglelak (*nigh*-ler-lahg) *c* nail polish

neglesaks (*nigh*-ler-sahgs) *c* nail scissors *pl*

negligé (nay-gli-*shay*) *nt* negligee

nej (nigh) no

nemlig (*nehm*-li) *adv* namely

nerve (*nær*-ver) *c* nerve

nervøs (nær-*vurs*) *adj* nervous

net[1] (nehd) *nt* (pl ~) net

net[2] (nehd) *adj* neat

nethinde (*nehd*-hay-ner) *c* retina

netop (*nehd*-ob) *adv* just,

exactly
netto- (*neh*-toa) net
netværk (*nehd*-værg) *nt* network
netværke (*nehd*-vær-g) *v* networking
neuralgi (nur⁰⁰-*rahl*-gi) *c* neuralgia
neurose (nur⁰⁰-*rōa*-ser) *c* neurosis
neutral (nur⁰⁰-*trahl*) *adj* neutral
nevø (neh-*vur*) *c* nephew
New Zealand (n³oo-*sāy*-lahn) New Zealand
ni (ni) *num* nine
niece (ni-*ai*-ser) *c* niece
niende (*ni*-i-ner) *num* ninth
Nigeria (ni-*gayr*-ʸah) Nigeria
nigerianer (ni-gayr-ʸ*ah*-no) *c* Nigerian
nigeriansk (ni-gayr-ʸ*ahnsg*) *adj* Nigerian
nik (nayg) *nt* (pl ∼) nod
nikke (*nay*-ger) *v* nod
nikkel (*nay*-gerl) *nt* nickel
nikotin (nay-goa-*tin*) *c* nicotine
nip (nayb) *nt* (pl ∼) sip
nitten (*nay*-dern) *num* nineteen
nittende (*nay*-der-ner) *num* nineteenth
niveau (ni-*voa*) *nt* level
nivellere (ni-ver-*lay*-o) *v* level
nogen (*nōa*-oan) *pron* someone, somebody; ∼ sinde ever
noget (*naw*-odh) *pron* something, some; *adv* somewhat
nogle (*nōa*-ler) *pron* some
nok (nog) *adv* enough; *være ∼ *do
nominel (noa-mi-*nehl*) *adj* nominal
nominere (noa-mi-*nay*-o) *v* nominate
nominering (noa-mi-*nayr*-ayng) *c* nomination
nonne (*no*-ner) *c* nun
nonnekloster (*no*-ner-klossdo) *nt* (pl -tre) convent
nord (noar) north
nordlig (*noar*-li) *adj* north, northern
nordmand (*noar*-mahn) *c* (pl -mænd) Norwegian
nordpol (*noar*-poal) *c* North Pole
nordvest (noar-*vehsd*) northwest
nordøst (noar-*ursd*) northeast
Norge (*naw*-er) Norway
norm (nom) *c* standard
normal (no-*mahl*) *adj* regular, normal
norsk (nawsg) *adj* Norwegian
nota (*nōa*-tah) *c* bill
notar (noa-*tah*) *c* notary
notat (noa-*tahd*) *nt* note
note (*nōa*-der) *c* note
notere (noa-*tay*-o) *v* note; list
notesblok (*nōa*-derss-blog) *c* (pl ∼ke) pad
notesbog (*nōa*-derss-bo⁰⁰) *c* (pl -bøger) notebook
notits (noa-*tids*) *c* notice
novelle (noa-*veh*-ler) *c* short

næsebor

story
november (noa-*vehm*-bo) November
nu (noo) *adv* now; ~ **og da** now and then, occasionally
nuance (new-*ahng*-ser) *c* nuance, shade
nul (nol) *nt* (pl ~ler) nought; zero
nummer (*nom*-o) *nt* (pl numre) number; act
nummerplade (*nom*-o-plaa-dher) *c* registration plate; licence plate *Am*
nummerskive (*nom*-o-sgee-ver) *c* dial (*telephone*)
nummerviser (nom-o-*vee*-so) *nt* caller ID
nutid (*noo*-tidh) *c* present
nutidig (*noo*-ti-dhi) *adj* present, modern, contemporary
nutildags (*noo*-tay-dahs) *adv* nowadays
nuværende (*noo*-veh-o-ner) *adj* present
ny (new) *adj* new
nybegynder (*new*-bay-gurn-o) *c* beginner, learner
nybygger (*new*-bew-go) *c* pioneer, settler
*****nyde** (*new*-dher) *v* enjoy; indulge in; ~ **godt** profit
nydelse (*new*-dherl-ser) *c* pleasure; delight, enjoyment
nyhed (*new*-haydh) *c* news
nykke (*nur*-ger) *c* whim, fancy
nylig (*new*-li) *adj* recent; *adv* lately; **for** ~ recently, lately

nynne (*nur*-ner) *v* hum
nyre (*new*-o) *c* kidney
*****nyse** (*new*-ser) *v* sneeze
nysgerrig (newss-gær-i) *adj* inquisitive; nosy
nysgerrighed (newss-gær-i-haydh) *c* curiosity
nytte (*nur*-der) *c* use, utility; benefit; *v* *be of use
nyttig (*nur*-di) *adj* useful
nytår (*newd*-o) New Year
næb (nehb) *nt* (pl ~) beak
nægte (*nehg*-der) *v* deny
næh (nai); new
nænsom (*nehn*-som) *adj* gentle
næppe (*neh*-ber) *adv* hardly, scarcely
nær (nær) *adj* near, close; ~ **ved** near
nærende (*nai*-o-ner) *adj* nutritious, nourishing
nærhed (*nær*-haydh) *c* vicinity
næring (*nai*-ræng) *c* food
næringsmidler (*nai*-rængs-midh-lo) *pl* foodstuffs *pl*
nærliggende (*nær*-lay-ger-ner) *adj* neighbouring; nearby
nærme sig (*nær*-mer) approach
nærsynet (*nær*-sew-nerdh) *adj* short-sighted
nærværelse (*nær*-veh-ol-ser) *c* presence
næse (*nai*-ser) *c* nose
næseblod (*nai*-ser-bloadh) *nt* nosebleed
næsebor (*nai*-ser-boar) *nt* (pl

~) nostril

næsehorn (*nai*-ser-hoarn) *nt* (pl ~) rhinoceros

næste (*neh*-sder) *adj* next

næsten (*nehss*-dern) *adv* almost, nearly

næsvis (*naiss*-vis) *adj* impertinent

nævestød (*nai*-ver-sdurdh) *nt* (pl ~) punch

nævne (*neh⁰⁰*-ner) *v* mention

nød¹ (nurdh) *c* misery, distress

nød² (nurdh) *c* (pl ~der) nut

nøddeknækker (*nur*-dher-kneh-go) *c* nutcrackers *pl*

nøddeskal (*nur*-dher-sgahl) *c* (pl ~ler) nutshell

nødsignal (*nurdh*-si-nahl) *nt* distress signal

nødsituation (*nurdh*-si-dooah-sʸoan) *c* emergency

nødstilfælde (*nurdhs*-tayl-fehl-er) *nt* (pl ~) emergency

nødtvungent (*nurdh*-tvongernd) *adv* reluctantly; by force

nødudgang (*nurdh*-oodh-gahng) *c* emergency exit

nødvendig (nurdh-*vehn*-di) *adj* necessary

nødvendighed (nurdh-*vehn*-di-haydh) *c* need, necessity

nøgen (*noi*-ern) *adj* naked; nude, bare

nøgenstudie (*noi*-ern-sdoodʸer) *c* nude

nøgle (*noi*-ler) *c* key

nøglehul (*noi*-ler-hol) *nt* (pl ~ler) keyhole

nøgtern (*nurg*-don) *adj* matter-of-fact; down-to--earth

nøjagtig (noi-*ahg*-di) *adj* precise, exact

nå (no) *v* attain, reach; achieve; *catch

nåde (*naw*-dher) *c* grace; mercy

nål (nol) *c* needle

nåletræ (*naw*-ler-træ) *nt* fir tree

når (no) *conj* when; **~ som helst** whenever

O

oase (oa-*aa*-ser) *c* oasis

obduktion (ob-doog-sʸoan) *c* autopsy

oberst (*oa*-bosd) *c* colonel

objekt (ob-*ʸ*ehgd) *nt* object

objektiv (ob-*ʸ*ehg-tee⁰⁰) *adj* objective

obligation (oab-li-gah-sʸoan) *c* bond

obligatorisk (oab-li-gah-*toa*-risg) *adj* compulsory; obligatory

observation (ob-sær-vah-sʸoan) *c* observation

observatorium (ob-sær-vah-*toar*-ʸom) *nt* (pl -ier) observatory

observere (ob-sær-*vay*-o) *v*

observe

ocean (oa-say-*ahn*) *nt* ocean
offensiv (o-fern-see^{oo}) *c* offensive; *adj* offensive
offentlig (o-fern-li) *adj* public
***offentliggøre** (o-fern-li-gur-o) *v* publish
offer (o-fo) *nt* (pl ofre) sacrifice; victim, casualty
officer (o-fi-*sayr*) *c* officer
officiel (o-fi-s^y*ehl*) *adj* official
ofre (*of*-ro) *v* sacrifice
ofte (*of*-der) *adv* often
og (o) *conj* and; ~ **så videre** etcetera, and so on
også (o-ser) *adv* also, too, as well
okse (*og*-ser) *c* ox
oksekød (*og*-ser-kurdh) *nt* beef
oktober (oag-*toa*-bo) October
oldtid (*ol*-tidh) *c* antiquity; **oldtids-** ancient
olie (*oal*-^{y}er) *c* oil
olieagtig (*oal*-^{y}er-ahg-di) *adj* oily
oliefilter (*oal*-^{y}er-fil-do) *nt* (pl -tre) oil filter
oliekilde (*oal*-^{y}er-ki-ler) *c* oil well
oliemaleri (*oal*-^{y}er-mah-lo-ri) *nt* oil painting
olieraffinaderi (*oal*-^{y}er-rah-fi-nah-dho-ri) *nt* oil refinery
olietryk (*oal*-^{y}er-trurg) *nt* (pl ~) oil pressure
oliven (oa-*li*-vern) *c* (pl ~) olive
olivenolie (oa-*li*-vern-oal-^{y}er) *c* olive oil

om (om) *prep* about, round, around, in; *conj* whether; **om ... eller** whether ... or; ~ **end** though
omdanne (*om*-dahn-er) *v* change, reshape, transform
omdrejning (*om*-drigh-nayng) *c* rotation
omegn (*om*-ighn) *c* surroundings *pl*
omelet (oa-mer-*lehd*) *c* (pl ~ter) omelette
omfang (*om*-fahng) *nt* circumference; extent; bulk
omfangsrig (*om*-fahngs-ri) *adj* extensive, big; bulky
omfatte (*om*-fah-der) *v* comprise, include
omfattende (*om*-fah-der-ner) *adj* extensive; comprehensive
omfavne (*om*-fou-ner) *v* hug, embrace
omfavnelse (*om*-fou-nerl-ser) *c* embrace
***omgive** (*om*-gi-ver) *v* surround; circle
omgivelser (*om*-gi-verl-so) *pl* environment
omgående (*om*-go-o-ner) *adj* prompt; *adv* instantly, at once, immediately
***omgås** (*om*-gos) *v* mix with, associate with
omhyggelig (om-*hew*-ger-li) *adj* careful; thorough
***omkomme** (*om*-kom-er) *v* perish
omkostning (*om*-kosd-

omkostningsfri 132

nayng) *c* cost;
omkostninger expenses *pl*
omkostningsfri (*om*-kosd-nayngs-fri) *adj* free of charge
omkring (om-*kræng*) *prep* around, round; *adv* around, about
omkuld (om-*kool*) *adv* down, over
omkørsel (om-*kurr*-serl) *c* (pl -sler) detour
omliggende (*om*-lay-ger-ner) *adj* surrounding
omløb (*om*-lurb) *nt* circulation
omløbsbane (*om*-lurbs-*baa*-ner) *c* orbit
omregne (*om*-righ-ner) *v* convert
omregningstabel (*om*-righ-nayngs-tah-behl) *c* (pl ~ler) conversion chart
omrejsende (*om*-righ-ser-ner) *adj* travelling
omrids (*om*-riss) *nt* (pl ~) outline, contour
omringe (*om*-ræng-er) *v* surround, encircle; circle
område (*om*-raw-dher) *nt* area; region, zone; sphere
områdenummer (*om*-raw-dher-nom-o) *nt* (pl -numre) area code
omsider (om-*si*-dho) *adv* at length, finally
omslag (*om*-slah) *nt* (pl ~) jacket, cover; sleeve
omslutte (*om*-sloo-der) *v* encircle

omsorg (*om*-so) *c* care
omstillingsbord (*om*-sdayl-ayngs-boar) *nt* switchboard
omstridt (*om*-sdrid) *adj* controversial
omstændighed (om-*sdehn*-di-haydh) *c* condition, circumstance
omsving (*om*-svayng) *nt* (pl ~) revulsion
omsætning (*om*-sehd-nayng) *c* trade, business, sale; turnover
omsætningsafgift (*om*-sehd-nayngs-ou-gifd) sales tax
omsætningsskat (*om*-sehd-nayngs-sgahd) *c* turnover tax
omtale (*om*-taa-ler) *c* mention; *v* mention; mention, refer to
omtrent (om-*trænd*) *adv* about, approximately; practically
omtrentlig (om-*trænd*-li) *adj* approximate
omvej (*om*-vigh) *c* detour
omvende (*om*-vehn-er) *v* convert
omvendelse (*om*-vehn-erl-ser) *c* conversion
omvendt (*om*-vehnd) *adj* reverse, opposite, contrary
ond (on) *adj* wicked; bad; ill;
***gøre ondt** *hurt; ache
ondartet (*on*-ah-derdh) *adj* malignant
onde (*o*-ner) *nt* evil, nuisance
ondskabsfuld (*on*-sgahbs-fool) *adj* bad, malicious;

ondskabsfuldhed (*on-*sgahbs-fool-hayd) *adv* spite
onkel (*ong*-gerl) *c* (pl onkler) uncle
onsdag (*ons*-dah) *c* Wednesday
onyks (*ōa*-newgs) *c* onyx
op (ob) *adv* up
opad (*ob*-ahdh) *adv* upwards
opal (oa-*pahl*) *c* opal
opbevare (*ob*-bay-vah-ah) *v* *keep
opdage (*ob*-dah-ah) *v* discover; notice, detect
opdagelse (*ob*-dah-ahl-ser) *c* discovery
opdele (*ob*-day-ler) *v* divide down; *break down
opdigte (*ob*-dayg-der) *v* invent
opdrage (*ob*-drou-er) *v* educate, *bring up
opdragelse (*ob*-drou-erl-ser) *c* education; upbringing
opdrætte (*ob*-dræ-der) *v* *breed; raise
opdyrke (*ob*-dewr-ger) *v* cultivate, tilth
opefter (*ob*-ehf-do) *adv* up
opera (*oa*-ber-rah) *c* opera
operahus (*oa*-ber-rah-hoos) *nt* opera house
operation (oa-ber-rah-s^y*oan*) *c* operation; surgery
operere (oa-ber-*ræ*-o) *v* operate
opfarende (*ob*-fah-ah-ner) *adj* hot-tempered
opfatte (*ob*-fah-der) *v* perceive; conceive; *take
opfattelse (*ob*-fah-derl-ser) *c* perception; understanding, view, opinion
opfattelsesevne (*ob*-fah-derl-serss-eh^{oo}-ner) *c* perception, intellect
***opfinde** (*ob*-fayn-er) *v* invent
opfindelse (*ob*-fayn-erl-ser) *c* invention
opfinder (*ob*-fayn-o) *c* inventor
opfindsom (*ob*-*fayn*-som) *adj* inventive
opfordre (*ob*-fo-dro) *v* invite, ask, call on
opfostre (*ob*-foss-dro) *v* rear, raise
opføre (*ob*-fur-o) *v* erect; ~ sig behave; act
opførelse (*ob*-fur-ol-ser) *c* building, erection; performance, show
opførsel (*ob*-furr-serl) *c* behaviour, conduct
opgave (*ob*-gaa-ver) *c* assignment, duty, task; exercise
***opgive** (*ob*-gi-ver) *v* *give up
opgør (*ob*-gurr) *nt* (pl ~) settlement, scene; dispute
ophidse (*ob*-hi-ser) *v* excite
ophidselse (*ob*-hi-serl-ser) *c* excitement
ophold (*ob*-hol) *nt* (pl ~) stay
***opholde sig** (*ob*-hol-er) stay
opholdstilladelse (*ob*-hols-tay-lah-dherl-ser) *c* residence permit
ophøre (*ob*-hur-o) *v* finish;

end, quit
opkalde (*ob-kahl-er*) *v* name
opkræve (*ob-kræ-ver*) *v* collect
oplag (*ob-lah*) *nt* (pl ~) issue; impression, edition; stock, store
oplagre (*ob-lah-ro*) *v* store
oplagring (*ob-lah-ræng*) *c* storage
oplagthed (*ob-lahgd-haydh*) *c* zest
opleve (*ob-lay-ver*) *v* experience; witness
oplukker (*ob-lo-go*) *c* bottle opener
oplyse (*ob-lew-ser*) *v* illuminate
oplysning (*ob-lews-nayng*) *c* information; *give ~ inform
oplysningskontor (*ob-lews-nayngs-koan-toar*) *nt* inquiry office
opløse (*ob-lur-ser*) *v* dissolve; ~ sig dissolve
opløselig (*ob-lur-ser-li*) *adj* soluble
opløsning (*ob-lurs-nayng*) *c* dissolution
opmuntre (*ob-mon-dro*) *v* encourage, cheer up
opmærksom (*ob-mærg-som*) *adj* attentive; *være ~ pay attention; *være ~ på attend to
opmærksomhed (*ob-mærg-som-haydh*) *c* notice, attention
opnå (*ob-no*) *v* obtain; gain
opnåelig (ob-*no*-o-li) *adj* attainable
oppe (*o*-ber) *adv* above
opposition (oa-poa-si-sʸoan) *c* opposition
oppustelig (*ob-poos-der-li*) *adj* inflatable
opret (*ob-ræd*) *adj* erect
***opretholde** (*ob-rehd-ho-ler*) *v* maintain; *keep up
opretstående (*ob-rahd-sdo-o-ner*) *adj* upright
oprette (*ob-ræ-der*) *v* found
oprigtig (*ob-ræg-di*) *adj* sincere, honest
oprindelig (*ob-ræn-er-li*) *adj* original; **oprindeligt** *adv* originally
oprindelse (*ob-ræn-erl-ser*) *c* origin
oprør (*ob-rurr*) *nt* (pl ~) rebellion; revolt; *gøre ~ revolt
oprørende (*ob-rur-o-ner*) *adj* revolting
***opsige** (*ob-see-i*) *v* *give notice; cancel
opsigtsvækkende (*ob-saygds-veh-ger-ner*) *adj* sensational
opskrift (*ob-sgræfd*) *c* recipe
opslag (*ob-slah*) *nt* (pl ~) placard, poster, bill; cuff, lapel
opslagstavle (*ob-slahs-tou-ler*) *c* bulletin board
opspore (*ob-sboa-o*) *v* trace
opspæde (*ob-sbeh-dher*) *v* dilute
opstand (*ob-sdahn*) *c* revolt, rebellion

opstemthed (*ob-*sdehmd-haydh) *c* excitement, elevation

opstigning (*ob-*sdi-nayng) *c* ascent

opstille (*ob-*sdayl-er) *v* *put up, nominate; place; erect

***opstå** (*ob-*sdo) *v* *arise

opsving (*ob-*svayng) *nt* (pl ~) rise

opsvulmning (*ob-*svoolm-nayng) *c* swelling

opsyn (*ob-*sewn) *nt* supervision; ***have ~ med** supervise

opsynsmand (*ob-*sewns-mahn) *c* (pl -mænd) warden

***optage** (*ob-*tah-ah) *v* *take up; occupy; tape; admit

optagelse (*ob-*tah-ahl-ser) *c* recording; admission

optaget (*ob-*tah-ahdh) *adj* busy; engaged

optegne (*ob-*tigh-ner) *v* record

optiker (*ob-*ti-go) *c* optician

optimisme (ob-ti-*miss*-mer) *c* optimism

optimist (ob-ti-*misd*) *c* optimist

optimistisk (ob-ti-*miss*-disg) *adj* optimistic

optog (*ob-*toa) *nt* (pl ~) procession

***optræde** (*ob-*treh-dher) *v* act

opvakt (*ob-*vahgd) *adj* bright

opvarme (*ob-*vah-mer) *v* heat

opvarmning (*ob-*vahm-nayng) *c* heating; global warming

opvarte (*ob-*vah-der) *v* attend on

opvaskemaskine (*ob-* vahss-ger-mah-sgee-ner) *c* dishwasher

orange (oa-*rahng*-s^yer) *adj* orange

ord (oar) *nt* (pl ~) word; **med andre ~** in other words

ordbog (*oar-*bo^{oo}) *c* (pl -bøger) dictionary

orden (*o-*dern) *c* order, method; congregation; **i ~** in order

ordentlig (*o-*dern-li) *adj* correct; regular; neat, tidy

ordforråd (*oar-*faw-rodh) *nt* (pl ~) vocabulary

ordinere (aw-di-*nay-*o) *v* prescribe

ordinær (aw-di-*nær*) *adj* vulgar

ordliste (*oar-*layss-der) *c* vocabulary

ordne (*awd-*ner) *v* arrange; settle, sort

ordning (*awd-*nayng) *c* arrangement; settlement

ordre (*o-*dro) *c* order, command

ordreseddel (*o-*dro-sehdh-erl) *c* (pl -sedler) order form

ordspil (*oar-*spayl) *nt* (pl ~) pun

ordsprog (*oar-*sbro^{oo}) *nt* (pl ~) proverb

ordveksling (*oar-*vehg-slayng) *c* argument

organ (o-*gahn*) *nt* organ

organisation (aw-gah-ni-sah-

organisere 136

s'oan) *c* organization
organisere (aw-gah-ni-*say*-o) *v* organize
organisk (o-*gah*-nisg) *adj* organic
orgel (*o*-erl) *nt* (pl orgler) organ
orientalsk (o-ri-ern-*tahlsg*) *adj* oriental
Orienten (o-ri-*ehn*-dern) the Orient
orientere sig (o-ri-ehn-*tay*-o) orientate, *find one's bearings
original (o-ri-gi-*nahl*) *adj* original
orkan (o-*kahn*) *c* hurricane
orkester (o-*kehss*-do) *nt* (pl -tre) orchestra
orkesterplads (o-*kehss*-do-plahss) *c* orchestra seat *Am*
orlov (*aw*-lo^{oo}) *c* leave
orm (oarm) *c* worm
ornament (aw-nah-*mehnd*) *nt* ornament
ornamental (aw-nah-mehn-*tahl*) *adj* ornamental
ortodoks (aw-toa-*dogs*) *adj* orthodox
os (oss) *pron* us; ourselves
ost (osd) *c* cheese
otte (*aw*-der) *num* eight
ottende (*o*-der-ner) *num* eighth
ouverture (oa-vær-*tew*-o) *c* overture
oval (oa-*vahl*) *adj* oval
oven (o^{oo}-ern fo) over
ovenover (o^{oo}-ern-o^{oo}-o) *adv* overhead; **oven over** above

ovenpå (o^{oo}-ern-po) *adv* upstairs; **oven på** on top of
over (*o*^{oo}-o) *prep* over, across; *adv* over; **over-** chief; ~ **for** facing, opposite
overall (*o*^{oo}-o-awl) *c* (pl ~s) overalls for
overalt (*o*^{oo}-o-ahld) *adv* everywhere, throughout
overanstrenge sig (*o*^{oo}-o-ahn-sdræng-er) overwork
overbevise (*o*^{oo}-o-bay-vi-ser) *v* convince; persuade
overbevisning (*o*^{oo}-o-bay-vis-nayng) *c* conviction; persuasion
overdreven (*o*^{oo}-o-dræ-vern) *adj* exaggerated, excessive; extravagant
***overdrive** (*o*^{oo}-o-dri-ver) *v* exaggerate
overenskomst (*o*^{oo}-o-*ayns*-komsd) *c* settlement, agreement
i overensstemmelse med (*o*^{oo}-o-*ayn*-sdehm-erl-ser) in agreement with, in accordance with
overfald (*o*^{oo}-o-fahl) *nt* (pl ~) attack, assault; hold-up
***overfalde** (*o*^{oo}-o-fahl-er) *v* attack, assault
overfart (*o*^{oo}-o-fahd) *c* passage, crossing
overflade (*o*^{oo}-o-flaa-dher) *c* surface
overfladisk (*o*^{oo}-o-flah-dhisg) *adj* superficial
overflod (*o*^{oo}-o-floadh) *c* abundance; plenty

oversætte

overflødig (o^{oo}-o-*flur*-dhi)
adj superfluous, redundant
overfrakke (o^{oo}-o-*frah*-ger) *c*
overcoat, greatcoat
overfyldt (o^{oo}-o-*fewld*) *adj*
crowded
overføre (o^{oo}-o-*fur*-o) *v*
transfer
overgang (o^{oo}-o-gahng) *c*
transition
overgivelse (o^{oo}-o-gi-verl-ser) *c* surrender
*overgive sig (o^{oo}-o-gi-ver)
surrender
overgroet (o^{oo}-o-groa-erdh)
adj overgrown
*overgå (o^{oo}-o-go) *v* exceed,
*outdo
overhale (o^{oo}-o-hah-ler) *v*
overhaul; *overtake; pass
vAm
overhaling forbudt (o^{oo}-o-hah-layng fo-*bood*) no
overtaking; no passing *Am*
overherredømme (o^{oo}-o-hær-ro-dur-mer) *nt*
supremacy, domination
overhoved (o^{oo}-o-hōa-oadh)
nt head; chief
overhovedet (o^{oo}-o-hōa-erdh) *adv* at all
overilet (oaoo-o-i-lerdh) *adj*
rash
overkomme (o^{oo}-o *ko*-mer) *v*
cope
*overlade (o^{oo}-o-*lah*-dher) *v*
*let have, hand over, commit
overlagt (o^{oo}-o-lahgd) *adj*
premeditated, deliberate
overlegen (o^{oo}-o-*lay*-ern) *adj*
superior
overleve (o^{oo}-o-*lay*-ver) *v*
survive
overmodig (o^{oo}-o-moa-dhi)
adj reckless
overordentlig (o^{oo}-o-*o*-dern-li) *adj* extraordinary
overraske (o^{oo}-o-*rahss*-ger) *v*
surprise
overraskelse (o^{oo}-o-*rahss*-gerl-ser) *c* surprise
*overrække (o^{oo}-o-*ræ*-ger) *v*
hand, present; *give
*overse (o^{oo}-o-*say*) *v*
overlook
overside (o^{oo}-o-*see*-dher) *c*
top side, top
oversigt (o^{oo}-o-*saygd*) *c*
survey
*overskride (o^{oo}-o-*sgri*-dher)
v exceed
overskrift (o^{oo}-o-*sgræfd*) *c*
heading; headline
overskud (o^{oo}-o-*sgoodh*) *nt*
(pl ~) surplus; profit
overskyet (o^{oo}-o-*sgew*-erdh)
adj overcast, cloudy
overskæg (o^{oo}-o-*sgeh*-g) *nt*
(pl ~) moustache
overslag (o^{oo}-o-slah) *nt* (pl ~)
estimate
overspændt (o^{oo}-o-sbehnd)
adj overstrung
overstrømmende (o^{oo}-o-sdrum-er-ner) *adj*
exuberant
oversvømmelse (o^{oo}-o-svurm-erl-ser) *c* flood
*oversætte (o^{oo}-o-*seh*-der) *v*
translate

oversættelse

oversættelse (*o*^{oo}-o-*seh*-derl-*si*) *c* translation; version

oversøisk (*o*^{oo}-o-*sur-isg*) *adj* overseas

*****overtage** (*o*^{oo}-o-*tah*-ah) *v* *take over

overtale (*o*^{oo}-o-*tah*-ler) *v* persuade

overtjener (*o*^{oo}-o-*tʸai*-no) *c* head waiter

overtro (*o*^{oo}-o-*troa*) *c* superstition

*****overtræde** (*o*^{oo}-o-*træ*-dher) *v* infringe, violate

overtræk (*o*^{oo}-o-*træg*) *nt* (pl ~) overdraft

overtrække (*o*^{oo}-o-*træg*-o) *v* overdraw

overtræt (*o*^{oo}-o-*træd*) *adj* over-tired

overveje (*o*^{oo}-o-*vigh*-er) *v* consider

overvejelse (*o*^{oo}-o-*vigh*-erl-ser) *c* consideration

*****overvinde** (*o*^{oo}-o-*vayn*-er) *v* defeat, *beat, *overcome

overvægt (*o*^{oo}-o-*vehgd*) *c* overweight

overvælde (*o*^{oo}-o-*vehl*-er) *v* overwhelm

overvære (*o*^{oo}-o-*veh*-o) *v* witness, attend

overvåge (*o*^{oo}-o-*vo*-er) *v* patrol, watch

ovn (*o*^{oo}n) *c* oven; stove; furnace

ozon (oa-*sōan*) *npl* ozone

P

pacifisme (pah-si-*fiss*-mer) *c* pacifism

pacifist (pah-si-*fisd*) *c* pacifist

pacifistisk (pah-si-*fiss*-disg) *adj* pacifist

padleåre (*pahdh*-ler-aw-o) *c* paddle

pagina (*pah*-gi-nah) *c* page

pagt (*pahgd*) *c* pact

pakhus (*pahg*-hoos) *nt* store house, warehouse

Pakistan (*pah*-gi-sdahn) Pakistan

pakistaner (pah-gi-*sdah*-no) *c* Pakistani

pakistansk (pah-gi-*sdahnsg*) *adj* Pakistani

pakke[1] (*pah*-ger) *c* parcel, package; packet

pakke[2] (*pah*-ger) *v* pack; ~ **ind** wrap; ~ **op** unwrap; ~ **sammen** pack up; ~ **ud** unpack

palads (pah-*lahss*) *nt* palace

palme (*pahl*-mer) *c* palm

palæ (pah-*leh*) *nt* mansion

pande (*pah*-ner) *c* forehead; pan

pandehule (*pah*-ner-hoō-ler) *c* frontal sinus

panel (pah-*nayl*) *nt* panel

panelering (pah-nay-*layr*-ayng) *c* panelling

panik (pah-*nig*) *c* panic

pant (pahnd) *nt* deposit
pantelåner (*pahn*-der-law-no) *c* pawnbroker
*****pantsætte** (*pahnd*-seh-der) *v* pawn
papegøje (pah-ber-*goi*-er) *c* parrot; parakeet
papillot (pah-pi-*lod*) *c* (pl ~ter) curler
papir (pah-*peer*) *nt* paper; **papir-** paper
papirhandel (pah-*peer*-hahn-erl) *c* stationer's
papirkniv (pah-peer-knee^{oo}) *c* paper knife
papirkurv (pah-*peer*-koorv) *c* wastepaper basket
papirlommetørklæde (pah-peer-lo-mer-turr-klai-dher) *nt* tissue
papirspose (pah-*peers*-pōa-ser) *c* paper bag
papirsserviet (pah-*peer*-sær-v'ehd) *c* (pl ~ter) paper napkin
papirvarer (pah-*peer*-vaa-ah) *pl* stationery
par (pah) *nt* (pl ~) couple, pair
parade (pah-*raa*-dher) *c* parade
paradis (pah-rah-*dis*) *nt* (pl ~e) paradise
paradoks (paa-ah-*dogs*) *nt* paradox
paradoksal (paa-ah-dog-sahl) *adj* paradoxical
paragraf (paa-ah-*grahf*) *c* (pl ~fer) paragraph
parallel[1] (paa-ah-*lehl*) *c* (pl ~ler) parallel

parallel[2] (paa-ah-*lehl*) *adj* parallel
paraply (paa-ah-*plew*) *c* umbrella
parat (pa-*rahd*) *adj* ready
parcel (pah-*sehl*) *c* (pl ~ler) plot, lot
parfume (pah-*few*-mer) *c* perfume
park (paag) *c* park
parkanlæg (*paag*-ahn-lehg) *nt* (pl ~) public garden
parkere (pah-*kay*-o) *v* park
parkering (pah-*kayr*-ayng) *c* parking; ~ **forbudt** no parking
parkeringsafgift (pah-*kayr*-ayngs-ou-gifd) *c* parking fee
parkeringsplads (pah-*kayr*-ayngs-plahss) *c* car park; parking lot *Am*
parkeringszone (pah-*kayr*-ayngs-sōa-ner) *c* parking zone
parketplads (pah-*kehd*-plahss) *c* stall
parkometer (pah-goa-*may*-do) *nt* (pl -tre) parking meter
parlament (paa-lah-*mehnd*) *nt* parliament
parlamentarisk (paa-lah-mehn-*tah*-isg) *adj* parliamentary
parlør (pah-*lurr*) *c* phrase book
part (pahd) *c* part
parti (pah-*ti*) *nt* side, party; batch; match
partisk (pah-*tisg*) *adj* partial
partner (*paad*-no) *c* partner

paryk

paryk (pah-*rurg*) *c* (pl ~ker) wig
pas[1] (pahss) *nt* (pl ~) passport
pas[2] (pahss) *nt* (pl ~ser) mountain pass
pasfoto (*pahss*-foa-toa) *nt* (pl ~s) passport photograph
paskontrol (*pahss*-koan-trol) *c* (pl ~ler) passport control
passage (pah-*saa*-s^yer) *c* passage
passager (pah-sah-s^y*ayr*) *c* passenger
passe (*pah*-ser) *v* suit, fit; *take care of, look after; tend; ~ **på** mind, look out, watch out; beware; ~ **til** match
passende (*pah*-ser-ner) *adj* appropriate, adequate, suitable; proper
passere (pah-*say*-o) *v* pass; ~ **igennem** pass through
passiv (*pah*-see^{oo}) *adj* passive
pasta (*pahss*-dah) *c* paste
patent (pah-*tehnd*) *nt* patent
pater (*pah*-do) *c* father
patient (pah-s^y*ehnd*) *c* patient
patriot (pah-tri-*oad*) *c* patriot
patron (pah-*troan*) *c* cartridge
patrulje (pah-*trool*-^yer) *c* patrol
patruljere (pah-trool-^y*ay*-o) *v* patrol
pattedyr (*pah*-der-dewr) *nt* (pl ~) mammal
pause (*pou*-ser) *c* pause; interval, intermission

pausere (pou-*say*-o) *v* pause
pave (*paa*-ver) *c* pope
pavillon (pah-vil-^y*ong*) *c* pavilion
peber (*pay*^{oo}-o) *nt* pepper
pebermynte (pay^{oo}-o-*murn*-der) *c* peppermint
peberrod (*pay*^{oo}-o-roadh) *c* (pl ~rødder) horseradish
pedal (pay-*dahl*) *c* pedal
peddigrør (*peh*-di-rurr) *nt* (pl ~) rattan
pedicurist (peh-di-kew-*risd*) *c* pedicurist
pege (*pigh*-er) *v* point
pegefinger (*pigh*-er-fayng-o) *c* (pl -gre) index finger
pelikan (pay-li-*kahn*) *c* pelican
pels (pehls) *c* fur; fur coat
pen (pehn) *c* (pl ~ne) pen
penge (*pehng*-er) *pl* money
pengeafpresning (*pehng*-er-ou-præss-nayng) *c* blackmail; **øve** ~ blackmail
pengeanbringelse (*pehng*-er-ahn-bræng-erl-ser) *c* investment
pengeautomat (*pehng*-er-ou-toa-mahd) *c* automatic teller machine; ATM
pengeseddel (*pehng*-er-sehdh-erl) *c* (pl -sedler) banknote
pengeskab (*pehng*-er-sgahb) *nt* safe
penicillin (peh-ni-si-*lin*) *nt* penicillin
penny (*pæ*-ni) *c* (pl -nies) penny

pensel (*pehn*-serl) *c* (pl -sler) paintbrush, brush

pension (pahng-s^y*oan*) *c* pension; board; **fuld ~** board and lodging

pensionat (pahngs^yoa-*nahd*) *nt* guesthouse, boardinghouse; pension

pensioneret (pahngs^yoa-*nay*-odh) *adj* retired

pensionering (pahngs^yoa-*nay*-rayng) *c* retirement

pensionær (pahng-s^yoa-*nær*) *c* boarder

perfekt (pær-*fehgd*) *adj* perfect

periode (pæ-ri-*oa*-dher) *c* term, period

periodisk (pær-i-*oa*-dhisg) *adj* periodical

perle (*pær*-ler) *c* bead, pearl

perlekæde (*pær*-ler-kai-dher) *c* beads *pl*

perlemor (*pær*-ler-moar) *c* mother of pearl

permanent (pær-mah-*nehnd*) *c* permanent wave; *adj* permanent

perron (pæ-*rong*) *c* platform

perronbillet (pæ-*rong*-bi-lehd) *c* (pl ~ter) platform ticket

perser (*pær*-so) *c* Persian

Persien (*pær*-s^yern) Persia

persienne (pær-si-*eh*-ner) *c* blind

persille (pær-*sayl*-er) *c* parsley

persisk (*pær*-sisg) *adj* Persian

person (pær-*soan*) *c* person

personale (pær-soa-*naa*-ler) *nt* staff; personnel

personlig (pær-*soan*-li) *adj* private, personal; **personligt ID-nummer** *c* PIN; personal identification number

personlighed (pær-*soan*-li-haydh) *c* personality

persontog (pær-*soan*-tooo) *nt* (pl ~) passenger train

personvogn (pær-*soan*-vo^{oo}n) *c* carriage; passenger car *Am*

perspektiv (pær-sbehg-*tee*^{oo}) *nt* perspective

pertentlig (pær-*tehnd*-li) *adj* precise

pessimisme (pay-si-*miss*-mer) *c* pessimism

pessimist (pay-si-*misd*) *c* pessimist

pessimistisk (pay-si-*miss*-disg) *adj* pessimistic

petroleum (pay-*troal*-^yom) *c* kerosene; paraffin

pianist (pi-ah-*nisd*) *c* pianist

pibe (*pee*-ber) *c* pipe

piberenser (*pee*-ber-ræn-so) *c* pipe cleaner

pibetobak (*pee*-ber-toa-bahg) *c* (pl ~ker) pipe tobacco

pige (*pee*-i) *c* girl

pigenavn (*pee*-i-noun) *nt* maiden name

pigespejder (*pee*-i-sbigh-do) *c* girl guide

pigtråd (*peeg*-trohd) *c* (pl ~) barbed wire

pikant 142

pikant (pi-*kahnd*) *adj* savoury, spicy
pil (pil) *c* arrow
pilgrim (*peel*-græm) *c* (pl ~me) pilgrim
pilgrimsrejse (*peel*-græmsrigh-ser) *c* pilgrimage
pille (*pay*-ler) *c* pill; column, pillar
pilot (pi-*load*) *c* pilot
pimpsten (*paymb*-sdayn) *c* (pl ~) pumice stone
pincet (pin-*sehd*) *c* (pl ~ter) tweezers *pl*
pindsvin (*payn*-svin) *nt* (pl ~) hedgehog
pine (*pee*-ner) *c* torment; *v* torment
pingvin (payng-*vin*) *c* penguin
pinlig (*peen*-li) *adj* embarrassing, awkward
pisk (pisg) *c* whip
piske (*piss*-ger) *v* whip
pistol (pi-*sdoal*) *c* pistol
pittoresk (pi-toa-*ræsg*) *adj* picturesque
placere (plah-*say*-o) *v* place; *put; *lay
plade (*plaa*-dher) *c* plate; record, sheet
pladespiller (*plaa*-dher-sbaylo) *c* record player
plads (plahss) *c* seat; space, room; square
plage (*plaa*-ah) *c* plague; *v* bother, torture
plakat (plah-*kahd*) *c* poster
plan (plahn) *c* plan; project, scheme; map; *adj* plane,
level, even
planet (plah-*nayd*) *c* planet
planetarium (plah-ner-*tah*-ᵒom) *nt* (pl -ier) planetarium
planke (*plahng*-ger) *c* plank
***planlægge** (*plaan*-leh-ger) *v* plan; *make plans
plantage (plahn-*taa*-sʸer) *c* plantation
plante (*plahn*-der) *c* plant; *v* plant
planteskole (*plahn*-der-sgoā-ler) *c* nursery
plaster (*plahss*-do) *nt* (pl -tre) plaster
plastic- (*plah*-sdig) plastic
plastisk kirurgi (*plah*-sdig ki-*roor*-gi) *c* reconstructive surgery
platin (plah-*tin*) *nt* platinum
pleje (*pligh*-er) *v* nurse
plejeforældre (*pligh*-er-fo-ehl-dro) *pl* foster parents *pl*
plejehjem (*pligh*-er-sʸehm) *nt* (pl ~) home; asylum
plet (plehd) *c* (pl ~ter) spot, stain; blot, speck
pletfjerner (*plehd*-fʸær-no) *c* stain remover
pletfri (*plehd*-fri) *adj* spotless, stainless
plette (*pleh*-der) *v* stain; **plettet** spotted
pligt (playgd) *c* duty
plombe (*plom*-ber) *c* filling
plov (plooᵒ) *c* plough
pludselig (*plooss*-li) *adj* sudden; **pludseligt** suddenly
plukke (*plo*-ger) *v* pick, gather

plus (plooss) *adv* plus
plyndre (*plurn*-ro) *v* plunder
plædere (pleh-*day*-o) *v* plead
plæne (*plai*-ner) *c* lawn
pløje (*ploi*-er) *v* plough
pneumatisk (pnur°°-*mah*-tisg) *adj* pneumatic
poesi (poa-eh-*si*) *c* poetry
poetisk (poa-*ay*-disg) *adj* poetic
pointantal (poa-*ehng*-ahntahl) *nt* score
pokal (poa-*kahl*) *c* cup
Polen (*poa*-lern) Poland
polere (poa-*lay*-o) *v* polish
polet (poa-*lehd*) *c* (pl ~ter) token
police (poa-*lee*-ser) *c* policy
polio (*poa*-Ꮣo) *c* polio
politi (poa-li-*ti*) *nt* police
politibetjent (poa-li-*ti*-bayt-ᵞehnd) *c* policeman
politik (poa-li-*tig*) *c* politics; policy
politiker (poa-*li*-ti-go) *c* politician
politimand (poa-li-*ti*-mahn) *c* (pl -mænd) policeman
politisk (poa-*li*-disg) *adj* political
politistation (poa-li-*ti*-sdahs-ᵞoan) *c* police station
polsk (poalsg) *adj* Polish
polstre (*pol*-sdro) *v* upholster
pommes frites (pom-*frid*) chips; French fries *nAm*
pony (*po*-ni) *c* pony
popmusik (*pob*-moo-sig) *c* pop music
populær (poa-boo-*lær*) *adj* popular
porcelæn (po-ser-*lehn*) *nt* china; porcelain
port (poard) *c* gate
portier (po-*tᵞay*) *c* porter
portion (po-sᵞ*oan*) *c* portion; helping
portner (*poard*-no) *c* doorkeeper; caretaker
porto (*paw*-toa) *c* postage
portofri (*paw*-toa-fri) *adj* postage paid, free of postage
portræt (po-*træd*) *nt* (pl ~ter) portrait
Portugal (*paw*-toa-gahl) Portugal
portugiser (po-toa-*gi*-so) *c* Portuguese
portugisisk (po-toa-*gi*-sisg) *adj* Portuguese
pose (*pōa*-ser) *c* bag
position (poa-si-sᵞ*oan*) *c* position; station
positionslys (poa-si-sᵞ*oans*-lews) *nt* (pl ~) parking light
positiv (*pōa*-si-tee°°) *nt* positive; *adj* positive
post (posd) *c* mail, post; item
postanvisning (*posd*-ahnvis-nayng) *c* postal order, money order; mail order *Am*
postbud (*posd*-boodh) *nt* postman
poste (*poss*-der) *v* mail, post
poste restante (*poass*-der ræ-*sdahng*-ter) poste restante
postering (po-*sdayr*-ayng) *c* entry
postkasse (*posd*-kah-ser) *c*

postkontor 144

pillarbox
postkontor (*posd*-koan-toar)
 nt post-office
postkort (*posd*-kawd) *nt* (pl
 ~) postcard; picture postcard
postnummer (*posd*-nom-o)
 nt (pl -numre) zip code *Am*
postvæsen (*posd*-veh-sern)
 nt postal authority
postyr (po-*sdewr*) *nt* fuss
pote (*pōa*-der) *c* paw
pottemagervarer (*po*-der-
 mah-o-vaa-ah) *pl* pottery
pr. (*pær*) per
pragt (prahgd) *c* splendour;
 pragt- magnificent
pragtfuld (*prahgd*-fool) *adj*
 magnificent, lovely, splendid
praksis (*prahg*-siss) *c* practice
praktisere (prahg-ti-*say*-o) *v*
 practise
praktisk (*prahg*-disg) *adj*
 practical
prale (*praa*-ler) *v* boast
prekær (præ-*kær*) *adj*
 precarious
pres (præss) *nt* (pl ~) pressure
presse (*præ*-ser) *v* press; *v*
 press; ~ **igennem** (*præ*-ser i-
 geh-nerm) *v* squeeze
pressekonference (*præ*-ser-
 kon-fer-rahng-ser) *c* press
 conference
presserende (præ-*say*-o-ner)
 adj pressing, urgent
prestige (præ-*sdeesh*) *c*
 prestige
prikke (*prig*-ger) *v* prick
primær (*pree*-mær) *adj*
 primary

princip (præn-*sib*) *nt* (pl ~per)
 principle
prins (præns) *c* prince
prinsesse (præn-*seh*-ser) *c*
 princess
prioritet (pri-o-i-*tayd*) *c*
 priority; mortgage
prioritetslån (pri-o-i-*tayds*-
 lon) *nt* (pl ~) mortgage
pris (priss) *c* cost, price; rate;
 award
prisfald (*priss*-fahl) *nt* (pl ~)
 slump
prisliste (*priss*-layss-der) *c*
 price list
*****prissætte** (*priss*-seh-der) *v*
 price
privat (pri-*vahd*) *adj* private
privatliv (pri-*vahd*-lee^{oo})
 privacy
privilegere (pri-vi-li-*gay*-o) *v*
 favour
privilegium (pri-vi-*lay*-g^yom)
 nt (pl -ier) privilege
problem (proa-*blaym*) *nt*
 problem; question
procent (proa-*sehnd*) *c*
 percent
procentdel (proa-*sehnd*-
 dayl) *c* percentage
proces (proa-*sehss*) *c* (pl
 ~ser) process; lawsuit
procession (proa-seh-s^y*oan*)
 c procession
producent (proa-doo-*sehnd*)
 c producer
produkt (proa-*dogd*) *nt*
 product; produce
produktion (proa-doog-
 s^y*oan*) *c* production; output

profession (proa-fer-s^yoan) c profession

professionel (proa-*feh*-s^yoa-nehl) adj professional

professor (proa-*feh*-so) c professor

profet (proa-*fayd*) c prophet

profit (proa-*fid*) c (pl ~ter) profit

program (proa-*grahm*) nt (pl ~mer) programme

progressiv (*proa*-græ-see^{oo}) adj progressive

projekt (proa-s^y*ehgd*) nt project

projektør (proa-s^y*ehg*-turr) c spotlight; searchlight

proklamere (proa-klah-*may*-o) v proclaim

promenade (proa-mer-*naa*-dher) c promenade

prop (prob) c (pl ~per) cork; stopper

propaganda (proa-bah-*gahn*-dah) c propaganda

propel (proa-*pehl*) c (pl ~ler) propeller

pro persona (proa pær-*soa*-nah) per person

propfuld (*prob*-fool) adj packed

proportion (proa-bo-s^y*oan*) c proportion

proportional (proa-bo-s^yoa-*nahl*) adj proportional

proptrækker (*prob*-træ-go) c corkscrew

prospekt (proa-*sbehgd*) nt prospectus

prospektkort (proa-*sbehgd*-kawd) nt (pl ~) picture postcard

prostitueret (proa-sdi-too-ay-raydh) c (pl -ede) prostitute

protein (proa-ter-*in*) nt protein

protest (proa-*tehsd*) c protest

protestantisk (proa-der-*sdahn*-disg) adj Protestant

protestere (proa-der-*sday*-o) v protest; ~ imod object to

protokol (proa-doa-*kol*) c (pl ~ler) record

proviant (proa-vi-*ahnd*) c provisions pl

provins (proa-*vayns*) c province

provinsiel (proa-vayn-s^y*ehl*) adj provincial

præcis (præ-*sis*) adj very, precise, punctual; **præcist** just

prædike (*prædh*-ger) v preach

prædiken (*prædh*-gern) c sermon

prædikestol (*prædh*-ger-sdoal) c pulpit

prægtig (*præg*-di) adj superb, gorgeous; swell

præmie (*præm*-^yer) c prize

præposition (præ-boa-si-s^y*oan*) c preposition

præsentation (præ-sern-tah-s^y*oan*) c introduction

præsentere (præ-sern-*tay*-o) v present, introduce

præservativ (præ-*sær*-vah-tee^{oo}) nt contraceptive

præsident

præsident (præ-si-*dehnd*) *c* president, chairman

præst (prahsd) *c* clergyman; parson, rector, vicar, minister; **katolsk ~** priest

præstation (præ-sdah-*s*ʸ*oan*) *c* achievement

præstebolig (prahss-day-bōa-li) *c* vicarage

præstegård (prahss-der-go) *c* parsonage

præstere (præ-*sday*-o) *v* achieve

præventionsmiddel (præ-vern-*s*ʸ*oans*-midh-erl) *nt* (pl -midler) contraceptive

prøve¹ (*prūr*-ver) *c* rehearsal; trial; ***holde ~ på** rehearse

prøve² (*prūr*-ver) *v* try, attempt; try on

prøveværelse (*prūr*-ver-vai-ol-ser) *nt* fitting room

psykiater (sew-gi-*ah*-do) *c* psychiatrist

psykisk (*sew*-gisg) *adj* psychic

psykoanalytiker (sew-goa-ah-nah-lew-ti-go) *c* analyst, psychoanalyst

psykolog (sew-goa-*lou*) *c* psychologist

psykologi (sew-goa-loa-*gi*) *c* psychology

psykologisk (sew-goa-*loa*-isg) *adj* psychological

publikation (poob-li-kah-s*ʸoan*) *c* publication

publikum (*poob*-li-kom) *nt* audience, public

pudder (*poodh*-o) *nt* powder

pudderdåse (*poodh*-o-daw-ser) *c* powder compact

pudderunderlag (*poodh*-o-o-no-lah) *nt* (pl ~) foundation cream

pude (*pōō*-dher) *c* pillow, cushion; pad

pudebetræk (*pōō*-dher-ber-træg) *nt* (pl ~) pillowcase

puds (pooss) *c* plaster

pudse (*poo*-ser) *v* polish; brush up; cheat

pudsig (*poo*-si) *adj* droll, funny

puf (pof) *nt* (pl ~) push

puffe (*po*-fer) *v* push

pukle (*pog*-ler) *v* swot, slog; labour

puls (pools) *c* pulse

pulsåre (*pools*-aw-o) *c* artery

pulverisere (pol-vo-i-*say*-o) *v* pulverize, *grind

pumpe (*pom*-ber) *c* pump; *v* pump

pund (poon) *nt* (pl ~) pound

pung (pong) *c* purse; pouch

punkt (pongd) *nt* item, point; issue; dot

punkteret (pong-*tay*-odh) *adj* punctured

punktering (pong-*tayr*-ayng) *c* puncture; blowout, flat tyre

punktlig (*pongd*-li) *adj* punctual

punktum (*pong*-tom) *nt* (pl ~mer) full stop, period

pupil (poo-*pil*) *c* (pl ~ler) pupil

pure (*pōō*-o) *adj* sheer; *adv*

completely
purløg (*poor*-loi) *nt* (pl ~) chives *pl*
purpurfarvet (*poor*-bo-fah-verdh) *adj* purple
pus[1] (pooss) *nt* (pl ~) tot
pus[2] (pooss) *nt* pus
puslespil (*pooss*-ler-sbayl) *nt* (pl ~) jigsaw puzzle
puste (*pōō*-sder) *v* *blow, puff; ~ **op** inflate
pyjamas (pi-*Yaa*-mahss) *c* (pl ~) pyjamas *pl*
pyt (pewd) *c* (pl ~ter) puddle
pæl (pehl) *c* pole, stake
pæn (pehn) *adj* nice
pære (*pai*-o) *c* pear; **elektrisk ~** light bulb
pøl (purl) *c* pool
pølse (*purl*-ser) *c* sausage
på (po) *prep* on, upon; at, in
påbud (*po*-boodh) *nt* (pl ~) direction
*****pådrage sig** (*po*-drou-er) *v* contract, incur, *catch
påfaldende (*po*-fahl-er-ner) *adj* striking, remarkable

påfugl (*po*-fool) *c* peacock
pågribelse (*po*-gri-berl-ser) *c* capture, apprehension
påklædningsværelse (*po*-klehdh-naynges-vai-ol-ser) *nt* dressing room
påkrævet (*po*-kræ-verdh) *adj* required, necessary
pålidelig (po-*li*-dher-li) *adj* reliable, trustworthy
påpasselig (po-*pah*-ser-li) *adj* careful
påske (*paw*-sger) Easter
påskelilje (*paw*-sger-lil-Yer) *c* daffodil
påskud (*po*-sgoodh) *nt* (pl ~) pretext, pretence
påskønne (*po*-sgurn-er) *v* appreciate
*****påstå** (*po*-sdo) *v* claim, assert
*****påtage sig** (*po*-tah-ah) *v* *take charge of
påvirke (*po*-veer-ger) *v* influence, affect
påvise (*po-vi*-ser) *v* prove

R

rabalder (rah-*bahl*-o) *nt* noise; row; racket
rabarber (rah-*bah*-bo) *c* (pl ~) rhubarb
rabat (rah-*bahd*) *c* (pl ~ter) discount; rebate
race (*raa*-ser) *c* race, breed; **race-** racial
radering (rah-*dayr*-ayng) *c* etching; engraving
radiator (rah-di-*aa*-to) *c* radiator
radikal (rah-di-*kahl*) *adj* radical
radio (*rah*-d^yoa) *c* wireless, radio
radise (rah-*di*-ser) *c* radish
radius (*rah*-d^yooss) *c* (pl -ier)

radius
raffinaderi (rah-fi-nah-dho-ri) *nt* refinery
raket (rah-*kæd*) *c* (pl ~ter) rocket
ramme (*rah*-mer) *c* frame; setting; *v* *hit; *strike
rampe (*rahm*-ker) *c* ramp, slope
rand (rahn) *c* border; brim, margin
rang (rahng) *c* rank; grade
rangordne (*rahng*-od-ner) *v* grade
rank (rahngg) *adj* upright
ransel (*rahn*-serl) *c* (pl -sler) knapsack
rap(-musik) (rab) *nt* rap (*music*)
rapport (rah-*pawd*) *c* report
rapportere (rah-po-*tay*-o) *v* report
rar (rah) *adj* nice
rase (*raa*-ser) *v* rage
rasende (*raa*-ser-ner) *adj* furious
raseri (raa-so-*ri*) *nt* rage, anger
rask (rahsg) *adj* well, healthy; fast; *blive ~ recover
rastløs (*rahsd*-lurs) *adj* restless
rat (rahd) *nt* (pl ~) steering wheel
ration (rah-s^y*oan*) *c* ration
ratstamme (*rahd*-sdah-mer) *c* steering column
rav (rou) *nt* amber
ravn (roun) *c* raven
rayon (*rah*-^yon) *c* rayon

reagere (ræ-ah-*gay*-o) *v* react
reaktion (ræ-ahg-s^y*oan*) *c* reaction
realisabel (ræ-ah-li-*sah*-berl) *adj* realizable, feasible
realisere (ræ-ah-li-*say*-o) *v* carry out, realize
reb (ræb) *nt* (pl ~) rope
recept (ræ-*sehbd*) *c* prescription
reception (ræ-sehb-s^y*oan*) *c* reception office
receptionsdame (ræ-sehb-s^y*oans*-daa-mer) *c* receptionist
redaktør (ræ-dahg-*turr*) *c* editor
redde (*rædh*-er) *v* save, rescue
rede (*ræa*-dher) *c* nest; *v* comb; *adj* ready; ~ seng *make a bed
redegørelse (*ræa*-dher-gur-ol-ser) *c* explanation
redigere (ræ-*di*-gay-o) *v* edit
redning (*rædh*-nayng) *c* rescue, saving; salvation
redningsbælte (*rædh*-nayngs-behl dcr) *nt* life buoy, lifebelt
redningsmand (*rædh*-nayngs-mahn) *c* (pl -mænd) saviour
redningsvest (*rædh*-nayngs-vehsd) *c* life jacket
redskab (*rædh*-sgahb) *nt* utensil, implement
reducere (ræ-doo-*say*-o) *v* reduce
reduktion (ræ-doog-s^y*oan*) *c*

reduction

reel (ræ-*ehl*) *adj* real, genuine; fair

referat (ræ-fer-*rahd*) *nt* report; account; summary

reference (ræ-fer-*rahng*-ser) *c* reference

refleks (ræ-*flehgs*) *c* reflection

reflektere (ræ-flehg-*tay*-o) *v* reflect

reflektor (ræ-*flehg*-to) *c* reflector

reformationen (ræ-fo-mah-sʸoa-nern) the Reformation

refundere (ræ-fon-*day*-o) *v* refund

refundering (ræ-fon-*dayr*-ayng) *c* refund

regatta (ræ-*gah*-tah) *c* regatta

regel (*ræ*-erl) *c* (pl regler) rule; regulation; **som ~** as a rule

regelmæssig (ræ-erl-meh-si) *adj* regular

regere (ræ-*gay*-o) *v* govern; reign, rule

regering (ræ-*gayr*-ayng) *c* government

regeringstid (ræ-*gayr*-ayngs-tidh) *c* reign

regie (ræ-*sʸi*) *c* direction

regime (ræ-sʸee-mer) *c* régime

region (ræ-gi-*oan*) *c* region

regional (ræ-gi-oa-*nahl*) *adj* regional

register (ræ-*giss*-do) *nt* (pl -tre) index

registreringsnummer (ræ-gi-*sdrær*-ayngs-nom-o) *nt* (pl -numre) registration number; licence number *Am*

reglement (ræ-ler-*mahng*) *nt* regulations *pl*

regn (righn) *c* rain

regnbue (*righn*-bōō-oo) *c* rainbow

regnbyge (*righn*-bew-ew) *c* shower

regne¹ (*righ*-ner) *v* rain

regne² (*righ*-ner) *v* reckon; **~ for** count, reckon; **~ med** reckon

regnemaskine (*righ*-ner-mah-sgee-ner) *c* adding-machine; calculating machine; calculator

regnfrakke (*righn*-frah-ger) *c* raincoat, mackintosh

regnfuld (*righn*-fool) *adj* rainy

regning (*righ*-nayng) *c* bill; check *nAm*; arithmetic

regnskab (*righn*-sgahb) *nt* accounting

regulere (ræ-goo-*lay*-o) *v* regulate, adjust

regulering (ræ-goo-*layr*-ayng) *c* regulation

reje (*righ*-er) *c* shrimp; prawn

rejse (*righ*-ser) *c* journey, voyage, trip; *v* travel; erect; **~ bort** depart; **~ sig** *rise

rejsearrangør (*righ*-ser-aa-ahn-sʸurr) *c* travel agent

rejsebureau (*righ*-ser-bew-roa) *nt* travel agency

rejsecheck (*righ*-ser-sʸehg) *c* (pl ~s) traveller's cheque

rejseforsikring 150

rejseforsikring (*righ*-ser-fo-sayg-ræng) *c* travel insurance

rejsegodsvogn (*rahi*-ser-goss-vo^{oo}n) *c* luggage van

rejsende (*righ*-ser-ner) *c* (pl ~) traveller

rejseplan (*righ*-ser-plahn) *c* itinerary

rejserute (*righ*-ser-rōō-der) *c* itinerary

rejseudgifter (*righ*-ser-oodh-gif-do) *pl* travelling expenses

rejsning (*righss*-nayng) *c* rising; erection

reklame (ræ-*klaa*-mer) *c* advertising; commercial

rekord (ræ-*kawd*) *c* record

rekreation (ræ-kræ-ah-s^y*oan*) *c* recreation

rekrut (ræ-*krood*) *c* (pl ~ter) recruit

rektangel (*rægd*-ahng-erl) *nt* (pl -gler) rectangle; oblong

rektangulær (*rægd*-ahng-goo-lær) *adj* rectangular

rektor (*ræg*-to) *c* principal, headmaster, head

relation (ræ-lah-s^y*oan*) *c* relation

relativ (*ræ*-lah-tee^{oo}) *adj* relative; comparative

relief (ræ-li-*ehf*) *nt* (pl ~fer) relief

religion (ræ-li-gi-*oan*) *c* religion

religiøs (ræ-li-gi-*urs*) *adj* religious

relikvie (ræ-*li*-kvi-er) *c* relic

rem (ræm) *c* (pl ~me) strap

ren (ræn) *adj* clean; pure; **gøre rent* clean

rendesten (*ræ*-ner-sdayn) *c* gutter

***rengøre** (*ræær*-gur-o) *v* clean

rengøring (*ræær*-gurr-ayng) *c* cleaning

rengøringsmiddel (*ræær*-gurr-ayngs-midh-erl) *nt* (pl -midler) detergent, cleaning fluid

renommé (ræ-noa-*may*) *nt* reputation

rensdyr (*ræns*-dewr) *nt* (pl ~) reindeer

rense (*ræn*-ser) *v* clean; **kemisk ~** dry-clean

renseri (ræn-so-*ri*) *nt* dry cleaner's

rentabel (ræn-*tah*-berl) *adj* profitable; paying

rente (*ræn*-der) *c* interest

reparation (ræ-bo-rah-s^y*oan*) *c* repair, reparation

reparere (ræ-bo-*ræ*-o) *v* repair; mend, fix

repertoire (ræ-pær-toa-*aa*-ah) *nt* repertory

reproducere (ræ-proa-doo-*say*-o) *v* reproduce

reproduktion (ræ-proa-doog-s^y*oan*) *c* reproduction

repræsentant (ræ-præ-sern-*tahnd*) *c* agent

repræsentation (ræ-præ-sern-tah-s^y*oan*) *c* representation

repræsentativ (*ræ*-præ-sern-

repræsentere (ræ-præ-sern-*tay*-o) *v* represent
republik (ræ-poo-*blig*) *c* (pl ~ker) republic
republikansk (ræ-poo-bli-*kahnsg*) *adj* republican
reservation (ræ-sær-vah-s*y*oan) *c* booking, reservation
reserve (ræ-*sær*-ver) *c* reserve; **reserve-** spare
reservedel (ræ-*sær*-ver-dayl) *c* spare part
reservedæk (ræ-*sær*-ver-dehg) *nt* (pl ~) spare tyre
reservehjul (ræ-*sær*-ver-*y*ool) *nt* (pl ~) spare wheel
reservere (ræ-sær-*vay*-o) *v* reserve; book
reserveret (ræ-sær-*vay*-odh) *adj* reserved
reservoir (ræ-sær-voa-*aa*) *nt* reservoir
resolut (ræ-soa-*lood*) *adj* resolute
respekt (ræ-*sbehgd*) *c* esteem, respect
respektabel (ræ-sbehg-*tah*-behl) *adj* respectable
respektere (ræ-sbehg-*tay*-o) *v* respect
respektiv (ræ-sbehg-tee^(oo)) *adj* respective
respirator (ræ-spi-*rah*-ter) *c* life support
rest (ræsd) *c* rest; remainder, remnant; **for resten** by the way, besides
restaurant (ræ-sdoa-*rahng*) *c* restaurant
restere (ræ-*sday*-o) *v* remain; **resterende** remaining
restparti (*ræsd*-pah-ti) *nt* remainder
restriktion (ræ-sdræg-s*y*oan) *c* restriction
resultat (ræ-sool-*tahd*) *nt* result; issue, outcome
resultere (ræ-sool-*tay*-o) *v* result
resumé (ræ-sew-*may*) *nt* summary
ret[1] (ræd) *c* right; justice, law; *****have ~** * be right; **med rette** rightly
ret[2] (ræd) *c* (pl ~ter) course, dish
ret[3] (ræd) *adj* right; appropriate, proper; *adv* fairly
retfærdig (ræd-*fær*-di) *adj* just, right, fair
retfærdiggøre (ræd-*fær*-di-*gūr*-o) *v* justify
retfærdighed (ræd-*fær*-di-haydh) *c* justice
retmæssig (ræd-*meh*-si) *adj* legitimate
retning (*ræd*-nayng) *c* direction, way
retningslinje (*ræd*-naynggs-lin-*y*er) *c* guideline
retskaffen (*ræd*-sgah-fern) *adj* honourable; righteous
retssag (*ræd*-sah) *c* trial, lawsuit
rette[1] (*ræ*-der) *v* direct, aim; level; **~ imod** aim at
rette[2] (*ræ*-der) *v* straighten;

rettelse 152

correct; level
rettelse (*ræ-derl-ser*) *c* correction
rettighed (*ræ-di-haydh*) *c* right
returnere (*ræ-toor-nay-o*) *v* return; *send back
reumatisme (roi-mah-*tiss*-mer) *c* rheumatism
rev (ræoo) *nt* (pl ~) reef
revalidere (ræ-vah-li-*day*-o) *v* rehabilitate
revalidering (ræ-vah-li-*dayr*-ayng) *c* rehabilitation
revers (ræ-*værs*) *c* lapel
revidere (ræ-vi-*day*-o) *v* revise
revision (ræ-vi-*s^yoan*) *c* revision
revne (*ræoo*-ner) *c* crack; crevice; flaw; *v* crack
revolution (ræ-voa-loo-*s^yoan*) *c* revolution
revolutionær (ræ-voa-loo-*s^yoa-nær*) *adj* revolutionary
revolver (ræ-*vol*-vo) *c* gun, revolver
revy (ræ-*vew*) *c* revue
revyteater *nt* (pl -tre) music hall
ribben (*ri*-bayn) *nt* (pl ~) rib
ribs (ræbs) *nt* (pl ~) currant
ridder (*ridh*-o) *c* knight
***ride** (*ree*-dher) *v* *ride
rideskole (*ree*-dher-sgoa-ler) *c* riding school
ridning (*ridh*-nayng) *c* riding
rift (ræfd) *c* scratch; tear, cut
rig (ri) *adj* wealthy, rich
rigdom (*ree*-dom) *c* (pl ~me)

wealth, riches *pl*
rige (*ree*-i) *nt* empire; kingdom
rigelig (*ree*-i-li) *adj* absurd, plentiful
rigs- (riss) imperial
rigstelefonsamtale (*riss*-tay-ler-foan-sahm-taa-ler) *c* long-distance call
rigtig (*ræg*-di) *adj* just, right, correct; proper; **rigtigt** rather, exactly
rigtighed (*ræg*-di-haydh) *c* correctness, accuracy
rille (*ri*-ler) *c* groove
rim (rim) *nt* (pl ~) rhyme
rimelig (*ree*-mer-li) *adj* reasonable, fair
ring (ræng) *c* ring
ringe¹ (*ræng*-er) *v* *ring; ~ **op** call; ring up; call up *Am*; chime
ringe² (*ræng*-er) *adj* small, minor; **ringere** inferior; **ringest** least
ringeagtelse (*ræng*-er-ahg-derl-ser) *c* contempt; disdain
ringvej (*ræng*-vigh) *c* ring road, circular road
ris (ris) *c* (pl ~) rice
risikabel (ræ-si-*kah*-berl) *adj* risky; critical
risikere (ræ-si-*kay*-o) *v* risk
risiko (*ri*-si-koa) *c* (pl risici) risk; chance
rist (ræsd) *c* grating; grate
riste (*ræss*-der) *v* roast, grill
ristet brød (*ræss*-dedh brurdh) toast
rival (ri-*vahl*) *c* rival

rivalisere (ri-vah-li-*say*-o) v
rival

rivalisering (ri-vah-li-*sayr*-ayng) c rivalry

rive (*ree*-ver) c rake

*****rive** (*ree*-ver) v grate; scratch; rake; ~ **itu** *tear

rivejern (*ree*-ver-ᵞærn) nt (pl ~) grater

ro (roa) c quiet; v row; *falde til ~ calm down

robust (roa-*boosd*) adj robust

robåd (*roa*-bodh) c rowing boat

rod[1] (roadh) nt mess; muddle

rod[2] (roadh) c (pl rødder) root

roderi (roa-dho-*ri*) nt mess

rogn (roᵒᵒn) c roe

rolig (*roa*-li) adj quiet, calm; tranquil, serene

rollerblades (*ro*-ler-blades) c Rollerblades®

rolling (*ro*-layng) c toddler

roman (roa-*mahn*) c novel

romance (roa-*mahng*-ser) c romance

romanforfatter (roa-*mahn*-fo-fah-do) c novelist

romantisk (roa-*mahn*-tisg) adj romantic

romersk-katolsk (*roa*-mosg-kah-toalsg) adj Roman Catholic

ror (roar) nt (pl ~) helm, rudder

rorgænger (*roar*-gehng-o) c steersman, helmsman

ros (roas) c praise

rosa (*rōa*-sah) adj rose

rose (*rōa*-ser) c rose; v praise

rosenkrans (*rōa*-sern-krahns) c rosary; beads pl

rosenkål (*rōa*-sern-kol) c sprouts pl

rosin (roa-*sin*) c raisin

rotte (*ro*-der) c rat

rouge (rōōsh) c rouge

roulet (roo-*lehd*) c (pl ~ter) roulette

rovdyr (*roᵒᵒ*-dewr) nt (pl ~) beast of prey

ru (roo) adj harsh

rubin (roo-*bin*) c ruby

rubrik (roo-*bræg*) c (pl ~ker) column, article

rude (*rōō*-dher) c pane

ruin (roo-*in*) c ruin

ruinere (roo-i-*nay*-o) v ruin

rulle (*roo*-ler) c roll; v roll

rullegardin (*roo*-ler-gah-din) nt blind

rulleskøjteløb (*roo*-ler-sgoi-der-lurb) nt roller-skating

rullesten (*roo*-ler-sdayn) c (pl ~) pebble

rulletrappe (*roo*-ler-trah-ber) c escalator

rum (rom) nt (pl ~) room

rumme (*ro*-mer) v contain

rummelig (*ro*-mer-li) adj roomy, spacious; large

rumskib (*rom*-sgib) nt space shuttle

rumæner (roo-*meh*-no) c Rumanian

Rumænien (roo-*mehn*-ᵞern) Rumania

rumænsk (roo-*mehnsg*) adj Rumanian

rund (ron) adj round

runde (*ron*-der) *c* round
rundhåndet (*ron*-hon-erdh) *adj* liberal, generous
rundkørsel (*ron*-kurr-serl) *c* (pl -kørsler) roundabout
rundrejse (*ron*-righ-ser) *c* tour
rundspørge (*ron*-sbūr-o) *nt* poll
rundstykke (*ron*-sdur-ger) *nt* roll
ruskind (*roo*-sgayn) *nt* suede
Rusland (*rooss*-lahn) Russia
russer (*roo*-so) *c* Russian
russisk (*roo*-sisg) *adj* Russian
rust (rosd) *c* rust
rusten (*ross*-dern) *adj* rusty
rustning (*rosd*-nayng) *c* armour
rute (*rōō*-der) *c* route
rutebåd (*rōō*-der-bodh) *c* liner
rutine (roo-*tee*-ner) *c* routine
rutschebane (*rood*-sher-baa-ner) *c* slide
ry (rew) *nt* glory
rydde op (*rew*-dher) tidy up
ryg (rurg) *c* (pl ~ge) back
*ryge (*rēw*-ew) *v* smoke
rygekupé (*rēw*-ew-koo-*pay*) *c* smoking compartment; smoker
ryger (*rēw*-o) *c* smoker
rygning forbudt (*rēw*-nayng fo-*boodh*) no smoking
rygrad (*rurg*-rahdh) *c* backbone
rygsmerter (*rurg*-smær-do) *pl* backache
rygsæk (*rurg*-sehg) *c* (pl ~ke) rucksack

rygsøjle (*rurg*-soi-ler) *c* spine
rygte (*rurg*-der) *nt* rumour; fame, reputation
ryk (rurg) *nt* (pl ~) tug; jerk, pull; wrench
rynke (*rurng*-ger) *c* wrinkle; crease
ryste (*rurss*-der) *v* *shake; tremble, shiver
rytme (*rewd*-mer) *c* rhythm
rytter (*rew*-do) *c* horseman, rider
rædsel (*rædh*-serl) *c* (pl -sler) terror, horror
rædselsfuld (*rædh*-serls-fool) *adj* awful, horrible, dreadful
rædselsvækkende (*rædh*-serls-veh-ger-ner) *adj* creepy
rædsom (*rædh*-som) *adj* terrible
række (*ræ*-ger) *c* row, line, rank; series, file
*række (*ræ*-ger) *v* pass
rækkefølge (*ræ*-ger-furl-^yer) *c* order; succession
rækkevidde (*ræ*-ger-vi-der) *c* reach; range; scope
rækværk (*ræg*-værg) *nt* (pl ~) railing
ræsonnere (ræ-soa-*nay*-o) *v* reason
ræv (ræoo) *c* fox
røbe (*rūr*-ber) *v* betray, disclose; *give away
rød (rurdh) *adj* red
rødbede (roa-*bay*-dher) *c* beetroot
rødkælk (*rurdh*-kehlg) *c*

salme

robin
rødme (*rurdh*-mer) v blush
rødspætte (*rurdh*-sbeh-der) c plaice
røg (roi) c smoke
røgelse (*rūr*-url-ser) c incense
røgfri (roi-fri) adj smoke-free
røntgenbillede (*rurng*-gern-bay-ler-dher) nt X-ray
røntgenfotografere (*rurng*-gern-foa-doa-grah-*fay*-o) v X-ray
rør (rurr) nt (pl ~) tube, pipe; cane
røre (*rūr*-o) v stir; ~ **sig** stir; ~ **ved** touch
rørende (*rūr*-o-ner) adj touching
røve (*rūr*-ver) v rob
røver (*rūr*-vo) c robber
røveri (rūr-vo-*ri*) nt robbery
rå (ro) adj raw
råb (rob) nt (pl ~) call, shout, cry
råbe (*raw*-ber) v shout, call, cry

råd (rodh) nt (pl ~) counsel, advice; council; *have ~ til afford
rådden (*rodh*-ern) adj rotten
råde (*raw*-dher) v advise; ~ **over** dispose of
*rådgive (*rodh*-gi-ver) v advise
rådgiver (*rodh*-gi-vo) c counsellor
rådhus (*rodh*-hoos) nt town hall
rådighed (*raw*-dhi-haydh) c disposal; command
rådslagning (*rodh*-slah-nayng) c deliberation; consultation
*rådslå (*rodh*-slo) v deliberate; consult
rådsmedlem (*rodhs*-mehdh-lehm) nt (pl ~mer) councillor
rålam (ro-lahm) nt (pl ~) fawn
råolie (ro-oal-Ýer) c petroleum
råstof (ro-sdof) nt (pl ~fer) raw material

S

sadel (*sah*-dherl) c (pl sadler) saddle
safir (sah-*feer*) c sapphire
saft (sahfd) c juice; syrup; sap
saftig (*sahf*-di) adj juicy
sag (sah) c matter; cause; case
sagkyndig (*sou*-kurn-di) adj expert
saks (sahgs) c scissors pl

sal (sahl) c hall; floor, storey
salat (sah-*lahd*) c salad; **grøn ~** lettuce
saldo (*sahl*-doa) c balance
salg (sahl) nt (pl ~) sale; **til ~** for sale
salgbar (*sahl*-bah) adj saleable
salme (*sahl*-mer) c hymn;

psalm
salmiakspiritus (sahl-mi-ahg-sbeer-i-tooss) *c* ammonia
salon (sah-*long*) *c* drawing room; salon, lounge
salt (sahld) *nt* salt; *adj* salty
saltkar (*sahld*-kah) *nt* (pl ~) salt cellar, salt shaker *nAm*
salve (*sahl*-ver) *c* ointment
samarbejde (sahm-aa-*bigh*-der) *nt* cooperation, collaboration; *v* cooperate, collaborate
samarbejdsvillig (sahm-aa-bighds-vil-i) *adj* co-operative
samfund (*sahm*-fon) *nt* (pl ~) society; community; **samfunds-** social
samkvem (sahm-*kvehm*) *nt* intercourse, communication
samkørsel (*sahm*-kūr-serl) *c* carpool
samle (*sahm*-ler) *v* gather, collect; assemble; ~ **op** pick up
samler (*sahm*-lo) *c* collector
samles (*sahm*-lerss) *v* gather
samlet (*sahm*-lerdh) *adj* total, whole, overall
samling (*sahm*-layng) *c* collection; session
samme (*sah*-mer) *adj* same; equal
sammen (*sahm*-ern) *adv* together
sammendrag (*sahm*-ern-drou) *nt* (pl ~) résumé
sammenfatning (sahm-ern-fahd-nayng) *c* summary
sammenføje (*sahm*-ern-foi-er) *v* join
sammenhæng (*sahm*-ern-hehng) *c* connection; coherence
sammenkomst (*sahm*-ern-komsd) *c* assembly; meeting
sammenligne (*sahm*-ern-li-ner) *v* compare
sammenligning (*sahm*-ern-li-nayng) *c* comparison
sammenlægge (*sahm*-ern-leh-ger) *v* merge (companies)
sammenstykke (*sahm*-ern-sdur-ger) *v* compile
sammenstød (*sahm*-ern-sdurdh) *nt* (pl ~) collision, clash; quarrel
sammensværgelse (*sahm*-ern-sværr-erl-ser) *c* plot, conspiracy
***sammensværge sig** (*sahm*-ern-sværr-er) conspire
sammensætning (*sahm*-ern-sehd-nayng) *c* composition
***sammensætte** (*sahm*-ern-seh-der) *v* compose, *put together
sammentræf (*sahm*-ern-træf) *nt* (pl ~) coincidence
samtale (*sahm*-taa-ler) *c* talk, conversation
samtidig (*sahm*-tidh-i) *adj* simultaneous, contemporary; *c* contemporary; **samtidigt** simultaneously
samtids- (*sahm*-tidhs)

contemporary
samtykke (*sahm*-tew-ger) *nt* consent; *v* consent
samvittighed (sahm-*vi*-di-haydh) *c* conscience
sanatorium (sah-nah-*toar*-Yom) *nt* (pl -ier) sanatorium
sand (sahn) *nt* sand; *adj* true; real, regular; correct
sandal (sahn-*dahl*) *c* sandal
sandelig (*sah*-ner-li) *adv* indeed
sandet (*sah*-nerdh) *adj* sandy
sandfærdig (sahn-*fær*-di) *adj* truthful
sandhed (*sahn*-herdh) *c* truth
sandpapir (*sahn*-pah-peer) *nt* sandpaper
sandsynlig (sahn-*sewn*-li) *adj* likely; probable
sandsynligvis (sahn-*sewn*-li-viss) *adv* probably
sang (sahng) *c* song
sanger (*sahng*-o) *c* singer, vocalist
sangerinde (sahng-o-*ay*-ner) *c* singer
sanitær (sah-ni-*tær*) *adj* sanitary
sardin (sah-*din*) *c* sardine
sart (sahd) *adj* tender, delicate
satellit (sah-der-*lid*) *c* (pl ~ter) satellite; ~ **tv** satellite tv; ~ **parabol** *c* satellite dish; ~ **radio** *c* satellite radio
Saudi-Arabien (*sou*-di ah-*rahb*-Yern) Saudi Arabia
saudiarabisk (*sou*-di-ah-rah-bisg) *adj* Saudi Arabian
sauna (*sou*-nah) *c* sauna
sav (sahoo) *c* saw
savn (soun) *nt* (pl ~) lack, need, want
savsmuld (*sou*-smool) *nt* sawdust
savværk (*sou*-værg) *nt* sawmill
scanne (sgahn-er) *v* scan
scanner (sgahn-o) *c* scanner
scanning (sgahn-ayn) *c* scan
scene (*say*-ner) *c* scene; stage
Schweiz (svighds) Switzerland
schweizer (svighd-so) *c* Swiss
schweizisk (svighd-sisg) *adj* Swiss
score (*sgoa*-a) *v* score
scrapbog (sgrahb-booᵒ) *c* (pl -bøger) scrapbook
****se** (say) *v* look, *see; notice; ~ **efter** look after; ~ **på** look at; ~ **sig for** look out; ~ **ud** look; ~ **ud til** appear, seem
seer (*say*-o) *c* spectator, viewer
segl (sighl) *nt* (pl ~) seal
sej (sigh) *adj* tough
sejl (sighl) *nt* (pl ~) sail
sejlads (sigh-*lahs*) *c* sailing
sejlbar (*sighl*-bah) *adj* navigable
sejlbåd (*sighl*-bodh) *c* sailing boat
sejldug (*sighl*-doo) *c* canvas
sejle (*sigh*-ler) *v* sail
sejlgarn (*sighl*-gahn) *nt* string; twine
sejlklub (*sighl*-kloob) *c* (pl

sejlsport

~ber) yacht club
sejlsport (*sighl*-sbawd) *c* yachting
sejr (sighr) *c* victory
sekretær (say-grah-*tær*) *c* secretary, clerk
seks (sehgs) *num* six
seksten (*sigh*-sdern) *num* sixteen
sekstende (*sigh*-sder-ner) *num* sixteenth
seksualitet (sehg-soo-ah-li-*tayd*) *c* sexuality
seksuel (sehg-soo-*ehl*) *adj* sexual
sektion (sehg-s^y*oan*) *c* section
sekund (say-*kond*) *nt* second
sekundær (say-kon-*dær*) *adj* subordinate, secondary
seler (*say*-lo) *pl* braces *pl*; suspenders *plAm*
selleri (*say*-lo-ri) *c* celery
selskab (*sehl*-sgahb) *nt* company; society; association; party
selskabskjole (*sehl*-sgahbs-k^y*oa*-ler) *c* robe
selskabstøj (*sehl*-sgahbs-toi) *pl* evening dress
selv (sehl) *pron* myself; yourself; himself; herself; oneself; ourselves; yourselves; themselves; adv even; ~ om although, though
***selvangive** (*sehl*-ahn-gi-ver) *v* declare
selvangivelse (*sehl*-ahn-gi-verl-ser) *c* tax return
selvbetjening (*sehl*-bay-t^yeh-nayng) *c* self-service

selvfølgelig (sehl-*furl*-^yer-li) *adv* of course
selvindlysende (*sehl*-ayn-lew-ser-ner) *adj* self-evident
selvisk (*sehl*-visg) *adj* selfish
selvklæbende mærkat (*sehl*-klai-bayn-o *mær*-gadh) *c* sticker
selvmord (*sehl*-moar) *nt* (pl ~) suicide
selvmordsangreb (*sehl*-moars-*ahn*-græb) *nt* suicide attack
selvmordsbomber (*sehl*-moars-*bom*-bo) *c* suicide bomber
selvoptaget (*sehl*-ob-tah-ahdh) *adj* self-centred
selvrådig (*sehl*-ro-dhi) *adj* head-strong
selvstyre (*sehl*-sdew-o) *nt* self-government
selvstændig (*sehl*-sdehn-di) *adj* independent, self--employed
semikolon (say-mi-*koa*-lon) *nt* semicolon
sen (sayn) *adj* late
senat (say-*nahd*) *nt* senate
senator (say-*naa*-to) *c* senator
sende (*seh*-ner) *v* *send; transmit; ~ af sted dispatch; ~ bort dismiss; ~ bud efter *send for; ~ tilbage *send back
sender (*seh*-no) *c* transmitter
sending (*seh*-nayng) *c* consignment; shipment
sene (*say*-ner) *c* sinew,

sikker

tendon
senere (say-naw-o) adv afterwards
seng (sehng) c bed
sengetøj (sehng-er-toi) pl bedding
senil (say-*nil*) adj senile
sennep (seh-nob) c mustard
sensation (sehn-sah-s^yoan) c sensation
sensationel (sehn-sah-s^yoa-*nehl*) adj sensational
sentimental (sehn-ti-mehn-*tahl*) adj sentimental
separat (say-bah-*rahd*) adv separately; apart
september (sayb-*tehm*-bo) September
septisk (*sehb*-tisg) adj septic
serie (sayr-^yer) c series; sequence
seriøs (sayr i·*urs*) adj serious
servere (sær-*vay*-o) v serve
service[1] (surr-viss) c service
service[2] (sær-*vee*-ser) nt crockery; tableware
servicestation (surr-viss-sdah-s^yoan) c service station
serviet (sær-vi-*ehd*) c (pl ~ter) napkin; serviette
servitrice (sær-vi-*tree*-ser) c waitress
seværdighed (say-vær-di-haydh) c sight
si (si) c sieve; v strain, sift
siameser (see-ah-*may*-so) c Siamese
siamesisk (see-ah-*may*-sisg) adj Siamese
***sidde** (*say*-dher) v *sit; ~ **fast**

*stick
siddeplads (*say*-dher-plahss) c seat
side (*see*-dher) c side; page; **til ~** aside; **ved siden af** next to, beside; next-door
sidegade (*see*-dher-gaa-dher) c side street
sidelys (*see*-dher-lews) nt sidelight
sidelæns (*see*-dher-lehns) adv sideways
sideløbende (*see*-dher-lur-ber-ner) adj parallel
sidemand (*see*-dher-mahn) c (pl -mænd) neighbour
siden (*sidh*-ern) adv since; prep since; conj since; **for ... siden** ago
sideskib (*see*-dher-sgib) nt aisle
sidst (sisd) adj last; past, ultimate; **til ~** at last
sig (sigh) pron herself, himself; themselves
***sige** (*see*-i) v *say; *tell
signal (si-*nahl*) nt signal
signalement (si-nah-ler-*mahng*) nt description
signalere (si-nah-*lay*-o) v signal
sig selv (sigh-sehl) pron itself
sigtbarhed (*saygd*-bah-haydh) c visibility
sigte (*sayg*-der) v sieve; ~ **mod** aim at; ~ **på** aim at
sigøjner (si-*goi*-no) c gipsy
sikker (*say*-go) adj secure, sure, safe; certain; **sikkert** surely

sikkerhed 160

sikkerhed (*say*-go-haydh) *c* security, safety; guarantee
sikkerhedsbælte (*say*-go-haydhs-behl-der) *nt* seat belt
sikkerhedsforanstaltning (*say*-go-haydhs-fo-ahn-sdahld-nayng) *c* precaution
sikkerhedsnål (*say*-go-haydhs-nol) *c* safety pin
sikkerhedssele (*say*-go-haydhs-sāy-ler) *c* safety belt
sikre sig (*sayg*-ro) secure
sikring (*sayg*-ræng) *c* fuse
sild (sil) *c* (pl ~) herring
silke (*sayl*-ger) *c* silk
silkeblød (*sayl*-ger-blurdh) *adj* mellow
simpelt hen (*saym*-berld hehn) simply
simulere (si-moo-*lay*-o) *v* simulate
sind (sayn) *nt* (pl ~) mind; *have i sinde intend
sindig (*sayn*-di) *adj* steady
sindsbevægelse (*sayns*-bay-veh-erl-ser) *c* emotion, excitement
sindssyg (*sayns*-sew) *c* lunatic; *adj* insane, lunatic
sindssyge (*sayns*-sēw-ew) *c* lunacy
sirene (si-*ræe*-ner) *c* siren
situation (si-doo-ah-s⁹oan) *c* situation, position
siv (see⁰⁰) *nt* (pl ~) rush; reed
sjak (s⁹ahg) *nt* (pl ~) gang
sjal (s⁹ahl) *nt* shawl
sjap (s⁹ahb) *nt* slush
sjette (s⁹ai-der) *num* sixth
sjofel (s⁹oa-ferl) *adj* obscene

sjov (s⁹o⁰⁰) *nt* fun; *adj* funny
sjusket (s⁹ooss-gerdh) *adj* sloven, sloppy
sjæl (s⁹ehl) *c* soul
sjælden (s⁹eh-lern) *adj* rare; infrequent; **sjældent** seldom, rarely
skab (sgahb) *nt* closet, cupboard; (aflåseligt) ~ *nt* locker
skabe (*sgaa*-ber) *v* create; ~ sig *be affected
skabning (*sgaab*-nayng) *c* creature
skade (*sgaa*-dher) *c* mischief, damage; harm; *v* *hurt, harm
skadelig (*sgaa*-dher-li) *adj* harmful; hurt
skadeserstatning (*sgaa*-dherss-ær-sdahd-nayng) *c* compensation, indemnity
skadesløsholdelse (*sgaa*-dherss-lurss-hol-erl-ser) *c* indemnity
skaffe (*sgah*-fer) *v* supply, provide
skaft (sgahfd) *nt* handle; shaft; stick
skak (sgahg) chess; **skak!** check!
skakbræt (*sgahg*-bræd) *nt* (pl ~er) checkerboard *nAm*
skal (sgahl) *c* (pl ~ler) shell; skin
skala (*sgaa*-lah) *c* scale
skaldet (*sgah*-lerdh) *adj* bald
skaldyr (*sgahl*-dewr) *nt* (pl ~) shellfish
skalle (*sgah*-ler) *c* roach

skam (sgahm) *c* shame, disgrace
skamfuld (*sgahm*-fool) *adj* ashamed
skamme sig (*sgah*-mer) *be ashamed
skandale (sgahn-*daa*-ler) *c* scandal
skandinav (sgahn-di-*nahoo*) *c* Scandinavian
Skandinavien (sgahn-di-*nah*-vʸern) Scandinavia
skandinavisk (sgahn-di-*nah*-visg) *adj* Scandinavian
skarlagen (sgaa-lah-ahn) *adj* scarlet
skarp (sgaab) *adj* keen, sharp
skarpsindig (sgahb-*sayn*-di) *adj* shrewd
skat[1] (sgahd) *c* (pl ~te) treasure; darling; sweetheart
skat[2] (sgahd) *c* (pl ~ter) tax
skatte (*sgah*-der) *v* estimate, appreciate
skattefri (*sgah*-der-fri) *adj* tax-free
ske (sgay) *c* spoon; *v* occur, happen
skefuld (*sgay*-fool) *c* spoonful
skelet (sgay-*lehd*) *nt* (pl ~ter) skeleton
skelne (*sgehl*-ner) *v* discern, distinguish
skelnen (*sgehl*-nern) *c* discrimination, distinction
skeløjet (*sgayl*-oi-erdh) *adj* cross-eyed
skema (*sgay*-mah) *nt* scheme
ski (sgi) *c* (pl ~) ski; ***stå på ~** ski

skib (sgib) *nt* boat, ship
skibsfart (*sgibs*-fahd) *c* navigation
skibsreder (*sgibs*-ræ-dho) *c* shipowner
skibsrute (*sgibs*-rōō-der) *c* shipping route
skibsværft (*sgibs*-værfd) *nt* shipyard
skibukser (*sgi*-bog-so) *pl* ski pants
skifer (*sgi*-fo) *c* slate
skift (sgifd) *nt* (pl ~) shift
skifte (*sgif*-der) *v* change; switch
skihop (*sgi*-hob) *nt* (pl ~) ski jump
skik (sgig) *c* (pl ~ke) custom (*social*)
skikkelig (*sgi*-ger-li) *adj* harmless
skikkelse (*sgi*-gerl-ser) *c* figure
skikket (*sgi*-gerdh) *adj* convenient, fit, qualified
skildpadde (*sgayl*-pah-dher) *c* turtle
skilift (*sgi*-lifd) *c* ski lift
skille (*sgay*-ler) *v* part, separate; divide; **~ sig af med** get rid of
skilles (*sgay*-lerss) *v* divorce
skillevæg (*sgay*-ler-vehg) *c* (pl ~ge) partition
skilning (*sgayl*-nayng) *c* parting
skilsmisse (*sgayls*-mi-ser) *c* divorce
skiløb (*sgi*-lurb) *nt* (pl ~) skiing

skiløber (sgi-lū̄r-bo) c skier
skimlet (sgaym-lerdh) adj mouldy
skimmel (sgaym-erl) c mildew
skimte (sgaym-der) v glimpse
skin (sgayn) nt light, glare; semblance; appearance
skind (sgayn) nt (pl ~) skin; **skind-** leather
skinhellig (sgayn-heh-li) adj hypocritical
skinke (sgayng-ger) c ham
skinne (sgay-ner) v *shine; **skinnende** glossy
skinsyg (sgayn-sew) adj envious
skistave (sgi-sdaa-ver) pl ski sticks; ski poles Am
skistøvler (sgi-sdur⁰⁰-ler) pl ski boots
skitse (sgid-ser) c sketch
skitsere (sgid-say-o) v sketch
skive (sgee-ver) c slice; disc
skjorte (sgʸoar-der) c shirt
skjul (sgʸool) nt (pl ~) cover, shelter; hiding-place
skjule (sgʸōō-ler) v *hide; conceal
sko (sgoa) c (pl ~) shoe
skocreme (sgoa-kræm) c shoe polish
skodde (sgo-dher) c shutter
skoforretning (sgoa-fo-rædnayng) c shoe shop
skoldkopper (sgol-ko-bo) pl chickenpox
skole (sgōā-ler) c school; college
skolebænk (sgōā-ler-behngg) c desk
skoledreng (sgōā-ler-dræng) c schoolboy
skoleinspektør (sgōā-ler-ayn-sbehg-turr) c headmaster, head teacher
skolelærer (sgōā-ler-lai-o) c teacher, schoolmaster
skolepige (sgōā-ler-pee-i) c schoolgirl
skoletaske (sgōā-ler-tahss-ger) c satchel
skomager (sgoa-mah-o) c shoemaker
skorpe (sgaw-ber) c crust
skorsten (sgaw-sdayn) c chimney
Skotland (sgod-lahn) Scotland
skotsk (sgodsg) adj Scottish
skotøj (sgoa-toi) pl footwear
skov (sgo⁰⁰) c wood, forest
skovfoged (sgo⁰⁰-fōa-oadh) c forester
skovklædt (sgo⁰⁰-klehd) adj wooded
skovl (sgo⁰⁰l) c shovel
skovstrækning (sgo⁰⁰-sdræg-nayng) c woodland
skovtur (sgo⁰⁰-toor) c picnic; *tage på ~ picnic
skrabe (sgraa-ber) v scrape
skrald (sgrahl) nt garbage
skraldespand (sgrahl-ersbahn) c rubbish bin
skramme (sgrah-mer) c scratch; v bruise
skrammel (sgrahm-erl) nt junk; trash
skranke (sgrahng-ger) c

skuespillerinde

counter
*skride (sgree-dher) v slip, skid; stalk, *stride
skridt (sgrid) nt (pl ~) step; move, pace
skrifte (sgræf-der) v confess
skriftemål (sgræf-der-mol) nt (pl ~) confession
skriftlig (sgræfd-li) adj written; skriftligt in writing
skrig (sgri) nt (pl ~) scream, cry
*skrige (sgree-i) v cry, scream
*skrive (sgree-ver) v *write; ~ bag på endorse; ~ ned *write down; ~ op list; ~ under sign
skriveblok (sgree-ver-blog) c (pl ~ke) writing pad
skrivebord (sgree-ver-boar) nt desk; bureau
skrivemaskine (sgree-ver-mah-sgee-ner) c typewriter
skrivemaskinepapir (sgree-ver-mah-sgee-ner-pah-peer) nt typing paper
skrivepapir (sgree-ver-pah-peer) nt writing paper
skrubbe (sgro-ber) v scrub
skrue (sgrōō-oo) c screw; propeller; v screw; ~ af unscrew
skruenøgle (sgrōō-oo-noi-ler) c wrench
skruetrækker (sgrōō-oo-træ-go) c screwdriver
skruetvinge (sgrōō-oo-tvayng-er) c clamp
skrædder (sgrædh-o) c tailor
skræddersyet (sgrædh-o-

sew-ewdh) adj tailor-made
skræk (sgræg) c fright; scare
skrækindjagende (sgræg-ayn-ˀyāh-er-ner) adj terrifying; horrible
skrækkelig (sgræ-ger-li) adj frightful, horrible
skræl (sgrahl) c (pl ~ler) peel
skrælle (sgrah-ler) v peel
skræmme (sgræ-mer) v scare
skræmt (sgræmd) adj frightened
skrænt (sgrænd) c slope
skrøbelig (sgrūr-ber-li) adj fragile
skød (sgud) nt (pl ~) lap
skøge (sgo-ber) v touch
skrå (sgro) adj slanting
skrål (sgrol) nt (pl ~) shout, bawl
skråle (sgraw-ler) v shout, bawl
skråne (sgraw-ner) v slope; slant; skrånende sloping, slanting
skråning (sgro-nayng) c hillside, incline
skub (sgob) nt (pl ~) push
skubbe (sgo-ber) v push
skud (sgoodh) nt (pl ~) shot
skudår (sgoodh-o) nt (pl ~) leap year
skuespil (sgōō-oo-sbayl) nt (pl ~) play; spectacle
skuespilforfatter (sgōō-oo-sbayl-fo-fah-do) c playwright
skuespiller (sgōō-oo-sbay-lo) c actor; comedian
skuespillerinde (sgōō-oo-sbay-lo-ay-ner) c actress

skuffe

skuffe (*sgoo*-fer) *c* drawer; *v* disappoint; *be disappointing
skuffelse (*sgoo*-ferl-ser) *c* disappointment
skulder (*sgoo*-lo) *c* (pl -dre) shoulder
*skulle (*sgoo*-ler) *v* *shall; *should, *must; *be obliged to, *be bound to
skulptur (sgoolb-*toor*) *c* sculpture
skum (sgom) *nt* foam; lather
skumgummi (*sgom*-go-mi) *nt* foam rubber
skumme (*sgo*-mer) *v* foam
skummel (*sgom*-erl) *adj* sombre
skumring (*sgom*-ræng) *c* dusk
skur (sgoor) *nt* shed
skurk (sgoorg) *c* villain
skurrende (*sgoor*-o-ner) *adj* hoarse
sky (sgew) *c* cloud; *adj* timid, shy
*skyde (s*gēw*-dher) *v* fire, *shoot
skydedør (s*gēw*-dher-durr) *c* sliding door
skydeskive (s*gēw*-dher-sgee-ver) *c* mark, target
skyet (s*gēw*-ewdh) *adj* cloudy
skygge (*sgew*-ger) *v* shade, shadow
skyggefuld (*sgew*-ger-fool) *adj* shady
skyld (sgewl) *c* guilt, fault; debt; blame; *lægge skylden på blame

164

skylde (*sgew*-ler) *v* owe
skyldig (*sgewl*-di) *adj* guilty; due
skylle (*sgur*-ler) *v* rinse
skylning (*sgurl*-nayng) *c* rinse
skynde sig (*sgur*-ner) hurry, hasten
skyskraber (*sgew*-sgraa-bo) *c* skyscraper
skæbne (*sgaib*-ner) *c* fate; destiny, fortune; luck
skæbnesvanger (*sgehb*-ner-svahng-o) *adj* fatal
skæg (sgehg) *nt* (pl ~) beard
skæl (sgehl) *nt* (pl ~) scale; dandruff
skælde ud (*sgeh*-ler) scold; call names
skælm (sgehlm) *c* rascal
skælve (*sgehl*-ver) *v* shiver, tremble
skænderi (sgeh-no-*ri*) *nt* quarrel; row
skændes (*sgeh*-nerss) *v* quarrel
skænke (*sgehng*-ger) *v* pour; donate
*skære (*sgai*-o) *v* *cut; carve; ~ af *cut off; ~ ud carve
skærm (sgærm) *c* screen
skærme (*sgær*-mer) *v* shelter
skærmydsel (sgær-*mew*-serl) *c* (pl -sler) quarrel
skøjte (*sgoi*-der) *c* skate; *løbe på skøjter skate
skøjtebane (*sgoi*-der-baa-ner) *c* skating rink
skøjteløb (*sgoi*-der-lurb) *nt* skating
skøn¹ (sgurn) *nt* (pl ~)

judgment
skøn[2] (sgurn) *adj* lovely, glorious
skønhed (*sgurn*-haydh) *c* beauty
skønhedsmidler (*sgurn*-haydhs-midh-lo) *pl* cosmetics *pl*
skønhedspleje (*sgurn*-haydhs-pligh-er) *c* beauty treatment
skønhedssalon (*sgurn*-haydhs-sah-long) *c* beauty salon, beauty parlour
skønt (sgurnd) *conj* although, though
skør (sgurr) *adj* fragile; crazy
skål (sgol) *c* bowl, basin, dish; toast
sladder (*slahdh*-o) *c* gossip
sladre (*slahdh*-ro) *v* gossip
slag (slah) *nt* (pl ~) blow; slap; battle
slager (*slaa*-o) *c* hit
slagord (*slou*-oar) *nt* (pl ~) slogan
slags (slahgs) *c* (pl ~) kind, sort; **flere ~** all sorts of
slagter (*slahg*-do) *c* butcher
slagtilfælde (*slou*-tayl-fehl-er) *nt* (pl ~) stroke
slang (slaahn) *c* slang
slange (*slahng*-er) *c* snake; inner tube
slank (slahngg) *adj* slender, slim
slanke sig (*slahng*-ger) slim
slap (slahb) *adj* limp
slappe af (*slah*-ber) relax
slave (*slaa*-ver) *c* slave

slem (slehm) *adj* bad; **værre** worse; **værst** worst
slentre (*slehn*-dro) *v* stroll
slentretur (*slehn*-dro-toor) *c* stroll
slet (slehd) *adj* evil
slethvar (*slehd*-vah) *c* (pl ~re) brill
slette (*sleh*-der) *c* plain
*slibe (*slee*-ber) *v* sharpen
*slide (*slee*-dher) *v* wear out; **slidt** worn
slik (slayg) *nt* (pl ~) sweets; candy *nAm*
slikke (*slay*-ger) *v* lick
slips (slaybs) *nt* (pl ~) necktie, tie
slogan (*sloa*-gahn) *nt* (pl ~s) slogan
slot (slod) *nt* (pl ~te) castle
sludder (*sloodh*-o) *nt* rubbish; *c* chat
sludre (*sloodh*-ro) *v* chat
sludrechatol (*sloodh*-ro-s'ah-tol) *nt* (pl ~ler) chatterbox
sluge (*sloo*-oo) *v* swallow, devour
slugt (sloogd) *c* gorge
slukke (*sloo*-ger) *v* extinguish, *put out; disconnect; ~ **for** switch off
slum (slom) *c* (pl ~) slum
sluse (*sloo*-ser) *c* lock
slutning (*slood*-nayng) *c* finish, end; conclusion, ending; *drage en ~ infer, *draw a conclusion
slutte (*sloo*-der) *v* finish, end; **slut** finished

slynge   166

slynge (*slurng*-er) v *throw
slyngel (*slurng*-erl) c (pl -gler) rascal
slæbe (*slai*-ber) v drag; tug, tow
slæde (*slai*-dher) c sleigh; sledge
slægt (slehgd) c family
slægtning (*slehgd*-nayng) c relative; relation
slør (slurr) nt (pl ~) veil
sløret (*slūr*-odh) adj dim
sloset (*slūr*-serdh) adj careless
sløv (slur⁰⁰) adj dull, blunt; apathetic
slå (slo) c bolt
*****slå** (slo) v *strike, *beat, *hit, slap; ~ **efter** look up; **slående** striking; ~ **ihjel** kill; ~ **ned** knock down; ~ **op** look up; ~ **sig ned** settle down
*****slås** (sloss) v *fight; struggle
smadre (*smahdh*-o) v smash
smag (smah) c flavour, taste
smage (*smaa*-ah) v taste; ~ **til** flavour
smal (smahl) adj narrow
smaragd (smah-*rahd*) c emerald
smart (smahd) adj smart; posh
smattet (*smah*-derdh) adj slippery; greasy
smed (smaydh) c blacksmith, smith
smelte (*smehl*-der) v melt
smerte (*smær*-der) c ache, pain; grief, sorrow

smertefri (*smær*-der-fri) adj painless
smertefuld (*smær*-der-fool) adj painful
smertestillende middel (*smær*-der-*sday*-ler-nugh *midh*-erl) nt (pl - midler) painkiller
*****smide** (*smee*-dher) v *fling, pitch, *throw, *cast
smidig (*smee*-dhi) adj supple
smil (smil) nt (pl ~) smile
smile (*smee*-ler) v smile
smitsom (*smid*-som) adj contagious, infectious
smitte (*smi*-der) v infect; ~ **af** rub off; **smittende** contagious
smoking (*smoa*-kayng) c dinnerjacket; tuxedo nAm
smudsig (*smoo*-si) adj filthy
smugle (*smoo*-ler) v smuggle
smuk (smog) adj beautiful; fair, fine
smul (smool) adj smooth
smule (*smoo*-ler) c bit
smutte fra (*smoo*-der) slip
smykke (*smur*-ger) nt jewel; **smykker** jewellery
smækfuld (*smehg*-fool) adj packed
smække (*smeh*-ger) v slam; smack
smæld (smehl) nt (pl ~) crack
smælde (*smeh*-ler) v crack
smør (smurr) nt butter
*****smøre** (*smūr*-o) v smear, rub into; butter; lubricate; grease
smørelse (*smūr*-ol-ser) c

grease
smøreolie (*smūr*-o-oal-ʸer) *c* lubrication oil
smøring (*smūrr*-ayng) *c* lubrication
smøringssystem (*smūrr*-ayngs-sew-sdaym) *nt* lubrication system
småborgerlig (*smo*-bawoo-o-li) *adj* bourgeois
småkage (*smo*-kaa-ah) *c* biscuit; cookie *nAm*; cracker *nAm*
smålig (*smo*-li) *adj* stingy; petty
småpenge (*smo*-pehng-er) *pl* change; petty cash
snak (snahg) *c* chat
snakke (*snah*-ger) *v* talk; chat
snakkesalig (*snah*-ger-*sah*-li) *adj* talkative
snarere (*snaa*-o-o) *adv* sooner
snarligt (*snaa*-lid) *adv* soon
snart (snahd) *adv* shortly, presently; soon; **så ~ som** as soon as
snavs (snous) *nt* dirt, filth
snavset (*snou*-serdh) *adj* dirty, filthy
sne (snay) *c* snow; *v* snow
snedrive (*snay*-dreever) *c* snowdrift
snedækket (*snay*-deh-gerdh) *adj* snowy
snegl (snighl) *c* snail
snestorm (*snay*-sdom) *c* blizzard, snowstorm
snigskytte (*snee*-sgur-der) *c* sniper

snit (snid) *nt* (pl ~) cut
snitsår (*snid*-so) *nt* (pl ~) cut
snitte (*sni*-der) *v* chip; carve
sno (snoa) *v* twist; **~ sig** *wind
snoet (*snoa*-erdh) *adj* winding
snor (snoar) *c* string, cord; leash, lead
snorke (*snaw*-ger) *v* snore
snorkel (*snaw*-gerl) *c* (pl -kler) snorkel
snu (snoo) *adj* sly, cunning, bright
snuble (*snoob*-ler) *v* stumble
snude (*snōō*-dher) *c* snout
snurre (*snoar*-o) *v* *spin
snusket (*snoo*-sgerdh) *adj* foul
*****snyde** (*snew*-dher) *v* cheat
snæver (*sneh*ᵒᵒ-o) *adj* tight
snæversynet (*sneh*ᵒᵒ-o-sew-nerdh) *adj* narrow-minded
snørebånd (*smūr*-o-bon) *nt* (pl ~) shoelace, lace
sodavand (*so*-*da*-vahn) *nt* (pl ~) soda
social (soa-sʸ*ahl*) *adj* social
socialisme (soa-sʸah-*liss*-mer) *c* socialism
socialist (soa-sʸah-*lisd*) *c* socialist
socialistisk (soa-sʸah-*liss*-disg) *adj* socialist
sofa (*sōa*-fah) *c* sofa
software (*sawt*-wær) *c* software
sogn (soᵒᵒn) *nt* parish
sok (sog) *c* (pl ~ker) sock
sol (soal) *c* sun
sol- (*sōal*-) *adj* solar

solbade

solbade (*sōal*-baa-dher) *v* sunbathe
solbriller (*sōal*-bræ-lo) *pl* sunglasses *pl*
solbrændt (*sōal*-brænd) *adj* tanned
solbær (*sōal*-bær) *nt* (pl ~) blackcurrant
soldat (soal-*dahd*) *c* soldier
solid (soa-*lidh*) *adj* firm, solid
solistkoncert (soa-*lisd*-kon-særd) *c* recital
sollys (*sōal*-lews) *nt* sunlight
solnedgang (*sōal*-naydh-gahng) *c* sunset
sololie (*sōal*-oal-^yer) *c* suntan oil
solopgang (*sōal*-ob-gahng) *c* sunrise
solrig (*sōal*-ri) *adj* sunny
solsejl (*sōal*-sighl) *nt* (pl ~) awning
solskin (*sōal*-sgayn) *nt* sunshine
solskoldning (*sōal*-sgol-nayng) *c* sunburn
solskærm (*sōal*-sgærm) *c* sunshade
solsort (*soal*-soard) *c* blackbird
solstik (*sōal*-sdayg) *nt* (pl ~) sunstroke
solsystem (*sōal*-sew-*sdaym*) *c* solar system
som (som) *pron* who, that, which; *conj* like, as; ~ **om** as if
sommer (*so*-mo) *c* (pl somre) summer
sommerfugl (*so*-mo-fool) *c* butterfly
sommerhus (*so*-mo-hoos) *nt* cottage
sommertid (*so*-mo-tidh) *c* summer time
somme tider (*so*-mer *tee*-dho) sometimes
sorg (so) *c* sorrow; grief
sort (soard) *adj* black
sortbørshandel (*soard*-burrs-hahn-erl) *c* black market
sortere (so-*tay*-o) *v* sort, assort
sortiment (so-ti-*mahng*) *nt* assortment
souvenir (soo-ver-*neer*) *c* (pl ~s) souvenir
***sove** (*so*^{oo}-er) *v* *sleep; **sovende** asleep; ~ **over sig** *oversleep
sovepille (*so*^{oo}-er-pay-ler) *c* sleeping pill
sovepose (*so*^{oo}-er-pōa-ser) *c* sleeping bag
sovesal (*so*^{oo}-er-sahl) *c* dormitory
sovevogn (*so*^{oo}-er-vo^{oo}n) *c* sleeping car; Pullman
soveværelse (*so*^{oo}-er-vai-ol-ser) *nt* bedroom
sovjetisk (so^{oo}-*Yeh*-disg) *adj* Soviet
sovs (so^{oo}s) *c* gravy, sauce
spade (*sbaa*-dher) *c* spade
spadsere (sbah-*say*-o) *v* walk
spadseredragt (sbah-*say*-o-drahgd) *c* suit
spadserestok (sbah-*say*-o-sdog) *c* (pl ~ke) walking stick

spadseretur (sbah-*say*-o-toor) *c* walk
spalte (*sbahl*-der) *c* cleft; column; *v* *split
spand (sbahn) *c* bucket, pail
Spanien (*sbah*-ni-ern) Spain
spanier (*sbahn*-ʸo) *c* Spaniard
spanke (*sbahn*-ger) *c* strut, swagger
spansk (sbahnsg) *adj* Spanish
spare (*sbaa*-ah) *v* save; economize, spare
sparegris (*sbaa*-ah-gris) *c* piggy bank
sparekasse (*sbaa*-ah-kah-ser) *c* savings bank
sparepenge (*sbaa*-ah-pehng-er) *pl* savings *pl*
spark (sbaag) *nt* (pl ~) kick
sparke (*sbaa*-ger) *v* kick
sparsommelig (sbah-*som*-er-li) *adj* thrifty, economical
specialisere sig (sbay-sʸah-li-*say*-o) specialize
specialist (sbay-sʸah-*lisd*) *c* specialist
specialitet (sbay-sʸah-li-*tayd*) *c* speciality
speciel (sbay-sʸ*ehl*) *adj* special; peculiar, particular
specifik (sbay-si-*fig*) *adj* specific
spedalskhed (sbay-*dahlsg*-haydh) *c* leprosy
speeder (*sbee*-do) *c* accelerator
speedometer (sbi-doa-*may*-do) *nt* (pl -metre) speedometer

spejde efter (*sbigh*-der) watch for
spejder (*sbigh*-do) *c* scout
spejl (sbighl) *nt* mirror; looking-glass
spejlbillede (*sbighl*-bay-ler-dher) *nt* reflection
spektakel (sbay-*tah*-gerl) *nt* (pl -kler) noise
spekulere (sbay-goo-*lay*-o) *v* speculate; ~ **på** consider
spendere (sbayn-*day*-o) *v* *spend
spid (sbidh) *nt* (pl ~) spit
spids (sbayss) *c* tip, point; *adj* pointed
spidse (*sbay*-ser) *v* sharpen
spil (spayl) *nt* (pl ~) game, play
spild (sbil) *nt* waste
spilde (*sbi*-ler) *v* *spill; waste
spille (*sbay*-ler) *v* act; gamble, play
spillekort (*sbay*-le-kawd) *nt* (pl ~) playing card
spiller (*sbay*-lo) *c* player
spilopper (sbi-*lo*-bo) *pl* mischief
spinat (sbi-*nahd*) *c* spinach
***spinde** (*sbay*-ner) *v* *spin; purr
spindelvæv (*sbayn*-erl-vehoo) *nt* (pl ~) spider's web
spion (sbi-*oan*) *c* spy
spir (sbeer) *nt* (pl ~) spire
spirituosa (sbeer-i-too-*oa*-sah) *pl* spirits
spiritus (*sbeer*-i-tooss) *c* liquor
spiritusforretning (*sbeer*-i-

tooss-fo-ræd-nayng) c off-licence, liquor store nAm
spise (*sbee-ser*) v *eat; ~ **morgenmad** *have breakfast; ~ **til middag** dine
spisebestik (*sbee-ser-bay-sdayg*) nt (pl ~) cutlery
spisekort (*sbee-ser-kawd*) nt (pl ~) menu
spiselig (*sbee-ser-li*) adj edible
spisesal (*sbee-ser-sahl*) c dining room
spiseske (*sbee-ser-sgay*) c tablespoon
spisestel (*sbee-ser-sdehl*) nt (pl ~) dinner service
spisestue (*sbee-ser-sdōō-oo*) c dining room
spisevogn (*sbee-ser-voͦͦn*) c dining car
splint (sblaynd) c splinter
splinterny (*sblayn-do-newe*) adj brand-new
spole (*sbōa-ler*) c spool; reel
spolere (sboa-*lay*-o) v spoil, mess up
spor (sboar) nt (pl ~) footprint, footmark; track; trace; trail
sport (sbawd) c sport
sportsjakke (*sbawds-ʸah-ger*) c sports jacket
sportskvinde (*sbawds-kvay-ner*) c sportswoman
sportsmand (*sbawds-mahn*) c (pl -mænd) sportsman
sportstøj (*sbawds-toi*) pl sportswear
sportsvogn (*sbawds-voͦͦn*) c

sports car
sporvogn (*sboar-voͦͦn*) c tram; streetcar nAm
spot (sbod) c mockery
spray (sbray) c (pl ~) atomizer, spray
sprede (*sbræɐ-dher*) v scatter
spring (sbræng) nt (pl ~) jump
***springe** (*sbræng-er*) v jump; *leap; ~ **over** skip
springvand (*sbræng-vahn*) nt (pl ~) fountain
spritapparat (*sbrid-ah-bah-rahd*) nt spirit stove
sprog (sbrooo) nt (pl ~) language
sproglaboratorium (*sbroͦͦ-lah-boa-rah-toar-ʸom*) nt (pl -ier) language laboratory
sprut (sprood) n booze*
***sprække** (*sbræg-er*) v *burst
sprænge i luften (*sbræng-er i lofdehn*) v blow up
sprængstof (*sbræng-sdof*) nt (pl ~fer) explosive
sprød (sbrudh) adj crisp
sprøjt (sbroid) nt (pl ~) splash, squirt; spout
sprøjte (*sbroi-der*) c syringe; v splash; squirt; inject
spurv (sboorv) c sparrow
spyd (sbewdh) nt (pl ~) spear
spyt (sburd) nt spit
spytte (*sbur-der*) v *spit
spædbarn (*sbehdh-bahn*) nt (pl -børn) infant, baby
spænde¹ (*sbeh-ner*) nt buckle
spænde² (*sbeh-ner*) v

tighten; ~ fast fasten
spændende (*sbeh*-ner-ner)
adj exciting
spænding (*beh*-nayng) *c*
tension; voltage
spændt (sbehnd) *adj* tense,
tight; eager
spærre (*sbai*-o) *v* block
spøg (sboi) *c* joke
spøgefuld (*sbūr*-ur-fool) *adj*
humorous
spøgelse (*sbūr*-url-ser) *nt*
spirit, ghost
*****spørge** (*sbūr*-o) *v* ask;
spørgende interrogative; ~
sig selv wonder
spørgsmål (*sburrs*-mol) *nt*
(pl ~) question; problem,
matter; issue
spørgsmålstegn (*sburrs*-
mols-tighn) *nt* (pl ~)
question mark
stabel (*sdah*-berl) *c* (pl -bler)
stack; pile
stabil (sdah-*bil*) *adj* stable
stable (*sdaa*-bler) *v* pile
stade (*sdaa*-dher) *nt* stand;
level
stadion (*sdah*-d^yon) *nt*
stadium
stadium (*sdah*-d^yom) *nt* (pl
-ier) stage
stak (sdahg) *c* (pl ~ke) heap
stakit (sdah-*kid*) *nt* (pl ~ter)
fence
stald (sdahl) *c* stable
stamcelle (*sdahm*-seh-ler) *c*
stem cell
stamme (*sdah*-mer) *c* trunk;
tribe; log; *v* stutter

stampe (*sdahm*-ber) *v* stamp
i stand til (i sdahn tayl) able;
*****være i stand til** *be able to
standhaftig (sdahn-*hahf*-di)
adj steadfast
standpunkt (*stahn*-pongd) *nt*
point of view
standse (*sdahn*-ser) *v* halt,
stop; discontinue
stang (sdahng) *c* (pl stænger)
bar; rod
stanniol (sdahn-^yoal) *nt*
tinfoil
start (sdahd) *c* beginning,
start; take-off
startbane (*sdahd*-baa-ner) *c*
runway
starte (*sdaa*-der) *v* start,
*begin; *take off
stat (sdahd) *c* state; **stats-**
national; **De Forenede
Stater** The United States
station (sdah-s^yoan) *c* station;
depot *nAm*
stationær (sdah-s^yoa-*nær*)
adj stationary
statistik (sdah-di-*sdig*) *c* (pl
~ker) statistics *pl*
statsborger (*sdahds*-bawoo-
o) *c* subject
statsborgerskab (*sdahds*-
bo^{oo}-o-sgahb) *nt* citizenship
statsmand (*sdahds*-mahn) *c*
(pl -mænd) statesman
statsminister (*sdahds*-mi-
niss-do) *c* (pl -tre) Prime
Minister; premier
statsoverhoved (*sdahds*-
o^{oo}-o-hōa-oadh) *nt* head of
state

statstjenestemand (sdahds-t^yai-ner-sder-mahn) *c* (pl -mænd) civil servant
statue (*sdah-tōō-oo*) *c* statue
stave (*sdaa-*ver) *v* *spell
stavelse (*sdaa-*verl-ser) *c* syllable
stavemåde (*sdaa-*ver-maw-dher) *c* spelling
stearinlys (sday-*rin*-lews) *nt* (pl ~) candle
sted (sdehdh) *nt* spot, place; site; **et eller andet ~** somewhere; ***finde ~** take place; **i stedet for** instead of; ***tage af ~** leave; depart
stedbarn (*sdehdh*-bahn) *nt* (pl -børn) stepchild
stedfar (*sdehdh*-faa) *c* (pl -fædre) stepfather
stedfortræder (*sdehdh*-fo-trædh-o) *c* substitute; deputy
stedlig (*sdehdh*-li) *adj* local
stedmor (*sday*-moar) *c* (pl -mødre) stepmother
stedord (*sdehdh*-oar) *nt* (pl ~) pronoun
stege (*sdigh*-er) *v* roast, fry
stegeovn (*sdigh*-er-o^{oo}n) *c* oven
stegepande (*sdigh*-er-pah-ner) *c* frying pan
stejl (sdighl) *adj* steep
stemme (*sdeh*-mer) *c* voice; vote; *v* tune, vote; **~ overens** correspond, agree
stemmeret (*sdeh*-mer-ræd) *c* suffrage; franchise
stemning (*sdehm*-nayng) *c* atmosphere
stempel (*sdehm*-berl) *nt* (pl -pler) stamp; piston
stempelring (*sdehm*-berl-ræng) *c* piston ring
sten (sdayn) *c* (pl ~) stone; **sten-** stone
stenbrud (*sdāyn*-broodh) *nt* (pl ~) quarry
stenografi (sday-noa-grah-*fi*) *c* shorthand
stentøj (*sdāyn*-toi) *pl* stoneware
stereo (*sday*-ræ-o) *c* stereo
steril (sday-*ril*) *adj* sterile
sterilisere (sdayr-i-li-*say*-o) *v* sterilize
stewardesse (sd^yoo-ah-*deh*-ser) *c* stewardess
sti (sdi) *c* path; trail
stifte (*sdayf*-der) *v* found; institute
stiftelse (*sdayf*-derl-ser) *c* foundation
stige (*sdee*-i) *c* ladder
***stige** (*sdee*-i) *v* *rise, climb; **~ op** ascend; **~ på** *get on
stigning (*sdee*-nayng) *c* rise, ascent
stik (sdayg) *nt* (pl ~) sting; engraving, picture
***stikke** (*sday*-ger) *v* *sting
stikkelsbær (*sday*-gerls-bær) *nt* (pl ~) gooseberry
stikkontakt (*sdayg*-koan-tahgd) *c* plug
stikord (*sdayg*-oar) *nt* (pl ~) cue; catchword
stikpille (*sdayg*-pay-ler) *c* suppository

stil (sdil) *c* style; essay
stilfærdig (sdayl-fær-di) *adj* quiet
stilhed (sdayl-haydh) *c* silence, quiet
stilk (sdaylg) *c* stem
stillads (sday-lahs) *nt* scaffolding
stille¹ (*sday*-ler) *v* *put; place; ~ **ind** tune in; ~ **på plads** *put away
stille² (*sday*-ler) *adj* still, calm, quiet; silent
Stillehavet (*sday*-ler-hah-verdh) the Pacific Ocean
stilling (*sday*-layng) *c* position, job, situation
stimulans (sdi-moo-*lahns*) *c* stimulant
stimulere (sdi-moo-*lay*-o) *v* stimulate
sting (sdayng) *nt* (pl ~) stitch
***stinke** (*sdayng*-ger) *v* *smell, *stink
stipendium (sdi-*pehn*-d^yom) *nt* (pl -ier) grant, scholarship
stipulere (sdi-poo-*lay*-o) *v* stipulate
stirre (*sdee*-o) *v* stare, gaze
stiv (sdee^{oo}) *adj* stiff, rigid; starched
stivelse (*sdee*-verl-ser) *c* starch
stivsindet (*sdee*^{oo}-sayn-erdh) *adj* pig-headed
stjerne (*sd^yær*-ner) *c* star
***stjæle** (*sd^yai*-ler) *v* *steal
stof (sdof) *nt* (pl ~fer) fabric, material; matter; **fast** ~ solid
stok (sdog) *c* (pl ~ke) cane

stol (sdoal) *c* chair
stola (*sdōa*-lah) *c* stole
stole på (*sdōa*-ler) trust; rely on
stolpe (*sdol*-ber) *c* post
stolt (sdold) *adj* proud
stolthed (*sdold*-haydh) *c* pride
stop! (sdob) stop!
stoplys (*sdob*-lews) *pl* brake lights
stoppe (*sdo*-ber) *v* stop; *put; darn
stoppegarn (*sto*-ber-gahn) *nt* darning wool
stoppested (*sdo*-ber-sdehdh) *nt* stop
stor (sdoar) *adj* big, great; large
storartet (*sdoar*-ah-derdh) *adj* terrific, splendid, great
Storbritannien (*sdoar*-bri-tahn-^yern) Great Britain
stork (sdawg) *c* stork
storm (sdom) *c* gale, storm; tempest
stormagasin (*sdoar*-mah-gah-sin) *nt* department store
stormflod (*sdawm*-floadh) *c* flood
stormfuld (*sdawm*-fool) *adj* stormy
stormlampe (*sdawm*-lahm-ber) *c* hurricane lamp
stormmåge (*sdawm*-maw-er) *c* seagull, common gull
storslået (*sdoar*-slo-odh) *adj* magnificent, superb, great
storsnudet (*sdoar*-snoo-dherdh) *adj* snooty; arrogant

stort indkøbscenter

stort indkøbscenter (sdoard ayn-kurbs-sehn-to) *nt* (pl −centre) mall
straf (sdrahf) *c* (pl ~fe) punishment; penalty
straffe (sdrah-fer) *v* punish
strafferet (sdrah-fer-ræd) *c* criminal law
straffespark (sdrah-fer-sbaag) *nt* (pl ~) penalty kick
straks (sdrahgs) *adv* instantly, straight away, immediately, at once
stram (sdrahm) *adj* tight, narrow
stramme (sdrah-mer) *v* tighten
strammes (sdrah-merss) *v* tighten
strand (sdrahn) *c* beach; seashore, shore
strandsnegl (sdrahn-snighl) *c* winkle
streg (sdrigh) *c* line
strejfe om (sdrigh-fer) wander, roam
strejke (sdrigh-ger) *c* strike; *v* *strike
streng (sdræng) *adj* severe, harsh, strict; *c* string
stribe (sdree-ber) *c* stripe
stribet (sdree-berdh) *adj* striped
strid (sdridh) *c* contest, fight; struggle, battle
***strides** (sdree-dherss) *v* dispute
strikke (sdræ-ger) *v* *knit
strikketøj (sdræ-ger-toi) *nt* knitting

striks (sdrægs) *adj* strict
strimmel (sdræm-erl) *c* (pl strimler) strip
strofe (sdrōō-fer) *c* stanza
strube (sdrōō-ber) *c* throat
strubehovedkatar (sdrōō-ber-hoā-oadh-kah-tah) *c* laryngitis
struds (sdrooss) *c* ostrich
struktur (sdroog-tōōr) *c* texture, structure; fabric
***stryge** (sdrēw-ew) *v* iron; *strike, *sweep
strygefri (sdrēw-ew-fri) *adj* wash and wear, drip-dry
strygejern (sdrēw-ew-¹yærn) *nt* (pl ~) iron
stræbe (sdræ-ber) *v* aspire; ~ efter pursue, *strive for
stræde (sdræ-dher) *nt* lane
***strække** (sdræ-ger) *v* stretch
strækning (sdræg-nayng) *c* stretch
strøm (sdrurm) *c* (pl ~me) current; med strømmen downstream; mod strømmen upstream
strømfald (sdrurm-fahl) *nt* (pl ~) rapids *pl*
strømfordeler (sdrurm-fo-day-lo) *c* distributor
strømme (sdrur-mer) *v* stream, pour, flow
strømpe (sdrurm-ber) *c* stocking
strømpebukser (sdrurm-ber-bog-so) *pl* panty hose, tights *pl*
strømpeholder (sdrurm-ber-ho-lo) *c* garter belt *Am*

strå (sdro) *nt* (pl ~) straw

stråle (*sdraw*-ler) *c* ray, beam; jet; *v* *shine, beam

strålende (*sdraw*-ler-ner) *adj* radiant, beaming; brilliant; bright

stråtag (*sdro*-tah) *nt* thatched roof

stråtækt (*sdro*-tehgd) *adj* thatched

student (sdoo-*dehnd*) *c* student

studere (sdoo-*day*-o) *v* study

studium (*sdoo*-d^yom) *nt* (pl -ier) studies

studse (*sdoo*-ser) *v* trim; *be startled

stueetage (*sdoo*-oo-ay-taa-s^yer) *c* ground floor

stuehus (*sdoo*-oo-hoos) *nt* farmhouse

stuetemperatur (*sdoo*-oo-tehm-brah-toor) *c* room temperature

stum (sdom) *adj* dumb; mute

stump (sdomb) *c* scrap, bit; *adj* blunt

stund (sdon) *c* while

stupid (sdoo-*pidh*) *adj* dumb

stykke (*sdur*-ger) *nt* piece, part; lump; **i stykker** broken; *slå **i stykker** *break

styrbord (*sdewr*-boar) *nt* starboard

styre (*sdēw*-o) *nt* rule; *v* *lead; restrain; steer

styrke (*sdewr*-ger) *c* strength, force; power; **væbnede styrker** armed forces

styrte (*sdewr*-der) *v* dash; rush; *fall down, drop; ~ **ned** crash

styrtebad (*sdewr*-der-bahdh) *nt* shower

stædig (*sdai*-dhi) *adj* stubborn

stær (sdær) *c* starling

stærk (sdærg) *adj* strong; powerful, severe

stævne (*sdehoo*-ner) *nt* rally, meeting

stævning (*sdehoo*-nayng) *c* writ

støbejern (*sdūr*-ber-^yærn) *nt* cast iron

stød (sdurdh) *nt* (pl ~) bump, push; stab

støddæmper (*sdurdh*-dehm-bo) *c* shock absorber

støde (*sdūr*-dher) *v* bump; punch; offend; *hurt; ~ **imod** knock against; ~ **på** *come across; ~ **sammen** crash, collide; bump

støj (sdoi) *c* noise

støjende (*sdoi*-er-ner) *adj* noisy

stønne (*sdur*-ner) *v* groan

større (*sdūr*-o) *adj* bigger; major; superior; **størst** biggest; main

størrelse (*sdūr*-ol-ser) *c* size; **stor ~** outsize

størstedel (*sdurr*-sder-dayl) *c* the greater part, majority; bulk

støt (sdurd) *adj* steady

støtte (*sdur*-der) *c* support; *v* support

støttestrømpe

støttestrømpe (sdur-der-sdrurm-ber) c support hose
støv (sdur⁰⁰) nt dust
støvet (sdūr-verdh) adj dusty
støvle (sdur⁰⁰-ler) c boot
støvregn (sdur⁰⁰-rahin) c drizzle
støvsuge (sdur⁰⁰-soo-oo) v hoover; vacuum vAm
støvsuger (sdur⁰⁰-soo-o) c vacuum cleaner
*stå (sdoh) v *stand; ~ af *get off; stående erect; ~ op *rise, *get up
ståhej (sdo-high) c fuss, bustle
stål (sdol) nt steel; rustfrit ~ stainless steel
ståltråd (sdol-trodh) c wire
subjekt (soob-ˈyehgd) nt subject
substans (soob-sdahns) c substance
substantiv (soob-sdahn-tee⁰⁰) nt noun
subtil (soob-til) adj subtle
succes (sewg-say) c success
suge (sōō-oo) v suck
suite (svee-der) c suite
sukker (so-go) nt sugar; stykke ~ lump of sugar
sukkerlage (so-go-laa-ah) c syrup
sukkersyge (so-go-sēw-ew) c diabetes
sukkersygepatient (so-go-sēw-ew-pah-sˈˈehnd) c diabetic
sult (soold) c hunger
sulten (sool-dern) adj hungry

sum (som) c (pl ~mer) amount, sum
summen (som-ehn) c buzz
sump (somb) c marsh
sund (son) adj sound, healthy; wholesome
super (soo-pær) adj super
superlativ (soo-pær-lah-tee⁰⁰) c superlative; adj superlative
supermarked (soo-bo-maa-gerdh) nt supermarket
suppe (so-ber) c soup
suppeske (so-ber-sgay) c soup spoon
suppetallerken (so-ber-tah-lær-gern) c soup plate
sur (soor) adj sour
surfe (surf-er) v surf
suspendere (sooss-behn-day-o) v suspend
svag (svah) adj weak, feeble; faint, slight
svaghed (svaa-haydh) c weakness
svale (svaa-ler) c swallow
svamp (svahmb) c sponge; mushroom, toadstool
svane (svaa-ner) c swan
svanger (svahng-o) adj pregnant
svar (svah) nt (pl ~) answer, reply; som ~ in reply
svare (svaa-ah) v answer, reply; ~ til correspond
sved (svaydh) c perspiration
svede (svāy-dher) v sweat; perspire
svejse (svigh-ser) v weld

svejsesøm (*svigh*-ser-surm) c (pl ~) joint
svensk (svehnsg) *adj* Swedish
svensker (svehn-sgo) c Swede
Sverige (*svær*-i) Sweden
sveske (svayss-ger) c prune
svigerdatter (*svi*-o-dah-do) c (pl -døtre) daughter-in-law
svigerfar (*svi*-o-faa) c (pl -fædre) father-in-law
svigerforældre (*svi*-o-fo-ehl-dro) *pl* parents-in-law *pl*
svigerinde (*svi*-o-*ay*-ner) c sister-in-law
svigermor (*svi*-o-moar) c (pl -mødre) mother-in-law
svigersøn (*svi*-o-surn) c (pl ~ner) son-in-law
svigte (svayg-der) v *let down, fail, desert
svimmel (svaym-erl) *adj* dizzy; giddy
svimmelhed (svaym-erl-haydh) c dizziness; giddiness
svin (svin) *nt* (pl ~) pig
svindel (svayn-erl) c swindle
svindle (svayn-ler) v swindle
svindler (svayn-lo) c swindler
svinekød (svee-ner-kurdh) *nt* pork
svinelæder (svee-ner-lehdh-o) *nt* pigskin
sving (svayng) *nt* (pl ~) turn, swing; bend, turning
svingdør (svayng-durr) c revolving door
***svinge** (svay-nger) v *swing, turn
svoger (svo^{oo}-o) c (pl -gre) brother-in-law
svulme (svool-mer) v *swell
svulst (svoolsd) c tumour; growth
svær (svær) *adj* difficult, hard; corpulent, stout
sværd (svær) *nt* (pl ~) sword
***sværge** (svær-er) v vow, *swear
svævefly (svææ-ver-flew) *nt* (pl ~) glider
svømme (svur-mer) v *swim
svømmebassin (svur-mer-bah-sehng) *nt* swimming pool
svømmer (svur-mo) c swimmer; float
svømning (svurm-nayng) c swimming
swahili (svah-*hee*-li) *nt* Swahili
sy (sew) v *sew; ~ **sammen** *sew up
syd (sewdh) south
Sydafrika (*sewdh*-ah-fri-kah) South Africa
sydlig (*sewdh*-li) *adj* southern; southerly
sydpol (*sewdh*-poal) c South Pole
sydvest (sewdh-*vehsd*) southwest
sydøst (sewdh-*ursd*) southeast
syg (sew) *adj* sick, ill
sygdom (*sēw*-dom) c (pl ~me) disease, illness; sickness; ailment
sygehus (*sēw*-ew-hoos) *nt* hospital

sygeplejerske

sygeplejerske (sēwew-pligh-o-sger) *c* nurse
syltetøj (sewl-der-toi) *nt* jam
symaskine (sew-mah-sgee-ner) *c* sewing machine
symbol (sewm-*boal*) *nt* symbol
symfoni (sewm-foa-*ni*) *c* symphony
sympati (sewm-pah-*ti*) *c* sympathy
sympatisk (sewm-*pah*-disg) *adj* nice
symptom (sewm-*toam*) *nt* symptom
syn (sewn) *nt* (pl ~) sight; outlook
synagoge (sew-nah-*gōa*-oa) *c* synagogue
synd (surn) *c* sin
syndebuk (sur-ner-bog) *c* (pl ~ke) scapegoat
****synes** (*sēw*-nerss) *v* *think; appear; ~ **om** like
****synge** (surng-er) *v* *sing
****synke** (surng-ger) *v* *sink; swallow
synlig (*sēw*-n-li) *adj* visible
synonym (sew-noa-*newm*) *nt* synonym
synspunkt (sewns-pongd) *c* view
synsvinkel (sewns-vayng-ger) *c* (pl -kler) point-of-view
syntetisk (sewn-*tay*-disg) *adj* synthetic
syre (*sēw*-o) *c* acid
syrer (sew-o) *c* Syrian
Syrien (sewr-ᵞern) Syria

syrisk (sewr-isg) *adj* Syrian
system (sew-*sdaym*) *nt* system
systematisk (sewss-der-*mah*-disg) *adj* systematic
sytråd (sew-trodh) *c* thread
sytten (*sur*-dern) *num* seventeen
syttende (*sur*-der-ner) *num* seventeenth
syv (sew⁰⁰) *num* seven
syvende (sew⁰⁰-er-ner) *num* seventh
sæbe (*sai*-ber) *c* soap
sæbepulver (*sai*-ber-pol-vo) *nt* soap powder
sæd (sehdh) *c* seed, grain; corn; sperm; custom
sæde (*sai*-dher) *nt* seat
sædelig (*sai*-dher-li) *adj* moral
sædvane (*sehdh*-vaa-ner) *c* usage
sædvanemæssig (*sehdh*-vaa-ner-meh-si) *adj* customary
sædvanlig (sehdh-*vahn*-li) *adj* usual; customary; ordinary; **sædvanligvis** usually, as a rule
sæk (sehg) *c* (pl ~ke) sack
sæl (sehl) *c* seal
****sælge** (*sehl*-er) *v* *sell
sælsom (*sail*-som) *adj* queer
sænke (*sehng*-ger) *v* lower; *sink; devalue
sær (sær) *adj* odd
særdeles (sær-*day*-lerss) *adv* quite; **i særdeleshed** specially

særegenhed (*sær*-ay-ayn-haydh) *c* peculiarity
særlig (*sær*-li) *adj* particular, special
særskilt (*sær*-sgayld) *adj* separate
sæson (seh-*song*) *c* season
sæsonkort (seh-*song*-kawd) *nt* (pl ~) season ticket
sæt (sehd) *nt* (pl ~) set
sætning (*sehd*-nayng) *c* sentence
***sætte** (*seh*-der) *v* place, *lay, *set, *put; ~ **i gang** launch; ~ **i stand** enable; ~ **sig** *sit down
sø (sur) *c* lake
sød (surdh) *adj* sweet; good
søde (*sūr*-dher) *v* sweeten
søfart (*sur*-fahd) *c* navigation
søge (*sūr*-ur) *v* search, *seek
søger (*sūr*-o) *c* viewfinder
søjle (*soi*-ler) *c* column; pillar
søkort (*sur*-kawd) *nt* (pl ~) chart
sølle (*sur*-ler) *adj* poor
sølv (surl) *nt* silver; **sølv-** silver
sølvsmed (*surl*-smaydh) *c* silversmith
sølvtøj (*surl*-toi) *pl* silverware
søm[1] (surm) *nt* (pl ~) nail
søm[2] (surm) *c* (pl -me) seam; hem
sømand (*sur*-mahn) *c* (pl ~mænd) sailor; seaman
sømløs (*surm*-lurs) *adj* seamless
sømmelig (*sur*-mer-li) *adj* proper

søn (surn) *c* (pl ~ner) son
søndag (*surn*-dah) *c* Sunday
sønnedatter (*sur*-ner-dah-do) *c* (pl -døtre) granddaughter
sønnesøn (*sur*-ner-surn) *c* (pl ~ner) grandson
sopindsvin (*sur*-payn-svin) *nt* (pl ~) sea urchin
sørge (*surr*-er) *v* grieve; ~ **for** see to, attend to
sørgelig (*surr*-er-li) *adj* sad; grievous; lamentable
sørgespil (*surr*-er-spayl) *nt* (pl ~) drama
sørgetid (*surr*-er-tidh) *c* mourning
sørøver (*sur*-rūr-vo) *c* pirate
søster (*surss*-do) *c* (pl -tre) sister
søsyg (*sur*-sew) *adj* seasick
søsyge (*sur*-sew-ew) *c* seasickness
søsætning (*sur*-sehd-nayng) *c* launching
søtunge (*sur*-tong-er) *c* sole
søvn (sur^{oo}n) *c* sleep
søvnig (*sur*^{oo}-ni) *adj* sleepy
søvnløs (*sur*^{oo}n-lurs) *adj* sleepless
søvnløshed (*sur*^{oo}n-lurss-haydh) *c* insomnia
så[1] (so) *adv* so, then; *conj* so that; ~ **at** so that
så[2] (so) *v* *sow
sådan (*so*-dahn) *adj* such; *adv* so, such; ~ **som** like, such as
såfremt (so-*frœmd*) *conj* in case, if
såkaldt (*so*-kahld) *adj* so-

sål

called
sål (sol) *c* sole
således (*so-*lay-dherss) *adv* thus
sår (sor) *nt* (pl ~) wound; ulcer

tab (tahb) *nt* (pl ~) loss
tabe (*taa-*ber) *v* drop, *lose
tabel (tah-*behl*) *c* (pl ~ler) table; chart
taber (*taa-*bo) *adj* loser
tablet (tah-*blehd*) *c* (pl ~ter) tablet
tabu (*taa-*boo) *nt* (pl ~) taboo
tag[1] (tah) *nt* roof
tag[2] (tah) *nt* (pl ~) grip
***tage** (*taa-*ah) *v* *get, *take; ~ af sted *leave; ~ bort *go away; ~ ilde op resent; ~ imod accept; ~ modet fra discourage; ~ på *put on; ~ sig af *take care of; mind; ~ væk *take away
tagsten (*tou-*sdayn) *c* (pl ~) tile
tak (tahg) thank you
takke (*tah-*ger) *v* thank; *have at ~ for owe
taknemmelig (tahg-*nehm-*li) *adj* grateful, thankful
taknemmelighed (tahg-*nehm-*li-haydh) *c* gratitude
taksere (tahg-*say-*o) *v* estimate, value
takst (tahgsd) *c* fare
taktik (tahg-*tig*) *c* tactics *pl*

180

sårbar (*saw-*bah) *adj* vulnerable
såre (*saw-*o) *v* injure, wound; offend
såvel som (so-*vehl* som) as well as

T

tal (tahl) *nt* (pl ~) number
tale (*taa-*ler) *c* speech; *v* talk, *speak; **talens brug** speech
talemeddelelse (*taa-*ler-mehdh-day-lerl-ser) *nt* voice mail
talent (tah-*lehnd*) *nt* talent; faculty
talerstol (*taa-*lo-sdoal) *c* platform; pulpit
talje (*tahl-*[Y]er) *c* waist
talkum (*tahl-*kom) *c* talc powder
tallerken (tah-*lær-*gern) *c* plate; dish
talon (tah-*long*) *c* counterfoil, stub
talord (*tahl-*oar) *nt* (pl ~) numeral
talrig (*tahl-*ri) *adj* numerous
tam (tahm) *adj* tame
tampon (tahm-*poang*) *c* tampon
tand (tahn) *c* (pl tænder) tooth
tandbørste (*tahn-*burr-sder) *c* toothbrush
tandkød (*tahn-*kurdh) *nt* gum
tandlæge (*tahn-*lai-eh) *c* dentist

tandpasta (*tahn*-pahss-dah) *c* toothpaste

tandpine (*tahn*-pee-ner) *c* toothache

tandprotese (*tahn*-proa-tāy-ser) *c* denture

tandpulver (*tahn*-pol-vo) *nt* toothpowder

tandstikker (*tahn*-sday-go) *c* toothpick

tang (tahng) *c* (pl tænger) tongs *pl*; pliers *pl*

tank (tahngg) *c* tank

tanke (*tahng*-ger) *c* idea, thought

tankeløs (*tahng*-ger-lurs) *adj* thoughtless, careless

tankestreg (*tahng*-ger-sdrigh) *c* dash

tankskib (*tahngg*-sgib) *nt* tanker

tankstation (*tahngg*-sdah-sʸoan) *c* filling station

tante (*tahn*-der) *c* aunt

tape (tayb) *c* adhesive tape

tapet (tah-*payd*) *nt* wallpaper

tapper (*tah*-bo) *adj* courageous, brave

tapperhed (*tah*-bo-haydh) *c* courage

tarif (tah-*rif*) *c* (pl ~fer) tariff, rate

tarm (tahm) *c* gut, intestine

tarvelig (*taa*-ver-li) *adj* common

taske (*tahss*-ger) *c* bag

tavle (*tou*-ler) *c* blackboard; board

tavs (tous) *adj* silent

taxameter (tahg-sah-*may*-do)
nt (pl -tre) taximeter

taxi (*tahg*-si) *c* cab, taxi

taxichauffør (*tahg*-si-sʸoa-furr) *c* cab driver, taxi driver

taxiholdeplads (*tahg*-si-ho-ler-plahss) *c* taxi rank; taxi stand *Am*

te (tay) *c* tea

teater (tay-*ah*-do) *nt* (pl -tre) theatre

tegn (tighn) *nt* (pl ~) sign; token, indication, signal; **gøre ~* signal

tegne (*tigh*-ner) *v* *draw; sketch

tegnebog (*tigh*-ner-boo) *c* (pl -bøger) wallet; pocketbook

tegnefilm (*tigh*-ner-film) *c* (pl ~) cartoon

tegneserie (*tigh*-ner-sayr-ʸer) *c* comics *pl*

tegnestift (*tigh*-ner-sdayft) *c* drawing pin; thumbtack *nAm*

tegning (*tigh*-nayng) *c* drawing; sketch; **skematisk** ~ diagram

teint (tehng) *c* complexion

teknik (tehg-*nig*) *c* (pl ~ker) technique

tekniker (*tehg*-ni-go) *c* technician

teknisk (*tehg*-nisg) *adj* technical

teknisk support (*tehg*-nisg so-port) *c* technical support

teknologi (tehg-noa-loa-*gi*) *c* technology

teknologisk (tehg-noa-loa-

tekop

gish) adj technological
tekop (*tay*-kob) *c* (pl ~per) teacup
tekst (tehgsd) *c* text
tekste (tehgsd-er) *v* text
tekstil (tehgs-*til*) *nt* textile
telefon (tay-ler-*foan*) *c* telephone, phone
telefonbog (tay-ler-*foan*-bo⁰⁰) *c* (pl -bøger) telephone directory; telephone book *Am*
telefonboks (tay-ler-*foan*-bogs) *c* telephone booth
telefoncentral (tay-ler-*foan*-sehn-trahl) *c* telephone exchange
telefondame (tay-ler-*foan*-daa-mer) *c* telephone operator; operator, telephonist
telefonkort (tay-ler-*foan*-kawd) *nt* phone card
telefonere (tay-ler-foa-*nay*-o) *v* phone
telefonopkald (tay-ler-*foan*-ob-kahl) *c* call
telefonopringning (tay-ler-*foan*-ob-ræng-nayng) *c* call, telephone call
telefonrør (tay-ler-*foan*-rurr) *nt* (pl ~) receiver
telefonsamtale (tay-ler-*foan*-sahm-taa-ler) *c* telephone call
telegrafere (tay-ler-grah-*fay*-o) *v* cable, telegraph
telegram (tay-ler-*grahm*) *nt* (pl ~mer) cable, telegram
telekommunikation (tay-ler-koa-moo-ni-kah-*syoan*) *c* telecommunications
teleobjektiv (*tay*-ler-ob-Yehg-tee⁰⁰) *nt* telephoto lens
telepati (*tay*-ler-pah-*ti*) *c* telepathy
telt (tehld) *nt* tent
tema (*tay*-mah) *nt* theme
temmelig (*teh*-mer-li) *adv* pretty, rather, quite
tempel (*tehm*-berl) *nt* (pl -pler) temple
temperatur (tehm-brah-*toor*) *c* temperature
tempo (*tehm*-boa) *nt* (pl -pi) pace
tendens (tehn-*dehns*) *c* tendency
tennis (*teh*-niss) *c* tennis
tennisbane (*teh*-niss-baa-ner) *c* tennis court
tennissko (*teh*-niss-sgoa) *pl* tennis shoes
teologi (tay-oa-loa-*gi*) *c* theology
teoretisk (tay-oa-*ræ*-disg) *adj* theoretical
teori (tay-oa-*ri*) *c* theory
tepotte (*tay*-po-der) *c* teapot
terapi (tay-ah-*pi*) *c* therapy
termoflaske (*tær*-moa-flahss-ger) *c* vacuum flask, thermos flask
termometer (tær-moa-*may*-do) *nt* (pl -tre) thermometer
termostat (tær-moa-*sdahd*) *c* thermostat
ternet (*tær*-nerdh) *adj* checked
terning (*tær*-nayng) *c* cube

terpentin (tær-bern-*tin*) *c* turpentine

terrasse (tah-*rah*-ser) *c* terrace

territorium (tær-i-*toar*-Yom) *nt* (pl -ier) territory

terror (*tær*-o) *c* terrorism

terrorisme (tær-o-*riss*-mer) *c* terrorism

terrorist (tær-o-*risd*) *c* terrorist

terræn (tah-*ræng*) *nt* terrain

tesalon (*tay*-sah-long) *c* tea-shop

teske (*tay*-sgay) *c* teaspoon

teskefuld (*tay*-sgay-fool) *c* teaspoonful

testamente (tay-sdah-*mehn*-der) *nt* will

teste (*tehss*-der) *v* test

testel (*tay*-sdehl) *nt* (pl -) tea set

Thailand (*tigh*-lahn) Thailand

thailandsk (*tigh*-lahnsg) *adj* Thai

thailænder (*tigh*-lehn-o) *c* Thai

ti (ti) *num* ten

tid (tidh) *c* time; hour; moment; **hele tiden** all the time; **i den sidste ~** lately; **i tide** in time

tidevand (*tee*-dher-vahn) *nt* tide

tidlig (*tidh*-li) *adj* early

tidligere (*tidh*-li-aw-o) *adj* former, earlier; late; previous; *adv* before, formerly

tidsbesparende (*tidhs*-bay-sbah-ah-ner) *adj* time-saving

tidsel (*ti*-serl) *c* (pl -sler) thistle

tidsfordriv (*tidhs*-fo-driv) *nt* (pl ~) pastime

tidsskrift (*tidhs*-sgræfd) *nt* periodical; journal, magazine, review

*****tie** (*tee*-i) *v* *be silent; **~ stille** *keep quiet

tiende (*ti*-i-ner) *num* tenth

tiger (*tee*-o) *c* (pl tigre) tiger

tigge (*tay*-ger) *v* beg

tigger (*tay*-go) *c* beggar

til (tayl) *prep* for, to, until; **~ sidst** *adv* eventually

tilbage (tay-*baa*-ah) *adv* back

tilbagebetale (tay-*baa*-ah-bay-tah-ler) *v* *repay

tilbagebetaling (tay-*baa*-ah-bay-tah-layng) *c* repayment

tilbageflyvning (tay-*baa*-ah-flew^oo-nayng) *c* return flight

tilbagekalde (tay-*baa*-ah-kahl-er) *v* recall, call back

tilbagekomst (tay-*baa*-ah-komsd) *c* return

tilbagerejse (tay-*baa*-ah-righ-ser) *c* return journey, journey home

tilbagestående (tay-*baa*-ah-sdo-o-ner) *adj* underdeveloped; overdue

tilbagevej (tay-*baa*-ah-vigh) *c* way back

*****tilbede** (tayl-*bay*-dher) *v* worship

tilbehør (*tayl*-bay-hurr) *nt* accessories *pl*

tilberede (tayl-bay-*reh*-dher)

tilbringe 184

v cook; prepare
*tilbringe (*tayl*-bræng-er) v
*spend
tilbud (*tayl*-boodh) nt (pl ~)
offer
*tilbyde (*tayl*-bew-dher) v
offer
tilbøjelig (tay-*boi*-li) adj
inclined; *være ~ *be
inclined to
tilbøjelighed (tay-*boi*-li-
haydh) c tendency;
inclination; disposition;
*have ~ til tend
tildele (*tayl*-day-ler) v assign
to; award
tildragelse (*tayl*-drou-erl-
ser) c incident
tildække (*tayl*-deh-ger) v
cover; bury
tilegne sig (*tayl*-igh-ner)
acquire
*tilendebringe (tay-*ehn*-er-
bræng-er) v finish
tilflugtssted (*tayl*-flogds-
sdehdh) nt shelter, refuge
tilforladelig (tayl-fo-*lah*-
dher-li) adj sound
tilfreds (tay-*fræss*) adj
pleased, contented,
satisfied, content; happy
tilfredshed (tay-*fræss*-haydh)
c contentment
tilfredsstille (tay-*fræss*-sdayl-
er) v satisfy
tilfredsstillelse (tay-*fræss*-
sdayl-erl-ser) c satisfaction
tilfredsstillende (tay-*fræss*-
sdayl- uh-ner) adj
satisfactory

tilfælde (*tayl*-fehl-er) nt (pl ~)
case, instance; chance; i ~ af
in case of
tilfældig (tay-*fehl*-di) adj
accidental; casual;
incidental; tilfældigvis by
chance
tilføje (*tayl*-foi-er) v add;
inflict on; cause
tilføjelse (*tayl*-foi-erl-ser) c
addition
tilførsel (*tayl*-furr-serl) c (pl
-sler) supply
*tilgive (*tayl*-gi-ver) v
*forgive
tilgivelse (*tayl*-gi-verl-ser) c
forgiveness, pardon
tilgængelig (tay-*gehng*-er-li)
adj accessible
tilhænger (*tayl*-hehng-o) c
supporter
tilhøre (*tayl*-hur-o) v belong
to, belong
tilhører (*tayl*-hūr-o) c auditor
*tilintetgøre (tay-*ayn*-derdh-
gur-o) v destroy
tilintetgørelse (tay-*ayn*-
derdh-gur-ol-ser) c
destruction
tiljuble (*tayl*-^yoob-ler) v cheer
tilkendegivelse (tay-*keh*-
ner-gi-verl-ser) c
manifestation,
demonstration
*tillade (*tay*-lah-dher) v
permit, allow; *være tilladt
*be allowed
tilladelse (*tay*-lah-dherl-ser)
c permission; license
tillid (*tay*-lidh) c trust,

tillidsfuld (*tay*-lidhs-fool) *adj* confident
tillige (tay-*lee*-i) *adv* as well, in addition
tillæg (*tay*-lehg) *nt* (pl ~) supplement; surcharge
tillægsord (*tay*-lehgs-oar) *nt* (pl ~) adjective
tilmed (*tayl*-mehdh) *adv* moreover
tilnavn (*tayl*-noun) *nt* nickname
tilpasse (*tayl*-pah-ser) *v* adapt, adjust; suit
tilrettevise (tay-*ræ*-der-vi-ser) *v* reprimand
tilråde (*tayl*-ro-dher) *v* string; twine
***tilskrive** (*tayl*-sgri-ver) *v* assign to
tilskud (*tayl*-sgoodh) *nt* (pl ~) contribution; grant, subsidy
tilskuer (*tayl*-sgoo-o) *c* spectator
tilskynde (*tayl*-sgurn-er) *v* urge
tilslutning (*tayl*-slood-nayng) *c* consent; approval; attendance
tilslutte (*tayl*-sloo-der) *v* connect; plug in; ~ **sig** join
tilsluttet (*tayl*-sloo-derdh) *adj* connected; affiliated
tilstand (*tayl*-sdahn) *c* state, condition
tilstedeværelse (tay-*sdai*-dher-veh-ol-ser) *c* presence
tilstedeværende (tay-*sdai*-dher-veh-o-ner) *adj* present
tilstrækkelig (tay-*sdræ*-ger-li) *adj* sufficient, enough; adequate; ***være** ~ suffice
tilstødende (*tayl*-sdur-dher-ner) *adj* neighbouring
tilsvarende (*tayl*-svah-ah-ner) *adj* corresponding; equivalent
tilsyneladende (tay-*sēw*-ner-lah-dher-ner) *adj* apparent; *adv* apparently
tilsynsførende (*tayl*-sewns-fūr-o-ner) *c* (pl ~) supervisor
tilsølet (*tayl*-sur-lerdh) *adj* soiled
***tiltage** (*tayl*-tah-ah) *v* increase; *grow; **tiltagende** progressive
tiltalende (*tayl*-tah-ler-ner) *adj* pleasant
tiltro (*tayl*-troa) *c* faith
***tiltrække** (*tayl*-træ-ger) *v* attract; **tiltrækkende** attractive
tiltrækning (*tayl*-træg-nayng) *c* attraction
tilværelse (*tayl*-veh-ol-ser) *c* existence, life
time (*tee*-mer) *c* hour; lesson; class; **hver** ~ hourly
timeplan (*tee*-mer-plahn) *c* schedule
timian (*ti*-mi-ahn) *c* thyme
tin (tayn) *nt* tin; pewter
tinde (*tay*-ner) *c* peak
tinding (*tay*-nayng) *c* temple
ting (tayng) *c* (pl ~) thing
tingest (*tay*-ngersd) *c* gadget
tirre (*tee*-o) *v* irritate
tirsdag (*teers*-dah) *c* Tuesday
tit (tid) *adv* often

titel

titel (*ti*-derl) *c* (*pl* titler) title
titte (*ti*-der) *v* look at, peek, peep
tjene (*t^yai*-ner) *v* earn; *make; ~ på profit by
tjener (*t^yai*-no) *c* waiter; domestic, servant; valet
tjeneste (*t^yai*-nerss-der) *c* favour
tjenestepige (*t^yai*-nerss-der-pee-i) *c* maid, servant
tjenlig (*t^yain*-li) *adj* useable; reasonable
tjære (*t^yai*-o) *c* tar
tjørn (*t^yūrn*) *c* thornbush
to (toa) *num* two
tobak (toa-*bahg*) *c* (*pl* ~ker) tobacco
tobakshandel (toa-*bahgs*-hahn-erl) *c* tobacconist's
tobakshandler (toa-*bahgs*-hahn-lo) *c* tobacconist
tobakspung (toa-*bahgs*-pong) *c* tobacco pouch
todelt (*toa*-dayld) *adj* two-piece
tog (tooo) *nt* (*pl* ~) train; gennemgående ~ through train
togfærge (*to*^{oo}-fær-er) *c* train ferry
togt (to^{oo}gd) *nt* journey
toilet (toa-ah-*lehd*) *nt* (*pl* ~ter) toilet, lavatory; bathroom; washroom *nAm*
toiletbord (toa-ah-*lehd*-boar) *nt* dressing table
toiletpapir (toa-ah-*lehd*-pah-peer) *nt* toilet paper
toiletsager (toa-ah-*lehd*-saa-o) *pl* toiletry
toilettaske (toa-ah-*lehd*-tahss-ger) *c* toilet case
told (tol) *c* Customs duty
toldafgift (*tol*-ou-gifd) *c* Customs duty
tolder (*to*-lo) *c* Customs officer
toldfri (*tol*-fri) *adj* duty-free
toldvæsen (*tol*-veh-sern) *nt* Customs *pl*
tolk (tolg) *c* interpreter
tolke (*tol*-ger) *v* interpret
tolv (tol) *num* twelve
tolvte (*tol*-der) *num* twelfth
tom (tom) *adj* empty
tomat (toa-*mahd*) *c* tomato
tomme (*to*-mer) *n* inch (2.54 cm)
tommelfinger (*to*-merl-fayng-o) *c* (*pl* ~finger) thumb
ton (ton) *c* (*pl* ~s) ton
tone (*tōa*-ner) *c* tone, note
top (tob) *c* (*pl* ~pe) summit, top; peak
toppunkt (*tob*-pongd) *nt* height
topstykke (*tob*-sdur-ger) *nt* cylinder head
torden (*toar*-dern) *c* thunder
tordenvejr (*toar*-dern-vær) *nt* thunderstorm
tordne (*toard*-ner) *v* thunder
torn (toarn) *c* thorn
torsdag (*tors*-dah) *c* Thursday
torsk (tawsg) *c* (*pl* ~) cod
tortere (to-*tay*-o) *v* torture
tortur (to-*toor*) *c* torture
torv (tooo) *nt* marketplace;

square
tosproget (*toa*-sbro⁰⁰-erdh) *adj* bilingual
tosset (*to*-serd) *adj* foolish, zany; estimate, appreciate
total (toa-*tahl*) *c* total; *adj* total; **totalt** completely
totalisator (toa-tah-li-*saa*-to) *c* bookmaker
totalitær (toa-tah-li-*tær*) *adj* totalitarian
toupet (too-*pay*) *c* hair piece
tov (to⁰⁰) *nt* rope, cord
tradition (trah-di-s^y*oan*) *c* tradition
traditionel (trah-di-s^yoa-*nehl*) *adj* traditional
trafik (trah-*fig*) *c* traffic
trafiklys (trah-*fig*-lews) *nt* (pl ~) traffic light
trafikprop (trah-*fig*-prob) *c* (pl ~per) jam, traffic jam
tragedie (trah-*gaydh*-^yer) *c* tragedy
tragisk (trah-*gisg*) *adj* tragic, sad
tragt (trahgd) *c* funnel
traktat (trahg-*tahd*) *c* treaty
traktor (*trahg*-to) *c* tractor
trang (trahng) *adj* narrow; *c* desire; craving; urge
transaktion (trahns-ahg-s^y*oan*) *c* deal, transaction
transatlantisk (trahns-ahd-*lahn*-disg) *adj* transatlantic
transformator (trahns-fo-*maa*-to) *c* transformer
translatør (trahns-lah-*turr*) *c* translator
transmission (trahns-mi-s^y*oan*) *c* transmission
transpiration (trahn-sbi-rah-s^y*oan*) *c* perspiration
transpirere (trahn-sbi-*ræ*-o) *v* perspire
transport (trahns-*pawd*) *c* transport, transportation
transportabel (trahns-bo-*tah*-berl) *adj* portable, transportable
transportere (trahns-bo-*tay*-o) *v* transport
trappe (*trah*-ber) *c* staircase, stairs *pl*
travl (troul) *adj* busy; active
tre (træ) *num* three
tredive (*trædh*-ver) *num* thirty
tredivte (*trædhf*-der) *num* thirtieth
tredje (*trædh*-^yer) *num* third
trefjerdedels (træ-*f*^y*ai*-o-dayls) *adj* three-quarter
trekant (*træ*-kahnd) *c* triangle
trekantet (*træ*-kahn-derdh) *adj* triangular
tremme (*træ*-mer) *c* bar
tremmekasse (*træ*-mer-kah-ser) *c* crate
tres (træss) *num* sixty
tretten (*trah*-dern) *num* thirteen
trettende (*trah*-der-ner) *num* thirteenth
tribune (tri-*bew*-ner) *c* stand
trillebør (*tri*-ler-burr) *c* wheelbarrow
trin (trin) *nt* (pl ~) step
trisse (*tri*-ser) *c* pulley
trist (trisd) *adj* sad; dull

triumf

triumf (tri-*omf*) *c* triumph
triumfere (tri-om-*fay*-o) *v* triumph; **triumferende** triumphant
tro (troa) *c* faith, belief; *v* *think, believe; *adj* true, faithful, loyal
trods (tross) *prep* despite, in spite of; **på ~ af** in spite of
trofast (troa-fahsd) *adj* faithful, true
trolddomskunst (*trol*-doms-konsd) *c* magic
tromme (*tro*-mer) *c* drum
trommehinde (*tro*-mer-hay-ner) *c* eardrum
trompet (trom-*payd*) *c* trumpet
trone (*troa*-ner) *c* throne
troperne (*troa*-bo-ner) *pl* tropics *pl*
tropisk (*troa*-bisg) *adj* tropical
tropper (*tro*-bo) *pl* troops *pl*
troværdig (troa-*vær*-di) *adj* credible
true (*troo*-oo) *v* threaten; **truende** threatening
trussel (*troo*-serl) *c* (pl -sler) threat
trusser (*troo*-so) *pl* panties *pl*
tryk (trurg) *nt* (pl ~) pressure; accent; print
trykke (*trur*-ger) *v* press; print; **~ på** press
trykkende (*trur*-ger-ner) *adj* stuffy
trykknap (*trurg*-knahb) *c* (pl ~per) push button
trykkoger (*trurg*-kaw-o) *c* pressure cooker

tryksag (*trurg*-sah) *c* printed matter
tryllekunstner (*trew*-ler-konsd-no) *c* magician
træ (træ) *nt* tree; wood; **træ-** wooden
***træde** (*træ*æ-dher) *v* step; thread
***træffe** (*træ*-fer) *v* encounter, *meet; *hit
træg (træ) *adj* slack
træhammer (*træ*-hah-mo) *c* (pl -hamre) mallet
træk (træg) *nt* (pl ~) trait, feature; move; *c* draught
***trække** (*træ*-ger) *v* *draw, pull; extract; **~ fra** subtract, deduct; **~ op** *wind; uncork; **~ tilbage** *withdraw; **~ ud** *take a long time, extract
trækpapir (*træg*-pah-peer) *nt* blotting paper
trækul (*træ*-kol) *nt* (pl ~) charcoal
trækvogn (*træg*-vo^{oo}n) *c* cart, barrow
træne (*træ*æ-ner) *v* train; drill
træner (*træ*æ-no) *c* coach
trænge ind (*træng*-er) trespass
trænge til (*træng*-er) need
træning (*træ*æ-nayng) *c* training
træsko (*træ*-sgoa) *c* (pl ~) wooden shoe
træskærerarbejde (*træ*-sgeh-o-aa-bigh-der) *nt* wood carving
træt (træd) *adj* tired; weary; **~**

189   **tvivl**

af tired of
trætte (*træ*-der) *v* tire; **trættende** tiring
trættes (*træ*-derss) *v* *get tired; argue
trævle (*træoo*-ler) *v* fray
trøje (*troi*-er) *c* jacket; cardigan
trøst (trursd) *c* comfort, consolation
trøste (*trurss*-der) *v* comfort, console
trøstepræmie (*trurss*-der-præm-ᵞer) *c* consolation prize
tråd (trodh) *c* thread; wire
trådløs (trodh-*lurs*) *adj* wireless
tube (*tōō*-ber) *c* tube
tuberkulose (too-bær-goo-*lōā*-ser) *c* tuberculosis
tud (toodh) *c* nozzle
tude (*tōō*-dher) *v* hoot; toot *vAm*, honk *vAm*
tudehorn (*tōō*-dher-hoarn) *nt* (pl ∼) hooter
tudse (*too*-ser) *c* toad
tue (too-er) *c* mound
tulipan (too-li-*pahn*) *c* tulip
tumult (too-*moold*) *c* riot
tuneser (too-*nay*-so) *c* Tunisian
Tunesien (too-nay-sᵞern) Tunisia
tunesisk (too-*nay*-sisg) *adj* Tunisian
tunfisk (*tōō*-n-faysg) *c* (pl ∼) tuna
tung (tong) *adj* heavy
tunge (*to*-nger) *c* tongue

tungnem (*tong*-nehm) *adj* slow
tungsind (*tong*-sayn) *nt* melancholy
tungtvejende (*tongd*-vigh-er-ner) *adj* capital, weighty
tunika (*too*-ni-kah) *c* tunic
tunnel (*ton*-erl) *c* tunnel
tur (toor) *c* trip; ride; turn
turbine (toor-*bee*-ner) *c* turbine
***turde** (*tōō*-o) *v* dare
turisme (too-*riss*-mer) *c* tourism
turist (too-risd) *c* tourist
turistbureau (too-*risd*-bew-roa) *nt* tourist office
turistklasse (too-*risd*-klah-ser) *c* tourist class
turnering (toor-*nayr*-ayng) *c* tournament
tur-retur (*toor*-ræ-toor) round trip *Am*
tusind (*too*-sern) *num* thousand
tusmørke (*tooss*-murr-ger) *nt* twilight
TV (tay-vay) *nt* (pl ∼) TV
tvangfri (*tvahng*-fri) *adj* informal, casual
tvangstanke (*tvahngs*-tahng-ger) *c* obsession
tvetydig (*tvay*-tewdh-i) *adj* ambiguous
tvillinger (*tvi*-layng-o) *pl* twins *pl*
***tvinge** (*tvayng*-er) *v* force; compel
tvist (tvaysd) *c* dispute
tvivl (tvee^{oo}l) *c* (pl ∼) doubt;

tvivle

uden ~ without doubt
tvivle (*tvee͞e-*ler) *v* doubt; ~ **på** query
tvivlsom (*tvee͞el-*som) *adj* doubtful
tværtimod (*tværd-*i-moadh) *adv* on the contrary
tydelig (*te͞w-*dher-li) *adj* plain, clear, distinct; explicit
*****tydeliggøre** (*te͞w-*dher-li-gur-o) *v* clarify, elucidate
tyfus (*te͞w-*fooss) *c* typhoid
tygge (*tew-*ger) *v* chew
tyggegummi (*tew-*ger-go-mi) *nt* chewing gum
tyk (tewg) *adj* big, thick; fat; bulky
tykkelse (*tew-*gerl-ser) *c* thickness
tynd (turn) *adj* thin; sheer; weak
tyngdekraft (*turng-*der-krahfd) *c* gravity
tynge (*turng-*er) *v* weigh on; oppress
type (*te͞w-*ber) *c* type
typisk (*te͞w-*bisg) *adj* typical
tyr (tewr) *c* bull
tyran (tew-*rahn*) *c* (pl ~ner) tyrant
tyrefægtning (*te͞w-*rer-fehgd-nayng) *c* bullfight
tyrefægtningsarena (*te͞w-o-fehgd-nayngs-ah-ræ͞æ-*nah) *c* bullring
Tyrkiet (tewr-*ki-*erdh) Turkey
tyrkisk (*tewr-*gisg) *adj* Turkish; ~ **bad** Turkish bath
tysk (tewsg) *adj* German
tysker (*tewss-*go) *c* German

Tyskland (*tewsg-*lahn) Germany
tyv (tew͞oo) *c* thief
tyve (*te͞w-*ver) *num* twenty
tyvende (*te͞w-*ver-ner) *num* twentieth
tyveri (tew-vo-*ri*) *nt* theft; robbery
*****tælle** (*teh-*ler) *v* count; ~ **sammen** count
tæller (*teh-*lo) *c* meter
tæmme (*teh-*mer) *v* tame
tænde (*teh-*ner) *v* *light; ~ **for** turn on, switch on
tænding (*teh-*nayng) *c* ignition
tændrør (*tehn-*rurr) *nt* (pl ~) sparking plug
tændspole (*tehn-*sbo͞a-ler) *c* ignition coil
tændstik (*tehn-*sdayg) *c* (pl ~ker) match
tændstikæske (*tehn-*sdayg-ehss-ger) *c* matchbox
tænke (*tehng-*ger) *v* *think; guess; ~ **over** *think over; ~ **på** *think of; ~ **sig** imagine; fancy
tænker (*tehng-*go) *c* thinker
tænksom (*tehngg-*som) *adj* thoughtful
tæppe (*teh-*ber) *nt* rug, carpet; blanket; curtain
tærskel (*tær-*sgerl) *c* (pl -kler) threshold
tæt (tehd) *adj* dense; thick
tæve (*tai-*ver) *c* bitch; *v* *beat up
tø (tur) *v* thaw; ~ **op** thaw
tøffel (*tur-*ferl) *c* (pl tøfler)

slipper
tøj (toi) *pl* clothes *pl*
tøjle (*toi*-ler) *v* curb; restrain; bridle; *c* rein
tømme (*tur*-mer) *v* empty; *c* rein
tømmer (*turm*-o) *nt* timber
tømmerflåde (*tur*-mo-flawdher) *c* raft
tømmermænd (*tur*-momehn) *pl* hangover
tømning (*turm*-nayng) *c* emptying; collection
tømrer (*turm*-ro) *c* carpenter
tønde (*tur*-ner) *c* barrel; cask;
tør (turr) *adj* dry; neat
tørke (*turr*-ger) *c* drought
tørre (*tūr*-o) *v* dry; ~ **af** wipe
tørretumbler (*tūr*-o-tomb-lo) *c* dryer

tørst (turrsd) *c* thirst
tørstig (turr-sdi) *adj* thirsty
tøve (*tūr*-ver) *v* hesitate
tøvejr (*tur*-vær) *nt* thaw
tå (to) *c* (*pl* tæer) toe
tåbelig (*taw*-ber-li) *adj* foolish
tåge (*taw*-er) *c* fog
tågedis (*taw*-er-dis) *c* mist
tågelygte (*taw*-er-lurg-der) *c* foglamp
tåget (*taw*-erdh) *adj* foggy
tåle (*taw*-ler) *v* *bear; sustain
tålmodig (tol-*moa*-dhi) *adj* patient
tålmodighed (tol-*moa*-dhi-haydh) *c* patience
tåre (*taw*-o) *c* tear
tåreperser (*taw*-o-pær-so) *c* tearjerker
tårn (ton) *nt* tower

U

uafbrudt (*oo*-ou-brood) *adj* continuous
uafhængig (*oo*-ou-hehng-i) *adj* independent
uafhængighed (*oo*-ouhehng-i-haydh) *c* independence
ualmindelig (oo-ahl-*mayn*-li) *adj* unusual; uncommon
uanselig (oo-ahn-*say*-li) *adj* insignificant; inconspicuous
uanstændig (oo-ahn-*sdehn*-di) *adj* indecent
uantagelig (oo-ahn-*tah*-ah-li) *adj* unacceptable
uartig (oo-*ah*-di) *adj* naughty

uautoriseret (*oo*-ou-toa-risay-odh) *adj* unauthorized
ubeboelig (oo-bay-*boa*-oa-li) *adj* uninhabitable
ubeboet (*oo*-bay-boa-erdh) *adj* uninhabited; desert
ubegribelig (oo-bay-*gri*-berli) *adj* puzzling
ubegrænset (oo-bay-*græn*-serdh) *adj* unlimited
ubehagelig (oo-bay-*hah*-ah-li) *adj* disagreeable, unpleasant; nasty
ubekvem (*oo*-bay-kvehm) *adj* uncomfortable
ubekymret (*oo*-bay-kurm-

ubelejlig

ubelejlig (oo-bay-*ligh*-li) *adj* inconvenient
ubesindig (*oo*-bay-sayn-di) *adj* rash
ubeskadiget (*oo*-bay-sgah-dhi-erdh) *adj* whole, intact
ubeskeden (*oo*-bay-sgay-dhern) *adj* immodest
ubeskyttet (*oo*-bay-sgur-derdh) *adj* unprotected
ubestemt (*oo*-bay-sdehmd) *adj* indefinite; uncertain
ubesvaret (*oo*-bay-svah-ahdh) *adj* unanswered
ubetydelig (oo-bay-*tew*-dher-li) *adj* insignificant; slight; petty
ubodelig (*oo-boa*-dher-li) *adj* irreparable
u-båd (*oo*-bodh) *c* submarine
ud (oodh) *adv* out; ~ **over** beyond
udad (*oodh*-ahdh) *adv* outwards
udbene (*oodh*-bay-ner) *v* bone
udbetaling (*oodh*-bay-tah-layng) *c* down payment
udblæsning (*oodh*-blehs-nayng) *c* exhaust
udblæsningsrør (*oodh*-blehs-nayngs-rurr) *nt* (pl ~) exhaust pipe
udbløde (*oodh*-blur-dher) *v* soak
udbrede (*oodh*-bræ-dher) *v* *spread out, *put about
*****udbringe** (*oodh*-bræ-nger) *v* deliver
udbringning (*oodh*-bræng-nayng) *c* delivery
udbrud (*oodh*-broodh) *nt* (pl ~) exclamation; outbreak
*****udbryde** (*oodh*-brew-dher) *v* exclaim
udbud (*oodh*-boodh) *nt* (pl ~) supply
udbytte (*oodh*-bew-der) *nt* benefit; profit; *v* exploit
uddanne (*oodh*-dahn-er) *v* educate
uddannelse (*oodh*-dahn-erl-ser) *c* education; background
uddele (*oodh*-day-ler) *v* distribute; administer, issue
uddrag (*oodh*-drou) *nt* (pl ~) extract; excerpt
uddybe (*oodh*-dew-ber) *v* deepen; elaborate
ude ($\overline{oo}$-dher) *adv* out
*****udelade** ($\overline{oo}$-dher-lah-dher) *v* *leave out; omit
udelukke ($\overline{oo}$-dher-lo-ger) *v* exclude
udelukkende (*oodh*-dher-lo-ger-ner) *adv* exclusively; solely
uden ($\overline{oo}$-dhern) *prep* without; ~ **for** outside, out of
udenad ($\overline{oo}$-dhern-ahdh) *adv* by heart
udendors ($\overline{oo}$-dhern-durrs) *adv* outdoors
udenfor ($\overline{oo}$-dhern-fo) *adv* outside
udenlands ($\overline{oo}$-dhern-lahns) *adv* abroad

udenlandsk (*o͞o*-dhern-lahnsg) *adj* foreign; alien

udfald (*o͞odh*-fahl) *nt* (pl ~) result; issue; sally, attack; **uheldigt ~** failure

udflugt (*o͞odh*-flogd) *c* trip; excursion, outing, picnic

udfolde (*o͞odh*-fol-er) *v* unfold, *spread; expand

udfordre (*o͞odh*-fo-dro) *v* challenge; dare

udfordring (*o͞odh*-fo-dræng) *c* challenge

udforske (*o͞odh*-faw-sger) *v* explore

udfylde (*o͞odh*-fewl-er) *v* fill in; fill out *Am*

udføre (*o͞odh*-fur-o) *v* export; execute; perform

udførlig (*o͞odh*-furr-li) *adj* detailed

udførsel (*o͞odh*-furr-serl) *c* (pl -sler) export, exportation

udgang (*o͞odh*-gahng) *c* exit, way out

udgangspunkt (*o͞odh*-gahngs-pongd) *nt* starting point

udgave (*o͞odh*-gaa-ver) *c* edition

udgift (*o͞odh*-gifd) *c* expense, expenditure; **udgifter** expenditure, expenses *pl*

*****udgive** (*o͞odh*-gi-ver) *v* publish

udgrave (*o͞odh*-grah-ver) *v* *dig out; excavate

udgravning (*o͞odh*-grou-nayng) *c* excavation

*****udgyde** (*o͞odh*-gew-dher) *v* *shed

*****udholde** (*o͞odh*-hol-er) *v* *bear, endure

udholdelig (*o͞odh-hol*-er-li) *adj* tolerable

udjævne (*o͞odh*-^yeh^{oo}-ner) *v* level

udkant (*o͞odh*-kahnd) *c* outskirts *pl*

udkast (*o͞odh*-kahsd) *nt* (pl ~) design

udkaste (*o͞odh*-kahss-der) *v* design

udkørsel (*o͞odh*-kurr-serl) *c* (pl -sler) exit

udlede (*o͞odh*-lay-dher) *v* deduce

udleje (*o͞odh*-ligh-er) *v* *let; lease

udlevere (*o͞odh*-lay-vay-o) *v* deliver, hand over; extradite

udligne (*o͞odh*-li-ner) *v* equalize

udlosse (*o͞odh*-lo-ser) *v* unload

udlufte (*o͞odh*-lof-der) *v* ventilate

udluftning (*o͞odh*-lofd-nayng) *c* ventilation

udlænding (*o͞odh*-lehn-ayng) *c* foreigner; alien

*****udløbe** (*o͞odh*-lur-ber) *v* expire; **udløbet** expired

udmatte (*o͞odh*-mah-der) *v* exhaust; **udmattet** tired

udmærke sig (*o͞odh*-mær-ger) excel, distinguish oneself

udmærket (*o͞odh*-mær-gerdh) *adj* fine, excellent

udnytte (*oodh*-nur-der) *v* exploit; apply; utilize

udnævne (*oodh*-neh^{oo}-ner) *v* appoint

udnævnelse (*oodh*-neh^{oo}-nerl-ser) *c* appointment; nomination

udrede (*oodh*-ræ-dher) *v* clear up, unravel, elucidate

udregne (*oodh*-righ-ner) *v* calculate

udrette (*oodh*-ræ-der) *v* perform, accomplish, achieve

udruste (*oodh*-ross-der) *v* equip

udrustning (*oodh*-rost-nayng) *c* equipment

udsalg (*oodh*-sahl) *nt* (pl ~) clearance sale; sales

udseende (*oodh*-say-ay-ner) *nt* look; appearance

udsende (*oodh*-sehn-er) *v* transmit, *broadcast

udsendelse (*oodh*-sehn-erl-ser) *c* broadcast

udsending (*oodh*-sehn-ayng) *c* emissary, envoy

udsigt (*oodh*-saygd) *c* outlook, view; prospect

udskejelse (*oodh*-sgighl-er-ser) *c* excess

***udskyde** (*oodh*-sgew-dher) *v* *put off, postpone

udslidt (*oodh*-slid) *adj* worn-out

udslæt (*oodh*-slehd) *nt* (pl ~) rash

udsmykning (*oodh*-smurg-nayng) *c* decoration

udsolgt (*oodh*-sold) *adj* sold out; full

udspekuleret (*oodh*-sbay-goo-lay-odh) *adj* clever, cunning, sly

udsprede (*oodh*-sbræ-dher) *v* *shed

udspring (*oodh*-sbræng) *nt* (pl ~) source

udstedelse (*oodh*-sdehdh-erl-ser) *c* issue

udstille (*oodh*-sdayl-er) *v* exhibit, *show

udstilling (*oodh*-sdayl-ayng) *c* exhibition, exposition, show; display

udstillingslokale (*oodh*-sdayl-ayngs-loa-kaa-ler) *nt* showroom

udstillingsvindue (*oodh*-sdayl-ayngs-vayn-doo-oo) *nt* shopwindow

udstrakt (*oodh*-sdrahgd) *adj* broad

udstyr (*oodh*-sdewr) *nt* (pl ~) gear, outfit; kit

udstyre (*oodh*-sdew-o) *v* equip

udstødningsgas (*oodh*-sdurdh-nayngs-gahss) *c* exhaust gases

udsuge (*oodh*-soo-oo) *v* suck out; *bleed

***udsætte** (*oodh*-seh-der) *v* postpone, delay; ~ **for** expose

udsættelse (*oodh*-seh-derl-ser) *c* delay, postponement

udsøgt (*oodh*-surgd) *adj* select; exquisite, fine

udtale (*oodh*-taa-ler) *c* pronunciation; *v* pronounce

udtalt (*oodh*-tahld) *adj* express

udtryk (*oodh*-trurg) *nt* (pl ~) expression; term; *give ~ for* express

udtrykke (*oodh*-trur-ger) *v* express

udtrykkelig (oo-*trur*-ger-li) *adj* explicit

udtænke (*oodh*-tehng-ger) *v* conceive, devise

uduelig (oo-*doo*-oo-li) *adj* incapable, incompetent

udvalg (*oodh*-vahl) *nt* (pl ~) selection, choice; variety, assortment; committee

udvalgt (*oodh*-vahld) *adj* select

udvej (*oodh*-vigh) *c* way out; expedient

udveksle (*oodh*-vehg-sler) *v* exchange

udvendig (*oodh*-vehn-di) *adj* external; outward

udvide (*oodh*-vi-dher) *v* enlarge, extend; widen, expand

udvidelse (*oodh*-vi-dherl-ser) *c* extension, expansion, enlargement

udvikle (*oodh*-vayg-ler) *v* develop

udvikling (*oodh*-vayg-layng) *c* development

udvise (*oodh*-vi-ser) *v* expel, send out; display

*****udvælge** (*oodh*-vehl-yer) *v* select

udvælgelse (*oodh*-vehl-yerl-ser) *c* selection

udyrket (oo-*dewr*-gerdh) *adj* waste

udøve (*oodh*-ur-ver) *v* exercise

udånde (*oodh*-on-er) *v* expire, exhale

uegnet (oo-*igh*-nerdh) *adj* unfit, unqualified

uendelig (oo-*ehn*-er-li) *adj* infinite, endless

*****være uenig** (vai-o oo-*ay*-ni) disagree

uerfaren (oo-*ær*-fah-ahn) *adj* inexperienced

ufaglært (oo-*fou*-lærd) *adj* unskilled

uforklarlig (oo-fo-*klah*-li) *adj* unaccountable, inexplicable

uformel (oo-*fo*-mehl) *adj* informal

uforskammet (oo-fo-*sgahm*-erdh) *adj* insolent; impertinent, rude, impudent

uforskammethed (oo-fo-*sgahm*-erdh-haydh) *c* insolence

uforsætlig (oo-fo-*sehd*-li) *adj* unintentional

ufortjent (oo-fo-*t*ʸ*ehnd*) *adj* undeserved

ufremkommelig (oo-fræm-*kom*-er-li) *adj* impassable

ufuldkommen (oo-*fool*-kom-ern) *adj* imperfect

ufuldstændig (oo-*fool*-sdehn-di) *adj* incomplete

uge ($\overline{oo}$-oo) *c* week

ugentlig ($\overline{oo}$-oon-li) *adj*

ugerevy ($\overline{oo}$-oo-ræ-vew) *c* newsreel
ugift (*oo*-gifd) *adj* single
ugle ($\overline{oo}$-ler) *c* owl
ugunstig (*oo*-gon-sdi) *adj* unfavourable
ugyldig (oo-gewl-di) *adj* void, invalid
uhelbredelig (oo-hehl-*bræ*-dher-li) *adj* incurable
uheld (*oo*-hehl) *nt* (pl ~) accident; misfortune, bad luck
uheldig (oo-*hehl*-di) *adj* unlucky; unfortunate
uheldsvanger (*oo*-hehl-svahng-o) *adj* sinister
uhyggelig (oo-*hewg*-li) *adj* creepy, horrifying; cheerless
uhyre (oo-*hew*-o) *adj* huge
uhøflig (oo-*hurf*-li) *adj* impolite, rude
uigenkaldelig (oo-i-gehn-*kahl*-er-li) *adj* irrevocable
ujævn (*oo*-ʸeh°°n) *adj* uneven; bumpy, rough
ukendt (*oo*-kehnd) *adj* unfamiliar, unknown; ~ **person** stranger
uklar (*oo*-klah) *adj* obscure, dim
uklog (oo-*klo*°°) *adj* unwise
ukrudt (*oo*-krood) *nt* weed
ukvalificeret (*oo*-kvah-li-fi-say-odh) *adj* unqualified
ulastelig (oo-*lah*-sder-li) *adj* faultless, immaculate
uld (ool) *c* wool
ulden (*oo*-lern) *adj* woollen

ulejlige (oo-*ligh*-lee-i) *v* trouble
ulejlighed (oo-*ligh*-li-haydh) *c* trouble
ulempe (*oo*-lehm-ber) *c* inconvenience; disadvantage
ulige (*oo*-lee-i) *adj* odd; unequal, uneven
ulovlig (oo-*lo*°°-li) *adj* illegal; unlawful; illicit
ultraviolet (*ool*-trah-vi-oa-lehd) *adj* ultraviolet
ulv (oolv) *c* wolf
ulydig (oo-*lew*-dhi) *adj* disobedient
ulykke (*oo*-lur-ger) *c* accident, disaster; misfortune, calamity
ulykkelig (oo-*lurg*-li) *adj* unhappy, miserable; unfortunate
ulæselig (oo-*leh*-ser-li) *adj* illegible; unreadable
umage (*oo*-maa-ah) *c* trouble, pains; ***gøre sig** ~ bother
umiddelbar (*oo*-mi-dherl-bah) *adj* immediate, direct
umulig (oo-*moo*-li) *adj* impossible
umådelig (oo-*mo*-dher-li) *adj* vast, immense
under (*on*-o) *prep* beneath, under, below; during; *nt* wonder
underbenklæder (*o*-no-baynklai-dho) briefs *pl*; underpants *plAm*
underbukser (*o*-no-bog-so) *pl* drawers, briefs *pl*; pants

underdrive (o-no-*dree*-ver) v understate

underdrivelse (o-no-*dree*-vehl-ser) c (pl ~r) understatement

underernæring (o-no-ær-nær-ayng) c malnutrition

undergang (o-no-gahng) c ruin, fall

undergrundsbane (o-no-grons-baa-ner) c underground; subway nAm

underholdende (o-no-hol-er-ner) entertaining

*underholde (o-no-hol-er) v amuse, entertain

underholdning (o-no-hol-nayng) c entertainment

underjordisk (o-no-^yoar-disg) adj underground

underkaste (o-no-kahss-der) v subject; ~ sig submit

underkjole (o-no-k^yoa-ler) c slip

underkop (o-no-kob) c (pl ~per) saucer

underlegen (o-no-lay-ern) adj inferior

underlig (o-no-li) adj queer, strange; curious; odd, peculiar

underliv (o-no-lee^{oo}) nt lower abdomen

underneden (o-no-*nay*-dhern) adv underneath

underordnet (o-no-od-nerdh) adj subordinate, secondary; minor; additional

underretning (on-o-ræd-nayng) c information; notice

underrette (on-o-ræ-der) v notify, inform

underskrift (o-no-sgræfd) c signature

*underskrive (o-no-sgri-ver) v sign

underskud (o-no-sgoodh) nt (pl ~) deficit

understrege (o-no-sdrigh-er) c underline; emphasize

understrøm (o-no-sdrurm) c (pl ~me) undercurrent

understøtte (o-no-sdur-der) v support, assist, aid

understøttelse (o-no-sdur-derl-ser) c assistance

undersøge (o-no-sur-ur) v examine; enquire

undersøgelse (o-no-sur-url-ser) c examination, investigation; inquiry, enquiry; checkup

undersøisk (o-no-sur-isg) adj underwater

undertegne (o-no-tigh-ner) v sign

undertitel (o-no-ti-derl) c (pl -tler) subtitle

undertrykke (o-no-trur-ger) v suppress; oppress

undertrøje (o-no-troi-er) c vest, undershirt

undertøj (o-no-toi) pl underwear

undervise (o-no-vi-ser) v *teach; instruct

undervisning (o-no-vis-nayng) c instruction; tuition,

undervurdere

instruction, lesson; education
undervurdere (*o-no-voor-day-o*) *v* underestimate
undfangelse (*on-fahng-erl-ser*) *c* conception
*****undgå** (*on-go*) *v* avoid, escape
*****undlade** (*on-lah-dher*) *v* fail, omit
undre sig (*on-dro*) marvel, wonder
undskyld! sorry!
undskylde (*on-sgewl-er*) *v* excuse
undskyldning (*on-sgewl-nayng*) *c* apology, excuse;
*****bede om ~** apologize
*****undslippe** (*on-slay-ber*) *v* escape
undtagelse (*on-tah-ahl-ser*) *c* exception; **med ~ af** except
undtagen (on-*tah*-ahn) *prep* but, except
undvære (*on-veh-o*) *v* spare
ung (ong) *adj* young
ungarer (*ong-gah-ah*) *c* Hungarian
Ungarn (*ong-gahn*) Hungary
ungarsk (*ong-gahsg*) *adj* Hungarian
ungdom (*ong-*dom) *c* youth; **ungdoms-** juvenile
unge (*o-*nger) *c* kid
ungkarl (*ong-*kahl) *c* bachelor
uniform (oo-ni-*fom*) *c* uniform
unik (oo-*nig*) *adj* unique
union (oon-*ˢyoan*) *c* union
univers (oo-ni-*værs*) *nt*

198

universe
universel (oo-ni-vær-*sehl*) *adj* universal
universitet (oo-ni-vær-si-*tayd*) *nt* university
unse (*on-*ser) *n* ounce (28.35 g)
unyttig (*oo*-nur-di) *adj* useless; idle
unødvendig (oo-nurdh-*vehn-*di) *adj* unnecessary
unøjagtig (oo-noi-*ahg-*di) *adj* inaccurate
uofficiel (oo-o-fi-sˢyehl) *adj* unofficial
uopdyrket (*oo*-ob-dewr-gerdh) *adj* uncultivated
uophørlig (oo-ob-*hurr-*li) *adj* continual; **uophørligt** continually
uopmærksom (oo-ob-*mærg-*som) *adj* inattentive
uorden (*oo*-o-dern) *c* disorder; **i ~** out of order, broken
uordentlig (oo-*o-*dern-li) *adj* untidy
uoverkommelig (oo-o⁰⁰-o-*kom*-er-li) *adj* impossible; prohibitive
uovertruffen (oo-o⁰⁰-o-*tro*-fern) *adj* unsurpassed
upartisk (*oo-*pah-tisg) *adj* impartial
upassende (*oo-*pah-ser-ner) *adj* improper, unsuitable
upersonlig (*oo-*pær-soan-li) *adj* impersonal
upload (op-lod) *v* upload
upopulær (*oo-*poa-boo-lær)

utilstrækkelig

adj unpopular
upålidelig (oo-po-*li*-dher-li) *adj* untrustworthy, unreliable
ur (oor) *nt* clock; watch
uregelmæssig (oo-ræ-erl-meh-si) *adj* irregular
uren (oo-ræn) *adj* unclean
uret (oo-ræd) *c* wrong, injustice; *adj* wrong; *gøre ~ wrong; *have ~ *be wrong
uretfærdig (oo-ræd-*fær*-di) *adj* unjust, unfair
urigtig (oo-*ræg*-di) *adj* incorrect
urimelig (oo-*ri*-mer-li) *adj* unreasonable; absurd
urin (oo-*rin*) *c* urine
urmager (*oor*-mah-o) *c* watchmaker
uro (*oo*-roa) *c* unrest, excitement, alarm
urolig (oo-*roa*-li) *adj* restless
urrem (oo-ræm) *c* (pl ~me) watchstrap
urskov (*oor*-sgo^oo) *c* jungle
urt (oord) *c* herb
Uruguay (*oo*-roo-goo-igh) Uruguay
uruguayaner (oo-roo-goo-ah-*y*ah-no) *c* Uruguayan
uruguayansk (oo-roo-goo-ah-*y*ahnsg) *adj* Uruguayan
usand (oo-sahn) *adj* false, untrue
usandsynlig (oo-sahn-*sewn*-li) *adj* unlikely, improbable
uselvisk (oo-*sehl*-visg) *adj* unselfish
usikker (oo-*say*-go) *adj* unsafe; uneasy
uskadelig (oo-*sgah*-dher-li) *adj* harmless
uskadt (oo-sgahd) *adj* unhurt, uninjured, safe
uskolet (oo-sgoā-lerdh) *adj* untrained; uneducated
uskyldig (oo-*sgewl*-di) *adj* innocent
uskyldighed (oo-*sgewl*-di-haydh) *c* innocence
usoigneret (oo-soa-ahn-*y*ay-odh) *adj* untidy; slovenly
uspiselig (oo-*sbi*-ser-li) *adj* inedible
ustabil (oo-sdah-bil) *adj* unstable, unsteady
usund (oo-son) *adj* unhealthy; unsound
usympatisk (oo-sewm-pah-disg) *adj* unpleasant; nasty
usynlig (oo-*sewn*-li) *adj* invisible
usædvanlig (oo-seh-*vahn*-li) *adj* exceptional, unusual; uncommon
utaknemmelig (oo-tahg-*nehm*-li) *adj* ungrateful
utilfreds (oo-tay-fræss) *adj* dissatisfied, discontented
utilfredsstillende (oo-tay-*fræss*-sdayl-er-ner) *adj* unsatisfactory
utilgængelig (oo-tay-*gehng*-er-li) *adj* inaccessible
utilpas (oo-tay-pahss) *adj* unwell
utilstrækkelig (oo-tay-*sdræ*-ger-li) *adj* insufficient; inadequate

utilstrækkelighed (oo-tay-sdræ-ger-li-haydh) *c* insufficiency, inadequacy

utiltalende (oo-tayl-tah-ler-ner) *adj* unpleasant, repulsive

utro (oo-troa) *adj* unfaithful; disloyal

utrolig (oo-troa-li) *adj* incredible

utvivlsomt (oo-tveeᵒᵒl-somd) *adv* undoubtedly

utvungenhed (oo-tvong-ern-haydh) *c* ease

utydelig (oo-tew-dher-li) *adj* dim, indistinct

utænkelig (oo-tehng-ger-li) *adj* unthinkable; inconceivable

utålelig (oo-to-ler-li) *adj* intolerable, unbearable

utålmodig (oo-tol-moa-dhi) *adj* impatient; eager

uudholdelig (oo-oodh-hol-er-li) *adj* intolerable, unendurable

uundgåelig (oo-on-go-o-li) *adj* inevitable; unavoidable

uundværlig (oo-on-vær-li) *adj* indispensable

uvant (oo-vahnd) *adj* unaccustomed

uvedkommende (oo-vaydh-kom-er-ner) *c* (pl ~) trespasser

uvejr (oo-vær) *nt* (pl ~) tempest, storm

uvenlig (oo-vehn-li) *adj* unkind; unfriendly

uventet (oo-vehn-derdh) *adj* unexpected

uvidende (oo-vi-dher-ner) *adj* ignorant; unaware

uvigtig (oo-vayg-di) *adj* unimportant

uvillig (oo-vil-i) *adj* unwilling; averse

uvirkelig (oo-veerg-li) *adj* unreal

uvirksom (oo-veerg-som) *adj* idle

uvis (oo-vayss) *adj* doubtful, uncertain

uvurderlig (oo-voor-dayr-li) *adj* priceless, invaluable

uvæsentlig (oo-veh-sern-li) *adj* insignificant, unessential

uægte (oo-ehg-der) *adj* false, artificial

uærlig (oo-ær-li) *adj* dishonest; crooked

uønsket (oo-urn-sgerdh) *adj* unwanted, undesirable

V

vable (*vaa*-berl) *c* blister
vaccination (vahg-si-nah-sᵘᵒan) *c* vaccination; inoculation
vaccinere (vahg-si-*nay*-o) *v* vaccinate; inoculate
vade (*vaa*-dher) *v* wade
vaffel (*vah*-ferl) *c* (pl vafler)

wafer; waffle

vag (vah) *adj* faint, vague

vagabond (vah-gah-*bond*) *c* tramp

vagabondere (vah-gah-bon-*day*-o) *v* tramp

vagt (vahgd) *c* guard

vagtel (*vahg*-derl) *c* (pl -tler) quail

vagthavende (*vahgd*-hou-er-ner) *c* (pl ~) warden

vakance (vah-*kahng*-ser) *c* vacancy

vakle (*vahg*-ler) *v* falter; **vaklende** shaky

vaklevorn (*vah*-gerl-von) *adj* unsteady

vaks (vahgs) *adj* smart

vakuum (*vah*-kom) *nt* vacuum

valen (*vaa*-lern) *adj* numb

valg (vahl) *nt* (pl ~) choice; pick; election; option

valgfri (*vahl*-fri) *adj* optional

valgkreds (*vahl*-kræs) *c* constituency

valgret (*vahl*-ræd) *c* suffrage

valgsted (*vahl*-sdehdh) *c* poll

valmue (*vahl*-moo-oo) *c* poppy

valnød (*vahl*-nurdh) *c* (pl ~der) walnut

vals (vahls) *c* waltz

valuta (vah-*loo*-tah) *c* currency; **udenlandsk** ~ foreign currency

valutakurs (vah-*loo*-tah-koors) *c* rate of exchange

vand (vahn) *nt* water; **rindende** ~ running water

vandfald (*vahn*-fahl) *nt* (pl ~) waterfall

vandfarve (*vahn*-faa-ver) *c* watercolo(u)r

vandhane (*vahn*-haa-ner) *c* tap; faucet *nAm*

vandløb (*vahn*-lurb) *nt* (pl ~) stream

vandmand (*vahn*-mahn) *c* (pl -mænd) jellyfish

vandmelon (*vahn*-may-loan) *c* watermelon

vandpumpe (*vahn*-pom-ber) *c* water pump

vandre (*vahn*-dro) *v* wander, roam, stroll; hike; ~ **om** wander

vandrer (*vahn*-dro) *c* wanderer; walker

vandrerhjem (*vahn*-dro-^yehm) *nt* (pl ~) youth hostel

vandret (*vahn*-ræd) *adj* horizontal

vandski (*vahn*-sgi) *c* (pl ~) water ski

vandtæt (*vahn*-tehd) *adj* waterproof

vandvej (*vahn*-vigh) *c* waterway

vane (*vaa*-ner) *c* habit

vanemæssig (*vaa*-ner-meh-si) *adj* habitual

vanfør (*vahn*-furr) *adj* invalid

vanille (vah-*nil*-^yer) *c* vanilla

vankelmodig (*vahng*-gerl-moa-dhi) *adj* unsteady

vanlig (*vaan*-li) *adj* customary; usual

vanskabt (*vahn*-sgahbd) *adj* deformed

vanskelig (vahn-sger-li) adj hard, difficult
vanskelighed (vahn-sger-li-haydh) c difficulty
vant (vahnd) adj accustomed; *være ~ til *be used to
vanter (vahn-do) pl mittens pl
vanvid (vahn-vidh) nt madness
vanvittig (vahn-vi-di) adj crazy, mad
vare (vaa-ah) v last, endure, *take
varehus (vaa-ah-hoos) nt department store
varemærke (vaa-ah-mær-ger) nt trademark
vareprøve (vaa-ah-prūr-ver) c sample
varer (vaa-ah) pl goods pl; merchandise, wares pl
varevogn (vaa-ah-voo^{oo}n) c pick-up van, van, delivery van
variabel (vah-i-ah-berl) adj variable
variere (vah-i-ay-o) v vary; **varieret** varied
varietéforestilling (vah-i-er-tay-faw-o-sdayl-ayng) c variety show
varietéteater (vah-i-er-tay-tay-ah-do) nt (pl -teatre) variety theatre
varig (vaa-i) adj permanent, lasting
varighed (vaa-i-haydh) c duration
varm (vahm) adj hot, warm
varme (vaa-mer) c heat; warmth; v warm, heat
varmedunk (vaa-mer-dongg) c hot-water bottle
varmeovn (vaa-mer-o^{oo}n) c heater
varmepude (vaa-mer-pōō-dher) c heating pad
vase (vaa-ser) c vase
vask (vahsg) c washing; sink
vaskbar (vahsg-bah) adj washable
vaske (vahss-ger) v wash; ~ op *do the dishes, wash up
vaskemaskine (vahss-ger-mah-sgee-ner) c washing machine
vaskepulver (vahss-ger-pol-vo) nt washing powder
vaskeri (vahss-go-ri) c laundry
vasketøj (vahss-ger-toi) pl washing, laundry
vat (vahd) nt cotton wool
vaterpas (vah-do-pahss) nt (pl ~) level
vattæppe (vahd-teh-ber) nt quilt
ved (vaydh) prep by, on
vedbend (vaydh-bayn) c (pl ~) ivy
vederlag (vāy-dho-lah) nt (pl ~) compensation, consideration
vedføje (vaydh-foi-er) v attach, add, affix
vedligeholdelse (vay-lee-i-hol-erl-ser) c maintenance; upkeep
***vedlægge** (vaydh-leh-ger) v enclose

vedrøre (*vaydh*-rur-o) *v* concern; **vedrørende** concerning; about

*****vedtage** (*vaydh*-tah-ah) *v* agree to; carry, pass, adopt

vedvare (*vaydh*-vah-ah) *v* continue, last

vedvarende (*vaydh*-vah-ah-ner) *adj* continuous; permanent

vegetarianer (vay-ger-tah-i-*ah*-no) *c* vegetarian

vegetation (vay-ger-tah-s^y*oan*) *c* vegetation

vej (vigh) *c* road, drive; way; **af vejen** out of the way; **blind ~** cul-de-sac; **på ~ til** bound for; **vise ~** guide

vejafgift (*vigh*-ou-gift) *c* toll

vejarbejde (*vigh*-aa-bighder) *nt* road-making; road up

veje (*vigh*-er) *v* weigh

vejgaffel (*vigh*-gah-ferl) *c* (pl -gafler) fork

vejkant (*vigh*-kahnd) *c* roadside; wayside

vejkort (*vigh*-kawd) *nt* (pl ~) road map

vejkryds (*vigh*-krewss) *nt* (pl ~) intersection, junction

vejlede (*vigh*-lay-dher) *v* direct, guide, instruct

vejnet (*vigh*-nehd) *nt* (pl ~) road system

vejr (vær) *nt* weather; breath

vejrmølle (*vær*-mur-ler) *c* windmill

vejrtrækning (*vær*-trægnayng) *c* respiration, breathing

vejrudsigt (*vær*-oodh-saygd) *c* weather forecast

vejviser (*vigh*-vi-so) *c* signpost; milepost

veksel (*vehg*-serl) *c* (pl -sler) bill; draft

vekselkontor (*vehg*-serlkoan-toar) *nt* money exchange, exchange office

vekselkurs (*vehg*-serl-koors) *c* exchange rate

vekselstrøm (*vehg*-serlsdrurm) *c* alternating current

vekselvis (*vehg*-sler-ner) *adv* alternately

veksle (*vehg*-sler) *v* change, exchange

velbefindende (*vehl*-bayfayn-er-ner) *nt* ease

velbegrundet (*vehl*-baygron-erdh) *adj* well-founded

velfærd (*vehl*-fær) *c* prosperity, welfare

velgørenhed (vehl-*gurr*-ernhaydh) *c* charity

velhavende (*vehl*-hah-verner) *adj* well-to-do, prosperous

velkendt (*vehl*-kehnd) *adj* familiar

velkommen (*vehl*-kom-ern) *adj* welcome; *****byde ~** welcome

velkomst (*vehl*-komsd) *c* welcome

vellykket (*vehl*-lur-gerdh) *adj* successful

velsigne (vehl-*si*-ner) *v* bless

velsignelse (vehl-*si*-nerl-ser)

velsmagende

c blessing
velsmagende (*vehl-smah-ah-ner*) *adj* savoury, tasty
velstand (*vehl-sdahn*) *c* prosperity
velvilje (*vehl-vil-ʸer*) *c* goodwill
velvære (*vehl-vai-o*) *nt* well-being, comfort
vemodig (*vay-moa-dhi*) *adj* sad
ven (*vehn*) *c* (pl ~ner) friend
vende (*veh-ner*) *v* turn, turn round; ~ **om** turn back; turn over; invert; ~ **sig om** turn round; ~ **tilbage** *go back, return
vendepunkt (*veh-ner-pongd*) *nt* turning point
vending (*veh-nayng*) *c* turn; phrase
Venezuela (*vay-ner-soo-āy-lah*) Venezuela
venezuelaner (*vay-ner-soo-ay-lah-no*) *c* Venezuelan
venezuelansk (*vay-ner-soo-ay-lahnsg*) *adj* Venezuelan
veninde (*vehn-ay-ner*) *c* friend
venlig (*vehn-li*) *adj* kind, friendly; **venligst** please
venskab (*vehn-sgahb*) *nt* friendship
venskabelig (*vehn-sgah-ber-li*) *adj* friendly, amicable
venstre (*vehn-sdro*) *adj* left-hand, left
vente (*vehn-der*) *v* wait; expect; ~ **på** await
venteliste (*vehn-der-layss-der*) *c* waiting list
venten (*vehn-dern*) *c* waiting
venteværelse (*vehn-der-vai-ol-ser*) *nt* waiting room
ventil (*vehn-til*) *c* valve
ventilation (*vehn-ti-lah-sʸoan*) *c* ventilation
ventilator (*vehn-ti-laa-to*) *c* fan, ventilator
ventilatorrem (*vehn-ti-laa-to-ræm*) *c* (pl ~me) fan belt
ventilere (*vehn-ti-lay-o*) *v* ventilate
veranda (*vay-rahn-dah*) *c* veranda
verbum (*vær-bom*) *nt* (pl -ber) verb
verden (*vær-dern*) *c* world
verdensberømt (*vær-derns-bay-rurmd*) *adj* world-famous
verdensdel (*vær-derns-dayl*) *c* continent
verdensomspændende (*vær-derns-om-sbehn-er-ner*) *adj* world-wide
verdensrum (*vær-derns-rom*) *nt* space
verificere (*vær-i-fi-say-o*) *v* verify
vers (*værs*) *nt* (pl ~) verse, stanza
version (*vær-sʸoan*) *c* version
vest (*vehsd*) west; *c* waistcoat, vest *nAm*
vestibule (*veh-sdi-bēw-ler*) *c* lobby, hall
vestlig (*vehsd-li*) *adj* western; westerly
veterinær (*vay-tær-i-nær*) *c*

veterinary surgeon
vi (vi) *pron* we
via (vee-ah) *prep* via
vibration (vi-brah-sʸoan) *c* vibration
vibrere (vi-*bræ*-o) *v* vibrate
viceværd (*vee*-ser-værd) *c* janitor, caretaker
vid (vidh) *adj* wide, broad
***vide** (*vee*-dher) *v* *know
videbegærlig (*vee*-dher-bay-gær-li) *adj* curious
videnskab (*vee*-dhern-sgahb) *c* science
videnskabelig (vee-dhern-*sgahb*-li) *adj* scientific
videnskabsmand (*vee*-dhern-sgahbs-mahn) *c* (pl ~mænd) scientist
video (*vi*-day-oa) *c* video; **~kamera** *nt* video camera; **~kasette** *c* video cassette; **~båndoptager** *c* video recorder; **~spil** *nt* (pl ~) video game
videreforhandler (vidh-ro-fo-*hahn*-lo) *c* retailer
vidne (vidh-ner) *nt* witness; *v* testify
vidtstrakt (*vid*-sdrahgd) *adj* vast
vidunder (vidh-*on*-o) *nt* marvel, wonder
vidunderlig (vidh-*on*-o-li) *adj* wonderful, marvellous
vielsesring (*vi*-erl-serss-ræng) *c* wedding ring
vifte (*vayf*-der) *c* fan
vig (vi) *c* creek, inlet, cove
vigtig (*vayg*-di) *adj*

important; proud
vigtighed (*vayg*-di-haydh) *c* importance
vigtig person (*vayg*-di pær-soan) *c* (pl ~s) VIP
viis (vis) *adj* (pl vise) wise
vikariat (vi-kah-i-*ahd*) *nt* replacement
vikariere (vi-kah-*i*-ay-o) *v* substitute
vikle (*vayg*-ler) *v* wrap, twist; *wind
viktualieforretning (vig-too-*ahl*-ʸer-fo-ræd-nayng) *c* delicatessen
vild (vil) *adj* wild; savage, fierce
vildfarelse (*vil*-fah-ahl-ser) *c* error
vildt (vild) *nt* game
vildthandler (*vild*-hahn-lo) *c* poulterer
vildtreservat (*vild*-ræ-sær-vahd) *nt* game reserve
vilje (*vil*-ʸer) *c* will; **med ~** intentionally, on purpose
viljestyrke (*vil*-ʸer-sdewr-ger) *c* willpower
vilkår (*vil*-ko) *nt* (pl ~) term, condition
vilkårlig (vil-*ko*-li) *adj* arbitrary
villa (*vi*-lah) *c* villa
***ville** (*vi*-ler) *v* *will, want
villig (*vi*-li) *adj* willing; inclined; **villigt** willingly
vin (vin) *c* wine
vind (vayn) *c* wind
***vinde** (*vay*-ner) *v* *win; **vindende** winning; **~ over**

vindebro

defeat
vindebro (vay-ner-broa) c
    drawbridge
vinder (vay-no) c winner
vindmølle (vayn-murr-ler) c
    windmill
vindruer (vin-droo-o) pl
    grapes pl
vindspejl (vayn-sbighl) nt
    windscreen; windshield
    nAm
vindstød (vayn-sdurdh) nt (pl
    ~) blow; gust
vindue (vayn-doo-oo) nt
    window
vindueskarm (vayn-dooss-
    kahm) c windowsill
vinduesvisker (vayn-dooss-
    vayss-go) c windscreen
    wiper; windshield wiper Am
vinge (vayng-er) c wing
vinhandler (veen-hahn-lo) c
    wine merchant
vinhøst (veen-hursd) c
    vintage
vink (vayngg) nt (pl ~) sign
vinke (vayng-ger) v wave
vinkel (vayng-gerl) c (pl
    -kler) angle
vinkort (veen-kawd) nt (pl ~)
    wine list
vinkælder (veen-keh-lo) c (pl
    -dre) wine cellar
vinmark (veen-maag) c
    vineyard
vinplante (veen-plahn-der) c
    vine
vinter (vayn-do) c (pl -tre)
    winter
vintersport (vayn-do-sbawd)

c winter sports
viol (vi-oal) c violet
violet (vi-oa-lehd) adj violet
violin (vi-oa-lin) c violin
vippe (vay-ber) c seesaw
virke (veer-ger) v work;
    operate
virkelig (veer-ger-li) adj very,
    true, real; actual,
    substantial; **virkeligt** really
*****virkeliggøre** (veer-ger-li-
    gur-o) v realize
virkelighed (veer-ger-li-
    haydh) c reality; **i
    virkeligheden** in fact
virkemåde (veer-ger-maw-
    dher) c mode of operation
virkning (veerg-nayng) c
    effect
virkningsfuld (veerg-naynys-
    fool) adj efficient
virkningsløs (veerg-naynys-
    lurs) adj inefficient
virksom (veerg-som) adj
    effective
virksomhed (veerg-som-
    haydh) c business
virus (vee-roos) c virus
virvar (veer-vah) nt muddle
vis (vayss) adj certain; **visse**
    some
visdom (veess-dom) c
    wisdom
vise (vee-ser) c song; ballad,
    tune; v point out, *show;
    display; ~ **sig** appear; prove;
    ~ **vej(en)** v show the way
visit (vi-sid) c (pl ~ter) call,
    visit
visitere (vi-si-tay-o) v search

visitkort (vi-*sid*-kawd) *nt* (pl ~) visiting-card
viskelæder (*vayss*-ger-lehdh-o) *nt* eraser, rubber
viskestykke (*vayss*-ger-sdur-ger) *nt* dish towel, tea cloth
visne (*vayss*-ner) *v* wither
visum (*vee*-som) *nt* (pl visa) visa
vitamin (vi-tah-*min*) *nt* vitamin
vittig (*vi*-di) *adj* witty
vogn (vo^{oo}n) *c* carriage
vogte sig (*vog*-der) beware
vokal (voa-*kahl*) *c* vowel; *adj* vocal
voks (vogs) *nt* wax
vokse (*vog*-ser) *v* *grow
voksen[1] (*vog*-sern) *c* (pl -sne) adult, grown-up
voksen[2] (*vog*-sern) *adj* adult, grown-up
vokskabinet (*vogs*-kah-bi-nehd) *nt* (pl ~ter) waxworks *pl*
voksmannequin (*vogs*-mahn-ner-kehng) *c* mannequin
vold (vol) *c* force, violence; embankment, rampart
voldgrav (*vol*-grahoo) *c* moat
voldshandling (*vols*-hahn-layng) *c* outrage
voldsom (*vol*-som) *adj* violent
***voldtage** (*vol*-tah) *v* rape; assault
volt (vold) *c* (pl ~) volt
volumen (voa-*loo*-mern) *nt* volume
vor (vo) *pron* (nt vort, pl vore) our
vores (*vo*-ross) *pron* ours
vove (*vaw*-ver) *v* dare; venture; **vovet** risky
vovestykke (*vo*^{oo}-er-sdur-ger) *nt* venture, hazard
vrag (vrahoo) *nt* (pl ~) wreck
vranten (*vrahn*-dern) *adj* cross
vred (vrædh) *adj* angry
vrede (*vræe*-dher) *c* anger; temper
***vride** (*vree*-dher) *v* twist; *wring
vridning (*vridh*-nayng) *c* twist
vræl (vræl) *nt* (pl ~) cry
vrøvl (vrur^{oo}l) *nt* nonsense; rubbish
vrøvle (*vrur*^{oo}-ler) *v* talk rubbish
vugge (*vo*-ger) *c* cradle; *v* rock
vuggestue (*vo*-ger-sdoo̅oo̅o) *c* nursery
vulgær (vool-*gær*) *adj* vulgar
vulkan (vool-*kahn*) *c* volcano
vurdere (voor-*day*-o) *v* estimate, value; evaluate
vurdering (voor-*dayr*-ayng) *c* appreciation, evaluation
vædde (*vai*-dher) *v* *bet
væddeløb (*vai*-dher-lurb) *nt* (pl ~) race
væddeløbsbane (*vai*-dher-lurbs-baa-ner) *c* racetrack; racecourse
væddeløbshest (*vai*-dher-lurbs-hehsd) *c* racehorse
væddemål (*vai*-dher-mol) *nt*

væg

(pl ~) bet
væg (vehg) c (pl ~ge) wall
væggetøj (veh-ger-toi) pl bug, bedbugs pl
vægt (vehgd) c weight; scales pl; weighing machine
væk (vehg) adv away, off
vække (veh-ger) v *awake, *wake
vækkeur (veh-ger-oor) nt alarm-clock
vækst (vehgsd) c growth
væksthus (vehgsd-hoos) nt greenhouse
vældig (vehl-di) adj huge
*****vælge** (vehl-^yer) v *choose; elect; pick
vælger (vehl-yo) c voter
væmmelig (vehm-li) adj nasty
væmmelse (vehm-erl-ser) c disgust
vænne (veh-ner) v accustom
værdi (vær-di) c worth, value
værdifuld (vær-di-fool) adj valuable; important
værdig (vær-di) adj dignified, worthy; ~ til worthy of
værdigenstande (vær-di-gehn-sdah-ner) pl valuables pl
værdighed (vai-di-hayd) c dignity
værdiløs (vær-di-lurs) adj worthless
værdipapirer (vær-di-pah-pi-o) pl stocks and shares
*****værdsætte** (vær-seh-der) v appreciate
værdsættelse (vær-seh-derl-ser) c appreciation
*****være** (vai-o) v *be; ~ afhængig af depend on; ~ værd *be worth
værelse (vai-ol-ser) c room; ~ med morgenmad bed and breakfast
værelsesbetjening (vai-ol-serss-bay-t^yeh-nayng) c room service
værge (vær-er) c guardian
værkfører (værg-fūr-o) c foreman
værksted (værg-stehdh) nt workshop
værktøj (værg-toi) nt tool; implement
værktøjssæt (værg-toiss-sehd) nt (pl ~) tool kit
værn (værn) nt (pl ~) defence
værnepligtig (vær-ner-playg-di) c conscript, draftee
værre (vær-o) adj worse; værst worst
værsgo (værs-goa) here you are
vært (værd) c host
værtinde (værd-ay-ner) c hostess; landlady
værtshus (værds-hoos) nt pub, public house
væsen (veh-sern) nt (pl væsner) being; essence, manner
væsentlig (veh-sern-li) adj essential
væske (vehss-ger) c fluid
væv (vehoo) nt (pl ~) tissue
væve (vai-ver) v *weave
væver (vai-vo) c weaver

våben (*vo-bern*) *nt* (pl ~) arm; weapon
våbenstilstand (*vo-bern-sdayl-sdahn*) *c* armistice
våd (*vodh*) *adj* wet; moist
vågen (*vaw-ern*) *adj* awake
vågne (*vo⁰⁰-ner*) *v* wake up; ~ **op** wake up

Y

yacht (*ʸahgd*) *c* yacht
yde (*ew-dher*) *v* offer; grant; extend
yderligere (*ewdh-o-li-aw-o*) *adj* additional, further
yderlighed (*ew-dho-li-haydh*) *c* extreme
ydermere (*ew-dho-māy-o*) *adv* furthermore
yderside (*ewdh-o-see-dher*) *c* exterior, outside
yderst (*ewdh-osd*) *adj* extreme; utmost
ydmyg (*ewdh-mew*) *adj* humble
ydre (*ewdh-ro*) *nt* appearance; outside; *adj* exterior
ynde (*ur-ner*) *c* grace
yndefuld (*ur-ner-fool*) *adj* graceful
yndig (*urn-di*) *adj* lovely
yndigheder (*urn-di-haydh-o*) *pl* charm
yndling (*urng-layng*) *c* favourite; **yndlings-** favourite; pet
ynke (*urng-ger*) *v* pity
ytre (*ewd-ro*) *v* express; utter
yuppie (*ʸoo-bi*) *c* yuppie

Z

zebra (*sāy-brah*) *c* zebra
zenit (*sāy-nid*) *nt* zenith
zink (*sayngg*) *c* zinc
zone (*sōa-ner*) *c* zone
zoo (*sōa-oa*) *c* zoo
zoologi (*sōa-oa-loa-gi*) *c* zoology
zoomlinse (*sōōm-layn-ser*) *c* zoom lens

Æ

æble (*aib-ler*) *nt* apple
ædel (*eh-dherl*) *adj* noble
ædelsten (*eh-dherl-sdayn*) *c* (pl ~) stone, gem
ædru (*ai-droo*) *adj* sober
æg¹ (*ehg*) *nt* (pl ~) egg
æg² (*ehg*) *c* (pl ~ge) edge
æggeblomme (*eh-ger-blo-*

ægte

mer) *c* egg yolk, yolk
ægte (*ehg*-der) *adj* true, genuine, authentic; *v* marry
ægtefælle (*ehg*-der-fehl-er) *c* spouse
ægtemand (*ehg*-der-mahn) *c* husband
ægtepar (*ehg*-der-pah) *nt* (pl ~) married couple
ægteskab (*ehg*-der-sgahb) *nt* marriage; matrimony
ækel (*eh*-gerl) *adj* revolting, disgusting
ækvator (eh-*kvaa*-to) *c* equator
ældre (*ehl*-dro) *adj* elder; aged, elderly
ældst (ehlsd) *adj* elder, eldest
ændre (*ehn*-dro) *v* alter, change
ændring (*ehn*-dræng) *c* alteration, change
ængstelig (*ehng*-sder-li) *adj* afraid
ængstelse (*ehng*-sderl-ser) *c* anxiety
ærbødig (ær-*bur*-dhi) *adj* respectful
ærbødighed (ær-*bur*-dhi-haydh) *c* respect
ære (*ai*-o) *c* honour, glory; *v* honour
ærefrygt (*ai*-o-frurgd) *c* respect
ærefuld (*ai*-o-fool) *adj* honourable
æresfølelse (*ai*-oss-fūr-lerl-ser) *c* sense of honour
ærgerlig (*ær*-o-li) *adj* annoying
ærgerrig (*ær*-gær-i) *adj* ambitious
ærgre (*ær*-ro) *v* annoy
ærgrelse (*ær*-rol-ser) *c* annoyance; bother
ærinde (*ai*-o-ner) *nt* errand
ærlig (*ær*-li) *adj* honest; straight
ærlighed (*ær*-li-haydh) *c* honesty
ærme (*ær*-mer) *nt* sleeve
ært (ærd) *c* pea
ærværdig (ær-*vær*-di) *adj* venerable
æsel (*eh*-serl) *nt* (pl æsler) donkey
æske (*ehss*-ger) *c* box
æter (*eh*-do) *c* ether

Ø

ø (ur) *c* island
øde (*ūr*-dher) *adj* desert
***ødelægge** (*ūr*-dher-leh-ger) *v* destroy; wreck; *spoil
ødelæggelse (*ūr*-dher-leh-gerl-ser) *c* destruction; ruin
ødsel (*ur*-serl) *adj* wasteful; extravagant; lavish
øhav (*ur*-hou) *nt* archipelago
øje (*oi*-er) *nt* (pl øjne) eye; *holde ~ med *keep an eye on
øjeblik (*oi*-er-blayg) *nt* (pl ~ke) instant, moment,

øjeblikkelig (oi-er-*blay*-ger-li) *adj* immediate, present; momentary; prompt; **øjeblikkeligt** *adv* immediately, instantly
øjebliksbillede (*oi*-er-blaygs-bay-ler-dher) *nt* snapshot
øjenbryn (*oi*-ern-brewn) *nt* (pl ~) eyebrow
øjenbrynsstift (*oi*-ern-brewns-sdayfd) *c* eyebrow pencil
øjenlæge (*oi*-ern-lai-eh) *c* oculist
øjenlåg (*oi*-ern-lo) *nt* (pl ~) eyelid
øjenskygge (*oi*-ern-sgew-ger) *c* eye shadow
øjensynlig (*oi*-ern-*sewn*-lid) *adv* apparently
øjenvidne (*oi*-ern-vidh-ner) *nt* eyewitness
øjenvippe (*oi*-ern-vay-ber) *c* eyelash
økologi (ur-koa-loa-*gi*) *c* ecology
økologisk (ur-koa-*loa*-isg) *adj* ecological
økumenisk (ur-koo-*may*-nisg) *adj* oecumenical
økonom (ur-koa-*noam*) *c* economist
økonomi (ur-koa-noa-*mi*) *c* economy
økonomisk (ur-koa-*noa*-misg) *adj* economic, economical
økoturist (ur-koa-too-*risd*) *c* eco-tourist
økse (*urg*-ser) *c* axe
øl (url) *nt* beer, ale
øm (urm) *adj* sore; tender
ømhed (*urm*-haydh) *c* tenderness
ønske (*urns*-ger) *nt* wish, desire; *v* want, desire, wish
ønskelig (*urn*-sger-li) *adj* desirable
øre (*ūr*-o) *nt* ear
ørering (*ūr*-on-ræng) *c* earring
ørepine (*ūr*-o-pee-ner) *c* earache
ørken (*urr*-gern) *c* desert
ørn (urrn) *c* eagle
ørred (*ūr*-odh) *c* trout
øsregn (*ūrss*-righn) *c* downpour
øst (ursd) east
østers (*urss*-doss) *c* (pl ~) oyster
østlig (*ursd*-li) *adj* eastern
østre (*urss*-dro) *adj* eastern
Østrig (*urss*-dri) Austria
østriger (*urss*-dri-o) *c* Austrian
østrigsk (*urss*-drisg) *adj* Austrian
øve (*ūr*-ver) *v* exercise; ~ **sig** practise
øvelse (*ūr*-verl-ser) *c* exercise
øverst (*ūr*-vosd) *adj* top
øvet (*ūr*-verdh) *adj* skilled
øvre (*ur*⁰⁰-ro) *adj* upper
øvrighed (*ur*⁰⁰-ri-haydh) *c* authorities *pl*
for øvrigt (*ur*⁰⁰-rid) moreover

Å

å (o) *c* brook
åben (*aw*-bern) *adj* open
åbenbar (*aw*-bern-bah) *adj* apparent; **åbenbart** apparently
åbenbare (o-bern-*bah*-ah) *v* reveal, disclose
åbenhjertig (o-bern-*Yær*-di) *adj* open, frank, candid
åbne (*awb*-ner) *v* open
åbner (*awb*-ner) *c* opener
åbning (*awb*-nayng) *c* opening; gap
åbningstider (*awb*-nayngs-tee-dho) *pl* business hours
åg (o) *nt* (pl ~) yoke
ål (ol) *c* (pl ~) eel
ånd (on) *c* ghost, spirit
ånde (*o*-ner) *v* breathe
åndedrag (*o*-ner-drah) *nt* (pl ~) breath

åndedræt (*o*-ner-dræd) *nt* breathing
åndelig (*o*-ner-li) *adj* spiritual
år (o) *nt* (pl ~) year
årbog (*aw*-bo^{oo}) *c* (pl -bøger) annual
åre (*aw*-o) *c* vein; oar
åreknude (*aw*-o-knoo-dher) *c* varicose vein
årgang (*aw*-gahng) *c* volume; vintage
århundrede (o-*hoon*-ro-dher) *nt* century
årlig (*aw*-li) *adj* annual, yearly; **årligt** per annum
årsag (*aw*-sah) *c* reason, cause
årsdag (*os*-dah) *c* anniversary
årstid (*awss*-tidh) *c* season
årvågen (*aw*-vo-ern) *adj* alert, wpatchful; vigilant

English–Danish
Engelsk–Dansk

A

a [ei,ə] *art* (an) en *art*
abbey ['æbi] *n* abbedi *nt*
abbreviation [ə,bri:vi'eiʃən] *n* forkortelse *c*
ability [ə'biləti] *n* dygtighed *c*; evne *c*
able ['eibəl] *adj* i stand til; duelig, dygtig; *be ~ to* *være i stand til; *kunne
aboard [ə'bɔ:d] *adv* om bord
abolish [ə'bɔliʃ] *v* afskaffe
abortion [ə'bɔ:ʃən] *n* abort *c*
about [ə'baut] *prep* om; angående, vedrørende; *adv* cirka, omtrent; omkring
above [ə'bʌv] *prep* oven over; *adv* ovenover
abroad [ə'brɔ:d] *adv* udenlands
abscess ['æbses] *n* byld *c*
absence ['æbsəns] *n* fravær *nt*
absent ['æbsənt] *adj* fraværende
absolutely ['æbsəlu:tli] *adv* absolut
abstain from [əb'stein] *afholde sig fra
abstract ['æbstrækt] *adj* abstrakt
absurd [əb'sə:d] *adj* urimelig, absurd
abundance [ə'bʌndəns] *n* overflod *c*
abundant [ə'bʌndənt] *adj* rigelig
abuse [ə'bju:s] *n* misbrug *c*
academy [ə'kædəmi] *n* akademi *nt*
accelerate [ək'seləreit] *v* accelerere, *sætte farten op
accelerator [ək'seləreitə] *n* speeder *c*
accent ['æksənt] *n* accent *c*; tryk *nt*
accept [ək'sept] *v* acceptere, *modtage, *tage imod
access ['ækses] *n* adgang *c*
accessible [ək'sesəbəl] *adj* tilgængelig
accessories [ək'sesəriz] *pl* tilbehør *nt*
accident ['æksidənt] *n* ulykke *c*, uheld *nt*
accidental [,æksi'dentəl] *adj* tilfældig
accommodate [ə'kɔmədeit] *v* skaffe husly
accommodation [ə,kɔmə'deiʃən] *n* husly *nt*, logi *nt*
accompany [ə'kʌmpəni] *v*

accomplish

ledsage; *følge;
akkompagnere
accomplish [əˈkʌmpliʃ] v
fuldbyrde; fuldføre
in accordance with [in
əˈkɔːdəns wið] i
overensstemmelse med
according to [əˈkɔːdiŋ tuː]
ifølge; i overensstemmelse
med
account [əˈkaunt] n konto c;
beretning c; ~ **for** *gøre rede
for; **on ~ of** på grund af
accurate [ˈækjurət] adj
akkurat
accuse [əˈkjuːz] v beskylde;
anklage
accused [əˈkjuːzd] n
anklagede c
accustom [əˈkʌstəm] v
vænne; **accustomed** vant
ache [eik] v *gøre ondt; n
smerte c
achieve [əˈtʃiːv] v nå;
præstere
achievement [əˈtʃiːvmənt] n
præstation c
acknowledge [əkˈnɔlidʒ] v
erkende; indrømme;
bekræfte
acne [ˈækni] n filipenser
acorn [ˈeikɔːn] n agern c
acquaintance [əˈkweintəns]
n bekendt c
acquire [əˈkwaiə] v tilegne
sig, erhverve
acquisition [ˌækwiˈziʃən] n
erhvervelse c
acquittal [əˈkwitəl] n
frifindelse c

across [əˈkrɔs] prep over; på
den anden side af; adv på
den anden side
act [ækt] n handling c; akt c;
nummer nt; v handle,
*optræde; opføre sig; spille
action [ˈækʃən] n handling c,
aktion c
active [ˈæktiv] adj aktiv; travl
activewear [ˈæktivˌweə] n
fritidstøj nt
activity [ækˈtivəti] n aktivitet
c
actor [ˈæktə] n skuespiller c
actress [ˈæktris] n
skuespillerinde c
actual [ˈæktʃuəl] adj faktisk,
virkelig
actually [ˈæktʃuəli] adv
faktisk
acute [əˈkjuːt] adj spids, fin;
akut
adapt [əˈdæpt] v tilpasse
adaptor [əˈdæptə] n
mellemsokkel c
add [æd] v *lægge sammen;
tilføje
addition [əˈdiʃən] n addition
c; tilføjelse c
additional [əˈdiʃənəl] adj
ekstra; yderligere;
underordnet
address [əˈdres] n adresse c;
v adressere; henvende sig til
addressee [ˌædreˈsiː] n
adressat c
adequate [ˈædikwət] adj
tilstrækkelig; passende,
adækvat
adjective [ˈædʒiktiv] n

tillægsord *nt*
adjust [əˈdʒʌst] *v* justere; tilpasse
administer [ədˈministə] *v* administrere; uddele
administration [ədˌminiˈstreiʃən] *n* administration *c*; ledelse *c*
administrative [ədˈministrətiv] *adj* administrativ; administrerende; ~ **law** forvaltningsret *c*
admiration [ˌædməˈreiʃən] *n* beundring *c*
admire [ədˈmaiə] *v* beundre
admission [ədˈmiʃən] *n* adgang *c*; optagelse *c*
admit [ədˈmit] *v* *give adgang, *optage; indrømme, erkende
admittance [ədˈmitəns] *n* adgang *c*; **no ~** adgang forbudt
adopt [əˈdɔpt] *v* adoptere, *vedtage
adorable [əˈdɔːrəbəl] *adj* henrivende
adult [ˈædʌlt] *n* voksen *c*; *adj* voksen
advance [ədˈvɑːns] *n* fremgang *c*; forskud *nt*; *v* *gå fremad; betale i forskud; **in ~** på forhånd, i forvejen
advanced [ədˈvɑːnst] *adj* avanceret
advantage [ədˈvɑːntidʒ] *n* fordel *c*
advantageous [ˌædvənˈteidʒəs] *adj*

fordelagtig
adventure [ədˈventʃə] *n* eventyr *nt*
adverb [ˈædvəːb] *n* adverbium *nt*
advertisement [ədˈvəːtismənt] *n* annonce *c*
advertising [ˈædvətaiziŋ] *n* reklame *c*
advice [ədˈvais] *n* råd *nt*
advise [ədˈvaiz] *v* *rådgive, råde
advocate [ˈædvəkət] *n* fortaler *c*
aerial [ˈɛəriəl] *n* antenne *c*
aeroplane [ˈɛərəplein] *n* flyvemaskine *c*
affair [əˈfɛə] *n* anliggende *nt*; affære *c*, forhold *nt*
affect [əˈfekt] *v* påvirke; *angå
affected [əˈfektid] *adj* affekteret
affection [əˈfekʃən] *n* sygdom *c*; hengivenhed *c*
affectionate [əˈfekʃənit] *adj* hengiven, kærlig
affiliated [əˈfilieitid] *adj* tilsluttet
affirm [əˈfəːm] *v* forsikre
affirmative [əˈfəːmətiv] *adj* bekræftende
afford [əˈfɔːd] *v* *have råd til
afraid [əˈfreid] *adj* bange, ængstelig; ***be ~** *være bange
Africa [ˈæfrikə] Afrika
African [ˈæfrikən] *adj* afrikansk; *n* afrikaner *c*
after [ˈɑːftə] *prep* efter; *conj* efter at

afternoon

afternoon [,ɑ:ftə'nu:n] *n* eftermiddag *c*; **this ~** i eftermiddag

afterwards ['ɑ:ftəwədz] *adv* senere, bagefter

again [ə'gen] *adv* igen; atter; **~ and again** gang på gang

against [ə'genst] *prep* mod

age [eidʒ] *n* alder *c*; alderdom *c*; **of ~** myndig; **under ~** mindreårig

aged ['eidʒid] *adj* ældre; gammel

agency ['eidʒənsi] *n* agentvirksomhed *c*; bureau *nt*; agentur *nt*

agenda [ə'dʒendə] *n* dagsorden *c*

agent ['eidʒənt] *n* agent *c*, repræsentant *c*

aggressive [ə'gresiv] *adj* aggressiv

ago [ə'gou] *adv* for ... siden

agrarian [ə'greəriən] *adj* landbrugs-

agree [ə'gri:] *v* *være enig; indvillige; stemme overens

agreeable [ə'gri:əbəl] *adj* behagelig

agreement [ə'gri:mənt] *n* kontrakt *c*; overenskomst *c*, aftale *c*; enighed *c*

agriculture ['ægrikʌltʃə] *n* landbrug *nt*

ahead [ə'hed] *adv* foran; **~ of** foran; ***go ~** *gå videre; **straight ~** ligeud

aid [eid] *n* hjælp *c*; *v* *hjælpe, understøtte

AIDS [eidz] AIDS

aim [eim] *n* mål *nt*; **~ at** rette imod, sigte på; sigte mod

air [ɛə] *n* luft *c*; *v* lufte

airbag ['ɛəbæg] *n* airbag *c*

air conditioning ['ɛəkən,diʃəniŋ] *n* klimaanlæg *nt*; **air--conditioned** *adj* luftkonditioneret

airfield ['ɛəfi:ld] *n* flyveplads *c*

airline ['ɛəlain] *n* luftfartsselskab *nt*

airmail ['ɛəmeil] *n* luftpost *c*

airplane ['ɛəplein] *nAm* flyvemaskine *c*

airport ['ɛəpɔ:t] *n* lufthavn *c*

airsickness ['ɛə,siknəs] *n* luftsyge *c*

airtight ['ɛətait] *adj* lufttæt

airy ['ɛəri] *adj* luftig

aisle [ail] *n* sideskib *nt*; midtergang *c*

alarm [ə'lɑ:m] *n* alarm *c*; *v* forurolige

alarm-clock [ə'lɑ:mklɔk] *n* vækkeur *nt*

album ['ælbəm] *n* album *nt*

alcohol ['ælkəhɔl] *n* alkohol *c*

alcoholic [,ælkə'hɔlik] *adj* alkoholholdig

ale [eil] *n* øl *nt*

algebra ['ældʒibrə] *n* algebra *c*

Algeria [æl'dʒiəriə] Algeriet

Algerian [æl'dʒiəriən] *adj* algerisk; *n* algerier *c*

alien ['eiliən] *n* udlænding *c*; *adj* udenlandsk

alike [ə'laik] *adj* ens, lig; *adv* ligeledes

amuse

på samme måde
alive [əˈlaiv] *adj* levende, i live
all [ɔːl] *adj* al, hele; alle; ~ **in** alt iberegnet; ~ **right!** fint!; **at** ~ overhovedet
allergy [ˈælədʒi] *n* allergi *c*
alley [ˈæli] *n* gyde *c*
alliance [əˈlaiəns] *n* alliance *c*
allies [ˈælaiz] *pl* allierede *pl*
allow [əˈlau] *v* *tillade; ~ **to** *lade; *be allowed *være tilladt; *be allowed to *have lov til
allowance [əˈlauəns] *n* bidrag *nt*
almond [ˈɑːmənd] *n* mandel *c*
almost [ˈɔːlmoust] *adv* næsten
alone [əˈloun] *adv* alene
along [əˈlɔŋ] *prep* langs
aloud [əˈlaud] *adv* højt
alphabet [ˈælfəbet] *n* alfabet *nt*
already [ɔːlˈredi] *adv* allerede
also [ˈɔːlsou] *adv* også; desuden, ligeledes
altar [ˈɔːltə] *n* alter *nt*
alter [ˈɔːltə] *v* forandre, ændre
alteration [ˌɔːltəˈreiʃən] *n* forandring *c*, ændring *n*
alternate [ɔːlˈtəːnət] *adj* skiftende
alternative [ɔːlˈtəːnətiv] *n* alternativ *nt*
although [ɔːlˈðou] *conj* selv om, skønt
altitude [ˈæltitjuːd] *n* højde *c*
alto [ˈæltou] *n* (pl ~s) alt *c*
altogether [ˌɔːltəˈgeðə] *adv* fuldstændigt; alt i alt
always [ˈɔːlweiz] *adv* altid
am [æm] *v* (pr be)
amaze [əˈmeiz] *v* forbløffe, forbavse, forundre
amazement [əˈmeizmənt] *n* forbavselse *c*
amazing [əˈmeiziŋ] *adj* fantastisk
ambassador [æmˈbæsədə] *n* ambassadør *c*
amber [ˈæmbə] *n* rav *nt*
ambiguous [æmˈbigjuəs] *adj* tvetydig
ambition [æmˈbiʃən] *n* ambition *c*
ambitious [æmˈbiʃəs] *adj* ambitiøs; ærgerrig
ambulance [ˈæmbjuləns] *n* ambulance *c*
ambush [ˈæmbuʃ] *n* baghold *nt*
America [əˈmerikə] Amerika
American [əˈmerikən] *adj* amerikansk; *n* amerikaner *c*
amethyst [ˈæmiθist] *n* ametyst *c*
amid [əˈmid] *prep* blandt; midt i, midt iblandt
ammonia [əˈmouniə] *n* salmiakspiritus *c*
amnesty [ˈæmnisti] *n* amnesti *c*
among [əˈmʌŋ] *prep* blandt; imellem, mellem; ~ **other things** blandt andet
amount [əˈmaunt] *n* mængde *c*; beløb *nt*, sum *c*; ~ **to** *beløbe sig til
amuse [əˈmjuːz] *v* more,

amusement

*underholde
amusement [əˈmjuːzmənt] n
fornøjelse c, adspredelse c
amusing [əˈmjuːziŋ] adj
morsom
anaemia [əˈniːmiə] n
blodmangel c
anaesthesia [ˌænisˈθiːziə] n
bedøvelse c
anaesthetic [ˌænisˈθetik] n
bedøvelsesmiddel nt
analyse [ˈænəlaiz] v
analysere
analysis [əˈnæləsis] n (pl -ses) analyse c
analyst [ˈænəlist] n
analytiker c;
psykoanalytiker c
anarchy [ˈænəki] n anarki c
anatomy [əˈnætəmi] n
anatomi c
ancestor [ˈænsestə] n
forfader c
anchor [ˈæŋkə] n anker nt
anchovy [ˈæntʃəvi] n ansjos c
ancient [ˈeinʃənt] adj
gammel; forældet,
gammeldags; oldtids-
and [ænd, ənd] conj og
angel [ˈeindʒəl] n engel c
anger [ˈæŋgə] n vrede c;
raseri c
angle [ˈæŋgəl] v fiske; n
vinkel c
angry [ˈæŋgri] adj vred
animal [ˈæniməl] n dyr nt
ankle [ˈæŋkəl] n ankel c
annex[1] [ˈæneks] n anneks nt;
bilag nt
annex[2] [əˈneks] v annektere

anniversary [ˌæniˈvəːsəri] n
årsdag c
announce [əˈnauns] v
*bekendtgøre, *kundgøre
announcement
[əˈnaunsmənt] n
kundgørelse c,
bekendtgørelse c
annoy [əˈnɔi] v plage, irritere;
ærgre
annoyance [əˈnɔiəns] n
ærgrelse c
annoying [əˈnɔiiŋ] adj
ærgerlig, irriterende
annual [ˈænjuəl] adj årlig; n
årbog c
per annum [pər ˈænəm] årligt
anonymous [əˈnɔniməs] adj
anonym
another [əˈnʌðə] adj en til; en
anden
answer [ˈɑːnsə] v svare;
besvare; n svar nt
ant [ænt] n myre c
antibiotic [ˌæntibaiˈɔtik] n
antibiotikum nt
anticipate [ænˈtisipeit] v
forvente, *foregribe
antifreeze [ˈæntifriːz] n
frostvæske c
antipathy [ænˈtipəθi] n
modvilje c
antique [ænˈtiːk] adj antik; n
antikvitet c; ~ **dealer**
antikvitetshandler c
anxiety [æŋˈzaiəti] n
ængstelse c
anxious [ˈæŋkʃəs] adj ivrig;
bekymret
any [ˈeni] adj enhver, hvilken

anybody ['enibɔdi] *pron* hvem som helst
anyhow ['enihau] *adv* på hvilken som helst måde
anyone ['eniwʌn] *pron* enhver
anything ['eniθiŋ] *pron* hvad som helst
anyway ['eniwei] *adv* alligevel
anywhere ['eniweə] *adv* hvor som helst
apart [ə'pɑːt] *adv* adskilt, separat; ~ **from** bortset fra
apartment [ə'pɑːtmənt] *n* værelse; *nAm* lejlighed *c*; ~ **house** *Am* beboelsesejendom *c*
apathy ['æpəθi] *n* sløvhed *c*
aperitif [ə'perətiv] *n* aperitif *c*
apologize [ə'pɔlədʒaiz] *v* *bede om undskyldning
apology [ə'pɔlədʒi] *n* undskyldning *c*
apparatus [,æpə'reitəs] *n* indretning *c*, apparat *nt*
apparent [ə'pærənt] *adj* tilsyneladende; åbenbar
apparently [ə'pærəntli] *adv* tilsyneladende, åbenbart; øjensynligt
appeal [ə'piːl] *n* appel *c*
appear [ə'piə] *v* *se ud til, *synes; *fremgå; vise sig; *fremtræde
appearance [ə'piərəns] *n* ydre *nt*; fremtoning; entré *c*
appendicitis [ə,pendi'saitis] *n* blindtarmsbetændelse *c*
appendix [ə'pendiks] *n* (pl -dices, -dixes) blindtarm *c*
appetite ['æpətait] *n* appetit *c*; begær *nt*
appetizer ['æpətaizə] *n* appetitvækker *c*
appetizing ['æpətaiziŋ] *adj* appetitlig
applaud [ə'plɔːd] *v* klappe
applause [ə'plɔːz] *n* bifald *nt*
apple ['æpəl] *n* æble *nt*
appliance [ə'plaiəns] *n* apparat *nt*, indretning *c*
application [,æpli'keiʃən] *n* anvendelse *c*; ansøgning *c*
apply [ə'plai] *v* synes, anvende; benytte; ansøge; *gælde
appoint [ə'pɔint] *v* udnævne; aftale
appointment [ə'pɔintmənt] *n* aftale *c*, møde *nt*; udnævnelse *c*
appreciate [ə'priːʃieit] *v* *værdsætte; påskønne
appreciation [ə,priːʃi'eiʃən] *n* vurdering *c*; værdsættelse *c*
apprentice [ə'prentis] *n* lærling *c*
approach [ə'proutʃ] *v* nærme sig; *n* fremgangsmåde *c*; adgang *c*
appropriate [ə'proupriət] *adj* formålstjenlig, egnet, passende
approval [ə'pruːvəl] *n* billigelse *c*; bifald *nt*, indvilligelse *c*
approve [ə'pruːv] *v*

approximate

godkende
approximate [ə'prɔksimət] *adj* omtrentlig
approximately [ə'prɔksimətli] *adv* cirka, omtrent
apricot ['eiprikɔt] *n* abrikos *c*
April ['eiprəl] april
apron ['eiprən] *n* forklæde *nt*
Arab ['ærəb] *adj* arabisk; *n* araber *c*
arbitrary ['ɑ:bitrəri] *adj* vilkårlig
arcade [ɑ:'keid] *n* arkade *c*, buegang *c*
arch [ɑ:tʃ] *n* bue *c*; hvælving *c*
archaeologist [,ɑ:ki'ɔlədʒist] *n* arkæolog *c*
archaeology [,ɑ:ki'ɔlədʒi] *n* arkæologi *c*
arched [ɑ:tʃt] *adj* bueformet
architect ['ɑ:kitekt] *n* arkitekt *c*
architecture ['ɑ:kitektʃə] *n* bygningskunst *c*, arkitektur *c*
archives ['ɑ:kaivz] *pl* arkiv *nt*
are [ɑ:] *v* (pr be)
area ['ɛəriə] *n* område *nt*; areal *nt*; ~ **code** områdenummer *nt*
Argentina [,ɑ:dʒən'ti:nə] Argentina
Argentinian [,ɑ:dʒən'tiniən] *adj* argentinsk; *n* argentiner *c*
argue ['ɑ:gju:] *v* diskutere, drøfte, argumentere
argument ['ɑ:gjumənt] *n* argument *nt*; diskussion *c*;

ordveksling *c*
***arise** [ə'raiz] *v* *opstå
arithmetic [ə'riθmətik] *n* regning *c*
arm [ɑ:m] *n* arm *c*; våben *nt*; armlæn *nt*; *v* bevæbne
armchair ['ɑ:mtʃɛə] *n* lænestol *c*, armstol *c*
armed [ɑ:md] *adj* bevæbnet; ~ **forces** væbnede styrker
armour ['ɑ:mə] *n* rustning *c*
army ['ɑ:mi] *n* hær *c*
aroma [ə'roumə] *n* aroma *c*
around [ə'raund] *prep* omkring, om; *adv* omkring
arrange [ə'reindʒ] *v* ordne; arrangere
arrangement [ə'reindʒmənt] *n* ordning *c*
arrest [ə'rest] *v* arrestere, *anholde; *n* arrestation *c*, anholdelse *c*
arrival [ə'raivəl] *n* ankomst *c*; komme *nt*
arrive [ə'raiv] *v* *ankomme
arrow ['ærou] *n* pil *c*
art [ɑ:t] *n* kunst *c*; færdighed *c*; ~ **collection** kunstsamling *c*; ~ **exhibition** kunstudstilling *c*; ~ **gallery** kunstgalleri *nt*; ~ **history** kunsthistorie *c*; **arts and crafts** kunsthåndværk *nt*; ~ **school** kunstakademi *c*
artery ['ɑ:təri] *n* pulsåre *c*
artichoke ['ɑ:titʃouk] *n* artiskok *c*
article ['ɑ:tikəl] *n* genstand *c*; artikel *c*; kendeord *nt*
artificial [,ɑ:ti'fiʃəl] *adj*

kunstig
artist ['ɑːtist] n kunstner c; kunstnerinde c
artistic [ɑː'tistik] adj kunstnerisk, artistisk
as [æz] conj ligesom, som; lige så; eftersom, fordi; da, idet; ~ from fra; fra og med; ~ if som om
asbestos [æz'bestɔs] n asbest c
ascend [ə'send] v *bestige; *stige op
ascent [ə'sent] n stigning c; opstigning c
ascertain [ˌæsə'tein] v konstatere; forvisse sig om, *fastslå
ash [æʃ] n aske c
ashamed [ə'ʃeimd] adj skamfuld; *be ~ skamme sig
ashore [ə'ʃɔː] adv i land
ashtray ['æʃtrei] n askebæger nt
Asia ['eiʃə] Asien
Asian ['eiʃən] adj asiatisk; n asiat c
aside [ə'said] adv afsides, til side
ask [ɑːsk] v *spørge; *bede; *indbyde
asleep [ə'sliːp] adj sovende
asparagus [ə'spærəgəs] n asparges c
aspect ['æspekt] n aspekt nt
asphalt ['æsfælt] n asfalt c
aspire [ə'spaiə] v stræbe
aspirin ['æspərin] n aspirin c
assassination [əˌsæsi'neiʃən] n mord nt

assault [ə'sɔːlt] v *angribe; *voldtage
assemble [ə'sembəl] v forsamle; samle, montere
assembly [ə'sembli] n sammenkomst c, forsamling c
assignment [ə'sainmənt] n opgave c
assign to [ə'sain] tildele; *tilskrive
assist [ə'sist] v *bistå, *hjælpe; ~ at *være til stede ved
assistance [ə'sistəns] n hjælp c; assistance c, understøttelse c
assistant [ə'sistənt] n assistent c
associate[1] [ə'souʃiət] n kollega c, kompagnon c; forbundsfælle c; medlem nt
associate[2] [ə'souʃieit] v associere; ~ with *omgås
association [əˌsousi'eiʃən] n forening c
assort [ə'sɔːt] v sortere
assortment [ə'sɔːtmənt] n sortiment c, udvalg nt
assume [ə'sjuːm] v *antage, *gå ud fra, formode
assure [ə'ʃuə] v forsikre
asthma ['æsmə] n astma c
astonish [ə'stɔniʃ] v forbløffe, forbavse
astonishing [ə'stɔniʃiŋ] adj forbavsende
astonishment [ə'stɔniʃmənt] n forbavselse c

astronomy

astronomy [əˈstrɔnəmi] n astronomi c
astronaut [ˈæstrənɔːt] n astronaut c
asylum [əˈsailəm] n asyl nt; plejehjem nt
at [æt] prep i, hos; på
ate [et] v (p eat)
atheist [ˈeiθiist] n ateist c
athlete [ˈæθliːt] n idrætsmand c
athletics [æθˈletiks] pl atletik c
Atlantic [ətˈlæntik] Atlanterhavet
ATM [ˈeitiːˈem], **automatic teller machine** n pengeautomat c
atmosphere [ˈætməsfiə] n atmosfære c; stemning c
atom [ˈætəm] n atom nt
atomic [əˈtɔmik] adj atom-
atomizer [ˈætəmaizə] n forstøver c; spray c
attach [əˈtætʃ] v fæstne, *fastgøre; vedføje; **attached to** knyttet til
attack [əˈtæk] v *overfalde, *angribe; n angreb nt
attain [əˈtein] v nå
attainable [əˈteinəbəl] adj opnåelig
attempt [əˈtempt] v forsøge, prøve; n forsøg nt
attend [əˈtend] v overvære; ~ **on** opvarte; ~ **to** beskæftige sig med, sørge for; *være opmærksom på
attendance [əˈtendəns] n tilslutning c

attendant [əˈtendənt] n kustode c
attention [əˈtenʃən] n opmærksomhed c; *pay ~ *være opmærksom
attentive [əˈtentiv] adj opmærksom
attest [əˈtest] v attestere
attic [ˈætik] n loft nt
attitude [ˈætitjuːd] n holdning c
attorney [əˈtəːni] n advokat c
attract [əˈtrækt] v *tiltrække
attraction [əˈtrækʃən] n attraktion c; tiltrækning c, charme c
attractive [əˈtræktiv] adj tiltrækkende
auction [ˈɔːkʃən] n auktion c
audible [ˈɔːdibəl] adj hørlig
audience [ˈɔːdiəns] n publikum nt
auditor [ˈɔːditə] n tilhører c
auditorium [ˌɔːdiˈtɔːriəm] n auditorium c
August [ˈɔːgəst] august
aunt [ɑːnt] n tante c
Australia [ɔˈstreiliə] Australien
Australian [ɔˈstreiliən] adj australsk; n australier c
Austria [ˈɔstriə] Østrig
Austrian [ˈɔstriən] adj østrigsk; n østriger c
authentic [ɔːˈθentik] adj autentisk; ægte
author [ˈɔːθə] n forfatter c
authoritarian [ɔːˌθɔriˈtɛəriən] adj autoritær

authority [ɔː'θɔrəti] *n*
autoritet *c*; myndighed *c*;
authorities *pl* øvrighed *c*,
myndigheder

authorization
[,ɔːθərai'zeiʃən] *n*
autorisation *c*; godkendelse *c*

automatic [,ɔːtə'mætik] *adj*
automatisk; ~ **teller**
kontanten *c*

automation [,ɔːtə'meiʃən] *n*
automatisering *c*

automobile ['ɔːtəməbiːl] *n*
bil *c*; ~ **club** automobilklub *c*

autonomous [ɔː'tɔnəməs]
adj autonom

autopsy ['ɔːtɔpsi] *n*
obduktion *c*

autumn ['ɔːtəm] *n* efterår *nt*

available [ə'veiləbəl] *adj*
disponibel, for hånden

avalanche ['ævəlɑːnʃ] *n*
lavine *c*

avenue ['ævənjuː] *n* allé *c*

average ['ævəridʒ] *adj*
gennemsnitlig; *n*
gennemsnit *nt*; **on the** ~ i
gennemsnit

averse [ə'vəːs] *adj* uvillig

aversion [ə'vəːʃən] *n*
aversion *c*

avoid [ə'vɔid] *v* *undgå

await [ə'weit] *v* vente på,
afvente

awake [ə'weik] *adj* vågen

***awake** [ə'weik] *v* vække

award [ə'wɔːd] *n* pris *c*; *v*
tildele

aware [ə'wɛə] *adj* klar over

away [ə'wei] *adv* væk; ***go** ~
*tage bort

awful ['ɔːfəl] *adj* frygtelig,
rædselsfuld

awkward ['ɔːkwəd] *adj*
pinlig; kejtet

awning ['ɔːniŋ] *n* solsejl *nt*

axe [æks] *n* økse *c*

axle ['æksəl] *n* aksel *c*

B

baby ['beibi] *n* baby *c*; ~
carriage *Am* barnevogn *c*

babysitter ['beibi,sitə] *n*
babysitter *c*

bachelor ['bætʃələ] *n*
ungkarl *c*

back [bæk] *n* ryg *c*; *adv*
tilbage; ***go** ~ vende tilbage

backache ['bækeik] *n*
rygsmerter *pl*

backbone ['bækboun] *n*
rygrad *c*

background ['bækgraund] *n*
baggrund *c*; uddannelse *c*

backwards ['bækwədz] *adv*
baglæns

bacon ['beikən] *n* bacon *c*

bacterium [bæk'tiəriəm] *n* (pl
-ria) bakterie *c*

bad [bæd] *adj* dårlig; alvorlig,
slem

bag [bæg] *n* pose *c*; taske *c*,

baggage

håndtaske c; kuffert c
baggage ['bægidʒ] n bagage c; ~ **deposit office** Am bagageopbevaring c; **hand ~** Am håndbagage c
bail [beil] n kaution c
bait [beit] n lokkemad c
bake [beik] v bage
baker ['beikə] n bager c
bakery ['beikəri] n bageri nt
balance ['bæləns] n ligevægt c; balance c; saldo c
balcony ['bælkəni] n balkon c
bald [bɔ:ld] adj skaldet
ball [bɔ:l] n bold c; bal nt
ballet ['bælei] n ballet c
balloon [bə'lu:n] n ballon c
ballpoint pen ['bɔ:lpɔintpen] n kuglepen c
ballroom ['bɔ:lru:m] n balsal c
banana [bə'nɑ:nə] n banan c
band [bænd] n orkester nt; bånd nt
bandage ['bændidʒ] n forbinding c
bank [bæŋk] n bred c; bank c; v deponere, *sætte i banken; ~ **account** bankkonto c
banknote ['bæŋknout] n pengeseddel c
bank rate ['bæŋkreit] n diskonto c
bankrupt ['bæŋkrʌpt] adj konkurs, fallit
banner ['bænə] n banner nt
banquet ['bæŋkwit] n banket c
baptism ['bæptizəm] n dåb c
baptize [bæp'taiz] v døbe

bar [bɑ:] n bar c; stang c; tremme c
barbecue ['bɑ:bikju:] n grill c; v grille
barbed wire ['bɑ:bd waiə] n pigtråd c
barber ['bɑ:bə] n barber c
bare [beə] adj nøgen, bar
barely ['beəli] adv knap, knap nok
bargain ['bɑ:gin] n lejlighedskøb nt; v *købslå
baritone ['bæritoun] n baryton c
bark [bɑ:k] n bark c; v gø
barley ['bɑ:li] n byg c
barn [bɑ:n] n lade c
barometer [bə'rɔmitə] n barometer nt
baroque [bə'rɔk] adj barok
barracks ['bærəks] pl kaserne c
barrel ['bærəl] n tønde c
barrier ['bæriə] n barriere c; bom c
barrister ['bæristə] n advokat c
bartender ['bɑ:,tendə] n bartender c
base [beis] n base c; fundament nt; v begrunde
baseball ['beisbɔ:l] n baseball
basement ['beismənt] n kælder c
basic ['beisik] adj grundlæggende; **basics** pl grundreglerne
basilica [bə'zilikə] n basilika c

basin ['beisən] *n* skål *c*, bækken *nt*
basis ['beisis] *n* (pl bases) basis *c*, grundlag *nt*
basket ['ba:skit] *n* kurv *c*
bass[1] [beis] *n* bas *c*
bass[2] [bæs] *n* (pl ~) aborre *c*
bastard ['ba:stəd] *n* slyngel *c*; schuft *c*
batch [bætʃ] *n* parti *nt*, bunke *c*
bath [ba:θ] *n* bad *nt*; ~ **salts** badesalt *nt*; ~ **towel** badehåndklæde *nt*
bathe [beið] *v* bade
bathing cap ['beiðiŋkæp] *n* badehætte *c*
bathing suit ['beiðiŋsu:t] *n* badedragt *c*; badebukser *pl*
bathrobe ['ba:θroub] *n* badekåbe *c*
bathroom ['ba:θru:m] *n* badeværelse *nt*; toilet *nt*
batter ['bætə] *n* dej *c*
battery ['bætəri] *n* batteri *nt*; akkumulator *c*
battle ['bætəl] *n* slag *nt*; kamp *c*, strid *c*; *v* kæmpe
bay [bei] *n* bugt *c*; *v* glamme
*be** [bi:] *v* *være
beach [bi:tʃ] *n* strand *c*; **nudist** ~ fribadestrand *c*
bead [bi:d] *n* perle *c*; **beads** *pl* perlekæde *c*; rosenkrans *c*
beak [bi:k] *n* næb *nt*
beam [bi:m] *n* stråle *c*; bjælke *c*
bean [bi:n] *n* bønne *c*
bear [bɛə] *n* bjørn *c*
*bear** [bɛə] *v* *bære; tåle;

*udholde
beard [biəd] *n* skæg *nt*
beast [bi:st] *n* dyr *nt*; ~ **of prey** rovdyr *nt*
*beat** [bi:t] *v* *slå
beautiful ['bju:tifəl] *adj* smuk
beauty ['bju:ti] *n* skønhed *c*; ~ **parlour** skønhedssalon *c*; ~ **salon** skønhedssalon *c*; ~ **treatment** skønhedspleje *c*
beaver ['bi:və] *n* bæver *c*
because [bi'kɔz] *conj* fordi; eftersom; ~ **of** på grund af
*become** [bi'kʌm] *v* *blive; klæde
bed [bed] *n* seng *c*; ~ **and board** kost og logi, helpension *c*; ~ **and breakfast** værelse med morgenmad
bedding ['bediŋ] *n* sengetøj *pl*
bedroom ['bedru:m] *n* soveværelse *nt*
bee [bi:] *n* bi *c*
beech [bi:tʃ] *n* bøg *c*
beef [bi:f] *n* oksekød *nt*
beefburger ['bi:fbə:gə] *n* burger *c*
beehive ['bi:haiv] *n* bistade *c*
been [bi:n] *v* (pp be)
beer [biə] *n* øl *nt*
beet [bi:t] *n* bede *c*
beetle ['bi:təl] *n* bille *c*
beetroot ['bi:tru:t] *n* rødbede *c*
before [bi'fɔ:] *prep* før; foran; *conj* før; *adv* forud; tidligere, inden

beg

beg [beg] *v* tigge; *bønfalde; *bede

beggar ['begə] *n* tigger *c*

***begin** [bi'gin] *v* begynde; starte

beginner [bi'ginə] *n* nybegynder *c*

beginning [bi'giniŋ] *n* begyndelse *c*; start *c*

on behalf of [ɔn bi'hɑːf ɔv] i ... navn, på ... vegne

behave [bi'heiv] *v* opføre sig

behaviour [bi'heivjə] *n* opførsel *c*

behind [bi'haind] *prep* bag; *adv* bagved

beige [beiʒ] *adj* beige

being [ˈbiːiŋ] *n* væsen *nt*

Belgian ['beldʒən] *adj* belgisk; *n* belgier *c*

Belgium ['beldʒəm] Belgien

belief [bi'liːf] *n* tro *c*

believe [bi'liːv] *v* tro

bell [bel] *n* klokke *c*

bellboy ['belbɔi] *n* piccolo *c*

belly ['beli] *n* mave *c*

belong [bi'lɔŋ] *v* tilhøre

belongings [bi'lɔŋiŋz] *pl* ejendele *pl*

beloved [bi'lʌvd] *adj* elsket

below [bi'lou] *prep* under; *adv* nede

belt [belt] *n* bælte *nt*; **garter ~** *Am* strømpeholder *c*

bench [bentʃ] *n* bænk *c*

bend [bend] *n* sving *nt*, kurve *c*; krumning *c*

***bend** [bend] *v* bøje; **~ down** bøje sig

beneath [bi'niːθ] *prep* under;
adv nedenfor

benefit ['benifit] *n* nytte *c*, udbytte *nt*; understøttelse *c*; *v* *drage fordel

bent [bent] *adj* (pp bend) krum

berry ['beri] *n* bær *nt*

beside [bi'said] *prep* ved siden af

besides [bi'saidz] *adv* desuden; for resten; *prep* foruden

best [best] *adj* bedst

bet [bet] *n* væddemål *nt*; indsats *c*

***bet** [bet] *v* vædde

betray [bi'trei] *v* forråde

better ['betə] *adj* bedre

between [bi'twiːn] *prep* mellem

beverage ['bevəridʒ] *n* drik *c*

beware [bi'weə] *v* passe på, vogte sig

beyond [bi'jɔnd] *prep* hinsides; på den anden side af; ud over; *adv* på den anden side

bible ['baibəl] *n* bibel *c*

bicycle ['baisikəl] *n* cykel *c*

bid [bid] *n* bud *nt*; *v* tilbyde

big [big] *adj* stor; omfangsrig; tyk; betydelig

bike [baik] *n colloquial* cykel *c*; *v* cykle

bile [bail] *n* galde *c*

bilingual [bai'liŋgwəl] *adj* tosproget

bill [bil] *n* regning *c*, nota *c*; *v* fakturere

billiards ['biljədz] *pl* billard

nt
billion ['biljən] n milliard c
***bind** [baind] v *binde
binding ['baindiŋ] n indbinding c
binoculars [bi'nɔkjələz] pl kikkert c
biodegradable [ˌbaioudi'greidəbəl] adj biologisk nedbrydeligt
biology [bai'ɔlədʒi] n biologi c
bipolar [ˌbai'poulə] adj bipolær
birch [bə:tʃ] n birk c
bird [bə:d] n fugl c
birth [bə:θ] n fødsel c
birthday [bə:θdei] n fødselsdag c
biscuit ['biskit] n småkage c
bishop ['biʃəp] n biskop c
bit [bit] n stump c; smule c
bitch [bitʃ] n tæve c
bite [bait] n mundfuld c; bid nt
***bite** [bait] v *bide
bitter ['bitə] adj bitter
black [blæk] adj sort; ~ market sortbørshandel c
blackberry ['blækbəri] n brombær nt
Blackberry® ['blækbəri] n Blackberry nt
blackbird ['blækbə:d] n solsort c
blackboard ['blækbɔ:d] n tavle c
blackcurrant [ˌblæk'kʌrənt] n solbær nt
blackmail ['blækmeil] n

pengeafpresning c; v øve pengeafpresning
blacksmith ['blæksmiθ] n smed c
bladder ['blædə] n blære c
blade [bleid] n blad nt; ~ of grass græsstrå nt
blame [bleim] n skyld c; bebrejdelse c; v dadle, *lægge skylden på
blank [blæŋk] adj blank
blanket ['blæŋkit] n tæppe nt
blast [blɑ:st] n eksplosion c
blazer ['bleizə] n blazer c
bleach [bli:tʃ] v blege
bleak [bli:k] adj barsk
***bleed** [bli:d] v bløde; udsuge
bless [bles] v velsigne
blessing ['blesiŋ] n velsignelse c
blind [blaind] n persienne c, rullegardin nt; adj blind; v blænde
blister ['blistə] n vable c, blære c
blizzard ['blizəd] n snestorm c
block [blɔk] v spærre, blokere; n klods c; ~ of flats beboelsesejendom c
Blog [blɔg] n Blog c
blond [blɔnd] n blond c; adj blond
blonde [blɔnd] n blondine c
blood [blʌd] n blod nt; ~ pressure blodtryk c
blood poisoning ['blʌdˌpɔizəniŋ] n blodforgiftning c
blood vessel ['blʌdˌvesəl] n

bloody

blodkar *nt*
bloody ['blʌdi] *adj colloquial* forbandet
blossom ['blɔsəm] *n* blomst *c*
blot [blɔt] *n* klat *c*; plet *c*;
  blotting paper trækpapir *nt*
blouse [blauz] *n* bluse *c*
blow [blou] *n* slag *nt*; vindstød *nt*
*****blow** [blou] *v* blæse; ~ **up** sprænge i luften
blowout ['blouaut] *n* punktering *c*
blue [bluː] *adj* blå; nedtrykt
blunt [blʌnt] *adj* sløv; stump
blush [blʌʃ] *v* rødme
board [bɔːd] *n* bræt *nt*; tavle *c*; pension *c*; bestyrelse *c*; ~ **and lodging** kost og logi, fuld pension
boarder ['bɔːdə] *n* pensionær *c*
boardinghouse ['bɔːdiŋhaus] *n* pensionat *nt*
boarding school ['bɔːdiŋskuːl] *n* kostskole *c*
boast [boust] *v* prale
boat [bout] *n* båd *c*, skib *nt*
body ['bɔdi] *n* krop *c*; legeme *nt*
bodyguard ['bɔdigɑːd] *n* livvagt *c*
body-work ['bɔdiwəːk] *n* karosseri *nt*
bog [bɔg] *n* mose *c*
boil [bɔil] *v* koge; *n* byld *c*
bold [bould] *adj* dristig, fræk
Bolivia [bə'liviə] Bolivia
Bolivian [bə'liviən] *adj* boliviansk; *n* bolivianer *c*

228

bolt [boult] *n* slå *c*; bolt *c*
bomb [bɔm] *n* bombe *c*; *v* bombardere
bond [bɔnd] *n* obligation *c*
bone [boun] *n* ben *nt*, knogle *c*; *v* udbene
bonnet ['bɔnit] *n* motorhjelm *c*
book [buk] *n* bog *c*; *v* reservere; bogføre, *indskrive
booking ['bukiŋ] *n* bestilling *c*, reservation *c*
bookmaker ['buk,meikə] *n* totalisator *c*
bookseller ['buk,selə] *n* boghandler *c*
bookstand ['bukstænd] *n* kiosk *c*, bogstand *c*
bookstore ['bukstɔː] *n* boghandel *c*, boglade *c*
boot [buːt] *n* støvle *c*; bagagerum *nt*
booth [buːð] *n* bod *c*; boks *c*
booze* [buːz] *n colloquial* sprut *c*; *v* suse
border ['bɔːdə] *n* grænse *c*; rand *c*
bore¹ [bɔː] *v* kede; bore; ~ dødbider *c*
bore² [bɔː] *v* (p bear)
boring ['bɔːriŋ] *adj* kedelig
born [bɔːn] *adj* født
borrow ['bɔrou] *v* låne
bosom ['buzəm] *n* barm *c*
boss [bɔs] *n* chef *c*
botany ['bɔtəni] *n* botanik *c*
both [bouθ] *adj* begge; **both ... and** både ... og
bother ['bɔðə] *v* genere,

breast

plage; *gøre sig umage; n ærgrelse c
bottle ['bɔtəl] n flaske c; ~ **opener** oplukker c; **hot--water** ~ varmedunk c
bottleneck ['bɔtəlnek] n flaskehals c
bottom ['bɔtəm] n bund c; bagdel c, ende c; adj nederst
bought [bɔːt] v (p, pp buy)
boulder ['bouldə] n klippeblok c
bound [baund] n grænse c; *be ~ to *skulle; ~ **for** på vej til
boundary ['baundəri] n grænse c
bouquet [buˈkei] n buket c
bourgeois [ˈbuəʒwaː] adj småborgerlig
boutique [buˈtiːk] n boutique c
bow[1] [bau] v bukke
bow[2] [bou] n bue c; ~ **tie** butterfly c
bowels [bauəlz] pl indvolde pl
bowl [boul] n skål c
bowling ['boulɪŋ] n kegler pl, bowling; ~ **alley** keglebane c
box[1] [bɔks] v bokse; **boxing match** boksekamp c
box[2] [bɔks] n æske c
box office ['bɔks,ɔfis] n billetluge c, billetkontor c
boy [bɔi] n dreng c, fyr c; ~ **scout** drengespejder c
boyfriend ['bɔifrend] n kæreste c
bra [braː] n brystholder c, bh c

bracelet ['breislit] n armbånd nt
braces ['breisiz] pl seler pl
brain [brein] n hjerne c; forstand c
brain wave ['breinweiv] n lys idé
brake [breik] n bremse c; ~ **drum** bremsetromle c; ~ **lights** stoplys pl
branch [brɑːntʃ] n gren c; filial c
brand [brænd] n mærke nt; brændemærke nt
brand-new [ˌbrændˈnjuː] adj splinterny
brass [brɑːs] n messing nt; ~ **band** hornorkester c
brassware ['brɑːswɛə] n messingtøj pl
brave [breiv] adj modig
Brazil [brəˈzil] Brasilien
Brazilian [brəˈziljən] adj brasiliansk; n brasilianer c
breach [briːtʃ] n brud nt
bread [bred] n brød nt; **wholemeal** ~ fuldkornsbrød nt
breadth [bredθ] n bredde c
break [breik] n brud nt; frikvarter nt
*****break** [breik] v *slå i stykker, *bryde; ~ **down** *få motorstop; *nedbryde; *bryde sammen; opdele
breakdown ['breikdaun] n motorskade c, motorstop nt
breakfast ['brekfəst] n morgenmad c
breast [brest] n bryst nt

breaststroke ['breststrouk] *n* brystsvømning *c*

breath [breθ] *n* åndedrag *nt*; vejr *nt*

breathe [bri:ð] *v* ånde

breathing ['bri:ðiŋ] *n* åndedræt *nt*

bred [bri:d] *n* race *c*

***breed** [bri:d] *v* opdrætte

breeze [bri:z] *n* brise *c*

brew [bru:] *v* brygge

brewery ['bru:əri] *n* bryggeri *nt*

bribe [braib] *v* *bestikke

bribery ['braibəri] *n* bestikkelse *c*

brick [brik] *n* mursten *c*

bricklayer ['brik,leiə] *n* murer *c*

bride [braid] *n* brud *c*

bridegroom ['braidgru:m] *n* brudgom *c*

bridge [bridʒ] *n* bro *c*; bridge *c*

brief [bri:f] *adj* kort; kortfattet

briefcase ['bri:fkeis] *n* mappe *c*

briefs [bri:fs] *pl* underbenklæder *pl*, underbukser *pl*

bright [brait] *adj* klar; strålende; snu, opvakt

brighten ['braitən] *v* (*polish*) *gøre lysere; (*the sky*) lyse op

brill [bril] *n* slethvar *c*

brilliant ['briljənt] *adj* brillant; genial

brim [brim] *n* rand *c*

***bring** [briŋ] *v* *bringe;

*medbringe; ~ **back** *bringe tilbage; ~ **up** opdrage; *bringe på bane, fremføre

brisk [brisk] *adj* rask, livlig, frisk

Britain ['britən] England

British ['britiʃ] *adj* britisk; engelsk

Briton ['britən] *n* brite *c*; englænder *c*

broad [brɔ:d] *adj* bred; udstrakt, vid; almen

broadband ['brɔ:dbæbænd] *n* bredbånd *nt*

broadcast ['brɔ:dka:st] *n* udsendelse *c*

***broadcast** ['brɔ:dka:st] *v* udsende

brochure ['brouʃuə] *n* brochure *c*

broke¹ [brouk] *v* (p break)

broke² [brouk] *adj* blank

broken ['broukən] *adj* (pp break) knust, i stykker; i uorden

broker ['broukə] *n* mægler *c*

bronchitis [brɔŋ'kaitis] *n* bronkitis *c*

bronze [brɔnz] *n* bronze *c*; *adj* bronze-

brooch [broutʃ] *n* broche *c*

brook [bruk] *n* å *c*

broom [bru:m] *n* kost *c*

brothel ['brɔθəl] *n* bordel *nt*

brother ['brʌðə] *n* bror *c*

brother-in-law ['brʌðərinlɔ:] *n* (pl brothers-) svoger *c*

brought [brɔ:t] *v* (p, pp bring)

brown [braun] *adj* brun

bruise [bru:z] *n* kvæstelse *c*, blåt mærke; *v* *give blå mærker
brunette [bru:'net] *n* brunette *c*
brush [brʌʃ] *n* børste *c*; pensel *c*; *v* pudse, børste
brutal ['bru:təl] *adj* brutal
bubble ['bʌbəl] *n* boble *c*
buck [bʌk] *n colloquial* dollar *c*
bucket ['bʌkit] *n* spand *c*
buckle ['bʌkəl] *n* spænde *nt*
bud [bʌd] *n* knop *c*
buddy ['bʌdi] *n colloquial* (pl -dies) kammerat *c*
budget ['bʌdʒit] *n* budget *nt*
buffet ['bufei] *n* koldt bord
bug [bʌg] *n* væggetøj *pl*; bille *c*; *nAm* insekt *nt*
***build** [bild] *v* bygge
building ['bildiŋ] *n* bygning *c*
bulb [bʌlb] *n* løg *nt*; blomsterløg *nt*; **light ~** elektrisk pære
Bulgaria [bʌl'gɛəriə] Bulgarien
Bulgarian [bʌl'gɛəriən] *adj* bulgarsk; *n* bulgarer *c*
bulk [bʌlk] *n* omfang *nt*; masse *c*; størstedel *c*
bulky ['bʌlki] *adj* tyk, omfangsrig
bull [bul] *n* tyr *c*
bullet ['bulit] *n* kugle *c*
bulletin ['bulitin] *n* meddelelse *c*; **~ board** opslagstavle *c*
bullfight ['bulfait] *n* tyrefægtning *c*

bullring ['bulriŋ] *n* tyrefægtningsarena *c*
bump [bʌmp] *v* støde; støde sammen; dundre; *n* stød *nt*
bumper ['bʌmpə] *n* kofanger *c*
bumpy ['bʌmpi] *adj* ujævn
bun [bʌn] *n* bolle *c*
bunch [bʌntʃ] *n* buket *c*; flok *c*
bundle ['bʌndəl] *n* bundt *nt*; *v* bundte, *binde sammen
bunk [bʌŋk] *n* køje *c*
buoy [bɔi] *n* bøje *c*
burden ['bə:dən] *n* bebyrde; *n* byrde *c*
bureau ['bjuərou] *n* (pl ~x, ~s) skrivebord *nt*; *nAm* kommode *c*
bureaucracy [bjuə'rɔkrəsi] *n* bureaukrati *nt*
burglar ['bə:glə] *n* indbrudstyv *c*
burgle ['bə:gəl] *v* *bryde ind
burial ['beriəl] *n* begravelse *c*
burn [bə:n] *n* brandsår *nt*
***burn** [bə:n] *v* brænde; brænde på
***burst** [bə:st] *v* *sprække, briste
bury ['beri] *v* begrave
bus [bʌs] *n* bus *c*
bush [buʃ] *n* busk *c*
business ['biznəs] *n* forretninger, handel *c*; virksomhed *c*, forretning *c*; erhverv *nt*; affære *c*; **~ hours** åbningstider *pl*, forretningstid *c*; **~ trip** forretningsrejse *c*; **on ~** i

business-like

forretninger
business-like ['biznislaik] *adj* forretningsmæssig
businessman ['biznəsmən] *n* (pl -men) forretningsmand *c*
businesswoman ['biznəs,wumən] *n* (pl -women) forretningskvinde *c*
bust [bʌst] *n* buste *c*
bustle ['bʌsəl] *n* ståhej *c*
busy ['bizi] *adj* optaget; travl
but [bʌt] *conj* men; dog; *prep* undtagen
butcher ['butʃə] *n* slagter *c*
butter ['bʌtə] *n* smør *nt*
butterfly ['bʌtəflai] *n* sommerfugl *c*; ~ **stroke** butterfly *c*
buttock ['bʌtək] *n* balde *c*; **buttocks** *pl* bagdel *c*
button ['bʌtən] *n* knap *c*; *v* knappe
buttonhole ['bʌtənhoul] *n* knaphul *nt*
***buy** [bai] *v* købe; anskaffe
buyer ['baiə] *n* køber *c*
buzz [bʌz] *n* summen *c*
by [bai] *prep* af; med; ved
bye-bye [bai'bai] *colloquial* farvel
by-pass ['baipɑːs] *n* ringvej *c*; *v* *gå uden om

C

cab [kæb] *n* taxi *c*
cabaret ['kæbərei] *n* kabaret *c*
cabbage ['kæbidʒ] *n* kål *c*
cab driver ['kæb,draivə] *n* taxichauffør *c*
cabin ['kæbin] *n* kabine *c*; hytte *c*; kahyt *c*
cabinet ['kæbinət] *n* kabinet *nt*
cable ['keibəl] *n* kabel *nt*; telegram *nt*; *v* telegrafere
café ['kæfei] *n* café *c*
cafeteria [,kæfə'tiəriə] *n* cafeteria *c*
caffeine ['kæfiːn] *n* koffein *c*
cage [keidʒ] *n* bur *nt*
cake [keik] *n* kage *c*, lagkage *c*
calamity [kə'læməti] *n* ulykke *c*, kalamitet *c*
calcium ['kælsiəm] *n* kalcium *nt*
calculate ['kælkjuleit] *v* udregne, beregne
calculation [,kælkju'leiʃən] *n* beregning *c*
calculator ['kælkju,leitə] *n* lommeregner *c*
calendar ['kæləndə] *n* kalender *c*
calf [kɑːf] *n* (pl calves) kalv *c*; læg *c*; ~ **skin** kalveskind *nt*
call [kɔːl] *v* råbe; kalde; ringe op; *n* råb *nt*; besøg *nt*, visit *c*; telefonopringning *c*; ***be called** *hedde; ~ **names** skælde ud; ~ **on** besøge; ~ **up**

Am ringe op
call waiting ['kɔːl,ˈweitiŋ] *n* Call Waiting *c (facilitet)*
caller ID ['kɔːlərˌaiˈdiː] *c* nummerviser *c*
calm [kɑːm] *adj* rolig, stille; ~ **down** berolige; *falde til ro
calorie ['kæləri] *n* kalorie *c*
came [keim] *v* (p come)
camel ['kæməl] *n* kamel *c*
cameo ['kæmiou] *n* (pl ~s) kamé *c*
camera ['kæmərə] *n* kamera *nt*; filmkamera *nt*; ~ **shop** fotoforretning *c*
camp [kæmp] *n* lejr *c*; *v* campere
campaign [kæmˈpein] *n* kampagne *c*
camp bed [ˌkæmpˈbed] *n* feltseng *c*
camper ['kæmpə] *n* campist *c*
camping ['kæmpiŋ] *n* camping *c*; ~ **site** campingplads *c*
can [kæn] *n* dåse *c*; ~ **opener** dåseåbner *c*
***can** [kæn] *v* *kunne
Canada ['kænədə] Canada
Canadian [kəˈneidiən] *adj* canadisk; *n* canadier *c*
canal [kəˈnæl] *n* kanal *c*
canary [kəˈnɛəri] *n* kanariefugl *c*
cancel ['kænsəl] *v* annullere; afbestille
cancellation [ˌkænsəˈleiʃən] *n* annullering *c*
cancer ['kænsə] *n* kræft *c*
candidate ['kændidət] *n*

candle ['kændəl] *n* stearinlys *nt*
candy ['kændi] *nAm* bolsje *nt*; *nAm* slik *nt*, *nAm* godter *pl*; ~ **store** *Am* chokoladeforretning *c*
cane [kein] *n* rør *nt*; stok *c*
canister ['kænistə] *n* dåse *c*
canoe [kəˈnuː] *n* kano *c*
canteen [kænˈtiːn] *n* kantine *c*; feltflaske *c*
canvas ['kænvəs] *n* sejldug *c*
cap [kæp] *n* hue *c*, kasket *c*
capable ['keipəbəl] *adj* dygtig, kompetent
capacity [kəˈpæsəti] *n* kapacitet *c*; kompetence *c*
cape [keip] *n* cape *c*; kap *nt*
capital ['kæpitəl] *n* hovedstad *c*; kapital *c*; *adj* tungtvejende, hoved-; ~ **letter** stort bogstav
capitalism ['kæpitəlizəm] *n* kapitalisme *c*
capitulation [kəˌpitjuˈleiʃən] *n* kapitulation *c*
capsule ['kæpsjuːl] *n* kapsel *c*
captain ['kæptin] *n* kaptajn *c*; luftkaptajn *c*
capture ['kæptʃə] *v* fange, *tage til fange; *indtage; *n* pågribelse *c*; erobring *c*
car [kɑː] *n* bil *c*; ~ **hire** biludlejning *c*; ~ **jacking** bilkapring *c*; ~ **park** parkeringsplads *c*; ~ **pool** samkørsel *c*; v køre sammen; ~ **rental** *Am*

caramel

biludlejning c
caramel ['kærəməl] n karamel c
carat ['kærət] n karat c
caravan ['kærəvæn] n campingvogn c; beboelsesvogn c
carburettor [,ka:bju'retə] n karburator c
card [ka:d] n kort nt; brevkort nt; visitkort nt
cardboard ['ka:dbɔ:d] n karton c; adj karton-
cardigan ['ka:digən] n trøje c
cardinal ['ka:dinəl] n kardinal c; adj hoved-, afgørende
care [kɛə] n omsorg c; bekymring c; ~ **about** bekymre sig om; ~ **for** *bryde sig om; *take ~ **of** *tage sig af, passe
career [kə'riə] n karriere c, løbebane c
carefree ['kɛəfri:] adj ubekymret
careful ['kɛəfəl] adj forsigtig; omhyggelig, påpasselig
careless ['kɛələs] adj tankeløs, sløset
caretaker ['kɛə,teikə] n portner c
cargo ['ka:gou] n (pl ~es) last c, ladning c
carnival ['ka:nivəl] n karneval nt
carp [ka:p] n (pl ~) karpe c
carpenter ['ka:pintə] n tømrer c
carpet ['ka:pit] n gulvtæppe

nt, tæppe nt
carriage ['kæridʒ] n personvogn c; karrosse c, vogn c
carriageway ['kæridʒwei] n kørebane c
carrot ['kærət] n gulerod c
carry ['kæri] v *bære; føre; ~ **on** *fortsætte; ~ **out** gennemføre
carrycot ['kærikɔt] n babylift c
cart [ka:t] n kærre c, trækvogn c
cartilage ['ka:tilidʒ] n brusk c
carton ['ka:tən] n karton c
cartoon [ka:'tu:n] n tegnefilm c
cartridge ['ka:tridʒ] n patron c
carve [ka:v] v *skære, *skære ud; snitte
carving ['ka:viŋ] n billedskærerarbejde nt
case [keis] n tilfælde nt; sag c; kuffert c; etui nt; attaché ~ dokumentmappe c; **in** ~ såfremt; **in** ~ **of** i tilfælde af
cash [kæʃ] n kontanter pl; v indløse, indkassere, hæve; ~ **dispenser** kontanten c
cashier [kæ'ʃiə] n kasserer c; kassererske c
cashmere ['kæʃmiə] n kashmir c
casino [kə'si:nou] n (pl ~s) kasino nt
cask [ka:sk] n fad nt, tønde c
cassette [kə'set] n kassette c

cast [kɑːst] n kast nt
***cast** [kɑːst] v kaste, *smide;
cast iron støbejern nt
castle ['kɑːsəl] n slot nt, borg c
casual ['kæʒuəl] adj tvangfri; tilfældig, flygtig
casualty ['kæʒuəlti] n offer nt
cat [kæt] n kat c
catalogue ['kætələɡ] n katalog nt
catarrh [kə'tɑː] n katar c
catastrophe [kə'tæstrəfi] n katastrofe c
***catch** [kætʃ] v fange; *gribe; *gribe i; nå
catchword ['kætʃwəːd] n stikord nt
category ['kætiɡəri] n kategori c
cathedral [kə'θiːdrəl] n katedral c, domkirke c
catholic ['kæθəlik] adj katolsk
cattle ['kætəl] pl kvæg nt
caught [kɔːt] v (p, pp catch)
cauliflower ['kɔliflauə] n blomkål c
cause [kɔːz] v forårsage; forvolde; n årsag c; grund c, anledning c; sag c; ~ **to** *få til at
caution ['kɔːʃən] n forsigtighed c; v advare
cautious ['kɔːʃəs] adj forsigtig
cave [keiv] n grotte c
cavern ['kævən] n hule c
caviar ['kævjɑː] n kaviar c
cavity ['kævəti] n hulhed c

CD player ['siːdiːˌpleiə] n CD-afspiller c
CD(-ROM) [siːdiː] n CD (-ROM) c
cease [siːs] v *holde op
ceasefire ['siːsfaiə] n våbenstilstand c
ceiling ['siːliŋ] n loft nt
celebrate ['selibreit] v fejre
celebration [ˌseli'breiʃən] n fest c
celebrity [si'lebrəti] n berømthed c
celery ['seləri] n selleri c
cell [sel] n celle c
cellar ['selə] n kælder c
cellphone ['selfoun] nAm mobiltelefon c
cement [si'ment] n cement c
cemetery ['semitri] n kirkegård c
censorship ['sensəʃip] n censur c
center ['sentə] nAm center nt
centigrade ['sentigreid] adj celsius
centimetre ['sentimiːtə] n centimeter c
central ['sentrəl] adj central; ~ **heating** centralvarme c; ~ **station** hovedbanegård c
centralize ['sentrəlaiz] v centralisere
centre ['sentə] n centrum nt; midtpunkt nt
century ['sentʃəri] n århundrede nt
ceramics [si'ræmiks] pl keramik c, lervarer pl
ceremony ['serəməni] n

certain 236

ceremoni *c*
certain ['sə:tən] *adj* sikker; vis
certainly ['sə:tənli] *adv* bestemt
certificate [sə'tifikət] *n* certifikat *nt*; bevis *nt*, attest *c*, diplom *nt*, dokument *nt*
chain [tʃein] *n* kæde *c*
chair [tʃɛə] *n* stol *c*
chairman ['tʃɛəmən] *n* (pl -men) formand *c*
chairwoman ['tʃɛəwumən] *n* (pl -women) bestyrelsesformand *c*
chalet ['ʃælei] *n* bjerghytte *c*
chalk [tʃɔ:k] *n* kridt *nt*
challenge ['tʃæləndʒ] *v* udfordre; *n* udfordring *c*
chamber ['tʃeimbə] *n* kammer *nt*
champagne [ʃæm'pein] *n* champagne *c*
champion ['tʃæmpjən] *n* mester *c*; forkæmper *c*
chance [tʃɑ:ns] *n* tilfælde *nt*; chance *c*, lejlighed *c*; risiko *c*; **by** ~ tilfældigvis
change [tʃeindʒ] *v* forandre, ændre; veksle; klæde sig om; skifte; *n* forandring *c*, ændring *c*; småpenge *pl*, byttepenge *pl*; **for a** ~ til en forandring
channel ['tʃænəl] *n* kanal *c*; **English Channel** Den engelske Kanal
chaos ['keiɔs] *n* kaos *nt*
chaotic [kei'ɔtik] *adj* kaotisk
chap [tʃæp] *n* fyr *c*

chapel ['tʃæpəl] *n* kapel *nt*, kirke *c*
chaplain ['tʃæplin] *n* kapellan *c*
character ['kærəktə] *n* karakter *c*
characteristic [,kærəktə'ristik] *adj* betegnende, karakteristisk; *n* kendetegn *nt*; karaktertræk *nt*
characterize ['kærəktəraiz] *v* karakterisere
charcoal ['tʃɑ:koul] *n* trækul *nt*
charge [tʃɑ:dʒ] *v* forlange; anklage; laste; *n* gebyr *nt*; ladning *c*, byrde *c*, belastning *c*; anklage *c*; ~ **plate** *Am* kreditkort *nt*; **free of** ~ omkostningsfri; **in** ~ **of** ansvarlig for; ***take** ~ **of** *påtage sig
charity ['tʃærəti] *n* velgørenhed *c*
charm [tʃɑ:m] *n* charme *c*, yndigheder *pl*; amulet *c*
charming ['tʃɑ:miŋ] *adj* charmerende
chart [tʃɑ:t] *n* tabel *c*; diagram *nt*; søkort *nt*; **conversion** ~ omregningstabel *c*
chase [tʃeis] *v* *forfølge; jage bort, *fordrive; *n* jagt *c*
chasm ['kæzəm] *n* kløft *c*
chassis ['ʃæsi] *n* (pl ~) chassis *nt*
chaste [tʃeist] *adj* kysk
chat [tʃæt] *v* sludre, snakke; *n*

chimney

sludder c, snak c
chatterbox ['tʃætəbɔks] n sludrechatol nt
chauffeur ['ʃoufə] n chauffør c
cheap [tʃiːp] adj billig; fordelagtig
cheat [tʃiːt] v bedrage, *snyde
check [tʃek] v checke, kontrollere; n felt nt; nAm regning c; nAm check c; **check!** skak!; ~ **in** indskrive sig, checke ind; ~ **out** checke ud, *forlade
checkbook ['tʃekbuk] nAm checkhæfte nt
checkerboard ['tʃekəbɔːd] nAm skakbræt nt
checkers ['tʃekəz] plAm damspil nt
checkroom ['tʃekruːm] nAm garderobe c
checkup ['tʃekʌp] n undersøgelse c
cheek [tʃiːk] n kind c
cheekbone ['tʃiːkboun] n kindben nt
cheeky ['tʃiːki] adj colloquial fræk
cheer [tʃiə] v hylde, tiljuble; ~ **up** opmuntre
cheerful ['tʃiəfəl] adj munter, glad
cheese [tʃiːz] n ost c
chef [ʃef] n køkkenchef c
chemical ['kemikəl] adj kemisk
chemist ['kemist] n apoteker c; **chemist's** apotek nt;

materialhandel c
chemistry ['kemistri] n kemi c
cheque [tʃek] n check c
chequebook ['tʃekbuk] n checkhæfte nt
cherry ['tʃeri] n kirsebær nt
chess [tʃes] n skak; ~ **set** skakspil nt
chest [tʃest] n bryst nt; brystkasse c; dragkiste c; ~ **of drawers** kommode c
chestnut ['tʃesnʌt] n kastanie c
chew [tʃuː] v tygge
chewing gum ['tʃuːiŋɡʌm] n tyggegummi nt
chicken ['tʃikin] n kylling c
chickenpox ['tʃikinpɔks] n skoldkopper pl
chief [tʃiːf] n overhoved nt; adj hoved-, over-
chieftain ['tʃiːftən] n høvding c
child [tʃaild] n (pl children) barn nt
childbirth ['tʃaildbəːθ] n fødsel c
childhood ['tʃaildhud] n barndom c
Chile ['tʃili] Chile
Chilean ['tʃiliən] adj chilensk; n chilener c
chill [tʃil] n kuldegysning c; kulde c
chilly ['tʃili] adj kølig
chime [tʃaim] v ringe
chimes [tʃaimz] pl klokkespil nt
chimney ['tʃimni] n skorsten

chin

c
chin [tʃin] *n* hage *c*
China ['tʃainə] Kina
china ['tʃainə] *n* porcelæn *nt*
Chinese [tʃai'niːz] *adj* kinesisk; *n* kineser *c*
chip [tʃip] *n* flis *c*; jeton *c*; *v* *slå en flis af, snitte; **chips** pommes frites
chisel ['tʃizəl] *n* mejsel *c*
chives [tʃaivz] *pl* purløg *c*
chlorine ['klɔːriːn] *n* klor *c*
chocolate ['tʃɔklət] *n* chokolade *c*; konfekt *c*
choice [tʃɔis] *n* valg *nt*; udvalg *nt*
choir [kwaiə] *n* kor *nt*
choke [tʃouk] *v* *kvæles; *kvæle; *n* choker *c*
***choose** [tʃuːz] *v* *vælge
chop [tʃɔp] *n* kotelet *c*; *v* hakke
Christ [kraist] Kristus
christen ['krisən] *v* døbe
christening ['krisəniŋ] *n* dåb *c*
Christian ['kristʃən] *adj* kristen; ~ **name** fornavn *nt*
Christmas ['krisməs] jul
chronic ['krɔnik] *adj* kronisk
chronological [,krɔnə'lɔdʒikəl] *adj* kronologisk
chuckle ['tʃʌkəl] *v* klukke; *n* kluklatter *c*
chunk [tʃʌŋk] *n* luns *c*
church [tʃəːtʃ] *n* kirke *c*
churchyard ['tʃəːtʃjaːd] *n* kirkegård *c*
cigar [si'gaː] *n* cigar *c*; ~ **shop** cigarforretning *c*
cigarette [,sigə'ret] *n* cigaret *c*
cigarette case [,sigə'retkeis] *n* cigaretetui *nt*
cigarette holder [,sigə'ret,houldə] *n* cigaretrør *c*
cigarette lighter [,sigə'ret,laitə] *n* cigarettænder *c*
cinema ['sinəmə] *n* biograf *c*
cinnamon ['sinəmən] *n* kanel *c*
circle ['səːkəl] *n* cirkel *c*; kreds *c*; balkon *c*; *v* *omgive, omringe
circulation [,səːkju'leiʃən] *n* kredsløb *nt*; blodomløb *nt*; omløb *nt*
circumstance ['səːkəmstæns] *n* omstændighed *c*
circus ['səːkəs] *n* cirkus *c*
citizen ['sitizən] *n* borger *c*
citizenship ['sitizənʃip] *n* statsborgerskab *nt*
city ['siti] *n* by *c*
civic ['sivik] *adj* borger-
civil ['sivəl] *adj* civil; høflig; ~ **law** borgerlig ret; ~ **servant** statstjenestemand *c*
civilian [si'viljən] *adj* civil; *n* civilist *c*
civilization [,sivəlai'zeiʃən] *n* civilisation *c*
civilized ['sivəlaizd] *adj* civiliseret
claim [kleim] *v* kræve, fordre; *påstå; *n* krav *nt*, fordring *c*

clamp [klæmp] *n* klampe *c*; skruetvinge *c*
clap [klæp] *v* klappe, applaudere
clarify ['klærifai] *v* *klargøre, *tydeliggøre
class [klɑːs] *n* klasse *c*
classical ['klæsikəl] *adj* klassisk
classify ['klæsifai] *v* klassificere
classmate ['klɑːsmeit] *n* klassekammerat *c*
classroom ['klɑːsruːm] *n* klasseværelse *nt*
clause [klɔːz] *n* klausul *c*
claw [klɔː] *n* klo *c*
clay [klei] *n* ler *nt*
clean [kliːn] *adj* ren; *v* rense, *gøre rent, *rengøre
cleaning ['kliːniŋ] *n* rengøring *c*; ~ **fluid** rengøringsmiddel *nt*
clear [kliə] *adj* klar; tydelig; *v* rydde, rense
clearing ['kliəriŋ] *n* lysning *c*
cleft [kleft] *n* spalte *c*
clergyman ['kləːdʒimən] *n* (pl -men) præst *c*
clerk [klɑːk] *n* kontorist *c*; sekretær *c*
clever ['klevə] *adj* intelligent; udspekuleret, begavet, klog
click [klik] *v* klikke; ~ **into place** klikke på plads
client ['klaiənt] *n* kunde *c*; klient *c*
cliff [klif] *n* klint *c*, klippeskrænt *c*
climate ['klaimit] *n* klima *nt*
climb [klaim] *v* klatre; *stige; *n* klatring *c*
cling [kliŋ] *v* hænge fast; ~ **to** (*a thing*) hænge fast ved; (*a person*) klamre sig til
clinic ['klinik] *n* klinik *c*
cloak [klouk] *n* kappe *c*
cloakroom ['kloukruːm] *n* garderobe *c*
clock [klɔk] *n* ur *nt*; **at ... o'clock** klokken ...
cloister ['klɔistə] *n* kloster *nt*
clone [kloun] *v* klone; *n* kloning *c*
close[1] [klouz] *v* lukke; **closed** *adj* lukket
close[2] [klous] *adj* nær
closet ['klɔzit] *n* skab *nt*; *nAm* garderobeskab *nt*
cloth [klɔθ] *n* klæde *nt*; klud *c*
clothes [klouðz] *pl* klæder *pl*, tøj *pl*
clothing ['klouðiŋ] *n* tøj *pl*
cloud [klaud] *n* sky *c*
cloudy ['klaudi] *adj* skyet, overskyet
clover ['klouvə] *n* kløver *c*
clown [klaun] *n* klovn *c*
club [klʌb] *n* klub *c*, forening *c*; kølle *c*, knippel *c*
clumsy ['klʌmzi] *adj* klodset
clutch [klʌtʃ] *n* kobling *c*; greb *nt*
coach [koutʃ] *n* bus *c*; jernbanevogn *c*; karet *c*; træner *c*
coal [koul] *n* kul *nt*
coarse [kɔːs] *adj* grov
coast [koust] *n* kyst *c*
coat [kout] *n* frakke *c*

coat hanger ['kout,hæŋə] *n* bøjle *c*

cocaine [kou'kein] *n* kokain *c*

cock [kɔk] *n* hane *c*

cocktail ['kɔkteil] *n* cocktail *c*

coconut ['koukənʌt] *n* kokosnød *c*

cod [kɔd] *n* (pl ~) torsk *c*

code [koud] *n* kode *c*

coffee ['kɔfi] *n* kaffe *c*

cognac ['kɔnjæk] *n* cognac *c*

coherence [kou'hiərəns] *n* sammenhæng *c*

coin [kɔin] *n* mønt *c*

coincide [,kouin'said] *v* *falde sammen

cold [kould] *adj* kold; *n* kulde *c*; forkølelse *c*; *catch a ~ *blive forkølet

collaborate [kə'læbəreit] *v* samarbejde

collapse [kə'læps] *v* *bryde sammen

collar ['kɔlə] *n* halsbånd *nt*; krave *c*; ~ stud kraveknap *c*

collarbone ['kɔləboun] *n* kraveben *nt*

colleague ['kɔli:g] *n* kollega *c*

collect [kə'lekt] *v* samle; hente, afhente; indsamle

collection [kə'lekʃən] *n* samling *c*; tømning *c*

collective [kə'lektiv] *adj* kollektiv

collector [kə'lektə] *n* samler *c*; indsamler *c*

college ['kɔlidʒ] *n* højere læreanstalt; skole *c*

collide [kə'laid] *v* støde sammen, kollidere

collision [kə'liʒən] *n* sammenstød *nt*, kollision *c*

Colombia [kə'lɔmbiə] Colombia

Colombian [kə'lɔmbiən] *adj* colombiansk; *n* colombianer *c*

colonel ['kə:nəl] *n* oberst *c*

colony ['kɔləni] *n* koloni *c*

colour ['kʌlə] *n* farve *c*; *v* farve; ~ film farvefilm *c*

colour-blind ['kʌləblaind] *adj* farveblind

coloured ['kʌləd] *adj* farvet

colourful ['kʌləfəl] *adj* farverig, broget

column ['kɔləm] *n* søjle *c*, pille *c*; spalte *c*; rubrik *c*; kolonne *c*

coma ['koumə] *n* coma *c*

comb [koum] *v* rede; *n* kam *c*

combat ['kɔmbæt] *n* kamp *c*; *v* bekæmpe, kæmpe

combination [,kɔmbi'neiʃən] *n* kombination *c*

combine [kəm'bain] *v* kombinere

*come** [kʌm] *v* *komme; ~ across støde på; *finde

comedian [kə'mi:diən] *n* skuespiller *c*; komiker *c*

comedy ['kɔmədi] *n* komedie *c*, lystspil *nt*; **musical ~** musical *c*

comfort ['kʌmfət] *n* komfort *c*, bekvemmelighed *c*; trøst *c*; *v* trøste

comfortable ['kʌmfətəbəl] *adj* bekvem, komfortabel

comic ['kɔmik] *adj* komisk

comics ['kɔmiks] *pl*
tegneserie *c*
coming ['kʌmiŋ] *n* komme *nt*
comma ['kɔmə] *n* komma *nt*
command [kə'mɑːnd] *v*
befale, kommandere; *n*
ordre *c*
commander [kə'mɑːndə] *n*
befalingsmand *c*
commemoration
[kə,memə'reiʃən] *n*
mindefest *c*
commence [kə'mens] *v*
begynde
comment ['kɔment] *n*
kommentar *c*; *v*
kommentere
commerce ['kɔməːs] *n*
handel *c*
commercial [kə'məːʃəl] *adj*
handels-, kommerciel; *n*
reklame *c*; ~ **law** erhvervsret *c*
commission [kə'miʃən] *n*
kommission *c*
commit [kə'mit] *v* *overlade, betro; *begå
committee [kə'miti] *n* komité *c*, udvalg *c*
common ['kɔmən] *adj* fælles; vanlig, almindelig; tarvelig
commune ['kɔmjuːn] *n*
kommune *c*
communicate
[kə'mjuːnikeit] *v* meddele
communication
[kə,mjuːni'keiʃən] *n*
kommunikation *c*; meddelelse *c*
communiqué [kə'mjuːnikei]

n communiqué *nt*
communism ['kɔmjunizəm]
n kommunisme *c*
communist ['kɔmjunist] *n*
kommunist *c*
community [kə'mjuːnəti] *n*
samfund *nt*
compact ['kɔmpækt] *adj*
kompakt
compact disc ['kɔmpækt disk] *n* CD *c*; ~ **player** CD-afspiller
companion [kəm'pænjən] *n*
ledsager *c*
company ['kʌmpəni] *n*
selskab *nt*, firma *nt*
comparative [kəm'pærətiv]
adj relativ
compare [kəm'pɛə] *v*
sammenligne
comparison [kəm'pærisən] *n*
sammenligning *c*
compass ['kʌmpəs] *n*
kompas *c*
compel [kəm'pel] *v* *tvinge
compensate ['kɔmpənseit] *v*
kompensere
compensation
[,kɔmpən'seiʃən] *n*
kompensation *c*;
skadeserstatning *c*
compete [kəm'piːt] *v*
konkurrere
competition [,kɔmpə'tiʃən] *n*
konkurrence *c*; kappestrid *c*
competitor [kəm'petitər] *n*
konkurrent *c*
compile [kəm'pail] *v*
sammenstykke
complain [kəm'plein] *v* klage

complaint [kəm'pleint] *n* klage *c*; **complaints book** klagebog *c*

complete [kəm'pli:t] *adj* fuldstændig, komplet; *v* fuldende

completely [kəm'pli:tli] *adv* helt, totalt, fuldstændigt

complex ['kɔmpleks] *n* kompleks *nt*; *adj* indviklet

complexion [kəm'plekʃən] *n* teint *c*

complicated ['kɔmplikeitid] *adj* kompliceret, indviklet

compliment ['kɔmplimənt] *n* kompliment *c*; *v* komplimentere, lykønske

compose [kəm'pouz] *v* *sammensætte; komponere

composer [kəm'pouzə] *n* komponist *c*

composition [,kɔmpə'ziʃən] *n* komposition *c*; sammensætning *c*

comprehensive [,kɔmpri'hensiv] *adj* omfattende

comprise [kəm'praiz] *v* indbefatte, omfatte

compromise ['kɔmprəmaiz] *n* kompromis *c*

compulsory [kəm'pʌlsəri] *adj* obligatorisk

computer [kəm'pju:tə] *n* computer *c*

conceal [kən'si:l] *v* skjule

conceited [kən'si:tid] *adj* indbildsk

conceive [kən'si:v] *v* opfatte, udtænke; forestille sig

concentrate ['kɔnsəntreit] *v* koncentrere

concentration [,kɔnsən'treiʃən] *n* koncentration *c*

concept ['kɔnsept] *n* begreb *nt*

conception [kən'sepʃən] *n* forestilling *c*; undfangelse *c*

concern [kən'sə:n] *v* vedrøre, *angå; *n* bekymring *c*; anliggende *nt*; foretagende *nt*, koncern *c*

concerned [kən'sə:nd] *adj* bekymret; impliceret

concerning [kən'sə:niŋ] *prep* angående, vedrørende

concert ['kɔnsət] *n* koncert *c*; ~ **hall** koncertsal *c*

concession [kən'seʃən] *n* koncession *c*; indrømmelse *c*

concise [kən'sais] *adj* koncis

conclusion [kəŋ'klu:ʒən] *n* konklusion *c*, slutning *c*

concrete ['kɔŋkri:t] *adj* konkret; *n* beton *c*

concurrence [kəŋ'kʌrəns] *n* sammentræf *nt*

concussion [kəŋ'kʌʃən] *n* hjernerystelse *c*

condition [kən'diʃən] *n* betingelse *c*; kondition *c*, tilstand *c*; omstændighed *c*

conditional [kən'diʃənəl] *adj* betinget

conditioner [kən'diʃənə] *n* conditioner *c*

condom ['kɔndəm] *n* kondom *c*

conduct[1] ['kɔndʌkt] *n*

opførsel *c*
conduct² [kənˈdʌkt] *v* føre; ledsage; dirigere
conductor [kənˈdʌktə] *n* konduktør *c*; dirigent *c*
confectioner [kənˈfekʃənə] *n* konditor *c*
confess [kənˈfes] *v* erkende; skrifte; bekende
confession [kənˈfeʃən] *n* bekendelse *c*; skriftemål *nt*
confidence [ˈkɔnfidəns] *n* tillid *c*
confident [ˈkɔnfidənt] *adj* tillidsfuld
confidential [ˌkɔnfiˈdenʃəl] *adj* fortrolig
confirm [kənˈfəːm] *v* bekræfte
confirmation [ˌkɔnfəˈmeiʃən] *n* bekræftelse *c*
confiscate [ˈkɔnfiskeit] *v* *beslaglægge, konfiskere
conflict [ˈkɔnflikt] *n* konflikt *c*
confuse [kənˈfjuːz] *v* forvirre
confusion [kənˈfjuːʒən] *n* forvirring *c*
congratulate [kəŋˈgrætʃuleit] *v* lykønske, gratulere
congratulation [kəŋˌgrætʃuˈleiʃən] *n* gratulation *c*, lykønskning *c*
congregation [ˌkɔŋgriˈgeiʃən] *n* menighed *c*; kongregation *c*, orden *c*
congress [ˈkɔŋgres] *n* kongres *c*

connect [kəˈnekt] *v* *forbinde; tilslutte
connection [kəˈnekʃən] *n* forbindelse *c*; sammenhæng *c*
connoisseur [ˌkɔnəˈsəː] *n* kender *c*
connotation [ˌkɔnəˈteiʃən] *n* bibetydning *c*
conquer [ˈkɔŋkə] *v* erobre; besejre
conquest [ˈkɔŋkwest] *n* erobring *c*
conscience [ˈkɔnʃəns] *n* samvittighed *c*
conscious [ˈkɔnʃəs] *adj* bevidst
consciousness [ˈkɔnʃəsnəs] *n* bevidsthed *c*
conscript [ˈkɔnskript] *n* værnepligtig *c*
conscription [kənˈskripʃən] *n* værnepligt *c*
consent [kənˈsent] *v* samtykke; bifalde; *n* samtykke *nt*, tilslutning *c*
consequence [ˈkɔnsikwəns] *n* konsekvens *c*
consequently [ˈkɔnsikwəntli] *adv* følgelig
conservative [kənˈsəːvətiv] *adj* konservativ
consider [kənˈsidə] *v* betragte; overveje; *anse, mene
considerable [kənˈsidərəbəl] *adj* betydelig, anselig
considerate [kənˈsidərət] *adj* hensynsfuld
consideration

considering

[kən,sidə'reiʃən] *n* overvejelse *c*; eftertanke *c*, hensyn *nt*
considering [kən'sidəriŋ] *prep* i betragtning af
consignment [kən'sainmənt] *n* sending *c*
consist of [kən'sist] *v* *bestå af
conspire [kən'spaiə] *v* *sammensværge sig
constant ['kɔnstənt] *adj* konstant
constipation [,kɔnsti'peiʃən] *n* forstoppelse *c*
constituency [kən'stitʃuənsi] *n* valgkreds *c*
constitution [,kɔnsti'tju:ʃən] *n* forfatning *c*
construct [kən'strʌkt] *v* konstruere; bygge
construction [kən'strʌkʃən] *n* konstruktion *c*; byggeri *nt*, bygning *c*
consul ['kɔnsəl] *n* konsul *c*
consulate ['kɔnsjulət] *n* konsulat *nt*
consult [kən'sʌlt] *v* konsultere
consultation [,kɔnsəl'teiʃən] *n* konsultation *c*; ~ hours konsultationstid *c*
consume [kən'sju:m] *v* forbruge
consumer [kən'sju:mə] *n* forbruger *c*, konsument *c*
contact ['kɔntækt] *n* kontakt *c*, berøring *c*; *v* kontakte; ~ lenses kontaktlinser *pl*

244

contagious [kən'teidʒəs] *adj* smitsom, smittende
contain [kən'tein] *v* *indeholde; rumme
container [kən'teinə] *n* beholder *c*; container *c*
contemporary [kən'tempərəri] *adj* samtids-; daværende; nutidig; *n* samtidig *c*
contempt [kən'tempt] *n* ringeagtelse *c*, foragt *c*
content [kən'tent] *adj* tilfreds
contents ['kɔntents] *pl* indhold *nt*
contest ['kɔntest] *n* strid *c*; konkurrence *c*
continent ['kɔntinənt] *n* kontinent *nt*, verdensdel *c*; fastland *nt*
continental [,kɔnti'nentəl] *adj* kontinental
continual [kən'tinjuəl] *adj* uophørlig, vedvarende; **continually** *adv* uophørligt
continue [kən'tinju:] *v* *fortsætte; vedvare
continuous [kən'tinjuəs] *adj* vedvarende, uafbrudt, kontinuerlig
contour ['kɔntuə] *n* omrids *nt*
contraceptive [,kɔntrə'septiv] *n* præventionsmiddel *nt*
contract¹ ['kɔntrækt] *n* kontrakt *c*
contract² [kən'trækt] *v* *trække sig sammen; *pådrage sig
contractor [kən'træktə] *n*

entreprenør c
contradict [ˌkɔntrə'dikt] v *modsige
contradictory [ˌkɔntrə'diktəri] adj modstridende
contrary ['kɔntrəri] n modsætning c; adj modsat; **on the ~** tværtimod
contrast ['kɔntra:st] n kontrast c; forskel c
contribution [ˌkɔntri'bju:ʃən] n bidrag n
control [kən'troul] n kontrol c; v kontrollere
controversial [ˌkɔntrə'və:ʃəl] adj kontroversiel, omstridt
convenience [kən'vi:njəns] n bekvemmelighed c
convenient [kən'vi:njənt] adj bekvem; egnet, belejlig
convent ['kɔnvənt] n kloster nt
conversation [ˌkɔnvə'seiʃən] n samtale c, konversation c
convert [kən'və:t] v omvende; omregne
convict[1] [kən'vikt] v domfælde
convict[2] ['kɔnvikt] n domfældt c; straffefange c
conviction [kən'vikʃən] n overbevisning c; domfældelse c
convince [kən'vins] v overbevise
convulsion [kən'vʌlʃən] n krampe c

cook [kuk] n kok c; v lave mad; tilberede
cookbook ['kukbuk] nAm kogebog c
cooker ['kukə] n komfur nt; **gas** ~ gaskomfur c
cookery book ['kukəribuk] n kogebog c
cookie ['kuki] nAm småkage c
cool [ku:l] adj kølig
cooperation [kouˌɔpə'reiʃən] n samarbejde nt; medvirken c
co-operative [kou'ɔpərətiv] adj andels-; samarbejdsvillig; n andelsforetagende nt
coordinate [kou'ɔ:dineit] v koordinere
coordination [kouˌɔ:di'neiʃən] n koordination c
cope [koup] v overkomme
copper ['kɔpə] n kobber nt
copy ['kɔpi] n kopi c; afskrift c; eksemplar nt; v kopiere; *eftergøre; **carbon** ~ gennemslag nt
coral ['kɔrəl] n koral c
cord [kɔ:d] n tov nt; snor c
cordial ['kɔ:diəl] adj hjertelig
corduroy ['kɔ:dərɔi] n jernbanefløjl nt
core [kɔ:] n kerne c; kernehus nt
cork [kɔ:k] n prop c
corkscrew ['kɔ:kskru:] n proptrækker c
corn [kɔ:n] n korn nt; sæd c;

corner

ligtorn c
corner ['kɔːnə] n hjørne nt
cornfield ['kɔːnfiːld] n kornmark c
corpse [kɔːps] n lig nt
corpulent ['kɔːpjulənt] adj korpulent; svær, fed
correct [kə'rekt] adj korrekt, sand, rigtig; v rette, korrigere
correction [kə'rekʃən] n rettelse c
correctness [kə'rektnəs] n rigtighed c
correspond [,kɔri'spɔnd] v korrespondere; svare til, stemme overens
correspondence [,kɔri'spɔndəns] n brevveksling c, korrespondance c
correspondent [,kɔri'spɔndənt] n korrespondent c
corridor ['kɔridɔː] n korridor c
corrupt [kə'rʌpt] adj korrupt; v *bestikke
corruption [kə'rʌpʃən] n korruption c
corset ['kɔːsit] n korset nt
cosmetics [kɔz'metiks] pl kosmetik c, skønhedsmidler pl
cost [kɔst] n omkostning c; pris c
***cost** [kɔst] v koste
cosy ['kouzi] adj hyggelig
cot [kɔt] nAm feltseng c
cottage ['kɔtidʒ] n

sommerhus nt
cotton ['kɔtən] n bomuld c; bomulds-
cotton wool ['kɔtənwul] n vat nt
couch [kautʃ] n divan c
cough [kɔf] n hoste c; v hoste
could [kud] v (p can)
council ['kaunsəl] n råd nt
councillor ['kaunsələ] n rådsmedlem nt
counsel ['kaunsəl] n råd nt
counsellor ['kaunsələ] n rådgiver c
count [kaunt] v *tælle; *tælle sammen; medregne; regne for; n greve c
counter ['kauntə] n disk c; skranke c
counterfeit ['kauntəfiːt] v forfalske
counterfoil ['kauntəfɔil] n talon c
countess ['kauntis] n grevinde c
country ['kʌntri] n land nt; landet; egn c; ~ **house** landsted nt
countryman ['kʌntrimən] n (pl -men) landsmand c
countryside ['kʌntrisaid] n landet
county ['kaunti] n grevskab nt
couple ['kʌpəl] n par nt
coupon ['kuːpɔn] n kupon c
courage ['kʌridʒ] n tapperhed c, mod nt
courageous [kə'reidʒəs] adj tapper, modig

course [kɔːs] *n* kurs *c*; ret *c*; løb *nt*; kursus *nt*; **intensive ~** lynkursus *nt*; **of ~** naturligvis, selvfølgelig

court [kɔːt] *n* domstol *c*; hof *nt*

courteous ['kəːtiəs] *adj* beleven

cousin ['kʌzən] *n* kusine *c*, fætter *c*

cover ['kʌvə] *v* dække, tildække; *n* læ *nt*; låg *nt*; omslag *nt*; **~ charge** kuvertafgift *c*

cow [kau] *n* ko *c*

coward ['kauəd] *n* kujon *c*

cowardly ['kauədli] *adj* fej

crab [kræb] *n* krabbe *c*

crack [kræk] *n* smæld *nt*; revne *c*; *v* smælde; revne, briste, brække

cracker ['krækə] *nAm* småkage *c*

cradle ['kreidəl] *n* vugge *c*

cramp [kræmp] *n* krampe *c*

crane [krein] *n* kran *c*

crap [kræp] *n vulgar* sludder og vrøvl *nt*

crash [kræʃ] *n* kollision *c*; *v* støde sammen; styrte ned; **~ barrier** autoværn *nt*

crate [kreit] *n* tremmekasse *c*

crater ['kreitə] *n* krater *nt*

crawl [krɔːl] *v* kravle; *n* crawl *c*

craze [kreiz] *n* dille *c*

crazy ['kreizi] *adj* skør; vanvittig, forrykt

creak [kriːk] *v* knirke

cream [kriːm] *n* creme *c*; fløde *c*; *adj* flødefarvet

creamy ['kriːmi] *adj* flødeagtig

crease [kriːs] *v* krølle; *n* fold *c*; rynke *c*

create [kriˈeit] *v* skabe; kreere

creative [kriˈeitiv] *adj* kreativ

creature ['kriːtʃə] *n* skabning *c*

credible ['kredibəl] *adj* troværdig

credit ['kredit] *n* kredit *c*; *v* *godskrive, kreditere; **~ card** kreditkort *nt*

creditor ['kreditə] *n* kreditor *c*

credulous ['kredjuləs] *adj* godtroende

creek [kriːk] *n* vig *c*, bugt *c*; *nAm* bæk *c*

***creep** [kriːp] *v* *krybe

creepy ['kriːpi] *adj* rædselsvækkende, uhyggelig

cremate [kriˈmeit] *v* ligbrænde

crew [kruː] *n* mandskab *nt*

cricket ['krikit] *n* kricket; fårekylling *c*

crime [kraim] *n* forbrydelse *c*

criminal ['kriminəl] *n* forbryder *c*; *adj* kriminel, forbryderisk; **~ law** strafferet *c*

criminality [ˌkrimiˈnæləti] *n* kriminalitet *c*

crimson ['krimzən] *adj* højrød

crippled ['kripəld] *adj* invalid

crisis ['kraisis] *n* (pl crises)

crisp 248

krise *c*
crisp [krisp] *adj* sprød
critic ['kritik] *n* kritiker *c*
critical ['kritikəl] *adj* kritisk; risikabel, betænkelig
criticism ['kritisizəm] *n* kritik *c*
criticize ['kritisaiz] *v* kritisere
crochet ['krouʃei] *v* hækle
crockery ['krɔkəri] *n* lertøj *pl*, service *nt*
crocodile ['krɔkədail] *n* krokodille *c*
crook [kruk] *n* svindler *c*
crooked ['krukid] *adj* kroget, fordrejet; uærlig
crop [krɔp] *n* afgrøde *c*
cross [krɔs] *v* krydse; *adj* vranten, gnaven; *n* kors *nt*
cross-eyed ['krɔsaid] *adj* skeløjet
crossing ['krɔsiŋ] *n* overfart *c*; krydsning *c*; fodgængerovergang *c*; jernbaneoverskæring *c*
crossroads ['krɔsroudz] *n* gadekryds *nt*
crosswalk ['krɔswɔːk] *nAm* fodgængerovergang *c*
crow [krou] *n* krage *c*
crowbar ['kroubaː] *n* brækjern *nt*
crowd [kraud] *n* menneskemængde *c*, folkeskare *c*
crowded ['kraudid] *adj* stuvende fuld; overfyldt
crown [kraun] *n* krone *c*; *v* krone
crucifix ['kruːsifiks] *n* krucifiks *nt*
crucifixion [ˌkruːsi'fikʃən] *n* korsfæstelse *c*
crucify ['kruːsifai] *v* korsfæste
cruel [kruəl] *adj* grusom
cruise [kruːz] *n* krydstogt *nt*
crumb [krʌm] *n* krumme *c*
crusade [kruː'seid] *n* korstog *nt*
crust [krʌst] *n* skorpe *c*
crutch [krʌtʃ] *n* krykke *c*
cry [krai] *v* *græde; *skrige; råbe; *n* skrig *nt*, vræl *nt*; råb *nt*
crystal ['kristəl] *n* krystal *nt*; *adj* krystal-
Cuba ['kjuːbə] Cuba
Cuban ['kjuːbən] *adj* cubansk; *n* cubaner *c*
cube [kjuːb] *n* terning *c*
cuckoo ['kukuː] *n* gøg *c*
cucumber ['kjuːkʌmbə] *n* agurk *c*
cuddle ['kʌdəl] *v* omfavne, knuse
cuff [kʌf] *n* manchet *c*
cuff links ['kʌfliŋks] *pl* manchetknapper *pl*
cul-de-sac ['kʌldəsæk] *n* blind vej
cultivate ['kʌltiveit] *v* dyrke, opdyrke
culture ['kʌltʃə] *n* kultur *c*
cultured ['kʌltʃəd] *adj* kultiveret
cunning ['kʌniŋ] *adj* snu
cup [kʌp] *n* kop *c*; pokal *c*
cupboard ['kʌbəd] *n* skab *nt*
curb [kəːb] *n* kantsten *c*; *v*

249   **damp**

tøjle
cure [kjuə] *v* helbrede, kurere; *n* kur *c*; helbredelse *c*
curiosity [ˌkjuəri'ɔsəti] *n* nysgerrighed *c*
curious ['kjuəriəs] *adj* videbegærlig, nysgerrig; mærkelig
curl [kəːl] *v* krølle; *n* krølle *c*
curler ['kəːlə] *n* papillot *c*
curly ['kəːli] *adj* krøllet
currant ['kʌrənt] *n* korend *c*; ribs *nt*
currency ['kʌrənsi] *n* valuta *c*; **foreign ~** udenlandsk valuta
current ['kʌrənt] *n* strøm *c*; *adj* indeværende, gængs; **alternating ~** vekselstrøm *c*; **direct ~** jævnstrøm *c*
curriculum [kə'rikjuləm] *n* undervisningsplan *c*
curry ['kʌri] *n* karry *c*
curse [kəːs] *v* bande; forbande; *n* forbandelse *c*, ed *c*
curtain ['kəːtən] *n* gardin *nt*; tæppe *nt*
curve [kəːv] *n* kurve *c*;

drejning *c*
curved [kəːvd] *adj* bøjet, buet
cushion ['kuʃən] *n* pude *c*
custody ['kʌstədi] *n* forvaring *c*; formynderskab *nt*
custom ['kʌstəm] *n* skik *c*
customary ['kʌstəməri] *adj* sædvanemæssig, sædvanlig, vanlig
customer ['kʌstəmə] *n* kunde *c*; klient *c*
customs ['kʌstəmz] *pl* toldvæsen *nt*; **~ duty** told *c*; **~ officer** tolder *c*
cut [kʌt] *n* snit *nt*; snitsår *nt*
***cut** [kʌt] *v* *skære; klippe; *nedskære; **~ off** *skære af; klippe af; lukke for, *afbryde
cutlery ['kʌtləri] *n* spisebestik *nt*
cutlet ['kʌtlət] *n* kotelet *c*
cycle ['saikəl] *n* cykel *c*; kredsløb *nt*, cyklus *c*
cyclist ['saiklist] *n* cyklist *c*
cylinder ['silində] *n* cylinder *c*; **~ head** topstykke *nt*
cymbal ['simbəl] *n* bækken *nt*

D

dad [dæd] *n* far *c*
daddy ['dædi] *n* far *c*
daffodil ['dæfədil] *n* påskelilje *c*
daily ['deili] *adj* daglig; *n* dagblad *c*

dairy ['dɛəri] *n* mejeri *nt*
dam [dæm] *n* dæmning *c*
damage ['dæmidʒ] *n* skade *c*; *v* beskadige
damn [dæm] *v* fandens
damp [dæmp] *adj* fugtig;

dance

klam; *n* fugt *c*; *v* fugte
dance [dɑ:ns] *v* danse; *n* dans *c*
dandelion ['dændilaiən] *n* mælkebøtte *c*
dandruff ['dændrəf] *n* skæl *nt*
Dane [dein] *n* dansker *c*
danger ['deindʒə] *n* fare *c*
dangerous ['deindʒərəs] *adj* farlig
Danish ['deiniʃ] *adj* dansk
dare [dɛə] *v* *turde, vove; udfordre
daring ['dɛəriŋ] *adj* dumdristig
dark [dɑ:k] *adj* mørk; *n* mørke *nt*
darling ['dɑ:liŋ] *n* kæreste *c*, skat *c*
darn [dɑ:n] *v* stoppe
dash [dæʃ] *v* styrte; *n* tankestreg *c*
dashboard ['dæʃbɔ:d] *n* instrumentbræt *nt*
data ['deitə] *pl* faktum *nt*
date[1] [deit] *n* dato *c*; aftale *c*; *v* datere; **out of ~** forældet
date[2] [deit] *n* daddel *c*
daughter ['dɔ:tə] *n* datter *c*
daughter-in-law ['dɔ:tərinlɔ:] *n* (pl daughters-) svigerdatter *c*
dawn [dɔ:n] *n* morgendæmring *c*; dæmring *c*
day [dei] *n* dag *c*; **by ~** om dagen; **~ trip** dagtur *c*; **per ~** per dag; **the ~ before yesterday** i forgårs
daybreak ['deibreik] *n*

daggry *nt*
daylight ['deilait] *n* dagslys *nt*
day spa ['dei‿spɑ:] *n* dagspa *c*
dead [ded] *adj* død
deaf [def] *adj* døv
deal [di:l] *n* transaktion *c*, forretning *c*
*deal [di:l] *v* dele ud; **~ with** *have med at gøre, *tage sig af; *gøre forretning med
dealer ['di:lə] *n* handlende *c*, forhandler *c*
dear [diə] *adj* kær; dyr; dyrebar
death [deθ] *n* død *c*; **~ penalty** dødsstraf *c*
debate [di'beit] *n* debat *c*
debit ['debit] *n* debet *c*
debit card ['debit‿kɑ:d] *n* debitkort *nt*
debt [det] *n* gæld *c*
decaf(feinated) [di:'kæfineitid] *adj* kaffeinfri
deceit [di'si:t] *n* bedrag *nt*
deceive [di'si:v] *v* bedrage
December [di'sembə] december
decency ['di:sənsi] *n* anstændighed *c*
decent ['di:sənt] *adj* anstændig
decide [di'said] *v* *afgøre, bestemme, beslutte
decision [di'siʒən] *n* afgørelse *c*, beslutning *c*
deck [dek] *n* dæk *nt*; **~ cabin** dækskahyt *c*; **~ chair** liggestol *c*

demolish

declaration [ˌdeklə'reiʃən] *n* erklæring *c*; deklaration *c*
declare [di'klɛə] *v* erklære; *selvangive; fortolde
decorate ['dekəreit] *v* dekorere
decoration [ˌdekə'reiʃən] *n* udsmykning *c*
decrease [di:'kri:s] *v* formindske, mindske; *aftage; *n* nedgang *c*
dedicate ['dedikeit] *v* hellige
deduce [di'dju:s] *v* udlede
deduct [di'dʌkt] *v* *trække fra, *fratrække
deed [di:d] *n* handling *c*, gerning *c*
deep [di:p] *adj* dyb
deep-freeze [ˌdi:p'fri:z] *n* dybfryser *c*
deer [diə] *n* (pl ~) hjort *c*
defeat [di'fi:t] *v* *vinde over; *n* nederlag *nt*
defective [di'fektiv] *adj* mangelfuld
defence [di'fens] *n* forsvar *nt*; værn *nt*
defend [di'fend] *v* forsvare
deficiency [di'fiʃənsi] *n* mangel *c*
deficit ['defisit] *n* underskud *nt*
define [di'fain] *v* *fastlægge, definere
definite ['definit] *adj* bestemt
definition [ˌdefi'niʃən] *n* definition *c*
deformed [di'fɔ:md] *adj* misdannet, vanskabt
degree [di'gri:] *n* grad *c*

delay [di'lei] *v* forsinke; *udsætte; *n* forsinkelse *c*; udsættelse *c*
delegate ['deligət] *n* delegeret *c*
delegation [ˌdeli'geiʃən] *n* delegation *c*, deputation *c*
deliberate[1] [di'libəreit] *v* drøfte, overveje, *rådslå
deliberate[2] [di'libərət] *adj* overlagt
deliberation [diˌlibə'reiʃən] *n* drøftelse *c*, rådslagning *c*
delicacy ['delikəsi] *n* lækkeri *nt*
delicate ['delikət] *adj* delikat; sart
delicatessen [ˌdelikə'tesən] *n* delikatesse *c*; viktualieforretning *c*
delicious [di'liʃəs] *adj* dejlig, lækker
delight [di'lait] *n* fryd *c*, nydelse *c*; *v* henrykke
delighted [di'laitəd] *adj* glad
delightful [di'laitfəl] *adj* henrivende, herlig
deliver [di'livə] *v* levere, aflevere; frelse
delivery [di'livəri] *n* levering *c*, udbringning *c*; nedkomst *c*; frelse *c*; ~ **van** varevogn *c*
demand [di'mɑ:nd] *v* behøve, kræve; *n* forlangende *nt*; efterspørgsel *c*
democracy [di'mɔkrəsi] *n* demokrati *nt*
democratic [ˌdemə'krætik] *adj* demokratisk
demolish [di'mɔliʃ] *v*

demolition

*nedrive, *ødelægge
demolition [ˌdeməˈliʃən] *n*
nedrivning *c*
demonstrate [ˈdemənstreit]
v bevise; demonstrere
demonstration
[ˌdemənˈstreiʃən] *n*
demonstration *c*;
tilkendegivelse *c*
den [den] *n* hule *c*
Denmark [ˈdenmɑːk]
Danmark
denomination
[diˌnɔmiˈneiʃən] *n*
benævnelse *c*
dense [dens] *adj* tæt
dent [dent] *n* bule *c*
dentist [ˈdentist] *n* tandlæge *c*
denture [ˈdentʃə] *n*
tandprotese *c*
deny [diˈnai] *v* nægte,
benægte, fornægte
deodorant [diːˈoudərənt] *n*
deodorant *c*
depart [diˈpɑːt] *v* rejse bort,
*tage et sted; *afgå ved
døden
department [diˈpɑːtmənt] *n*
afdeling *c*, departement *nt*; ~
store stormagasin *nt*
departure [diˈpɑːtʃə] *n*
afrejse *c*, afgang *c*
dependant [diˈpendənt] *adj*
afhængig
depend on [diˈpend]; *v* (*on a thing*) afhænge af; (*on a person*) være afhængig af;
that depends det kommer
an på
deposit [diˈpɔzit] *n*
bankindskud *nt*; pant *nt*;
bundfald *nt*, aflejring *c*; *v*
deponere
depot [ˈdepou] *n* depot *nt*;
nAm station *c*
depress [diˈpres] *v*
deprimere
depressing [diˈpresiŋ] *adj*
deprimerende
depression [diˈpreʃən] *n*
depression *c*; lavtryk *nt*
deprive of [diˈpraiv] *fratage,
berøve
depth [depθ] *n* dybde *c*
deputy [ˈdepjuti] *n* deputeret *c*; stedfortræder *c*
descend [diˈsend] *v* *gå ned
descendant [diˈsendənt] *n*
efterkommer *c*
descent [diˈsent] *n*
nedstigning *c*
describe [diˈskraib] *v*
*beskrive
description [diˈskripʃən] *n*
beskrivelse *c*; signalement
nt
desert[1] [ˈdezət] *n* ørken *c*; *adj*
øde, ubeboet
desert[2] [diˈzəːt] *v* desertere;
*forlade
deserve [diˈzəːv] *v* fortjene
design [diˈzain] *v* udkaste; *n*
udkast *nt*; hensigt *c*
designate [ˈdezigneit] *v*
bestemme
desirable [diˈzaiərəbəl] *adj*
attråværdig, ønskelig
desire [diˈzaiə] *n* ønske *nt*;
lyst *c*, begær *nt*; *v* ønske,

attrå, begære
desk [desk] *n* skrivebord *nt*; læsepult *c*; skolebænk *c*
despair [di'spɛə] *n* fortvivlelse *c*; *v* fortvivle
despatch [di'spætʃ] *v* forsende
desperate ['despərət] *adj* desperat
despise [di'spaiz] *v* foragte
despite [di'spait] *prep* trods
dessert [di'zə:t] *n* dessert *c*
destination [ˌdesti'neiʃən] *n* bestemmelsessted *nt*
destine ['destin] *v* bestemme
destiny ['destini] *n* skæbne *c*, lod *c*
destroy [di'strɔi] *v* *tilintetgøre, *ødelægge
destruction [di'strʌkʃən] *n* ødelæggelse *c*; tilintetgørelse *c*
detach [di'tætʃ] *v* løsne
detail [di'teil] *n* enkelthed *c*, detalje *c*
detailed ['di:teild] *adj* detaljeret, udførlig
detect [di'tekt] *v* opdage
detective [di'tektiv] *n* detektiv *c*; ~ **story** kriminalroman *c*
detergent [di'tə:dʒənt] *n* rengøringsmiddel *nt*
determine [di'tə:min] *v* *fastsætte, bestemme
determined [di'tə:mind] *adj* målbevidst
detest [di'test] *v* afsky
detour ['di:tuə] *n* omvej *c*; omkørsel *c*

devaluation [ˌdi:vælju'eiʃən] *n* devaluering *c*
devalue [ˌdi:'vælju:] *v* devaluere
develop [di'veləp] *v* udvikle; fremkalde
development [di'veləpmənt] *n* udvikling *c*
deviate ['di:vieit] *v* *afvige
devil ['devəl] *n* djævel *c*
devise [di'vaiz] *v* udtænke
devote [di'vout] *v* hellige
dew [dju:] *n* dug *c*
diabetes [ˌdaiə'bi:ti:z] *n* sukkersyge *c*, diabetes *c*
diabetic [ˌdaiə'betik] *n* diabetiker *c*, sukkersygepatient *c*
diagnose [ˌdaiəg'nouz] *v* stille en diagnose; konstatere
diagnosis [ˌdaiəg'nousis] *n* (pl -ses) diagnose *c*
diagonal [dai'ægənəl] *n* diagonal *c*; *adj* diagonal
diagram ['daiəgræm] *n* skematisk tegning; grafisk fremstilling, figur *c*
dialect ['daiəlekt] *n* dialekt *c*
dial ['daiəl] *n* nummerskive *c*; *v* dreje et nummer
diamond ['daiəmənd] *n* diamant *c*
diaper ['daiəpə] *nAm* ble *c*
diaphragm ['daiəfræm] *n* membran *c*
diarrhoea [daiə'riə] *n* diarré *c*
diary ['daiəri] *n* kalender *c*; dagbog *c*
dictaphone ['diktəfoun] *n*

dictate

diktafon c
dictate [dik'teit] v diktere
dictator [dik'teitə] n diktator c
dictionary ['dikʃənəri] n ordbog c
did [did] v (p do)
die [dai] v *dø; *afgå ved døden
diesel ['di:zəl] n dieselmotor c
diet ['daiət] n diæt c
differ ['difə] v *være forskellig
difference ['difərəns] n forskel c
different ['difərənt] adj forskellig; anden
difficult ['difikəlt] adj vanskelig; svær
difficulty ['difikəlti] n vanskelighed c; møje c
*dig [dig] v grave; udgrave
digest [di'dʒest] v fordøje
digestible [di'dʒestəbəl] adj fordøjelig
digestion [di'dʒestʃən] n fordøjelse c
digit ['didʒit] n ciffer nt
digital ['didʒitəl] adj digital; ~ **camera** n digitalkamera nt; ~ **photo** n digitalfoto nt; ~ **projector** n digitalprojektor c
dignified ['dignifaid] adj værdig
dignity ['digniti] n værdighed c
dilapidated [di'læpideitid] adj forfalden

254

diligence ['dilidʒəns] n iver c, flid c
diligent ['dilidʒənt] adj ihærdig, flittig
dilute [dai'lju:t] v opspæde, fortynde
dim [dim] adj sløret, dæmpet; uklar, dunkel, utydelig
dine [dain] v spise til middag
dinghy ['diŋgi] n jolle c
dining car ['dainiŋka:] n spisevogn c
dining room ['dainiŋru:m] n spisestue c; spisesal c
dinner ['dinə] n middag c; middagsmad c, aftensmad c
dinner jacket ['dinə,dʒækit] n smoking c
dinner service ['dinə,sə:vis] n spisestel nt
diphtheria [dif'θiəriə] n difteritis c
diploma [di'ploumə] n eksamensbevis nt
diplomat ['dipləmæt] n diplomat c
direct [di'rekt] adj direkte; v vejlede; lede
direction [di'rekʃən] n retning c; påbud nt; regie c; bestyrelse c, direktion c; **directional signal** Am blinklys nt; **directions for use** brugsanvisning c
directive [di'rektiv] n direktiv nt
director [di'rektə] n direktør c; instruktør c
directory [di'rektəri] n (telephone) telefonbog c; (at

a visitors' centre) vejviser c
dirt [də:t] n snavs c
dirty ['də:ti] adj snavset, beskidt
disabled [di'seibəld] adj handicappet, invalid
disadvantage [,disəd'va:ntidʒ] n ulempe c
disagree [,disə'gri:] v være uenig
disagreeable [,disə'gri:əbəl] adj ubehagelig
disappear [,disə'piə] v *forsvinde
disappoint [,disə'pɔint] v skuffe
disappointment [,disə'pɔintmənt] n skuffelse c
disapprove [,disə'pru:v] v misbillige
disaster [di'za:stə] n katastrofe c, ulykke c
disastrous [di'za:strəs] adj katastrofal
disc [disk] n skive c; grammofonplade c; **slipped ~** diskusprolaps c
discard [di'ska:d] v kassere
discharge [dis'tʃa:dʒ] v losse, aflæsse; afskedige; n afsked c; **~ of** *fritage for
discipline ['disiplin] n disciplin c
discolour [di'skʌlə] v falme; **discoloured** falmet
disconnect [,diskə'nekt] v adskille; *afbryde, slukke
discontented [,diskən'tentid] adj utilfreds

discontinue [,diskən'tinju:] v standse, *nedlægge
discount ['diskaunt] n rabat c, dekort c
discourage [di'skʌrədʒ] v tage modet fra
discover [di'skʌvə] v opdage
discovery [di'skʌvəri] n opdagelse c
discuss [di'skʌs] v diskutere, debattere
discussion [di'skʌʃən] n diskussion c; samtale c, drøftelse c, debat c
disease [di'zi:z] n sygdom c
disembark [,disim'ba:k] v *gå fra borde
disgrace [dis'greis] n skam c
disguise [dis'gaiz] v forklæde sig; n forklædning c
disgust [dis'gʌst] n væmmelse c; adj væmmelig
disgusting [dis'gʌstiŋ] adj ækel, afskyelig
dish [diʃ] n tallerken c; skål c, fad nt; ret c
dishonest [di'sɔnist] adj uærlig
dishwasher ['diʃwɔʃə] n opvaskemaskine c
disinfect [,disin'fekt] v desinficere
disinfectant [,disin'fektənt] n desinfektionsmiddel nt
disk drive ['disk,draiv] n drev nt
dislike [di'slaik] v ikke *kunne lide, ikke *kunne fordrage; n afsky c, modvilje c, antipati c

dislocated

dislocated ['disləkeitid] *adj* *gået af led

dismiss [dis'mis] *v* sende bort; afskedige

disorder [dis'ɔːdə] *n* uorden *c*

dispatch [di'spætʃ] *v* afsende, ekspedere

display [di'splei] *v* fremvise, vise; *n* fremvisning *c*, udstilling *c*

displease [di'spliːz] *v* mishage

disposable [di'spouzəbəl] *adj* engangs-

disposal [di'spouzəl] *n* rådighed *c*

dispose of [di'spouz] skille sig af med

dispute [di'spjuːt] *n* opgør *nt*; disput *c*, tvist *c*; *v* *strides, *bestride

dissatisfied [di'sætisfaid] *adj* utilfreds

dissolve [di'zɔlv] *v* opløse

dissuade from [di'sweid] fraråde

distance ['distəns] *n* afstand *c*; ~ **in kilometres** kilometertal *nt*

distant ['distənt] *adj* fjern

distinct [di'stiŋkt] *adj* tydelig; forskellig

distinction [di'stiŋkʃən] *n* forskel *c*, skelnen *c*

distinguish [di'stiŋgwiʃ] *v* skelne

distinguished [di'stiŋgwiʃt] *adj* fornem

distress [di'stres] *n* nød *c*; ~ **signal** nødsignal *nt*

distribute [di'stribjuːt] *v* uddele

distributor [di'stribjutə] *n* eneforhandler *c*; strømfordeler *c*

district ['distrikt] *n* distrikt *nt*; egn *c*; kvarter *nt*

disturb [di'stəːb] *v* forstyrre

disturbance [di'stəːbəns] *n* forstyrrelse *c*; forvirring *c*

ditch [ditʃ] *n* grøft *c*

dive [daiv] *v* dykke

diversion [dai'vəːʃən] *n* omkørsel *c*; adspredelse *c*

divide [di'vaid] *v* dele; fordele; skille

divine [di'vain] *adj* guddommelig

division [di'viʒən] *n* deling *c*; adskillelse *c*; afdeling *c*

divorce [di'vɔːs] *n* skilsmisse *c*; *v* skilles

dizziness ['dizinəs] *n* svimmelhed *c*

dizzy ['dizi] *adj* svimmel

***do** [duː] *v* *gøre; *være nok

dock [dɔk] *n* dok *c*; kaj *c*; *v* *lægge til

docker ['dɔkə] *n* havnearbejder *c*

doctor ['dɔktə] *n* læge *c*, doktor *c*

document ['dɔkjumənt] *n* dokument *nt*

dog [dɔg] *n* hund *c*

doll [dɔl] *n* dukke *c*

dollar ['dɔlə] *n* dollar *c*

dome [doum] *n* kuppel *c*

domestic [də'mestik] *adj* (in--country) hjemme-; (in the

drawing room

home) huslig
domicile ['dɔmisail] *n* bopæl *c*
domination [,dɔmi'neiʃən] *n* overherredømme *nt*
dominion [də'minjən] *n* herredømme *nt*
donate [dou'neit] *v* skænke
donation [dou'neiʃən] *n* donation *c*, gave *c*
done [dʌn] *v* (pp do)
donkey ['dɔŋki] *n* æsel *nt*
donor ['dounə] *n* giver *c*
door [dɔ:] *n* dør *c*; **revolving ~** svingdør *c*; **sliding ~** skydedør *c*
doorbell ['dɔ:bel] *n* dørklokke *c*
doorkeeper ['dɔ:,ki:pə] *n* portner *c*
doorman ['dɔ:mən] *n* (pl -men) dørvogter *c*
dormitory ['dɔ:mitri] *n* sovesal *c*
dose [dous] *n* dosis *c*
dot [dɔt] *n* prik *c*
double ['dʌbəl] *adj* dobbelt
doubt [daut] *v* tvivle, betvivle; *n* tvivl *c*; **without ~** uden tvivl
doubtful ['dautfəl] *adj* tvivlsom; uvis
dough [dou] *n* dej *c*
down[1] [daun] *adv* ned; nedefter, omkuld; *adj* nedslået; *prep* ned ad, hen langs; **~ payment** udbetaling *c*
down[2] [daun] *n* dun *nt*
download ['daun,loud] *n* download *c*
downpour ['daunpɔ:] *n* øsregn *c*
downstairs [,daun'steəz] *adv* nedenunder
downstream [,daun'stri:m] *adv* med strømmen
down-to-earth [,dauntu'ə:θ] *adj* nøgtern
downwards ['daunwədz] *adv* nedefter, nedad
dozen ['dʌzən] *n* (pl ~, ~s) dusin *nt*
draft [drɑ:ft] *n* veksel *c*
drag [dræg] *v* slæbe
dragon ['drægən] *n* drage *c*
drain [drein] *v* dræne; afvande; *n* afløb *nt*
drama ['drɑ:mə] *n* drama *nt*; sørgespil *nt*
dramatic [drə'mætik] *adj* dramatisk
drank [dræŋk] *v* (p drink)
drapery ['dreipəri] *n* manufakturvarer *pl*
draught [drɑ:ft] *n* træk *c*; **~ beer** fadøl *nt*; **draughts** dam *nt*
draw [drɔ:] *n* lodtrækning *c*
***draw** [drɔ:] *v* tegne; *trække; hæve; **~ up** affatte
drawbridge ['drɔ:bridʒ] *n* vindebro *c*
drawer ['drɔ:ə] *n* skuffe *c*; **drawers** underbukser *pl*
drawing ['drɔ:iŋ] *n* tegning *c*
drawing pin ['drɔ:iŋpin] *n* tegnestift *c*
drawing room ['drɔ:iŋru:m] *n* salon *c*

dread

dread [dred] *v* frygte; *n* gru *c*
dreadful ['dredfəl] *adj* frygtelig, forfærdelig
dream [dri:m] *n* drøm *c*
*****dream** [dri:m] *v* drømme
dress [dres] *v* klæde på; klæde sig på, klæde sig; *forbinde; *n* kjole *c*
dressing gown ['dresiŋgaun] *n* morgenkåbe *c*
dressing room ['dresiŋru:m] *n* påklædningsværelse *nt*
dressing table ['dresiŋ,teibəl] *n* toiletbord *nt*
dressmaker ['dres,meikə] *n* dameskrædderinde *c*
drill [dril] *v* bore; træne; *n* bor *nt*
drink [driŋk] *n* drink *c*, drik *c*
*****drink** [driŋk] *v* *drikke
drinking water ['driŋkiŋ,wɔ:tə] *n* drikkevand *nt*
drip-dry [,drip'drai] *adj* strygefri
drive [draiv] *n* vej *c*; køretur *c*
*****drive** [draiv] *v* køre; føre
driver ['draivə] *n* chauffør *c*
driver's licence, driving licence *n* kørekort *nt*
drive-thru ['draiv,θru:] *v* (*restaurant*) drive-in *c*
drizzle ['drizəl] *n* støvregn *c*
drop [drɔp] *v* tabe; *n* dråbe *c*
drought [draut] *n* tørke *c*
drown [draun] *v* drukne; ***be drowned** drukne
drug [drʌg] *n* narkotikum *nt*; medicin *c*
drugstore ['drʌgstɔ:] *nAm* apotek *nt*; materialhandel *c*; *nAm* varehus *nt*
drum [drʌm] *n* tromme *c*
drunk [drʌŋk] *adj* (pp drink) fuld
dry [drai] *adj* tør; *v* tørre
dry-clean [,drai'kli:n] *v* kemisk rense
dry cleaner's [,drai'kli:nəz] *n* renseri *c*
dryer ['draiə] *n* tørretumbler *c*
duchess [dʌtʃis] *n* hertuginde *c*
duck [dʌk] *n* and *c*
due [dju:] *adj* forventet; skyldig; forfalden; **~ to** på grund af
dues [dju:z] *pl* afgifter *pl*
dug [dʌg] *v* (p, pp dig)
duke [dju:k] *n* hertug *c*
dull [dʌl] *adj* kedelig; trist, mat; sløv
dumb [dʌm] *adj* stum; dum, stupid
dune [dju:n] *n* klit *c*
dung [dʌŋ] *n* gødning *c*
duration [dju'reiʃən] *n* varighed *c*
during ['djuəriŋ] *prep* under
dusk [dʌsk] *n* skumring *c*
dust [dʌst] *n* støv *nt*
dustbin ['dʌstbin] *n* affaldsspand *c*
dusty ['dʌsti] *adj* støvet
Dutch [dʌtʃ] *adj* hollandsk, nederlandsk

Dutchman ['dʌtʃmən] *n* (pl -men) hollænder *c*
duty ['dju:ti] *n* pligt *c*; opgave *c*; importafgift *c*; Customs ~ toldafgift *c*
duty-free [,dju:ti'fri:] *adj* toldfri

DVD ['di:vi:'di:] *n* DVD *c*
DVD-ROM ['di:vi:di:'rɔm] *n* DVD-ROM *c*
dwarf [dwɔ:f] *n* dværg *c*
dye [dai] *v* farve; *n* farve *c*
dynamo ['dainəmou] *n* (pl ~s) dynamo *c*

E

each [i:tʃ] *adj* hver; ~ other hinanden
eager ['i:gə] *adj* ivrig, spændt, utålmodig
eagle ['i:gəl] *n* ørn *c*
ear [iə] *n* øre *nt*
earache ['iəreik] *n* ørepine *c*
eardrum ['iədrʌm] *n* trommehinde *c*
earl [ə:l] *n* greve *c*
early ['ə:li] *adj* tidlig
earn [ə:n] *v* tjene
earnest ['ə:nist] *n* alvor *c*
earnings ['ə:niŋz] *pl* indtægt *c*
earring ['iəriŋ] *n* ørenring *c*
earth [ə:θ] *n* jord *c*
earthquake ['ə:θkweik] *n* jordskælv *nt*
ease [i:z] *n* lethed *c*, utvungenhed *c*; velbefindende *nt*
east [i:st] *n* øst
Easter ['i:stə] påske
eastern ['i:stən] *adj* østlig, østre
easy ['i:zi] *adj* let; behagelig; ~ chair lænestol *c*
easy-going ['i:zi,gouiŋ] *adj* afslappet
*****eat** [i:t] *v* spise
eavesdrop ['i:vzdrɔp] *v* aflytte
ebony ['ebəni] *n* ibenholt *nt*
eccentric [ik'sentrik] *adj* excentrisk
echo ['ekou] *n* (pl ~es) genlyd *c*, ekko *nt*
eclipse [i'klips] *n* formørkelse *c*
economic [,i:kə'nɔmik] *adj* økonomisk
economical [,i:kə'nɔmikəl] *adj* økonomisk, sparsommelig
economist [i'kɔnəmist] *n* økonom *c*
economize [i'kɔnəmaiz] *v* spare
economy [i'kɔnəmi] *n* økonomi *c*
eco-tourist ['i:kou,tu:rist] *n* økoturist *c*
ecstasy ['ekstəzi] *n* ekstase *c*
Ecuador ['ekwədɔ:] Ecuador
Ecuadorian [,ekwə'dɔ:riən] *n* ecuadorianer *c*
eczema ['eksimə] *n* eksem *c*

edge

edge [edʒ] *n* æg *c*, kant *c*
edible ['edibəl] *adj* spiselig
edit ['edit] *v* redigere
edition [i'diʃən] *n* udgave *c*; **morning ~** morgenudgave *c*
editor ['editə] *n* redaktør *c*
educate ['edʒukeit] *v* opdrage, uddanne
education [,edʒu'keiʃən] *n* uddannelse *c*; opdragelse *c*
eel [i:l] *n* ål *c*
effect [i'fekt] *n* virkning *c*; *v* *iværksætte; **in ~** faktisk
effective [i'fektiv] *adj* effektiv, virksom
efficient [i'fiʃənt] *adj* virkningsfuld, effektiv
effort ['efət] *n* anstrengelse *c*
egg [eg] *n* æg *nt*
eggplant ['egplɑ:nt] *n* aubergine *c*
egg yolk ['egjouk] *n* æggeblomme *c*
Egypt ['i:dʒipt] Egypten
Egyptian [i'dʒipʃən] *adj* egyptisk; *n* egypter *c*
eiderdown ['aidədaun] *n* dyne *c*
eight [eit] *num* otte
eighteen [,ei'ti:n] *num* atten
eighteenth [,ei'ti:nθ] *num* attende
eighth [eitθ] *num* ottende
eighty ['eiti] *num* firs
either ['aiðə] *pron* den ene eller den anden; **either ... or** enten ... eller
elaborate [i'læbəreit] *v* uddybe
elastic [i'læstik] *adj* elastisk; **~ band** elastik *c*
elasticity [,elæ'stisəti] *n* elasticitet *c*
elbow ['elbou] *n* albue *c*
elder ['eldə] *adj* ældre
elderly ['eldəli] *adj* ældre
eldest ['eldist] *adj* ældst
elect [i'lekt] *v* *vælge
election [i'lekʃən] *n* valg *nt*
electric [i'lektrik] *adj* elektrisk; **~ razor** elektrisk barbermaskine *c*
electrician [,ilek'triʃən] *n* elektriker *c*
electricity [,ilek'trisəti] *n* elektricitet *c*
electronic [ilek'trɔnik] *adj* elektronisk; **~ game** elektronisk spil *nt*
elegance ['eligəns] *n* elegance *c*
elegant ['eligənt] *adj* elegant
element ['elimənt] *n* element *nt*, bestanddel *c*
elephant ['elifənt] *n* elefant *c*
elevator ['eliveitə] *nAm* elevator *c*
eleven [i'levən] *num* elleve
eleventh [i'levənθ] *num* ellevte
elf [elf] *n* (pl elves) alf *c*
eliminate [i'limineit] *v* eliminere
elm [elm] *n* elm *c*
else [els] *adv* ellers
elsewhere [,el'sweə] *adv* andetsteds
e-mail ['i:meil] *n* email *c*; *v* emaile
emancipation

embankment [im'bæŋkmənt] *n* vold *c*
embargo [im'bɑ:gou] *n* (pl ~es) embargo *c*
embark [im'bɑ:k] *v* *gå om bord
embarkation [,embɑ:'keiʃən] *n* indskibning *c*
embarrass [im'bærəs] *v* forvirre, *gøre forlegen; *gøre perpleks; hæmme;
embarrassed forlegen;
embarrassing pinlig;
embarrassment *n* forlegenhed *c*
embassy ['embəsi] *n* ambassade *c*
emblem ['embləm] *n* emblem *nt*
embrace [im'breis] *v* omfavne; *n* omfavnelse *c*
embroider [im'brɔidə] *v* brodere
embroidery [im'brɔidəri] *n* broderi *nt*
emerald ['emərəld] *n* smaragd *c*
emergency [i'mɔ:dʒənsi] *n* nødstilfælde *nt*; nødsituation *c*; ~ **exit** nødudgang *c*
emigrant ['emigrənt] *n* emigrant *c*
emigrate ['emigreit] *v* emigrere
emigration [,emi'greiʃən] *n* emigration *c*

[i,mænsi'peiʃən] *n* frigørelse *c*
emotion [i'mouʃən] *n* sindsbevægelse *c*, bevægelse *c*
emperor ['empərə] *n* kejser *c*
emphasize ['emfəsaiz] *v* fremhæve
empire ['empaiə] *n* imperium *nt*, kejserdømme *nt*
employ [im'plɔi] *v* beskæftige; anvende, bruge
employee [,emplɔi'i:] *n* lønmodtager *c*, ansat *c*
employer [im'plɔiə] *n* arbejdsgiver *c*
employment [im'plɔimənt] *n* beskæftigelse *c*, arbejde *nt*; ~ **exchange** arbejdsformidling *c*
empress ['empris] *n* kejserinde *c*
empty ['empti] *adj* tom; *v* tømme
enable [i'neibəl] *v* *sætte i stand
enamel [i'næməl] *n* emalje *c*
enamelled [i'næməld] *adj* emaljeret
enchanting [in'tʃɑ:ntiŋ] *adj* bedårende, fortryllende
encircle [in'sə:kəl] *v* omringe, omslutte; indeslutte
enclose [iŋ'klouz] *v* *vedlægge
enclosure [iŋ'klouʒə] *n* bilag *nt*
encounter [iŋ'kauntə] *v* *træffe, møde; *n* møde *nt*
encourage [iŋ'kʌridʒ] *v* opmuntre

encyclopaedia [en,saiklə'pi:diə] *n* leksikon *nt*

end [end] *n* ende *c*; slutning *c*; *v* slutte; ende, ophøre

ending ['endiŋ] *n* slutning *c*

endless ['endləs] *adj* uendelig

endorse [in'dɔ:s] *v* endossere, *skrive bag på

endure [in'djuə] *v* *udholde

enemy ['enəmi] *n* fjende *c*

energetic [,enə'dʒetik] *adj* energisk

energy ['enədʒi] *n* energi *c*; kraft *c*

engage [iŋ'geidʒ] *v* *ansætte; bestille; forpligte sig; **engaged** forlovet; optaget

engagement [iŋ'geidʒmənt] *n* forlovelse *c*; forpligtelse *c*; aftale *c*; ~ **ring** forlovelsesring *c*

engine ['endʒin] *n* maskine *c*, motor *c*; lokomotiv *nt*

engineer [,endʒi'niə] *n* ingeniør *c*; maskinarbejder *c*

England ['iŋglənd] England

English ['iŋgliʃ] *adj* engelsk

Englishman ['iŋgliʃmən] *n* (pl -men) englænder *c*

engrave [iŋ'greiv] *v* gravere

engraver [iŋ'greivə] *n* gravør *c*

engraving [iŋ'greiviŋ] *n* radering *c*; stik *nt*

enigma [i'nigmə] *n* gåde *c*

enjoy [in'dʒɔi] *v* *nyde, glæde sig over

enjoyable [in'dʒɔiəbəl] *adj* behagelig, hyggelig, morsom; lækker

enjoyment [in'dʒɔimənt] *n* nydelse *c*

enlarge [in'lɑ:dʒ] *v* forstørre; udvide

enlargement [in'lɑ:dʒmənt] *n* forstørrelse *c*

enormous [i'nɔ:məs] *adj* enorm, kæmpemæssig

enough [i'nʌf] *adv* nok; *adj* tilstrækkelig

enquire [iŋ'kwaiə] *v* *forespørge; undersøge

enquiry [iŋ'kwaiəri] *n* forespørgsel *c*; undersøgelse *c*; enquete *c*

enter ['entə] *v* *gå ind, *betræde; indføre

enterprise ['entəpraiz] *n* foretagende *nt*

entertain [,entə'tein] *v* *underholde, forlyste; beværte

entertainer [,entə'teinə] *n* entertainer *c*

entertaining [,entə'teiniŋ] *adj* morsom, underholdende

entertainment [,entə'teinmənt] *n* underholdning *c*, forlystelse *c*

enthusiasm [in'θju:ziæzəm] *n* begejstring *c*

enthusiastic [in,θju:zi'æstik] *adj* begejstret

entire [in'taiə] *adj* hel

entirely [in'taiəli] *adv* helt

entrance ['entrəns] *n*

eternal

indgang c; adgang c; indtræden c

entrance fee ['entrənsfi:] n entré c

entry ['entri] n indgang c; adgang c; postering c; **no ~** ingen adgang

envelop [in'veləp] v omslutte

envelope ['envəloup] n konvolut c

envious ['enviəs] adj skinsyg, misundelig

environment [in'vaiərənmənt] n miljø nt; omgivelser pl

envoy ['envɔi] n udsending c

envy ['envi] n misundelse c; v misunde

epic ['epik] n epos nt; adj episk

epidemic [,epi'demik] n epidemi c

epilepsy ['epilepsi] n epilepsi c

epilogue ['epilɔg] n epilog c

episode ['episoud] n episode c

equal ['i:kwəl] adj samme; v *være på højde med

equality [i'kwɔləti] n jævnbyrdighed c

equalize ['i:kwəlaiz] v udligne

equally ['i:kwəli] adv lige

equator [i'kweitə] n ækvator c

equip [i'kwip] v udruste, udstyre

equipment [i'kwipmənt] n udrustning c

equivalent [i'kwivələnt] adj tilsvarende

eraser [i'reizə] n viskelæder nt

erect [i'rekt] v opføre, rejse; adj opret, stående

err [ə:] v *tage fejl; flakke om

errand ['erənd] n ærinde nt

error ['erə] n vildfarelse c

escalator ['eskəleitə] n rulletrappe c

escape [i'skeip] v *undslippe; *undgå, flygte; n flugt c

escort[1] ['eskɔ:t] n eskorte c

escort[2] [i'skɔ:t] v eskortere

especially [i'speʃəli] adv især, først og fremmest

essay ['esei] n essay nt; stil c, afhandling c

essence ['esəns] n essens c; væsen nt, kerne c

essential [i'senʃəl] adj uundværlig; væsentlig

essentially [i'senʃəli] adv først og fremmest

establish [i'stæbliʃ] v etablere; *fastslå

estate [i'steit] n gods nt

esteem [i'sti:m] n agtelse c, respekt c; v agte

estimate[1] ['estimeit] v vurdere, taksere, skatte

estimate[2] ['estimət] n overslag nt

estuary ['estʃuari] n flodmunding c

etcetera [et'setərə] og så videre

eternal [i'tə:nəl] adj evig

eternity [i'tə:nəti] n evighed c
ether [i:θə] n æter c
Ethiopia [iθi'oupiə] Etiopien
Ethiopian [iθi'oupiən] adj etiopisk; n etiopier c
e-ticket ['i:,tikət] n elektronisk billet c
EU ['i:'ju] EU
Euro ['ju:rou] n Euro c
Europe ['juərəp] Europa
European [,juərə'pi:ən] adj europæisk; n europæer c
European Union [juərə'pi:ən 'ju:njən] Europæisk Union
evacuate [i'vækjueit] v evakuere
evaluate [i'væljueit] v vurdere
evaporate [i'væpəreit] v fordampe
even ['i:vən] adj glat, lige, plan; konstant; adv selv
evening [i:vniŋ] n aften c; ~ dress selskabstøj pl
event [i'vent] n begivenhed c; hændelse c
eventual [i'ventʃuəl] adj mulig; endelig; **eventually** [i'ventʃuəli] adv til sidst
ever ['evə] adv nogen sinde; altid
every ['evri] adj hver, enhver, alle
everybody ['evri,bɔdi] pron enhver
everyday ['evridei] adj daglig
everyone ['evriwʌn] pron enhver
everything ['evriθiŋ] pron alting

everywhere ['evriweə] adv overalt
evidence ['evidəns] n bevis nt
evident ['evidənt] adj klar
evil ['i:vəl] n onde nt; adj slet
evolution [,i:və'lu:ʃən] n evolution c
exact [ig'zækt] adj nøjagtig
exactly [ig'zæktli] adv rigtigt
exaggerate [ig'zædʒəreit] v *overdrive
examination [ig,zæmi'neiʃən] n eksamen c; undersøgelse c; forhør nt
examine [ig'zæmin] v undersøge
example [ig'zɑ:mpəl] n eksempel nt; **for ~** for eksempel
excavation [,ekskə'veiʃən] n udgravning c
exceed [ik'si:d] v *overskride; *overgå
excel [ik'sel] v udmærke sig
excellent [ek'sələnt] adj fremragende, udmærket
except [ik'sept] prep undtagen, med undtagelse af
exception [ik'sepʃən] n undtagelse c
exceptional [ik'sepʃənəl] adj usædvanlig, enestående
excerpt ['eksə:pt] n uddrag nt
excess [ik'ses] n udskejelse c
excessive [ik'sesiv] adj overdreven
exchange [iks'tʃeindʒ] v bytte, veksle, udveksle; n

bytning *c*; børs *c*; ~ **office** vekselkontor *nt*; ~ **rate** vekselkurs *c*
excite [ik'sait] *v* ophidse
excited [ik'saitəd] *adj* begejstret
excitement [ik'saitmənt] *n* opstemthed *c*, ophidselse *c*
exciting [ik'saitiŋ] *adj* spændende
exclaim [ik'skleim] *v* *udbryde
exclamation [,eksklə'meiʃən] *n* udbrud *nt*
exclude [ik'sklu:d] *v* udelukke
exclusive [ik'sklu:siv] *adj* eksklusiv
exclusively [ik'sklu:sivli] *adv* udelukkende
excursion [ik'skə:ʃən] *n* udflugt *c*
excuse[1] [ik'skju:s] *n* undskyldning *c*
excuse[2] [ik'skju:z] *v* undskylde
execute ['eksikju:t] *v* udføre
execution [,eksi'kju:ʃən] *n* henrettelse *c*
executioner [,eksi'kju:ʃənə] *n* bøddel *c*
executive [ig'zekjutiv] *adj* administrerende; *n* udøvende magt *c*; direktør *c*
executive assistant [ig'zekjutiv ə'sistənt] *n* direktionsassistent *c*
exempt [ig'zempt] *v* *fritage; *adj* fritaget

exemption [ig'zempʃən] *n* fritagelse *c*
exercise ['eksəsaiz] *n* øvelse *c*; opgave *c*; *v* øve; udøve
exhale [eks'heil] *v* udånde
exhaust [ig'zɔ:st] *n* udblæsning *c*, udblæsningsrør *nt*; *v* udmatte; ~ **gases** udstødningsgas *c*
exhibit [ig'zibit] *v* udstille; fremføre, forevise
exhibition [,eksi'biʃən] *n* udstilling *c*, forevisning *c*
exile ['eksail] *n* eksil *nt*; landflygtig *c*
exist [ig'zist] *v* eksistere
existence [ig'zistəns] *n* eksistens *c*
exit ['eksit] *n* udgang *c*; udkørsel *c*
exotic [ig'zɔtik] *adj* eksotisk
expand [ik'spænd] *v* udvide, udbrede; udfolde
expansion [ik'spænʃən] *n* udvidelse *c*
expect [ik'spekt] *v* vente, forvente
expectation [,ekspek'teiʃən] *n* forventning *c*
expedition [,ekspə'diʃən] *n* forsendelse *c*; ekspedition *c*
expel [ik'spel] *v* udvise
expenditure [ik'spenditʃə] *n* udgift *c*
expense [ik'spens] *n* udgift *c*; **expenses** *pl* omkostninger *pl*
expensive [ik'spensiv] *adj* bekostelig, dyr; kostbar
experience [ik'spiəriəns] *n*

experiment

erfaring c; v **erfare, opleve;**
experienced erfaren
experiment [ik'sperimənt] n
eksperiment nt, forsøg nt; v
eksperimentere
expert ['ekspə:t] n fagmand
c, ekspert c; adj sagkyndig
expire [ik'spaiə] v *udløbe,
høre op, *forfalde; udånde;
expired udløbet
explain [ik'splein] v forklare,
*klarlægge
explanation [,eksplə'neiʃən]
n forklaring c, redegørelse c
explicit [ik'splisit] adj
tydelig, udtrykkelig
explode [ik'sploud] v
eksplodere
exploit [ik'sploit] v udbytte,
udnytte
explore [ik'splɔ:] v udforske
explosion [ik'splouʒən] n
eksplosion c
explosive [ik'splousiv] adj
eksplosiv; n sprængstof nt
export[1] [ik'spɔ:t] v
eksportere, udføre
export[2] ['ekspɔ:t] n udførsel
c
expose [ik'spouz] v udsætte
for
exposition [,ekspə'ziʃən] n
udstilling c
exposure [ik'spouʒə] n udsat
position; eksponering c; ~
meter belysningsmåler c
express [ik'spres] v
udtrykke; *give udtryk for,
ytre; adj ekspres-; udtalt; ~
train eksprestog nt

266

expression [ik'spreʃən] n
udtryk nt
exquisite [ik'skwizit] adj
udsøgt
extend [ik'stend] v forlænge;
udvide; yde
extension [ik'stenʃən] n
forlængelse c; udvidelse c;
lokaltelefon c; ~ **cord**
forlængerledning c
extensive [ik'stensiv] adj
omfangsrig; omfattende
extent [ik'stent] n omfang nt
exterior [ek'stiəriə] adj ydre;
n yderside c
external [ek'stə:nəl] adj
udvendig
extinguish [ik'stingwiʃ] v
slukke
extort [ik'stɔ:t] v afpresse
extortion [ik'stɔ:ʃən] n
afpresning c
extra ['ekstrə] adj ekstra
extract[1] [ik'strækt] v *trække
ud, *uddrage, *trække
extract[2] ['ekstrækt] n uddrag
nt
extradite ['ekstrədait] v
udlevere
extraordinary [ik'strɔ:dənri]
adj overordentlig
extravagant [ik'strævəgənt]
adj ekstravagant,
overdreven
extreme [ik'stri:m] adj
ekstrem; yderst, højest; n
yderlighed c
exuberant [ig'zju:bərənt] adj
overstrømmende
eye [ai] n øje nt

eyebrow ['aibrau] *n* øjenbryn *nt*
eyelash ['ailæʃ] *n* øjenvippe *c*
eyelid ['ailid] *n* øjenlåg *nt*
eyebrow pencil ['ai,pensəl] *n* øjenbrynsstift *c*
eye shadow ['ai,ʃædou] *n* øjenskygge *c*
eyewitness ['ai,witnəs] *n* øjenvidne *nt*

F

fable ['feibəl] *n* fabel *c*
fabric ['fæbrik] *n* stof *nt*; struktur *c*
façade [fə'sɑ:d] *n* facade *c*
face [feis] *n* ansigt *nt*; *v* *gøre front mod; ~ massage ansigtsmassage *c*; **facing** over for
face cream ['feiskri:m] *n* ansigtscreme *c*
face pack ['feispæk] *n* ansigtsmaske *c*
face-powder ['feis,paudə] *n* ansigtspudder *nt*
facilities [fə'silətis] *pl* faciliteter; **cooking ~** køkkenfaciliteter
fact [fækt] *n* kendsgerning *c*; **in ~** faktisk
factor ['fæktə] *n* faktor *c*
factory ['fæktəri] *n* fabrik *c*
factual ['fæktʃuəl] *adj* faktisk
faculty ['fækəlti] *n* evne *c*; talent *nt*, anlæg *nt*; fakultet *c*
fade [feid] *v* falme
fail [feil] *v* glippe, mislykkes; fejle; mangle; *undlade; dumpe; **without ~** aldeles bestemt
failure ['feiljə] *n* uheldigt udfald; fiasko *c*
faint [feint] *v* besvime; *adj* mat, svag, vag
fair [fɛə] *n* marked *nt*; messe *c*; *adj* retfærdig, reel; lyshåret, blond; smuk
fairly ['fɛəli] *adv* ganske, ret
fairy ['fɛəri] *n* fe *c*
fairytale ['fɛəriteil] *n* eventyr *nt*
faith [feiθ] *n* tro *c*; tiltro *c*
faithful ['feiθful] *adj* trofast
fake [feik] *n* forfalskning *c*
fall [fɔ:l] *n* fald *nt*; *nAm* efterår *nt*
***fall** [fɔ:l] *v* *falde
false [fɔ:ls] *adj* falsk; usand, forkert, uægte; ~ **teeth** gebis *nt*
falter ['fɔ:ltə] *v* vakle, fremstamme
fame [feim] *n* berømmelse *c*; rygte *nt*
familiar [fə'miljə] *adj* velkendt; familiær
family ['fæməli] *n* familie *c*; slægt *c*; ~ **name** efternavn *nt*
famous ['feiməs] *adj* berømt
fan [fæn] *n* ventilator *c*; vifte *c*; fan *c*; ~ **belt** ventilatorrem *c*

fanatical

fanatical [fə'nætikəl] *adj* fanatisk

fancy ['fænsi] *v* *have lyst til, *holde af; tænke sig, forestille sig; *n* nykke *c*; fantasi *c*

fantastic [fæn'tæstik] *adj* fantastisk

fantasy ['fæntəzi] *n* fantasi *c*

far [fɑː] *adj* fjern; *adv* meget; ~ **away** langt væk; **by** ~ langt; **so** ~ indtil nu

fare [fɛə] *n* takst *c*, billetpris *c*; kost *c*, mad *c*

farm [fɑːm] *n* bondegård *c*

farmer ['fɑːmə] *n* landmand *c*; **farmer's wife** gårdmandskone *c*

farmhouse ['fɑːmhaus] *n* stuehus *nt*

far-off ['fɑːrɔf] *adj* fjern

farther ['fɑːðə] *adj* længere væk

fascinate ['fæsineit] *v* fascinere

fascism ['fæʃizəm] *n* fascisme *c*

fascist ['fæʃist] *adj* fascistisk; *n* fascist *c*

fashion ['fæʃən] *n* mode *c*; måde *c*

fashionable ['fæʃənəbəl] *adj* moderne

fast [fɑːst] *adj* rask, hurtig; fast

fasten ['fɑːsən] *v* spænde fast, fæste; lukke

fastener ['fɑːsənə] *n* lukketøj *nt*

fat [fæt] *adj* tyk, fed; *n* fedt *nt*

fatal ['feitəl] *adj* dødelig, skæbnesvanger, fatal

fat free [ˌfæt ˈfriː] *adj* fedtfri

father ['fɑːðə] *n* far *c*; pater *c*

father-in-law ['fɑːðərinlɔː] *n* (pl fathers-) svigerfar *c*

fatty ['fæti] *adj* fedtholdig

faucet ['fɔːsit] *nAm* vandhane *c*

fault [fɔːlt] *n* skyld *c*; brist *c*, defekt *c*, fejl *c*

faultless ['fɔːltləs] *adj* fejlfri; ulastelig

faulty ['fɔːlti] *adj* defekt, mangelfuld

favour ['feivə] *n* tjeneste *c*; *v* privilegere, favorisere

favourable ['feivərəbəl] *adj* gunstig

favourite ['feivərit] *n* favorit *c*, yndling *c*; *adj* yndlings-

fax [fæks] *n* fax *nt*; **send a** ~ sende en fax

fear [fiə] *n* angst *c*, frygt *c*; *v* frygte

feasible ['fiːzəbəl] *adj* gennemførlig

feast [fiːst] *n* fest *c*

feat [fiːt] *n* bedrift *c*

feather ['feðə] *n* fjer *c*

feature ['fiːtʃə] *n* træk *nt*; ansigtstræk *nt*

February ['februəri] februar

federal ['fedərəl] *adj* forbunds-

federation [ˌfedəˈreiʃən] *n* føderation *c*; forbund *nt*

fee [fiː] *n* honorar *c*

feeble ['fiːbəl] *adj* svag

finish

feed [fi:d] v made; **fed up with** led og ked af
feel [fi:l] v føle; føle på; ~ **like** **have lyst til
feeling ['fi:liŋ] n følelse c
feet [fi:t] pl fod
fell [fel] v (p fall)
fellow ['felou] n fyr c
felt[1] [felt] n filt c
felt[2] [felt] v (p, pp feel)
female ['fi:meil] adj hun-
feminine ['feminin] adj feminin
fence [fens] n gærde nt; stakit nt; v fægte
ferment [fə:'ment] v gære
ferry-boat ['feribout] n færge c
fertile ['fə:tail] adj frugtbar
festival ['festivəl] n festival c
festive ['festiv] adj festlig
fetch [fetʃ] v hente; afhente
feudal ['fju:dəl] adj feudal
fever ['fi:və] n feber c
feverish ['fi:vəriʃ] adj febril
few [fju:] adj få
fiancé [fi'ã:sei] n forlovede c
fiancée [fi'ã:sei] n forlovede c
fibre ['faibə] n fiber c
fiction ['fikʃən] n fiktion c
field [fi:ld] n mark c; felt nt; ~ **glasses** feltkikkert c
fierce [fiəs] adj vild; heftig, bister
fifteen [,fif'ti:n] num femten
fifteenth [,fif'ti:nθ] num femtende
fifth [fifθ] num femte
fifty ['fifti] num halvtreds

fig [fig] n figen c
fight [fait] n strid c, kamp c
fight [fait] v kæmpe, **slås
figure ['figə] n figur c, skikkelse c; ciffer nt
file [fail] n fil c; dokumentsamling c; række c
fill [fil] v fylde; ~ **in** udfylde; ~ **out** Am udfylde; ~ **up** fylde op
filling ['filiŋ] n plombe c; fyld nt
filling station ['filiŋ steiʃən] Am benzintank c, servicestation c
film [film] n film c; v filme
filter ['filtə] n filter nt
filthy ['filθi] adj beskidt, smudsig
final ['fainəl] adj endelig
finally ['fainəli] adv endelig
finance [fai'næns] v finansiere
finances [fai'nænsiz] pl finanser pl
financial [fai'nænʃəl] adj finansiel
finch [fintʃ] n finke c
find [faind] v **finde
fine [fain] n bøde c; adj fin; smuk; udsøgt, udmærket; ~ **arts** de skønne kunster
finger ['fiŋgə] n finger c; **little** ~ lillefinger c
fingerprint ['fiŋgəprint] n fingeraftryk nt
finish ['finiʃ] v **gøre færdig, **tilendebringe, slutte; ophøre, afslutte; n slutning c; målstreg c; **finished**

færdig; slut
Finland ['finlənd] Finland
Finn [fin] *n* finne *c*
Finnish ['finiʃ] *adj* finsk
fire [faiə] *n* ild *c*; brand *c*; *v*
*skyde; afskedige
fire alarm ['faiərə,la:m] *n*
brandalarm *c*
fire brigade ['faiəbri,geid] *n*
brandvæsen *nt*
fire escape ['faiəri,skeip] *n*
brandtrappe *c*
fire extinguisher
['faiərik,stiŋwiʃə] *n*
ildslukker *c*
firefighter ['faiə,faitə] *n*
brandmand *c*
fireplace ['faiəpleis] *n* kamin *c*
fireproof ['faiəpru:f] *adj*
brandsikker; ildfast
firewall ['faiə‿,wɔ:l] *n*
firewall *c*
firm [fə:m] *adj* fast; solid; *n*
firma *nt*
first [fə:st] *num* første; **at ~**
først; i begyndelsen; **~ name**
fornavn *nt*
first aid [,fə:st'eid] *n*
førstehjælp *c*; **~ kit**
forbindskasse *c*; **~ post**
førstehjælpsstation *c*
first-class [,fə:st'kla:s] *adj*
førsteklasses
first-rate [,fə:st'reit] *adj*
fortræffelig, førsterangs
fir tree ['fə:tri:] *n* nåletræ *nt*,
gran *c*
fish¹ [fiʃ] *n* (pl ~, ~es) fisk *c*; **~
shop** fiskeforretning *c*

fish² [fiʃ] *v* fiske; **fishing gear**
fiskeredskaber *pl*; **fishing
hook** fiskekrog *c*; **fishing
industry** fiskeri *nt*; **fishing
licence** fisketegn *nt*; **fishing
line** fiskesnøre *c*; **fishing net**
fiskenet *nt*; **fishing rod**
fiskestang *c*; **fishing tackle**
fiskegrej *nt*
fishbone ['fiʃboun] *n*
fiskeben *nt*
fisherman ['fiʃəmən] *n* (pl
-men) fisker *c*
fist [fist] *n* knytnæve *c*
fit [fit] *adj* brugbar; *n* anfald
nt; *v* passe; **fitting room**
prøveværelse *nt*
five [faiv] *num* fem
fix [fiks] *v* lave
fixed [fikst] *adj* fast
fizz [fiz] *n* brus *nt*
flag [flæg] *n* flag *nt*
flame [fleim] *n* flamme *c*
flamingo [flə'miŋgou] *n* (pl
~s, ~es) flamingo *c*
flannel ['flænəl] *n* flonel *c*
flash [flæʃ] *n* glimt *nt*
flash bulb ['flæʃbʌlb] *n*
blitzpære *c*
flashlight ['flæʃlait] *n*
lommelygte *c*
flask [fla:sk] *n* flakon *c*;
thermos ~ termoflaske *c*
flat [flæt] *adj* flad, jævn; *n*
lejlighed *c*; **~ tyre**
punktering *c*
flavour ['fleivə] *n* smag *c*; *v*
smage til
flee [fli:] *v* flygte
fleet [fli:t] *n* flåde *c*

flesh [fleʃ] n kød nt
flew [fluː] v (p fly)
flex [fleks] n ledning c
flexible ['fleksibəl] adj fleksibel; bøjelig
flight [flait] n flyvning c; **charter** ~ charterflyvning c
flint [flint] n lightersten c
float [flout] v *flyde; n svømmer c
flock [flɔk] n flok c
flood [flʌd] n oversvømmelse c; flod c
floor [flɔː] n gulv nt; etage c, sal c; ~ **show** floor show
florist ['flɔrist] n blomsterhandler c
flour [flauə] n hvedemel nt, mel nt
flow [flou] v strømme, *flyde
flower [flauə] n blomst c
flowerbed ['flauəbed] n blomsterbed nt
flower shop ['flauəʃɔp] n blomsterforretning c
flown [floun] v (pp fly)
flu [fluː] n influenza c
fluent ['fluːənt] adj flydende
fluid ['fluːid] adj flydende; n væske c
flunk [flʌŋk] vAm dumpe
flute [fluːt] n fløjte c
fly [flai] n flue c; gylp c
***fly** [flai] v *flyve
foam [foum] n skum nt; v skumme
foam rubber ['foum,rʌbə] n skumgummi nt
focus ['foukəs] n brændpunkt nt

fog [fɔg] n tåge c
foggy ['fɔgi] adj tåget
foglamp ['fɔglæmp] n tågelygte c
fold [fould] v folde; folde sammen; n fold c
folk [fouk] n folk nt; ~ **song** folkevise c
folk dance ['foukdɑːns] n folkedans c
folklore ['fouklɔː] n folklore c
follow ['fɔlou] v *følge; **following** adj kommende, følgende
***be fond of** [biː fɔnd ɔv] *holde af
food [fuːd] n næring c; kost c, føde c; ~ **poisoning** madforgiftning c
foodstuffs ['fuːdstʌfs] pl næringsmidler pl
fool [fuːl] n fjols nt, nar c; v narre
foolish ['fuːliʃ] adj fjollet, tåbelig; tosset
foot [fut] n (pl feet) fod c; ~ **powder** fodpudder nt; **on** ~ til fods
football ['futbɔːl] n fodbold c; ~ **match** fodboldkamp c
foot brake ['futbreik] n fodbremse c
footpath ['futpɑːθ] n gangsti c
footwear ['futweə] n skotøj c
for [fɔː] prep til; i; på grund af, af, for; conj for
***forbid** [fə'bid] v *forbyde
force [fɔːs] v *tvinge; forcere;

forecast

n kraft *c*, styrke *c*; vold *c*; by ~ nødtvungent; driving ~ drivkraft *c*

forecast ['fɔ:ka:st] *n* forudsigelse *c*; *v* *forudsige

foreground ['fɔ:graund] *n* forgrund *c*

forehead ['fɔred] *n* pande *c*

foreign ['fɔrin] *adj* udenlandsk; fremmed

foreigner ['fɔrinə] *n* udlænding *c*

foreman ['fɔ:mən] *n* (pl -men) værkfører *c*

foremost ['fɔ:moust] *adj* først

forest ['fɔrist] *n* skov *c*

forester ['fɔristə] *n* skovfoged *c*

forever [fə'revə] *adv* for evigt

forge [fɔ:dʒ] *v* forfalske

*forget [fə'get] *v* glemme

forgetful [fə'getfəl] *adj* glemsom

*forgive [fə'giv] *v* *tilgive

fork [fɔ:k] *n* gaffel *c*; vejgaffel *c*; *v* dele sig

form [fɔ:m] *n* form *c*; blanket *c*; klasse *c*; *v* forme

formal ['fɔ:məl] *adj* ceremoniel

formality [fɔ:'mæləti] *n* formalitet *c*

former ['fɔ:mə] *adj* forhenværende; tidligere; formerly tidligere, forhen

formula ['fɔ:mjulə] *n* (pl ~e, ~s) formel *c*

fortnight ['fɔ:tnait] *n* fjorten dage

fortress ['fɔ:tris] *n* fæstning *c*

fortunate ['fɔ:tʃənət] *adj* heldig; **fortunately** *adv* heldigvis

fortune ['fɔ:tʃu:n] *n* formue *c*; skæbne *c*, lykke *c*

forty ['fɔ:ti] *num* fyrre

forward ['fɔ:wəd] *adv* fremefter, frem; *v* eftersende

foster parents ['fɔstə,peərənts] *pl* plejeforældre *pl*

fought [fɔ:t] *v* (p, pp fight)

foul [faul] *adj* snusket; nederdrægtig

found[1] [faund] *v* (p, pp find)

found[2] [faund] *v* *grundlægge, oprette, stifte

foundation [faun'deiʃən] *n* stiftelse *c*; ~ **cream** pudderunderlag *nt*

fountain ['fauntin] *n* springvand *nt*; kilde *c*

fountain pen ['fauntinpen] *n* fyldepen *c*

four [fɔ:] *num* fire

fourteen [,fɔ:'ti:n] *num* fjorten

fourteenth [,fɔ:'ti:nθ] *num* fjortende

fourth [fɔ:θ] *num* fjerde

fowl [faul] *n* (pl ~s, ~) fjerkræ *nt*

fox [fɔks] *n* ræv *c*

foyer ['fɔiei] *n* foyer *c*

fraction ['frækʃən] *n* brøkdel *c*

fracture ['fræktʃə] *v* brække; *n* brud *nt*

fragile ['frædʒail] *adj* skør; skrøbelig
fragment ['frægmənt] *n* brudstykke *nt*
frame [freim] *n* ramme *c*; brillestel *c*
France [fra:ns] Frankrig
franchise ['fræntʃaiz] *n* stemmeret *c*
fraternity [frə'tə:nəti] *n* broderskab *nt*
fraud [frɔ:d] *n* bedrageri *nt*
fray [frei] *v* trævle
free [fri:] *adj* fri; gratis; ~ **of charge** gratis; ~ **ticket** fribillet *c*
freedom ['fri:dəm] *n* frihed *c*
***freeze** [fri:z] *v* *fryse
freezer ['fri:zə] *n* fryser *c*
freezing ['fri:ziŋ] *adj* iskold
freezing point ['fri:ziŋpɔint] *n* frysepunkt *nt*
freight [freit] *n* fragt *c*
freight train ['freittrein] *nAm* godstog *nt*
French [frentʃ] *adj* fransk; **the** ~ *pl* franskmændene; ~ **fries** *pl* pommes frites
Frenchman ['frentʃmən] *n* (pl -men) franskmand *c*
frequency ['fri:kwənsi] *n* frekvens *c*; hyppighed *c*
frequent ['fri:kwənt] *adj* almindelig, hyppig; **frequently** hyppigt
fresh [freʃ] *adj* frisk; forfriskende; ~ **water** ferskvand *nt*
friction ['frikʃən] *n* friktion *c*
Friday ['fraidi] fredag *c*
fridge [fridʒ] *n* køleskab *nt*
friend [frend] *n* ven *c*; veninde *c*
friendly ['frendli] *adj* venlig, venskabelig
friendship ['frendʃip] *n* venskab *nt*
fright [frait] *n* skræk *c*, angst *c*
frighten ['fraitən] *v* forskrække
frightened ['fraitənd] *adj* skræmt; ***be** ~ *blive forskrækket
frightful ['fraitfəl] *adj* skrækkelig, forfærdelig
fringe [frindʒ] *n* frynse *c*; udkant *c*
frock [frɔk] *n* kjole *c*
frog [frɔg] *n* frø *c*
from [frɔm] *prep* fra; af; fra og med
front [frʌnt] *n* forside *c*; **in** ~ **of** foran
frontier ['frʌntiə] *n* grænse *c*
frost [frɔst] *n* frost *c*
frozen ['frouzən] *adj* frossen; ~ **food** dybfrost
fruit [fru:t] *n* frugt *c*
fry [frai] *v* brase; stege
frying pan ['fraiiŋpæn] *n* stegepande *c*
fuck [fʌk] *n* *vulgar* fandens
fuel ['fju:əl] *n* brændsel *nt*; benzin *c*; ~ **pump** *Am* benzinpumpe *c*
full [ful] *adj* fuld; ~ **board** helpension *c*; ~ **stop** punktum *nt*; ~ **up** fuldt belagt
fun [fʌn] *n* morskab *c*; sjov *nt*

function 274

function ['fʌŋkʃən] *n* funktion *c*

fund [fʌnd] *n* fond *c*

fundamental [,fʌndə'mentəl] *adj* fundamental

funeral ['fjuːnərəl] *n* begravelse *c*

funnel ['fʌnəl] *n* tragt *c*

funny ['fʌni] *adj* pudsig, sjov; besynderlig

fur [fəː] *n* pels *c*; ~ **coat** pels *c*

furious ['fjuəriəs] *adj* rasende

furnace ['fəːnis] *n* ovn *c*

furnish ['fəːniʃ] *v* levere, fremskaffe; møblere, indrette; ~ **with** forsyne med

furniture ['fəːnitʃə] *n* møbler *pl*

furrier ['fʌriə] *n* buntmager *c*

further ['fəːðə] *adj* fjernere; yderligere

furthermore ['fəːðəmɔː] *adv* endvidere

furthest ['fəːðist] *adj* fjernest

fuse [fjuːz] *n* sikring *c*; lunte *c*

fuss [fʌs] *n* ståhej *c*; dikkedarer *pl*, postyr *nt*

future ['fjuːtʃə] *n* fremtid *c*; *adj* fremtidig

G

gable ['geibəl] *n* gavl *c*

gadget ['gædʒit] *n* tingest *c*

gain [gein] *v* opnå; *n* fortjeneste *c*

gale [geil] *n* storm *c*

gall [gɔːl] *n* galde *c*; ~ **bladder** galdeblære *c*

gallery ['gæləri] *n* galleri *nt*; kunstgalleri *nt*

gallon ['gælən] *n* gallon *c* (Brit 4.55 l; Am 3.79 l)

gallop ['gæləp] *n* galop *c*

gallows ['gælouz] *pl* galge *c*

gallstone ['gɔːlstoun] *n* galdesten *c*

game [geim] *n* spil *nt*; vildt *nt*; ~ **reserve** vildtreservat *nt*

gang [gæŋ] *n* bande *c*; sjak *nt*

gangway ['gæŋwei] *n* landgangsbro *c*

gap [gæp] *n* åbning *c*

garage ['gærɑːʒ] *n* garage *c*; *v* *sætte i garage

garbage ['gɑːbidʒ] *n* affald *nt*, skrald *nt*

garden ['gɑːdən] *n* have *c*; **public** ~ parkanlæg *nt*; **zoological gardens** zoologisk have

gardener ['gɑːdənə] *n* gartner *c*

gargle ['gɑːgəl] *v* gurgle

garlic ['gɑːlik] *n* hvidløg *nt*

gas [gæs] *n* gas *c*; *nAm* benzin *c*; ~ **cooker** gaskomfur *nt*; ~ **pump** *Am* benzinpumpe *c*; ~ **station** *Am* benzinstation *c*; ~ **stove** gasovn *c*

gasoline ['gæsəliːn] *nAm*

benzin c
gastric ['gæstrik] *adj* mave-; ~ **ulcer** mavesår *nt*
gasworks ['gæswə:ks] *n* gasværk *nt*
gate [geit] *n* port *c*; låge *c*
gather ['gæðə] *v* samle; samles, forsamle sig; høste; opfatte
gauge [geidʒ] *n* måler *c*
gave [geiv] *v* (p give)
gay [gei] *adj* munter; farvestrålende
gaze [geiz] *v* stirre
gazetteer [,gæzə'tiə] *n* geografisk leksikon
gear [giə] *n* gear *nt*; udstyr *nt*; **change** ~ skifte gear; ~ **lever** gearstang *c*
gearbox ['giəbɔks] *n* gearkasse *c*
geese [gi:s] *pl* gæs
gem [dʒem] *n* ædelsten *c*, juvel *c*; klenodie *nt*
gender ['dʒendə] *n* køn *nt*
general ['dʒenərəl] *adj* generel; **in** ~ general *c*; ~ **practitioner** praktiserende læge; **in** ~ i almindelighed
generate ['dʒenəreit] *v* avle
generation [,dʒenə'reiʃən] *n* generation *c*
generator ['dʒenəreitə] *n* generator *c*
generosity [,dʒenə'rɔsəti] *n* gavmildhed *c*
generous ['dʒenərəs] *adj* gavmild, generøs
genital ['dʒenitəl] *adj* køns-
genius ['dʒi:niəs] *n* geni *nt*

gentle ['dʒentəl] *adj* mild; let, blid; nænsom
gentleman ['dʒentəlmən] *n* (pl -men) herre *c*
genuine ['dʒenjuin] *adj* ægte
geography [dʒi'ɔgrəfi] *n* geografi *c*
geology [dʒi'ɔlədʒi] *n* geologi *c*
geometry [dʒi'ɔmətri] *n* geometri *c*
germ [dʒə:m] *n* bacille *c*; kim *c*
German ['dʒə:mən] *adj* tysk; *n* tysker *c*
Germany ['dʒə:məni] Tyskland
gesticulate [dʒi'stikjuleit] *v* gestikulere
***get** [get] *v* *få; hente; *blive; ~ **back** *gå tilbage; ~ **off** *stå af; ~ **on** *stige på; *gøre fremskridt; ~ **up** *stå op
ghost [goust] *n* spøgelse *nt*; ånd *c*
giant ['dʒaiənt] *n* kæmpe *c*
giddiness ['gidinəs] *n* svimmelhed *c*
giddy ['gidi] *adj* svimmel
gift [gift] *n* foræring *c*, gave *c*; evne *c*
gift card ['gift,ka:d] *n* gavekort *nt*
gifted ['giftid] *adj* begavet
gigantic [dʒai'gæntik] *adj* gigantisk
giggle ['gigəl] *v* fnise
gill [gil] *n* gælle *c*
gilt [gilt] *adj* forgyldt
ginger ['dʒindʒə] *n* ingefær *c*

gipsy

gipsy ['dʒipsi] n sigøjner c
girdle ['gəːdəl] n hofteholder c
girl [gəːl] n pige c; ~ **guide** pigespejder c
girlfriend ['gəːlfrend] n kæreste c
***give** [giv] v *give; *overrække; ~ **away** røbe; ~ **in** *give efter; ~ **up** *opgive
glacier ['glæsiə] n gletscher c
glad [glæd] adj fornøjet, glad; **gladly** med glæde, gerne
gladness ['glædnəs] n glæde c
glamorous ['glæmərəs] adj betagende, fortryllende
glamour ['glæmə] n fortryllelse c
glance [glɑːns] n blik nt; v kaste et blik
gland [glænd] n kirtel c
glare [glɛə] n skarpt lys; skin nt
glaring ['glɛəriŋ] adj blændende
glass [glɑːs] n glas nt; glas-; **glasses** briller ~ pl; **magnifying** ~ forstørrelsesglas nt
glaze [gleiz] v glasere
glide [glaid] v *glide
glider ['glaidə] n svæveflyv c
glimpse [glimps] n glimt nt; v skimte
global ['gloubəl] adj global; ~ **positioning system** n GPS; globalt positionerings-system nt; ~ **warming** n global opvarmning c

globalization [,gloubəlai'zeiʃən] n globalisering c
globalize ['gloubə,laiz] v globalisere
globe [gloub] n globus c, klode c
gloom [gluːm] n mørke nt
gloomy ['gluːmi] adj dyster
glorious ['glɔːriəs] adj skøn, pragtfuld
glory ['glɔːri] n hæder c, ry nt; lovprisning c, ære c
gloss [glɔs] n glans c
glossy ['glɔsi] adj skinnende
glove [glʌv] n handske c
glow [glou] v gløde; n glød c
glue [gluː] n lim c
***go** [gou] v *gå; *blive; ~ **ahead** *gå videre; ~ **away** *tage bort; ~ **back** vende tilbage; ~ **home** *tage hjem; ~ **in** *gå ind; ~ **on** *fortsætte; ~ **out** *gå ud; ~ **through** *gennemgå
goal [goul] n mål nt
goalkeeper ['goul,kiːpə] n målmand c
goat [gout] n gedebuk c, ged c
god [gɔd] n gud c
goddess ['gɔdis] n gudinde c
godfather ['gɔd,fɑːðə] n gudfar c
godmother ['gɔd,mʌ] n gudmoder c
goggles ['gɔgəlz] pl dykkerbriller pl
gold [gould] n guld nt; ~ **leaf** bladguld nt
golden ['gouldən] adj gylden

goldsmith ['gouldsmiθ] *n* guldsmed *c*
golf [gɔlf] *n* golf
golf course ['gɔlfkɔːs] *n* golfbane *c*
golf links ['gɔlflinks] *n* golfbane *c*
gondola ['gɔndələ] *n* gondol *c*
gone [gɔn] *adv* (pp go) borte
good [gud] *adj* god; dejlig; artig, sød
goodbye! [,gud'bai] farvel!
good-humoured [,gud'hjuːməd] *adj* glad
good-looking [,gud'lukiŋ] *adj* køn
good-natured [,gud'neitʃəd] *adj* godmodig
goods [gudz] *pl* varer *pl*, gods *nt*; ~ **train** godstog *nt*
good-tempered [,gud'tempəd] *adj* i godt humør
goodwill [,gud'wil] *n* velvilje
goose [guːs] *n* (pl geese) gås *c*
gooseberry ['guzbəri] *n* stikkelsbær *nt*
goose flesh ['guːsfleʃ] *n* gåsehud *c*
gore [gɔː] *v* bore igennem
gorge [gɔːdʒ] *n* slugt *c*
gorgeous ['gɔːdʒəs] *adj* prægtig
gospel ['gɔspəl] *n* evangelium *nt*
gossip ['gɔsip] *n* sladder *c*; *v* sladre
got [gɔt] *v* (p, pp get)

granddaughter

gourmet ['guəmei] *n* feinschmecker *c*
gout [gaut] *n* gigt *c*
govern ['gʌvən] *v* regere
governess ['gʌvənis] *n* guvernante *c*
government ['gʌvənmənt] *n* regering *c*
governor ['gʌvənə] *n* guvernør *c*
gown [gaun] *n* aftenkjole *c*; kappe *c*
GPS ['dʒiːpiː'es] *n* GPS; globalt positionerings-system *nt*
grace [greis] *n* ynde *c*; nåde *c*
graceful ['greisfəl] *adj* yndefuld, graciøs
grade [greid] *n* rang *c*; *v* rangordne
gradient ['greidiənt] *n* hældning *c*
gradual ['grædʒuəl] *adj* gradvis
graduate ['grædʒueit] *v* *tage eksamen
grain [grein] *n* korn *nt*
gram [græm] *n* gram *nt*
grammar ['græmə] *n* grammatik *c*
grammatical [grə'mætikəl] *adj* grammatisk
grand [grænd] *adj* storslået
grandchild ['græn,tʃaild] *n* (pl -children) barnebarn *nt*
granddad ['grændæd] *n* bedstefar *c*
granddaughter ['græn,dɔːtə] *n* datterdatter *c*, sønnedatter *c*

grandfather

grandfather ['græn,fɑ:ðə] n bedstefar c; farfar c; morfar c

grandmother ['græn,mʌðə] n bedstemor c; mormor c, farmor c

grandparents ['græn,pɛərənts] pl bedsteforældre pl

grandson ['grænsʌn] n sønnesøn c, dattersøn c

granite ['grænit] n granit c

grant [grɑ:nt] v bevilge; yde; n stipendium nt, tilskud nt

grapefruit ['greipfru:t] n grapefrugt c

grapes [greips] pl vindruer pl

graph [græf] n graf c

graphic ['græfik] adj grafisk

grasp [grɑ:sp] v *gribe; fatte; n greb nt

grass [grɑ:s] n græs nt

grasshopper ['grɑ:s,hɔpə] n græsshoppe c

grate [greit] n rist c; v *rive

grateful ['greitfəl] adj taknemmelig

grater ['greitə] n rivejern nt

gratis ['grætis] adj gratis

gratitude ['grætitju:d] n taknemmelighed c

gratuity [grə'tju:əti] n drikkepenge pl

grave [greiv] n grav c; adj alvorlig

gravel ['grævəl] n grus nt

gravestone ['greivstoun] n gravsten c

graveyard ['greivjɑ:d] n kirkegård c

gravity ['grævəti] n tyngdekraft c; alvor c

gravy ['greivi] n sovs c

graze [greiz] v græsse; n hudafskrabning c

grease [gri:s] n smørelse c; v *smøre

greasy ['gri:si] adj fedtet, smattet

great [greit] adj stor; **Great Britain** Storbritannien

Greece [gri:s] Grækenland

greed [gri:d] n begærlighed c

greedy ['gri:di] adj begærlig; grådig

Greek [gri:k] adj græsk; n græker c

green [gri:n] adj grøn; ~ card grønt kort

greengrocer ['gri:n,grousə] n grønthandler c

greenhouse ['gri:nhaus] n væksthus nt, drivhus nt

greens [gri:nz] pl grøntsager

greet [gri:t] v hilse

greeting ['gri:tiŋ] n hilsen c

grey [grei] adj grå

greyhound ['greihaund] n mynde c

grief [gri:f] n sorg c; smerte c

grieve [gri:v] v sørge

grill [gril] n grill c; v grillere

grillroom ['grilru:m] n grill-restaurant c

grim [grim] adj barsk

grin [grin] v grine; n grin nt

***grind** [graind] v male; pulverisere

grip [grip] v *gribe; n greb nt, tag nt; nAm rejsetaske c

grit [grit] n grus nt
groan [groun] v stønne
grocer ['grousə] n købmand c; **grocer's** købmandsforretning c
groceries ['grousəriz] pl kolonialvarer pl
groin [grɔin] n lyske c
groom [gru:m] n brudgom c; v kæmme
groove [gru:v] n rille c
gross[1] [grous] n (pl ~) gros nt
gross[2] [grous] adj grov; brutto-
grotto ['grɔtou] n (pl ~es, ~s) grotte c
ground[1] [graund] n jord c, grund c; **~ floor** stueetage c; **grounds** grund c
ground[2] [graund] v (p, pp grind)
group [gru:p] n gruppe c
grouse [graus] n (pl ~) tjurhane c
grove [grouv] n lund c
*****grow** [grou] v vokse; avle; *****blive**
growl [graul] v brumme
grown-up ['grounʌp] adj voksen; n voksen c
growth [grouθ] n vækst c; svulst c
grudge [grʌdʒ] n misunde; n uvilje c
grumble ['grʌmbəl] v knurre
guarantee [,gærən'ti:] n garanti c; sikkerhed c; v garantere
guard [ga:d] n vagt c; v bevogte

gymnastics

guardian ['ga:diən] n værge c
guess [ges] v gætte; gisne, tænke; n formodning c
guest [gest] n gæst c
guesthouse ['gesthaus] n pensionat nt
guest room ['gestru:m] n gæsteværelse nt
guide [gaid] n guide c; v vise vej
guideline ['gaidlain] n retningslinje c
guidebook ['gaidbuk] n guide c
guide dog ['gaiddɔg] n førerhund c
guilt [gilt] n skyld c
guilty ['gilti] adj skyldig
guinea pig ['ginipig] n marsvin nt
guitar [gi'ta:] n guitar c
gulf [gʌlf] n bugt c
gull [gʌl] n måge c
gum [gʌm] n tandkød nt; gummi c; lim c
gun [gʌn] n revolver c, gevær nt; kanon c
gunpowder ['gʌn,paudə] n krudt nt
gust [gʌst] n vindstød nt
gusty ['gʌsti] adj blæsende
gut [gʌt] n tarm c; **guts** karakterstyrke c
gutter ['gʌtə] n rendesten c
guy [gai] n fyr c
gymnasium [,dʒim'neiziəm] n (pl ~s, -sia) gymnastiksal c
gymnast ['dʒimnæst] n gymnast c
gymnastics [dʒim'næstiks]

gynaecologist

pl gymnastik *c*
gynaecologist
[,gainə'kɔlədʒist] *n*
kvindelæge *c*, gynækolog *c*

H

habit ['hæbit] *n* vane *c*
habitable ['hæbitəbəl] *adj*
beboelig
habitual [hə'bitʃuəl] *adj*
vanemæssig
had [hæd] *v* (p, pp have)
haddock ['hædək] *n* (pl ~)
kuller *c*
haemorrhage ['heməridʒ] *n*
blødning *c*
haemorrhoids ['hemərɔidz]
pl hæmorroider *pl*
hail [heil] *n* hagl *nt*
hair [heə] *n* hår *nt*; ~ **cream**
hårcreme *c*; ~ **gel** hårgélé *c*;
~ **piece** toupet *c*; ~ **rollers**
curlere *pl*; ~ **tonic** hårvand
nt
hairbrush ['heəbrʌʃ] *n*
hårbørste *c*
haircut ['heəkʌt] *n* klipning *c*
hairdo ['heədu:] *n* frisure *c*
hairdresser ['heə,dresə] *n*
frisør *c*
hairdrier, hairdryer
['heədraiə] *n* hårtørrer *c*
hairgrip ['heəgrip] *n*
hårklemme *c*
hair net ['heənet] *n* hårnet *nt*
hairpin ['heəpin] *n* hårnål *c*
hair spray ['heəsprei] *n*
hårlak *c*
hairy ['heəri] *adj* håret
half[1] [hɑ:f] *adj* halv

half[2] [hɑ:f] *n* (pl halves)
halvdel *c*
half time [,hɑ:f'taim] *n*
halvleg *c*
halfway [,hɑ:f'wei] *adv*
halvvejs
halibut ['hælibət] *n* (pl ~)
helleflynder *c*
hall [hɔ:l] *n* vestibule *c*; sal *c*
halt [hɔ:lt] *v* standse
halve [hɑ:v] *v* halvere
ham [hæm] *n* skinke *c*
hamlet ['hæmlət] *n* lille
landsby
hammer ['hæmə] *n* hammer *c*
hammock ['hæmək] *n*
hængekøje *c*
hamper ['hæmpə] *n* kurv *c*
hand [hænd] *n* hånd *c*; *v*
*overrække; ~ **cream**
håndcreme *c*
handbag ['hændbæg] *n*
håndtaske *c*
handbook ['hændbuk] *n*
håndbog *c*
handbrake ['hændbreik] *n*
håndbremse *c*
handcuffs ['hændkʌfs] *pl*
håndjern *pl*
handful ['hændful] *n*
håndfuld *c*
handheld ['hand,held] *adj*
bærbar
handicap ['hændikæp] *n*

handikap nt; v handikappe
handicapped adj
handikappet
handicraft ['hændikrɑːft] n
håndarbejde nt;
kunsthåndværk nt
handkerchief ['hæŋkətʃif] n
lommetørklæde nt
handle ['hændəl] n skaft nt,
håndtag nt; v håndtere;
behandle
hand-made [,hænd'meid] adj
håndlavet
handshake ['hændʃeik] n
håndtryk c
handsome ['hænsəm] adj
smuk flot
handwork ['hændwəːk] n
håndarbejde nt
handwriting ['hænd,raitiŋ] n
håndskrift c
handy ['hændi] adj handy
*__hang__ [hæŋ] v hænge op;
*hænge
hanger ['hæŋə] n bøjle c
hangover ['hæŋ,ouvə] n
tømmermænd pl
happen ['hæpən] v ske,
*indtræffe
happening ['hæpəniŋ] n
hændelse c, begivenhed c
happiness ['hæpinəs] n
lykke c
happy ['hæpi] adj lykkelig,
tilfreds
harbour ['hɑːbə] n havn c
hard [hɑːd] adj hård;
vanskelig; **hardly** næppe
hardware ['hɑːdwɛə] n
isenkram nt; ~ **store**

isenkramforretning c
hare [hɛə] n hare c
harm [hɑːm] n skade c;
fortræd c; v skade, *gøre
fortræd
harmful ['hɑːmfəl] adj
skadelig
harmless ['hɑːmləs] adj
uskadelig
harmony ['hɑːməni] n
harmoni c
harp [hɑːp] n harpe c
harpsichord ['hɑːpsikɔːd] n
cembalo nt
harsh [hɑːʃ] adj ru; streng;
grusom
harvest ['hɑːvist] n høst c
has [hæz] v (pr have)
haste [heist] n hast c
hasten ['heisən] v ile, skynde
sig
hasty ['heisti] adj forjaget
hat [hæt] n hat c; ~ **rack**
knagerække c
hatch [hætʃ] n luge c
hate [heit] v hade; n had nt
hatred ['heitrid] n had nt
haughty ['hɔːti] adj
hovmodig
haul [hɔːl] v hale
*__have__ [hæv] v *have; *få; ~ **to**
*være nødt til
hawk [hɔːk] n høg c; falk c
hay [hei] n hø nt; ~ **fever**
høfeber c
hazard ['hæzəd] n vovestykke
nt
haze [heiz] n dis c
hazelnut ['heizəlnʌt] n
hasselnød c

hazy

hazy ['heizi] *adj* diset
he [hi:] *pron* han
head [hed] *n* hoved *nt*; *v* lede; ~ **of state** statsoverhoved *nt*; ~ **teacher** skoleinspektør *c*
headache ['hedeik] *n* hovedpine *c*
heading ['hediŋ] *n* overskrift *c*
headlamp ['hedlæmp] *n* forlygte *c*
headlight ['hedlait] *n* forlygte *c*
headline ['hedlain] *n* overskrift *c*
headmaster [,hed'mɑ:stə] *n* skoleinspektør *c*; rektor *c*
headquarters [,hed'kwɔ:təz] *pl* hovedkvarter *nt*
head-strong ['hedstrɔŋ] *adj* selvrådig
head waiter [,hed'weitə] *n* overtjener *c*
heal [hi:l] *v* helbrede, læge
health [helθ] *n* helbred *nt*; ~ **centre** konsultationscenter *nt*; ~ **certificate** lægeerklæring *c*
healthy ['helθi] *adj* rask
heap [hi:p] *n* stak *c*, dynge *c*
*****hear** [hiə] *v* høre
hearing ['hiəriŋ] *n* hørelse *c*
heart [hɑ:t] *n* hjerte *nt*; kerne *c*; **by ~** udenad; ~ **attack** hjerteanfald *nt*
heartburn ['hɑ:tbə:n] *n* halsbrand *c*
hearth [hɑ:θ] *n* ildsted *nt*
heartless ['hɑ:tləs] *adj* hjerteløs

282

hearty ['hɑ:ti] *adj* hjertelig
heat [hi:t] *n* hede *c*, varme *c*; *v* opvarme; **heating pad** varmepude *c*
heater ['hi:tə] *n* varmeovn *c*; **immersion ~** dyppekoger *c*
heath [hi:θ] *n* hede *c*
heathen ['hi:ðən] *n* hedning *c*; *adj* hedensk
heather ['heðə] *n* lyng *c*
heating ['hi:tiŋ] *n* opvarmning *c*
heaven ['hevən] *n* himmel *c*
heavy ['hevi] *adj* tung
Hebrew ['hi:bru:] *n* hebraisk *nt*
hedge [hedʒ] *n* hæk *c*
hedgehog ['hedʒhɔg] *n* pindsvin *nt*
heel [hi:l] *n* hæl *c*
height [hait] *n* højde *c*; højdepunkt *nt*, toppunkt *nt*
heir [eə] *n* arving *c*
heiress ['eəres] *n* (kvindelig) arving *c*
helicopter ['helikɔptə] *n* helikopter *c*
hell [hel] *n* helvede *c*
Hello! [he'lou] Hej!; **say hello to** sig hej til
helm [helm] *n* ror *nt*
helmet ['helmit] *n* hjelm *c*
helmsman ['helmzmən] *n* rorgænger *c*
help [help] *v* *hjælpe; *n* hjælp *c*
helper ['helpə] *n* hjælper *c*
helpful ['helpfəl] *adj* hjælpsom
helping ['helpiŋ] *n* portion *c*

hem [hem] *n* søm *c*
hemp [hemp] *n* hamp *c*
hen [hen] *n* høne *c*
her [həː] *pron* hende; *adj* hendes
herb [həːb] *n* urt *c*
herd [həːd] *n* hjord *c*
here [hiə] *adv* her; ~ you are værsgo
hereditary [hiˈreditəri] *adj* arvelig
hernia [ˈhəːniə] *n* brok *c*
hero [ˈhiərou] *n* (pl ~es) helt *c*
heron [ˈherən] *n* hejre *c*
herring [ˈheriŋ] *n* (pl ~, ~s) sild *c*
herself [həːˈself] *pron* sig; sig selv
hesitate [ˈheziteit] *v* tøve
heterosexual [ˌhetərəˈsekʃuəl] *adj* heteroseksuel
hiccup [ˈhikʌp] *n* hikke *c*
hide [haid] *n* hud *c*
*****hide** [haid] *v* skjule; gemme
hideous [ˈhidiəs] *adj* hæslig
hierarchy [ˈhaiəraːki] *n* hierarki *nt*
high [hai] *adj* høj
highway [ˈhaiwei] *n* landevej *c*; motorvej *c*
hijack [ˈhaidʒæk] *v* kapre
hijacker [ˈhaidʒækə] *n* kaprer *c*
hike [haik] *v* vandre
hill [hil] *n* bakke *c*
hillock [ˈhilək] *n* høj *c*
hillside [ˈhilsaid] *n* skråning *c*
hilltop [ˈhiltɔp] *n* bakketop *c*
hilly [ˈhili] *adj* bakket

him [him] *pron* ham
himself [himˈself] *pron* sig; selv
hinder [ˈhində] *v* hindre
hinge [hindʒ] *n* hængsel *nt*
hint [hint] *n* fingerpeg *nt*
hip [hip] *n* hofte *c*
hip-hop [ˈhip,hɔp] *n* hip-hop *c*
hire [haiə] *v* leje; **for** ~ til leje
hire purchase [ˌhaiəˈpəːtʃəs] *n*, **installment plan** *nAm* afbetalingskøb *c*
his [hiz] *adj* hans
historian [hiˈstɔːriən] *n* historiker *c*
historic [hiˈstɔrik] *adj* historisk
historical [hiˈstɔrikəl] *adj* historisk
history [ˈhistəri] *n* historie *c*
hit [hit] *n* slager *c*; stød *nt*, slag *nt*
*****hit** [hit] *v* *slå; ramme, *træffe
hitchhike [ˈhitʃhaik] *v* blaffe
hitchhiker [ˈhitʃˌhaikə] *n* blaffer *c*
hoarse [hɔːs] *adj* hæs, skurrende
hobby [ˈhɔbi] *n* hobby *c*
hobbyhorse [ˈhɔbihɔːs] *n* kæphest *c*
hockey [ˈhɔki] *n* hockey *c*
hoist [hɔist] *v* hejse
hold [hould] *n* lastrum *nt*
*****hold** [hould] *v* *holde, *holde på; *beholde; ~ **on** *holde sig fast; ~ **up** *holde oppe

hold-up ['hould∧p] *n* overfald *nt*
hole [houl] *n* hul *nt*
holiday ['hɔlədi] *n* ferie *c*; helligdag *c*; ~ **camp** feriekoloni *c*; ~ **resort** feriested *nt*; **on** ~ på ferie
Holland ['hɔlənd] Holland
hollow ['hɔlou] *adj* hul
holy ['houli] *adj* hellig
homage ['hɔmidʒ] *n* hyldest *c*
home [houm] *n* hjem *nt*; plejehjem *nt*, hus *nt*; *adv* hjem, hjemme; **at** ~ hjemme
home-made [,houm'meid] *adj* hjemmelavet
homesickness ['houm,siknəs] *n* hjemve *c*
homosexual [,houmə'sekʃuəl] *adj* homoseksuel
homework ['houm,wə:k] *n* lektier *npl*
honest ['ɔnist] *adj* ærlig; oprigtig
honesty ['ɔnisti] *n* ærlighed *c*
honey ['hʌni] *n* honning *c*
honeymoon ['hʌnimu:n] *n* hvedebrødsdage *pl*, bryllupsrejse *c*
honk [hæŋk] *v*Am tude, dytte
honour ['ɔnə] *n* ære *c*; *v* hædre, ære
honourable ['ɔnərəbəl] *adj* ærefuld, agtværdig; retskaffen
hood [hud] *n* hætte *c*; *nAm* motorhjelm *c*
hoof [hu:f] *n* hov *c*
hook [huk] *n* krog *c*

hoot [hu:t] *v* tude, dytte
hooter ['hu:tə] *n* tudehorn *nt*
hoover ['hu:və] *v* støvsuge
hop[1] [hɔp] *v* hoppe; *n* hop *nt*
hop[2] [hɔp] *n* humle *c*
hope [houp] *n* håb *nt*; *v* håbe
hopeful ['houpfəl] *adj* forhåbningsfuld
hopeless ['houpləs] *adj* håbløs
horizon [hə'raizən] *n* horisont *c*
horizontal [,hɔri'zɔntəl] *adj* vandret
horn [hɔ:n] *n* horn *c*
horrible ['hɔribəl] *adj* skrækkelig; grufuld, hårrejsende, skrækindjagende
horror ['hɔrə] *n* rædsel *c*, gru *c*
hors d'œuvre [ɔ:'də:vr] *n* forret *c*, hors d'œuvre *c*
horse [hɔ:s] *n* hest *c*
horseman ['hɔ:smən] *n* (pl -men) rytter *c*
horsepower ['hɔ:s,pauə] *n* hestekraft *c*
horserace ['hɔ:sreis] *n* hestevæddeløb *nt*
horseradish ['hɔ:s,rædiʃ] *n* peberrod *c*
horseshoe ['hɔ:sʃu:] *n* hestesko *c*
horticulture ['hɔ:tikʌltʃə] *n* havedyrkning *c*
hospitable ['hɔspitəbəl] *adj* gæstfri
hospital ['hɔspitəl] *n* sygehus *nt*, hospital *nt*
hospitality [,hɔspi'tæləti] *n*

gæstfrihed c
host [houst] n vært c
hostage ['hɔstidʒ] n gidsel nt
hostel ['hɔstəl] n herberg nt
hostess ['houstis] n værtinde c
hostile ['hɔstail] adj fjendtlig
hot [hɔt] adj hed, varm
hotel [hou'tel] n hotel nt
hotspot ['hɔt͵spɔt] n (internet) hotspot
hot-tempered [͵hɔt'tempəd] adj opfarende
hour [auə] n time c
hourly ['auəli] adj hver time
house [haus] n hus nt; bolig c; beboelseshus nt; ~ **agent** ejendomsmægler c; ~ **block** Am karré c; **public** ~ beværtning c
houseboat ['hausbout] n husbåd c
household ['haushould] n husholdning c
housekeeper ['haus͵ki:pə] n husholderske c
housekeeping ['haus͵ki:piŋ] n husholdning c, husligt arbejde
housemaid ['hausmeid] n husassistent c
housewife ['hauswaif] n husmor c
housework ['hauswə:k] n husholdning c
how [hau] adv hvordan; hvor; ~ **many** hvor mange; ~ **much** hvor meget
however [hau'evə] conj imidlertid, dog

hug [hʌg] v omfavne; knuse; n knus nt
huge [hju:dʒ] adj kæmpestor, vældig, uhyre
hum [hʌm] v nynne
human ['hju:mən] adj menneskelig; ~ **being** menneske nt
humanity [hju'mænəti] n menneskehed c
humble ['hʌmbəl] adj ydmyg
humid ['hju:mid] adj fugtig
humidity [hju'midəti] n fugtighed c
humorous ['hju:mərəs] adj spøgefuld, lystig, humoristisk
humour ['hju:mə] n humor c
hundred ['hʌndrəd] n hundrede
Hungarian [hʌŋ'gɛəriən] adj ungarsk; n ungarer c
Hungary ['hʌŋgəri] Ungarn
hunger ['hʌŋgə] n sult c
hungry ['hʌŋgri] adj sulten
hunt [hʌnt] v jage; n jagt c; ~ **for** lede efter
hunter ['hʌntə] n jæger c
hurricane ['hʌrikən] n orkan c; ~ **lamp** stormlampe c
hurry ['hʌri] v skynde sig; n hastværk nt; **in a** ~ i hast
*hurt [hə:t] v *gøre ondt, skade; støde
hurtful ['hə:tfəl] adj skadelig
husband ['hʌzbənd] n mand c, ægtefælle c
hut [hʌt] n hytte c
hydrogen ['haidrədʒən] n brint c

hygiene

hygiene ['haidʒi:n] *n* hygiejne *c*

hygienic [hai'dʒi:nik] *adj* hygiejnisk

hymn [him] *n* hymne *c*, salme *c*

hyphen ['haifən] *n* bindestreg *c*

hypocrisy [hi'pɔkrəsi] *n* hykleri *nt*

hypocrite ['hipəkrit] *n* hykler *c*

hypocritical [,hipə'kritikəl] *adj* hyklerisk, skinhellig

hysterical [hi'sterikəl] *adj* hysterisk

I

I [ai] *pron* jeg

ice [ais] *n* is *c*

ice bag ['aisbæg] *n* ispose *c*

ice cream ['aiskri:m] *n* is *c*

Iceland ['aislənd] Island

Icelander ['aisləndə] *n* islænding *c*

Icelandic [ais'lændik] *adj* islandsk

icon ['aikɔn] *n* ikon *c*

idea [ai'diə] *n* idé *c*; tanke *c*, indfald *nt*; begreb *nt*, forestilling *c*

ideal [ai'diəl] *adj* ideel; *n* ideal *nt*

identical [ai'dentikəl] *adj* identisk

identification [ai,dentifi'keiʃən] *n* identifikation *c*

identify [ai'dentifai] *v* identificere

identity [ai'dentəti] *n* identitet *c*; ~ card legitimationskort *nt*

idiom ['idiəm] *n* idiom *nt*

idiomatic [,idiə'mætik] *adj* idiomatisk

idiot ['idiət] *n* idiot *c*

idiotic [,idi'ɔtik] *adj* idiotisk

idle ['aidəl] *adj* uvirksom; doven; unyttig

idol ['aidəl] *n* afgud *c*; idol *nt*

if [if] *conj* hvis; såfremt

ignition [ig'niʃən] *n* tænding *c*; ~ **coil** tændspole *c*

ignorant ['ignərənt] *adj* uvidende

ignore [ig'nɔ:] *v* ignorere

ill [il] *adj* syg; dårlig; ond

illegal [i'li:gəl] *adj* illegal, ulovlig

illegible [i'ledʒəbəl] *adj* ulæselig

illiterate [i'litərət] *n* analfabet *c*

illness ['ilnəs] *n* sygdom *c*

illuminate [i'lu:mineit] *v* oplyse, illuminere

illumination [i,lu:mi'neiʃən] *n* belysning *c*, illumination *c*

illusion [i'lu:ʒən] *n* illusion *c*

illustrate ['iləstreit] *v* illustrere

illustration [,ilə'streiʃən] *n* illustration *c*

image ['imidʒ] *n* billede *nt*
imaginary [i'mædʒinəri] *adj* indbildt
imagination [i,mædʒi'neiʃən] *n* fantasi *c*
imagine [i'mædʒin] *v* forestille sig; bilde sig ind; tænke sig
imitate ['imiteit] *v* imitere, efterligne
imitation [,imi'teiʃən] *n* imitation *c*, efterligning *c*
immediate [i'mi:djət] *adj* umiddelbar
immediately [i'mi:djətli] *adv* straks, øjeblikkeligt, omgående
immense [i'mens] *adj* enorm, endeløs, umådelig
immigrant ['imigrənt] *n* indvandrer *c*
immigrate ['imigreit] *v* indvandre
immigration [,imi'greiʃən] *n* indvandring *c*
immodest [i'mɔdist] *adj* ubeskeden
immunity [i'mju:nəti] *n* immunitet *c*
immunize ['imjunaiz] *v* immunisere
impartial [im'pɑ:ʃəl] *adj* upartisk
impassable [im'pɑ:səbəl] *adj* ufremkommelig
impatient [im'peiʃənt] *adj* utålmodig
impede [im'pi:d] *v* hindre
impediment [im'pedimənt] *n* hindring *c*

imperfect [im'pə:fikt] *adj* ufuldkommen
imperial [im'piəriəl] *adj* kejserlig; rigs-
impersonal [im'pə:sənəl] *adj* upersonlig
impertinence [im'pə:tinəns] *n* frækhed *c*
impertinent [im'pə:tinənt] *adj* uforskammet, næsvis, fræk
implement[1] ['implimənt] *n* redskab *nt*, værktøj *nt*
implement[2] ['impliment] *v* realisere
imply [im'plai] *v* *betyde; *indebære
impolite [,impə'lait] *adj* uhøflig
import[1] [im'pɔ:t] *v* importere, indføre
import[2] ['impɔ:t] *n* indførsel *c*, importvarer *pl*, import *c*; ~ **duty** importtold *c*
importance [im'pɔ:təns] *n* vigtighed *c*, betydning *c*
important [im'pɔ:tənt] *adj* værdifuld, vigtig
importer [im'pɔ:tə] *n* importør *c*
imposing [im'pouziŋ] *adj* imponerende
impossible [im'pɔsəbəl] *adj* umulig
impotence ['impətəns] *n* impotens *c*
impotent ['impətənt] *adj* impotent
impress [im'pres] *v* *gøre indtryk på, imponere

impression

impression [im'preʃən] *n* indtryk *nt*

impressive [im'presiv] *adj* imponerende

imprison [im'prizən] *v* fængsle

imprisonment [im'prizənmənt] *n* fangenskab *nt*

improbable [im'prɔbəbəl] *adj* usandsynlig

improper [im'prɔpə] *adj* upassende

improve [im'pru:v] *v* forbedre

improvement [im'pru:vmənt] *n* forbedring *c*

improvise ['imprəvaiz] *v* improvisere

impudent ['impjudənt] *adj* uforskammet

impulse ['impʌls] *n* impuls *c*

impulsive [im'pʌlsiv] *adj* impulsiv

in [in] *prep* i; om, på; *adv* ind

inaccessible [,inæk'sesəbəl] *adj* utilgængelig

inaccurate [i'nækjurət] *adj* unøjagtig

inadequate [i'nædikwət] *adj* utilstrækkelig

incapable [iŋ'keipəbəl] *adj* uduelig

incense ['insens] *n* røgelse *c*

inch [intʃ] *n* tomme *c* (2,54 cm)

incident ['insidənt] *n* tildragelse *c*

incidental [,insi'dentəl] *adj* tilfældig

incite [in'sait] *v* anspore

inclination [,iŋkli'neiʃən] *n* tilbøjelighed *c*; hældning *c*

incline [iŋ'klain] *n* skråning *c*

inclined [iŋ'klaind] *adj* tilbøjelig, villig

include [iŋ'klu:d] *v* inkludere, omfatte

inclusive [iŋ'klu:siv] *adj* inklusive

income ['iŋkəm] *n* indkomst *c*

income tax ['iŋkəmtæks] *n* indkomstskat *c*

incompetent [iŋ'kɔmpətənt] *adj* inkompetent

incomplete [,inkəm'pli:t] *adj* ufuldstændig

inconceivable [,iŋkən'si:vəbəl] *adj* utænkelig

inconspicuous [,iŋkən'spikjuəs] *adj* uanselig

inconvenience [,iŋkən'vi:njəns] *n* ulempe *c*, besvær *nt*

inconvenient [,iŋkən'vi:njənt] *adj* ubelejlig; besværlig

incorrect [,iŋkə'rekt] *adj* urigtig

increase[1] [iŋ'kri:s] *v* forøge; *tiltage

increase[2] ['iŋkri:s] *n* forøgelse *c*; forhøjelse *c*

incredible [iŋ'kredəbəl] *adj* utrolig

incurable [iŋ'kjuərəbəl] *adj* uhelbredelig

inflammable

indecent [in'di:sənt] *adj* uanstændig
indeed [in'di:d] *adv* sandelig
indefinite [in'definit] *adj* ubestemt
indemnity [in'demnəti] *n* skadeserstatning *c*, skadesløsholdelse *c*
independence [,indi'pendəns] *n* uafhængighed *c*
independent [,indi'pendənt] *adj* uafhængig; selvstændig
index ['indeks] *n* indeks *nt*, register *nt*; ~ **finger** pegefinger *c*
India ['indiə] Indien
Indian ['indiən] *adj* indisk; indiansk; *n* inder *c*; indianer *c*
indicate ['indikeit] *v* anvise, indicere, *angive
indication [,indi'keiʃən] *n* tegn *nt*
indicator ['indikeitə] *n* blinklys *nt*
indifferent [in'difərənt] *adj* ligeglad
indigestion [,indi'dʒestʃən] *n* fordøjelsesbesvær *nt*
indignation [,indig'neiʃən] *n* forargelse *c*
indirect [,indi'rekt] *adj* indirekte
individual [,indi'vidʒuəl] *adj* individuel, enkelt; *n* enkeltperson *c*, individ *nt*
Indonesia [,ində'ni:ziə] Indonesien
Indonesian [,ində'ni:ziən] *adj* indonesisk; *n* indoneser *c*
indoor ['indɔ:] *adj* indendørs
indoors [,in'dɔ:z] *adv* inde
indulge [in'dʌldʒ] *v* *give efter; *hengive sig
industrial [in'dʌstriəl] *adj* industriel; ~ **area** industriområde *c*
industrious [in'dʌstriəs] *adj* flittig
industry ['indəstri] *n* industri *c*
inedible [i'nedibəl] *adj* uspiselig
inefficient [,ini'fiʃənt] *adj* virkningsløs
inevitable [i'nevitəbəl] *adj* uundgåelig
inexpensive [,inik'spensiv] *adj* billig
inexperienced [,inik'spiəriənst] *adj* uerfaren
infant ['infənt] *n* spædbarn *nt*
infantry ['infəntri] *n* infanteri *nt*
infect [in'fekt] *v* smitte
infection [in'fekʃən] *n* infektion *c*
infectious [in'fekʃəs] *adj* smitsom
infer [in'fə:] *v* *drage en slutning
inferior [in'fiəriə] *adj* ringere, underlegen; nedre
infinite ['infinət] *adj* uendelig
infinitive [in'finitiv] *n* infinitiv *c*
inflammable [in'flæməbəl] *adj* brandfarlig

inflammation

inflammation [,inflə'meiʃən] *n* betændelse *c*

inflatable [in'fleitəbəl] *adj* oppustelig

inflate [in'fleit] *v* puste op

inflation [in'fleiʃən] *n* inflation *c*

inflict [in'flikt] *v* tilføje

influence ['influəns] *n* indflydelse *c*; *v* påvirke

influential [,influ'enʃəl] *adj* indflydelsesrig

influenza [,influ'enzə] *n* influenza *c*

inform [in'fɔ:m] *v* *give oplysning, informere; underrette, *give besked

informal [in'fɔ:məl] *adj* uformel

information [,infə'meiʃən] *n* information *c*; meddelelse *c*, oplysning *c*; ~ **bureau** informationskontor *nt*

infra-red [,infrə'red] *adj* infrarød

infrequent [in'fri:kwənt] *adj* sjælden

ingredient [iŋ'gri:diənt] *n* bestanddel *c*, ingrediens *c*

inhabit [in'hæbit] *v* bebo

inhabitable [in'hæbitəbəl] *adj* beboelig

inhabitant [in'hæbitənt] *n* indbygger *c*; beboer *c*

inhale [in'heil] *v* indånde

inherit [in'herit] *v* arve

inheritance [in'heritəns] *n* arv *c*

inhibit [in'hibit] *v* forhindre

initial [i'niʃəl] *adj* først, begyndelses-; *n* forbogstav *nt*; *v* forsyne med initialer

initiate [i'niʃieit] *v* indlede

initiative [i'niʃətiv] *n* initiativ *nt*

inject [in'dʒekt] *v* indsprøjte

injection [in'dʒekʃən] *n* indsprøjtning *c*

injure ['indʒə] *v* kvæste, såre; krænke

injury ['indʒəri] *n* kvæstelse *c*, læsion *c*

injustice [in'dʒʌstis] *n* uret *c*

ink [iŋk] *n* blæk *nt*

inlet ['inlet] *n* vig *c*

inn [in] *n* kro *c*

inner ['inə] *adj* indvendig; ~ **tube** slange *c*

innocence ['inəsəns] *n* uskyld *c*

innocent ['inəsənt] *adj* uskyldig

inoculate [i'nɔkjuleit] *v* vaccinere

inoculation [i,nɔkju'leiʃən] *n* vaccination *c*

inquire [iŋ'kwaiə] *v* *forespørge, forhøre sig

inquiry [iŋ'kwaiəri] *n* forespørgsel *c*; undersøgelse *c*; ~ **office** oplysningskontor *nt*

inquisitive [iŋ'kwizətiv] *adj* nysgerrig

insane [in'sein] *adj* sindssyg

inscription [in'skripʃən] *n* inskription *c*

insect ['insekt] *n* insekt *nt*; ~ **repellent** insektmiddel *nt*

insecticide [in'sektisaid] *n*

insektdræbende middel

insensitive [in'sensətiv] *adj* følelsesløs

insert [in'sə:t] *v* indføje, *indskyde

inside [,in'said] *n* inderside *c*; *adj* indre; *adv* inde; indeni; *prep* inden i, ind i; ~ out med vrangen ud; **insides** indvolde *pl*

insight ['insait] *n* indsigt *c*

insignificant [,insig'nifikənt] *adj* ubetydelig; uvæsentlig, uanselig; betydningsløs

insist [in'sist] *v* insistere; *fastholde, *holde på

insolence ['insələns] *n* uforskammethed *c*

insolent ['insələnt] *adj* uforskammet, fræk

insomnia [in'sɔmniə] *n* søvnløshed *c*

inspect [in'spekt] *v* inspicere

inspection [in'spekʃən] *n* inspektion *c*; kontrol *c*

inspector [in'spektə] *n* inspektør *c*

inspire [in'spaiə] *v* inspirere

install [in'stɔ:l] *v* installere

installation [,instə'leiʃən] *n* installation *c*

instalment [in'stɔ:lmənt] *n* afdrag *nt*

instance ['instəns] *n* eksempel *nt*; tilfælde *nt*; **for ~** for eksempel

instant ['instənt] *n* øjeblik *nt*

instant message ['instənt ,'mesədʒ] *n* instant message

instantly ['instəntli] *adv* øjeblikkeligt, straks

instead of [in'sted ɔv] i stedet for

instinct ['instiŋkt] *n* instinkt *nt*

institute ['institju:t] *n* institut *nt*; anstalt *c*; *v* stifte

institution [,insti'tju:ʃən] *n* institution *c*

instruct [in'strʌkt] *v* undervise

instruction [in'strʌkʃən] *n* undervisning *c*

instructive [in'strʌktiv] *adj* lærerig

instructor [in'strʌktə] *n* instruktør *c*

instrument ['instrumənt] *n* instrument *nt*; **musical ~** musikinstrument *nt*

insufficient [,insə'fiʃənt] *adj* utilstrækkelig

insulate ['insjuleit] *v* isolere

insulation [,insju'leiʃən] *n* isolering *c*

insulator ['insjuleitə] *n* isolator *c*

insult[1] [in'sʌlt] *v* fornærme

insult[2] ['insʌlt] *n* fornærmelse *c*

insurance [in'ʃuərəns] *n* assurance *c*, forsikring *c*; **~ policy** forsikringspolice *c*

insure [in'ʃuə] *v* forsikre

intact [in'tækt] *adj* intakt

integrate ['intəgreit] *v* integrere

intellect ['intəlekt] *n* opfattelsesevne *c*, intellekt *c*

intellectual

intellectual [,intə'lektʃuəl] adj intellektuel
intelligence [in'telidʒəns] n intelligens c
intelligent [in'telidʒənt] adj intelligent
intend [in'tend] v *have til hensigt, *have i sinde
intense [in'tens] adj intensiv; heftig
intention [in'tenʃən] n hensigt c
intentional [in'tenʃənəl] adj med vilje
intercourse ['intəkɔ:s] n samkvem nt; **sexual ~** samleje nt
interest ['intrəst] n interesse c; rente c; v interessere
interested ['intristid] adj interesseret
interesting ['intrəstiŋ] adj interessant
interfere [,intə'fiə] v *gribe ind; **~ with** blande sig i
interference [,intə'fiərəns] n indblanding c
interim ['intərim] n mellemtid c
interior [in'tiəriə] n indre nt
interlude ['intəlu:d] n mellemspil nt
intermediary [,intə'mi:djəri] n mellemmand c
intermission [,intə'miʃən] n pause c
internal [in'tə:nəl] adj indre, indvendig
international [,intə'næʃənəl] adj international

292

Internet ['intənət] n Internet nt
interpret [in'tə:prit] v tolke
interpreter [in'tə:pritə] n tolk c
interrogate [in'terəgeit] v forhøre
interrogation [in,terə'geiʃən] n forhør nt
interrogative [,intə'rɔgətiv] adj spørgende
interrupt [,intə'rʌpt] v *afbryde
interruption [,intə'rʌpʃən] n afbrydelse c
intersection [,intə'sekʃən] n vejkryds nt
interval ['intəvəl] n pause c; mellemrum nt
intervene [,intə'vi:n] v *gribe ind
interview ['intəvju:] n interview nt
intestine [in'testin] n tarm c; **intestines** indvolde pl
intimate ['intimət] adj intim
into ['intu] prep *forelægge
intolerable [in'tɔlərəbəl] adj uudholdelig
intoxicated [in'tɔksikeitid] adj beruset
intrigue [in'tri:g] n intrige c
introduce [,intrə'dju:s] v *forelægge, præsentere; introducere; indføre
introduction [,intrə'dʌkʃən] n præsentation c; indledning c
invade [in'veid] v invadere
invalid[1] [in'vəli:d] n invalid c;

adj vanfør
invalid² [in'vælid] *adj* ugyldig
invasion [in'veiʒən] *n* indfald *nt*, invasion *c*
invent [in'vent] *v* *opfinde, opdigte
invention [in'venʃən] *n* opfindelse *c*
inventive [in'ventiv] *adj* opfindsom
inventor [in'ventə] *n* opfinder *c*
inventory ['invəntri] *n* lageropgørelse *c*
invert [in'və:t] *v* vende om
invest [in'vest] *v* investere
investigate [in'vestigeit] *v* efterforske
investigation [in,vesti'geiʃən] *n* undersøgelse *c*
investment [in'vestmənt] *n* investering *c*; kapitalanbringelse *c*, pengeanbringelse *c*
investor [in'vestə] *n* financier *c*
invisible [in'vizəbəl] *adj* usynlig
invitation [,invi'teiʃən] *n* invitation *c*
invite [in'vait] *v* opfordre, invitere
invoice ['invɔis] *n* faktura *c*
involve [in'vɔlv] *v* involvere; **involved** indblandet
inwards ['inwədz] *adv* indad
iodine ['aiədi:n] *n* jod *c*
Iran [i'rɑ:n] Iran
Iranian [i'reiniən] *adj* iransk;

n iraner *c*
Iraq [i'rɑ:k] Irak
Iraqi [i'rɑ:ki] *adj* irakisk; *n* iraker *c*
Ireland ['aiələnd] Irland
Irish ['aiəriʃ] *adj* irsk
iron ['aiən] *n* jern *nt*; strygejern *nt*; jern-; *v* *stryge
ironical [ai'rɔnikəl] *adj* ironisk
irony ['aiərəni] *n* ironi *c*
irregular [i'regjulə] *adj* uregelmæssig
irreparable [i'repərəbəl] *adj* ubodelig
irrevocable [i'revəkəbəl] *adj* uigenkaldelig
irritable ['iritəbəl] *adj* irritabel
irritate ['iriteit] *v* irritere, tirre
is [iz] *v* (pr be)
island ['ailənd] *n* ø *c*
isolate ['aisəleit] *v* isolere
isolation [,aisə'leiʃən] *n* isolation *c*; isolering *c*
Israel ['izreil] Israel
Israeli [iz'reili] *adj* israelsk; *n* israeler *c*
issue ['iʃu:] *v* uddele; *n* udstedelse *c*, oplag *nt*; spørgsmål *nt*, punkt *nt*; udfald *nt*, resultat *nt*, følge *c*, afslutning *c*; udvej *c*
it [it] *pron* det
Italian [i'tæljən] *adj* italiensk; *n* italiener *c*
Italy ['itəli] Italien
itch [itʃ] *n* kløe *c*; *v* klø
item ['aitəm] *n* post *c*; punkt

itinerary

nt

itinerary [ai'tinərəri] *n* rejserute *c*, rejseplan *c*
its *pron* dens *c*; dets *nt*

itself [it'self]; *pron* sig selv;
by ~ af sig selv
ivory ['aivəri] *n* elfenben *c*
ivy ['aivi] *n* vedbend *c*

J

jack [dʒæk] *n* donkraft *c*
jacket ['dʒækit] *n* jakke *c*, trøje *c*; omslag *nt*
jade [dʒeid] *n* jade *c*
jail [dʒeil] *n* fængsel *nt*
jam [dʒæm] *n* syltetøj *nt*; trafikprop *c*
janitor ['dʒænitə] *n* vicevært *c*
January ['dʒænjuəri] januar
Japan [dʒə'pæn] Japan
Japanese [,dʒæpə'ni:z] *adj* japansk; *n* japaner *c*
jar [dʒɑ:] *n* krukke *c*
jaundice ['dʒɔ:ndis] *n* gulsot *c*
jaw [dʒɔ:] *n* kæbe *c*
jealous ['dʒeləs] *adj* jaloux
jealousy ['dʒeləsi] *n* jalousi *c*
jeans [dʒi:nz] *pl* jeans *pl*
jelly ['dʒeli] *n* gelé *c*
jellyfish ['dʒelifiʃ] *n* vandmand *c*
jersey ['dʒə:zi] *n* jersey *c*; jumper *c*
jet [dʒet] *n* stråle *c*; jetfly *nt*
jet lag ['dʒet‿læg] *n* jetlag *c*
jetty ['dʒeti] *n* mole *c*
Jew [dʒu:] *n* jøde *c*
jewel ['dʒu:əl] *n* smykke *nt*
jeweller ['dʒu:ələ] *n* juvelér *c*
jewellery ['dʒu:əlri] *n* smykker; juveler

Jewish ['dʒu:iʃ] *adj* jødisk
job [dʒɔb] *n* job *nt*; stilling *c*, arbejde *nt*
jobless ['dʒɔbləs] *adj* arbejdsløs
jockey ['dʒɔki] *n* jockey *c*
join [dʒɔin] *v* *forbinde; slutte sig til, melde sig ind i; forene, sammenføje
joint [dʒɔint] *n* led *nt*; sammenføjning *c*; *adj* fælles, forenet
jointly ['dʒɔintli] *adv* i fællesskab
joke [dʒouk] *n* spøg *c*; vittighed *c*
jolly ['dʒɔli] *adj* gemytlig
Jordan ['dʒɔ:dən] Jordan
Jordanian [dʒɔ:'deiniən] *adj* jordansk; *n* jordaner *c*
journal ['dʒə:nəl] *n* tidsskrift *nt*
journalism ['dʒə:nəlizəm] *n* journalistik *c*
journalist ['dʒə:nəlist] *n* journalist *c*
journey ['dʒə:ni] *n* rejse *c*
joy [dʒɔi] *n* glæde *c*, fryd *c*
joyful ['dʒɔifəl] *adj* glædelig, fornøjet
jubilee ['dʒu:bili:] *n* jubilæum *nt*

kiosk

judge [dʒʌdʒ] *n* dommer *c*; *v* dømme; bedømme
judgment ['dʒʌdʒmənt] *n* dom *c*; skøn *nt*
jug [dʒʌg] *n* kande *c*
juice [dʒuːs] *n* saft *c*
juicy ['dʒuːsi] *adj* saftig
July [dʒu'lai] juli
jump [dʒʌmp] *v* *springe; *n* spring *nt*
jumper ['dʒʌmpə] *n* jumper *c*
junction ['dʒʌŋkʃən] *n* vejkryds *nt*; knudepunkt *nt*
June [dʒuːn] juni
jungle ['dʒʌŋgəl] *n* urskov *c*, jungle *c*

junior ['dʒuːnjə] *adj* junior; yngre
junk [dʒʌŋk] *n* skrammel *nt*
jurisdiction [,dʒuəris'dikʃən] *n* domsmyndighed *c*
jury ['dʒuəri] *n* jury *c*
just [dʒʌst] *adj* retfærdig, berettiget; rigtig; *adv* netop; præcist
justice ['dʒʌstis] *n* ret *c*; retfærdighed *c*
justify ['dʒʌstifai] *v* retfærdiggøre
juvenile ['dʒuːvənail] *adj* ungdoms-

K

kangaroo [,kæŋgə'ruː] *n* kænguru *c*
keel [kiːl] *n* køl *c*
keen [kiːn] *adj* begejstret; skarp
***keep** [kiːp] *v* *holde; bevare; *blive ved med; ~ **away from** *holde sig fra; ~ **off** *holde sig på afstand af; ~ **on** *blive ved med; ~ **quiet** *tie stille; ~ **up** *holde ud; ~ **up with** *følge med
kennel ['kenəl] *n* hundehus *nt*; kennel *c*
Kenya ['kenjə] Kenya
kerosene ['kerəsiːn] *n* petroleum *c*
kettle ['ketəl] *n* kedel *c*
key [kiː] *n* nøgle *c*
keyhole ['kiːhoul] *n* nøglehul *nt*

khaki ['kɑːki] *n* kaki *c*
kick [kik] *v* sparke; *n* spark *nt*
kickoff [,ki'kɔf] *n* afspark *nt*
kid [kid] *n* barn *nt*, unge *c*; gedeskind *nt*; *v* drille
kidney ['kidni] *n* nyre *c*
kill [kil] *v* dræbe, *slå ihjel
kilogram ['kiləgræm] *n* kilo *nt*
kilometre ['kilə,miːtə] *n* kilometer *c*
kind [kaind] *adj* flink, venlig; god; *n* slags *c*
kindergarten ['kində,gɑːtən] *n* børnehave *c*
king [kiŋ] *n* konge *c*
kingdom ['kiŋdəm] *n* kongerige *nt*; rige *nt*
kiosk ['kiːɔsk] *n* kiosk *c*

kiss

kiss [kis] n kys nt; v kysse
kit [kit] n udstyr nt
kitchen ['kitʃin] n køkken nt; ~ **garden** køkkenhave c; ~ **towel** n viskestykke nt
knapsack ['næpsæk] n ransel c
knave [neiv] n knægt c
knee [ni:] n knæ nt
kneecap ['ni:kæp] n knæskal c
***kneel** [ni:l] v knæle
knew [nju:] v (p know)
knife [naif] n (pl knives) kniv c
knight [nait] n ridder c
***knit** [nit] v strikke
knob [nɔb] n håndtag nt
knock [nɔk] v banke; n banken c; ~ **against** støde imod; ~ **down** *slå ned
knot [nɔt] n knude c; v knytte
***know** [nou] v kende, *vide
knowledge ['nɔlidʒ] n kendskab nt
knuckle ['nʌkəl] n kno c

L

label ['leibəl] n etiket c; v etikettere
laboratory [lə'bɔrətəri] n laboratorium nt
labour ['leibə] n arbejde nt; fødselsveer pl; v pukle, v *slide i det; **labor permit** Am arbejdstilladelse c
labourer ['leibərə] n arbejder c
labour-saving ['leibə,seiviŋ] adj arbejdsbesparende
labyrinth ['læbərinθ] n labyrint c
lace [leis] n knipling c; snørebånd c
lack [læk] n savn nt, mangel c; v mangle
lacquer ['lækə] n lak c
lactose ['læktous] n laktose c
lactose intolerant ['læktous,in'tɔlərənt] adj laktose-intolerant
lad [læd] n knægt c, dreng c
ladder ['lædə] n stige c
lady ['leidi] n dame c; **ladies' room** dametoilet nt
lagoon [lə'gu:n] n lagune c
lake [leik] n sø c
lamb [læm] n lam nt; lammekød nt
lame [leim] adj lam, halt
lamentable ['læməntəbəl] adj sørgelig
lamp [læmp] n lampe c
lampshade ['læmpʃeid] n lampeskærm c
land [lænd] n land nt; v lande, *gå i land
landlady ['lænd,leidi] n værtinde c
landlord ['lændlɔ:d] n husvært c, husejer c
landmark ['lændmɑ:k] n landmærke nt; mærkepæl c
landscape ['lændskeip] n

landskab *nt*
lane [lein] *n* stræde *nt*; bane *c*
language ['læŋgwidʒ] *n* sprog *nt*; ~ laboratory sproglaboratorium *nt*
lantern ['læntən] *n* lygte *c*
lap [læp] *n* skød *nt*; *v* labbe
lapel [lə'pel] *n* revers *c*
laptop [læp,tɔp] *n* laptop *c*
large [lɑːdʒ] *adj* stor; rummelig
lark [lɑːk] *n* lærke *c*
laryngitis [ˌlærin'dʒaitis] *n* strubehovedkatar *c*
last [lɑːst] *adj* sidst; forrige; *v* vare; at ~ til sidst, endelig
lasting ['lɑːstiŋ] *adj* blivende, varig
latchkey ['lætʃkiː] *n* gadedørsnøgle *c*
late [leit] *adj* sen; forsinket
lately ['leitli] *adv* i den sidste tid, for nylig, nylig
lather ['lɑːðə] *n* skum *nt*
Latin America ['lætin ə'merikə] Latinamerika
Latin-American [ˌlætinəˈmerikən] *adj* latinamerikansk
latitude ['lætitjuːd] *n* breddegrad *c*
laugh [lɑːf] *v* *le; *n* latter *c*
laughter ['lɑːftə] *n* latter *c*
launch [lɔːntʃ] *v* *sætte i gang; *afskyde; søsætte; *n* motorbåd *c*
launching ['lɔːntʃiŋ] *n* søsætning *c*
launderette [ˌlɔːndə'ret] *n* møntvaskeri *nt*

laundry ['lɔːndri] *n* vaskeri *nt*; vasketøj *pl*
lavatory ['lævətəri] *n* toilet *nt*
lavish ['læviʃ] *adj* ødsel
law [lɔː] *n* lov *c*; ret *c*; ~ court domstol *c*
lawful ['lɔːfəl] *adj* lovlig
lawn [lɔːn] *n* plæne *c*, græsplæne *c*
lawsuit ['lɔːsuːt] *n* proces *c*, retssag *c*
lawyer ['lɔːjə] *n* advokat *c*; jurist *c*
laxative ['læksətiv] *n* afføringsmiddel *nt*
*lay [lei] *v* placere, *lægge, *sætte; ~ bricks mure
layer [leiə] *n* lag *nt*
layman ['leimən] *n* lægmand *c*
lazy ['leizi] *adj* doven
*lead [liːd] *v* styre, føre
lead¹ [liːd] *n* forspring *nt*; føring *c*; snor *c*
lead² [led] *n* bly *nt*
leader ['liːdə] *n* fører *c*, anfører *c*
leadership ['liːdəʃip] *n* ledelse *c*
leading ['liːdiŋ] *adj* ledende, førende
leaf [liːf] *n* (pl leaves) blad *nt*
league [liːg] *n* forbund *nt*
leak [liːk] *v* lække; *n* læk *c*
leaky ['liːki] *adj* læk
lean [liːn] *adj* mager
*lean [liːn] *v* læne sig
*leap [liːp] *v* *springe
leap year ['liːpjiə] *n* skudår *nt*
*learn [lən] *v* lære

learner ['lə:nə] n nybegynder c, elev c

lease [li:s] n lejekontrakt c; forpagtning c; v bortforpagte, udleje; leje

leash [li:ʃ] n snor c

least [li:st] adj mindst, ringest; **at ~** i det mindste; mindst

leather ['leðə] n læder nt; skind-, læder-

leave [li:v] v *forlade, *tage af sted; *lade ligge, *efterlade; **~ behind** *efterlade; **~ out** *udelade

Lebanese [,lebə'ni:z] adj libanesisk; n libaneser c

Lebanon ['lebənən] Libanon

lecture ['lektʃə] n foredrag nt, forelæsning c

left[1] [left] adj venstre

left[2] [left] v (p, pp leave)

left-hand ['lefthænd] adj venstre, på venstre hånd

left-handed [,left'hændid] adj kejthåndet

leg [leg] n ben nt

legacy ['legəsi] n legat nt

legal ['li:gəl] adj legal, lovmæssig; juridisk

legalization [,li:gəlai'zeiʃən] n legalisering c

legation [li'geiʃən] n legation c

legible ['ledʒibəl] adj læselig

legitimate [li'dʒitimət] adj retmæssig

leisure ['leʒə] n fritid c; ro og mag

lemon ['lemən] n citron c

***lend** [lend] v låne ud

length [leŋθ] n længde c

lengthen ['leŋθən] v *lægge ned

lengthways ['leŋθweiz] adv på langs

lens [lenz] n linse c; **telephoto ~** teleobjektiv nt; **zoom ~** zoomlinse c

leprosy ['leprəsi] n spedalskhed c

less [les] adv mindre

lessen ['lesən] v formindske, mindske

lesson ['lesən] n lektie c, time c

***let** [let] v *lade; udleje; **~ down** svigte

letter ['letə] n brev nt; bogstav nt; **~ of credit** akkreditiv nt; **~ of recommendation** anbefalingsskrivelse c

letterbox ['letəbɔks] n brevkasse c

lettuce ['letis] n grøn salat c

level ['levəl] adj egal; plan, flad, jævn, lige; n niveau nt; vaterpas nt; v nivellere, udjævne; **~ crossing** jernbaneoverskæring c

lever ['li:və] n løftestang c

liability [,laiə'biləti] n ansvar nt; tilbøjelighed c

liable ['laiəbəl] adj ansvarlig, tilbøjelig; **~ to** modtagelig for

liar ['laiə] n løgner c

liberal ['libərəl] adj liberal; rundhåndet, large, gavmild

liberation [ˌlibəˈreiʃən] n
befrielse c
Liberia [laiˈbiəriə] Liberia
Liberian [laiˈbiəriən] adj
liberiansk; n liberianer c
liberty [ˈlibəti] n frihed c
library [ˈlaibrəri] n bibliotek
nt
licence [ˈlaisəns] n licens c;
bevilling c; **driving ~**
førerbevis nt; **~ number** Am
registreringsnummer c; **~
plate** Am nummerplade c
license [ˈlaisəns] v *give
tilladelse nAm (driving)
tilladelse c; (liquor)
bevilling c; **~ plate** nAm
nummerplade
lick [lik] v slikke
lid [lid] n låg nt
lie [lai] v *lyve; n løgn c
***lie** [lai] v *ligge; **~ down**
*lægge sig ned
life [laif] n (pl lives) liv nt; **~
insurance** livsforsikring c; **~
jacket** redningsvest c
lifebelt [ˈlaifbelt] n
redningsbælte nt
lifetime [ˈlaiftaim] n levetid c
life support [ˈlaif‿səˌpɔːt] n
respirator c
lift [lift] v løfte; n elevator c
light [lait] n lys nt; adj let; lys;
~ bulb elektrisk pære
***light** [lait] v tænde
lighter [ˈlaitə] n lighter c
lighthouse [ˈlaithaus] n
fyrtårn nt
lighting [ˈlaitiŋ] n belysning c
lightning [ˈlaitniŋ] n lyn nt

like [laik] v *holde af, *synes
om; adj lig; conj sådan som;
prep som
likely [ˈlaikli] adj sandsynlig
like-minded [ˌlaikˈmaindid]
adj ligesindet
likewise [ˈlaikwaiz] adv
ligeledes, ligeså
lily [ˈlili] n lilje c
limb [lim] n lem nt
lime [laim] n kalk c; lind c;
grøn citron
limetree [ˈlaimtriː] n lindetræ
nt
limit [ˈlimit] n grænse c; v
begrænse
limp [limp] v halte; adj slap
line [lain] n linje c; streg c;
linje c; række c; **stand in ~**
Am stå i kø
linen [ˈlinin] n lærred nt;
linned nt
liner [ˈlainə] n rutebåd c
lingerie [ˈlɔ̃ʒəriː] n
dameundertøj pl
lining [ˈlainiŋ] n for nt
link [liŋk] v *forbinde; n link
nt
lion [ˈlaiən] n løve c
lip [lip] n læbe c
liposuction [ˈlipouˌsʌkʃən] n
fedtsugning c
lipstick [ˈlipstik] n læbestift c
liqueur [liˈkjuə] n likør c
liquid [ˈlikwid] adj flydende;
n væske c
liquor [ˈlikə] n spiritus c
liquorice [ˈlikəris] n lakrids c
list [list] n liste c; v notere,
*skrive op

listen

listen ['lisən] v lytte
listener ['lisnə] n lytter c
literary ['litrəri] adj litterær, boglig
literature ['litrətʃə] n litteratur c
litre ['li:tə] n liter c
litter ['litə] n affald nt; kuld c
little ['litəl] adj lille; liden
live[1] [liv] v leve; bo
live[2] [laiv] adj levende
livelihood ['laivlihud] n levebrød nt
lively ['laivli] adj livlig
liver ['livə] n lever c
living ['liviŋ] n (lifestyle) levevis c; adj levende; ~ room n dagligstue c
lizard ['lizəd] n firben nt
load [loud] n læs nt; byrde c; v læsse
loaf [louf] n (pl loaves) brød nt
loan [loun] n lån nt
lobby ['lɔbi] n vestibule c; foyer c
lobster ['lɔbstə] n hummer c
local ['loukəl] adj lokal, stedlig; ~ **call** lokalsamtale c; ~ **train** lokaltog nt
locality [lou'kæləti] n lokalitet c
locate [lou'keit] v lokalisere
location [lou'keiʃən] n beliggenhed c
lock [lɔk] v låse; n lås c; sluse c; ~ **up** indespærre, låse inde
locker ['lɔkə] n (aflåseligt) skab nt
locomotive [,loukə'moutiv] n lokomotiv nt
lodge [lɔdʒ] v huse; n jagthytte c
lodger ['lɔdʒə] n logerende c
lodgings ['lɔdʒiŋz] pl logi nt
log [lɔg] n stamme c; ~ **in** v logge ind; ~ **off** v logge af
logic ['lɔdʒik] n logik c
logical ['lɔdʒikəl] adj logisk
lonely ['lounli] adj ensom
long [lɔŋ] adj lang; langvarig; ~ **for** længes efter; **no longer** ikke længere
longing ['lɔŋiŋ] n længsel c
longitude ['lɔndʒitju:d] n længdegrad c
look [luk] v *se; ~ **after** *se efter, passe; ~ **at** *se på; ~ **for** lede efter; ~ **out** passe på, *se sig for; ~ **up** *slå efter, *slå op
looking-glass ['lukiŋglɑ:s] n spejl nt
loop [lu:p] n løkke c
loose [lu:s] adj løs
loosen ['lu:sən] v løsne
lord [lɔ:d] n lord c
lorry ['lɔri] n lastbil c
***lose** [lu:z] v tabe, miste
loser ['lu:sə] n taber c
loss [lɔs] n tab nt
lost [lɔst] adj faret vild; forsvundet; ~ **and found** hittegods nt; ~ **property office** hittegodskontor nt
lot [lɔt] n lod nt, lod c; mængde c, bunke c
lotion ['louʃən] n lotion c; **aftershave** ~ aftershave

lotion
lottery ['lɔtəri] *n* lotteri *nt*
loud [laud] *adj* højlydt, høj
loudspeaker [,laud'spi:kə] *n* højttaler *c*
lounge [laundʒ] *n* salon *c*
louse [laus] *n* (pl lice) lus *c*
love [lʌv] *v* elske, *holde af; *n* kærlighed *c*; **in ~** forelsket
lovely ['lʌvli] *adj* yndig, pragtfuld, skøn
lover ['lʌvə] *n* elsker *c*
love story ['lʌv,stɔ:ri] *n* kærlighedshistorie *c*
low [lou] *adj* lav; dyb; langt nede; **~ tide** ebbe *c*
lower ['louə] *v* sænke; *nedsætte; *adj* lavere, nedre
lowlands ['louləndz] *pl* lavland *nt*
loyal ['lɔiəl] *adj* loyal
lubricate ['lu:brikeit] *v* *smøre
lubrication [,lu:bri'keiʃən] *n* smøring *c*; **~ oil** smøreolie *c*; **~ system** smøringssystem *nt*
luck [lʌk] *n* held *nt*; **bad ~** uheld *nt*; **Good ~!** Held og lykke!
lucky ['lʌki] *adj* heldig; **~ charm** amulet *c*

ludicrous ['lu:dikrəs] *adj* latterlig
luggage ['lʌgidʒ] *n* bagage *c*; **hand ~** håndbagage *c*; **left ~ office** bagageopbevaring *c*; **~ rack** bagagenet *nt*; **~ van** rejsegodsvogn *c*
lukewarm ['lu:kwɔ:m] *adj* lunken
lumbago [lʌm'beigou] *n* lumbago *c*
luminous ['lu:minəs] *adj* lysende
lump [lʌmp] *n* klump *c*, stykke *nt*; bule *c*; **~ of sugar** stykke sukker; **~ sum** rundt beløb
lumpy ['lʌmpi] *adj* klumpet
lunacy ['lu:nəsi] *n* sindssyge *c*
lunatic ['lu:nətik] *adj* sindssyg; *n* sindssyg *c*
lunch [lʌntʃ] *n* frokost *c*, mellemmåltid *nt*
luncheon ['lʌntʃən] *n* frokost *c*
lung [lʌŋ] *n* lunge *c*
lust [lʌst] *n* begær *nt*
luxurious [lʌg'ʒuəriəs] *adj* luksuriøs
luxury ['lʌkʃəri] *n* luksus *c*

M

machine [mə'ʃi:n] *n* maskine *c*, apparat *nt*
machinery [mə'ʃi:nəri] *n* maskineri *nt*
mackerel ['mækrəl] *n* (pl ~) makrel *c*
mackintosh ['mækintɔʃ] *n* regnfrakke *c*
mad [mæd] *adj* vanvittig, tosset, gal

madam

madam ['mædəm] *n* frue *c*
madness ['mædnəs] *n* vanvid *nt*
magazine [,mægə'zi:n] *n* tidsskrift *c*
magic ['mædʒik] *n* magi *c*, trolddomskunst *c*; *adj* magisk
magician [mə'dʒiʃən] *n* tryllekunstner *c*
magnetic [mæg'netik] *adj* magnetisk
magneto [mæg'ni:tou] *n* (pl ~s) magnet *c*
magnificent [mæg'nifisənt] *adj* pragtfuld, storslået
magnify ['mægnifai] *v* forstørre
maid [meid] *n* tjenestepige *c*
maiden name ['meidən neim] pigenavn *nt*
mail [meil] *n* post *c*; *v* poste; ~ **order** *Am* postanvisning *c*
mailbox ['meilbɔks] *nAm* brevkasse *c*
main [mein] *adj* hoved-; størst; ~ **deck** hoveddæk *nt*; ~ **line** hovedlinje *c*; ~ **road** hovedvej *c*; ~ **street** hovedgade *c*
mainland ['meinlənd] *n* fastland *nt*
mainly ['meinli] *adv* hovedsagelig
mains [meinz] *pl* hovedledning *c*
maintain [mein'tein] *v* *opretholde
maintenance ['meintənəns] *n* vedligeholdelse *c*

maize [meiz] *n* majs *c*
major ['meidʒə] *adj* større; major *c*
majority [mə'dʒɔrəti] *n* flertal *nt*
*****make** [meik] *v* lave; tjene; klare; ~ **do with** klare sig med; ~ **good** *godtgøre; ~ **up** opstille
make-up ['meikʌp] *n* make-up *c*
malaria [mə'lɛəriə] *n* malaria *c*
Malay [mə'lei] *n* malaysisk *nt*
Malaysia [mə'leiziə] Malaysia
Malaysian [mə'leiziən] *adj* malaysisk
male [meil] *adj* han-
malicious [mə'liʃəs] *adj* ondskabsfuld
malignant [mə'lignənt] *adj* ondartet
mall [mɔ:l] *n* stort indkøbscenter *nt*
mallet ['mælit] *n* træhammer *c*
malnutrition [,mælnju'triʃən] *n* underernæring *c*
mammal ['mæməl] *n* pattedyr *nt*
man [mæn] *n* (pl men) mand *c*; menneske *nt*; **men's room** herretoilet *nt*
manage ['mænidʒ] *v* bestyre; lykkes
manageable ['mænidʒəbəl] *adj* håndterlig
management

manager ['mænɪdʒə] n ledelse c; administration c
manager ['mænɪdʒə] n chef c, direktør c
mandarin ['mændərin] n mandarin c
mandate ['mændeit] n mandat nt
manger ['meindʒə] n krybbe c
manicure ['mænikjuə] n manicure c; v manicurere
mankind [mæn'kaind] n menneskehed c
mannequin ['mænəkin] n voksmannequin c
manner ['mænə] n måde c; **manners** pl manerer pl
man-of-war [,mænəv'wɔ:] n krigsskib c
manor house ['mænəhaus] n herregård c
mansion ['mænʃən] n palæ nt
manual ['mænjuəl] adj hånd-; n betjeningsvejledning c, håndbog c
manufacture [,mænju'fæktʃə] v fremstille, fabrikere
manufacturer [,mænju'fæktʃərə] n fabrikant c
manure [mə'njuə] n gødning c
manuscript ['mænjuskript] n manuskript nt
many ['meni] adj mange
map [mæp] n kort nt; plan c
maple ['meipəl] n ahorn c
marble ['mɑ:bəl] n marmor nt; marmorkugle c
March [mɑ:tʃ] marts
march [mɑ:tʃ] v marchere; march c
mare [meə] n hoppe c
margarine [,mɑ:dʒə'ri:n] n margarine c
margin ['mɑ:dʒin] n rand c, margen c
maritime ['mæritaim] adj maritim
mark [mɑ:k] v *sætte mærke ved; mærke; kendetegne; n mærke nt; karakter c; skydeskive c
market ['mɑ:kit] n marked nt
marketplace ['mɑ:kitpleis] n torv nt
marmalade ['mɑ:məleid] n marmelade c
marriage ['mærɪdʒ] n ægteskab nt
marry ['mæri] v gifte sig, ægte; **married couple** ægtepar nt
marsh [mɑ:ʃ] n sump c
martyr ['mɑ:tə] n martyr c
marvel ['mɑ:vəl] n vidunder nt; v undre sig
marvellous ['mɑ:vələs] adj vidunderlig
mascara [mæ'skɑ:rə] n mascara c
masculine ['mæskjulin] adj maskulin
mash [mæʃ] v mose ; **mashed potatoes** pl mosede kartofler
mask [mɑ:sk] n maske c

Mass

Mass [mæs] n messe c
mass [mæs] n masse c; ~ production masseproduktion c
massage ['mæsɑ:ʒ] n massage c; v massere
masseur [mæ'sə:] n massør c
massive ['mæsiv] adj massiv
mast [mɑ:st] n mast c
master ['mɑ:stə] n mester c; herre c; lektor c, lærer c; v mestre
masterpiece ['mɑ:stəpi:s] n mesterværk nt
mat [mæt] n måtte c; adj glansløs, mat
match [mætʃ] n tændstik c; kamp c; v passe til
matchbox ['mætʃbɔks] n tændstikæske c
material [mə'tiəriəl] n materiale c, stof nt; adj materiel
mathematical [,mæθə'mætikəl] adj matematisk
mathematics [,mæθə'mætiks] n matematik c
matrimony ['mætriməni] n ægteskab c
matter ['mætə] n stof nt; anliggende nt, sag c, spørgsmål nt; v *være af betydning; as a ~ of fact faktisk
matter-of-fact [,mætərəv'fækt] adj nøgtern
mattress ['mætrəs] n madras c

mature [mə'tjuə] adj moden
maturity [mə'tjuərəti] n modenhed c
mausoleum [,mɔ:sə'li:əm] n mausoleum c
May [mei] maj
*****may** [mei] v *kunne; *måtte
maybe ['meibi:] adv måske
mayor [mɛə] n borgmester c
maze [meiz] n labyrint c
me [mi:] pron mig
meadow ['medou] n eng c
meal [mi:l] n måltid c
mean [mi:n] adj gemen; dårlig; nærig; n gennemsnit nt
*****mean** [mi:n] v *betyde; mene
meaning ['mi:niŋ] n mening c
meaningless ['mi:niŋləs] adj meningsløs
means [mi:nz] n middel nt; by no ~ på ingen måde, slet ikke
in the meantime [in ðə 'mi:ntaim] i mellemtiden, ind imellem
meanwhile ['mi:nwail] adv i mellemtiden, imens
measles ['mi:zəlz] n mæslinger pl
measure ['meʒə] v måle; n mål nt; foranstaltning c
meat [mi:t] n kød nt
mechanic [mi'kænik] n mekaniker c, montør c
mechanical [mi'kænikəl] adj mekanisk
mechanism ['mekənizəm] n mekanisme c

medal ['medəl] n medalje c
media ['mi:diə] pl medier
mediaeval [,medi'i:vəl] adj middelalderlig
mediate ['mi:dieit] v mægle
mediator ['mi:dieitə] n mægler c
medical ['medikəl] adj medicinsk, lægelig
medicine ['medsin] n medicin c; lægevidenskab c
meditate ['mediteit] v meditere
Mediterranean [,meditə'reiniən] Middelhavet
medium ['mi:diəm] adj gennemsnitlig, middel-
*****meet** [mi:t] v *træffe, møde
meeting ['mi:tiŋ] n møde nt, sammenkomst c
meeting place ['mi:tiŋpleis] n mødested nt
melancholy ['melənkəli] n tungsind nt
mellow ['melou] adj silkeblød
melodrama ['melə,drɑ:mə] n melodrama nt
melody ['melədi] n melodi c
melon ['melən] n melon c
melt [melt] v smelte
member ['membə] n medlem nt; Member of Parliament folketingsmedlem nt
membership ['membəʃip] n medlemskab nt
memo ['memou] n (pl ~s) memo n
memorable ['memərəbəl] adj mindeværdig

memorial [mə'mɔ:riəl] n mindesmærke nt
memorize ['meməraiz] v lære udenad
memory ['meməri] n hukommelse c; minde nt
mend [mend] v reparere
menstruation [,menstru'eiʃən] n menstruation c
mental ['mentəl] adj mental
mention ['menʃən] v nævne, omtale; n omtale c
menu ['menju:] n spisekort nt, menukort nt
merchandise ['mə:tʃəndaiz] n varer pl, handelsvare c
merchant ['mə:tʃənt] n købmand c, grosserer c
merciful ['mə:sifəl] adj barmhjertig
mercury ['mə:kjuri] n kviksølv nt
mercy ['mə:si] n nåde c, barmhjertighed c
mere [miə] adj ren og skær
merely ['miəli] adv blot
merge [mə:dʒ] v (companies) sammenlægge; (roads) flette sammen
merger ['mə:dʒə] n fusion c
merit ['merit] v fortjene; n fortjeneste c
merry ['meri] adj munter
merry-go-round ['merigou,raund] n karrusel c
mesh [meʃ] n maske c
mess [mes] n rod nt, roderi nt; ~ up spolere

message

message ['mesidʒ] n besked c, budskab nt; ~ **board** n opslagstavle c
messenger ['mesindʒə] n budbringer c
metal ['metəl] n metal nt; metal-
meter ['mi:tə] n tæller c
method ['meθəd] n metode c, fremgangsmåde c; orden c
methodical [mə'θɔdikəl] adj metodisk
metre ['mi:tə] n meter c
metric ['metrik] adj metrisk
Mexican ['meksikən] adj mexicansk; n mexicaner c
Mexico ['meksikou] Mexico
mice [mais] pl mus
microphone ['maikrəfoun] n mikrofon c
midday ['middei] n middag c
middle ['midəl] n midte c; adj mellemste; **Middle Ages** middelalder c; ~ **class** middelklasse c; **middleclass** adj borgerlig
midnight ['midnait] n midnat c
midst [midst] n midte c
midsummer ['mid,sʌmə] n midsommer c
midwife ['midwaif] n (pl -wives) jordemoder c
might [mait] n magt c
***might** [mait] v *kunne
mighty ['maiti] adj mægtig
migraine ['migrein] n migræne c
mild [maild] adj mild
mildew ['mildju] n skimmel c
milepost ['mailpoust] n

milepæl c
milestone ['mailstoun] n kilometersten c
milieu ['mi:ljə] n miljø nt
military ['militəri] adj militær; ~ **force** krigsmagt c
milk [milk] n mælk c
milkman ['milkmən] n (pl -men) mælkemand c
milkshake ['milkʃeik] n milkshake c
milky ['milki] adj mælket
mill [mil] n mølle c; fabrik c
miller ['milə] n møller c
million ['miljən] n million c
millionaire [,miljə'nɛə] n millionær c
mince [mins] v hakke
mind [maind] n sind nt; v *have noget imod; passe på, *tage sig af
mine [main] n mine c
miner ['mainə] n minearbejder c
mineral ['minərəl] n mineral nt; ~ **water** mineralvand c
mingle ['miŋgl] v blande
miniature ['minjətʃə] n miniature c
minimum ['miniməm] n minimum nt
mining ['mainiŋ] n minedrift c
minister ['ministə] n minister c; præst c; **Prime Minister** statsminister c
ministry ['ministri] n ministerium nt
mink [miŋk] n mink c
minor ['mainə] adj ringe,

model

mindre, lille; underordnet; *n* mindreårig *c*
minority [mai'nɔrəti] *n* mindretal *nt*
mint [mint] *n* mynte *c*
minus ['mainəs] *n* minustegn *nt*; *prep* minus
minute[1] ['minit] *n* minut *nt*; **minutes** referat *nt*
minute[2] [mai'nju:t] *adj* lille bitte
miracle ['mirəkəl] *n* mirakel *nt*
miraculous [mi'rækjuləs] *adj* mirakuløs
mirror ['mirə] *n* spejl *nt*
misbehave [,misbi'heiv] *v* opføre sig dårligt
miscarriage [mis'kæridʒ] *n* abort *c*
miscellaneous [,misə'leiniəs] *adj* diverse
mischief ['mistʃif] *n* spilopper *pl*; fortræd *c*, skade *c*
mischievous ['mistʃivəs] *adj* drilagtig
miserable ['mizərəbəl] *adj* elendig, ulykkelig
misery ['mizəri] *n* elendighed *c*, jammer *c*; nød *c*
misfortune [mis'fɔ:tʃən] *n* ulykke *c*, uheld *nt*
mishap ['mishæp] *n* uheld *nt*
***mislay** [mis'lei] *v* *forlægge
misplaced [mis'pleist] *adj* malplaceret
mispronounce [,misprə'nauns] *v* udtale forkert

miss[1] [mis] frøken *c*
miss[2] [mis] *v* savne; forfejle, *komme for sent til
missing ['misiŋ] *adj* manglende; ~ **person** savnet person
mist [mist] *n* tågedis *c*, dis *c*
mistake [mi'steik] *n* fejltagelse *c*, fejl *c*
***mistake** [mi'steik] *v* forveksle
mistaken [mi'steikən] *adj* fejlagtig; ***be** ~ *tage fejl
mistress ['mistrəs] *n* frue *c*; elskerinde *c*
mistrust [mis'trʌst] *v* nære mistro til
misty ['misti] *adj* diset
***misunderstand** [,misʌndə'stænd] *v* *misforstå
misunderstanding [,misʌndə'stændiŋ] *n* misforståelse *c*
misuse [mis'ju:s] *n* misbrug *nt*
mittens ['mitənz] *pl* vanter *pl*
mix [miks] *v* blande; ~ **with** *omgås
mixed [mikst] *adj* blandet
mixer ['miksə] *n* mixer *c*
mixture ['mikstʃə] *n* blanding *c*
moan [moun] *v* jamre
moat [mout] *n* voldgrav *c*
mobile ['moubail] *adj* mobil; ~ **phone** mobiltelefon *c*
mock [mɔk] *v* håne
mockery ['mɔkəri] *n* spot *c*
model ['mɔdəl] *n* model *c*;

modem

mannequin c; v modellere, forme

modem ['moudem] n modem nt

moderate ['modərət] adj moderat, mådeholdende; middelmådig

modern ['modən] adj moderne

modest ['modist] adj beskeden

modesty ['modisti] n beskedenhed c

modify ['modifai] v modificere

mohair ['mouhɛə] n mohair c

moist [moist] adj fugtig

moisten ['moisən] v fugte

moisture ['moistʃə] n fugtighed c; **moisturizing cream** fugtighedscreme c

molar ['moulə] n kindtand c

moment ['moumənt] n øjeblik nt

momentary ['mouməntəri] adj øjeblikkelig; momentan

monarch ['monək] n monark c

monarchy ['monəki] n monarki nt

monastery ['monəstri] n kloster nt

Monday ['mʌndi] mandag c

monetary ['mʌnitəri] adj monetær; ~ **unit** møntenhed c

money ['mʌni] n penge pl; ~ **exchange** vekselkontor nt; ~ **order** postanvisning c

monk [mʌŋk] n munk c

monkey ['mʌŋki] n abe c

monologue ['monəlog] n monolog c

monopoly [mə'nəpəli] n monopol c

monotonous [mə'nətənəs] adj monoton

month [mʌnθ] n måned c

monthly ['mʌnθli] adj månedlig; ~ **magazine** månedsblad nt

monument ['monjumənt] n monument nt, mindesmærke nt

mood [mu:d] n humør nt

moon [mu:n] n måne c

moonlight ['mu:nlait] n måneskin nt

moose [mu:s] n (pl ~, ~s) elsdyr nt

moped ['mouped] n knallert c

moral ['morəl] n moral c; adj moralsk, sædelig

morality [mə'ræləti] n moralitet c

more [mo:] adj flere; **once** ~ en gang til

moreover [mo:'rouvə] adv tilmed, for øvrigt

morning ['mo:niŋ] n morgen c, formiddag c; ~ **paper** morgenavis c; **this** ~ i morges

Moroccan [mə'rokən] adj marokkansk; n marokkaner c

Morocco [mə'rokou] Marokko

morphine ['mo:fi:n] n morfin c

morsel ['mɔːsəl] *n* bid *c*
mortal ['mɔːtəl] *adj* dødbringende, dødelig
mortgage ['mɔːgidʒ] *n* prioritet *c*, prioritetslån *c*
mosaic [mə'zeiik] *n* mosaik *c*
mosque [mɔsk] *n* moské *c*
mosquito [mə'skiːtou] *n* (pl ~es) myg *c*; moskito *c*
mosquito net [mə'skiːtounet] *n* moskitonet *c*
moss [mɔs] *n* mos *nt*
most [moust] *adj* flest; **at ~** højst; **~ of all** allermest
mostly ['moustli] *adv* for det meste
motel [mou'tel] *n* motel *nt*
moth [mɔθ] *n* møl *nt*
mother ['mʌðə] *n* mor *c*; **~ tongue** modersmål *nt*
mother-in-law ['mʌðərinlɔː] *n* (pl mothers-) svigermor *c*
mother of pearl [,mʌðərəv'pəːl] *n* perlemor *nt*
motion ['mouʃən] *n* bevægelse *c*; forslag *nt*
motivate ['moutiveit] *v* motivere
motive ['moutiv] *n* motiv *c*
motor ['moutə] *n* motor *c*; køre i bil; **~ coach** turistbus *c*; **~ home** selvkørende campingvogn
motorbike ['moutəbaik] *nAm* knallert *c*
motorboat ['moutəbout] *n* motorbåd *c*
motorcar ['moutəkɑː] *n* automobil *c*
motorcycle ['moutə,saikəl] *n* motorcykel *c*
motoring ['moutəriŋ] *n* bilkørsel *c*
motorist ['moutərist] *n* bilist *c*
motorway ['moutəwei] *n* motorvej *c*
motto ['mɔtou] *n* (pl ~es, ~s) motto *nt*
mouldy ['mouldi] *adj* skimlet
mound [maund] *n* tue *c*
mount [maunt] *v* *stige op, *bestige, *gå op ad; *n* bjerg *nt*
mountain ['mauntin] *n* bjerg *nt*; **~ pass** pas *nt*; **~ range** bjergkæde *c*
mountaineering [,maunti'niəriŋ] *n* bjergbestigning *c*
mountainous ['mauntinəs] *adj* bjergrig
mourning ['mɔːniŋ] *n* sørgetid *c*
mouse [maus] *n* (pl mice) mus *c*
moustache [mə'stɑːʃ] *n* overskæg *nt*
mouth [mauθ] *n* mund *c*; gab *nt*; munding *c*
mouthwash ['mauθwɔʃ] *n* mundvand *c*
movable ['muːvəbəl] *adj* flytbar
move [muːv] *v* bevæge; flytte; bevæge sig; *n* træk *nt*, skridt *nt*; flytning *c*
movement ['muːvmənt] *n*

bevægelse *c*
movie ['mu:vi] *n* film *c*;
movies *Am* biograf *c*; ~
theater *Am* biograf *c*
much [mʌtʃ] *adj* mange,
megen; *adv* meget; as ~ lige
så meget
mud [mʌd] *n* mudder *nt*
muddle ['mʌdəl] *n* forvirring
c, rod *nt*, virvar *nt*; *v*
forklude
muddy ['mʌdi] *adj* mudret
muffler ['mʌflə] *nAm*
lydpotte *c*
mug [mʌg] *n* krus *nt*
mule [mju:l] *n* muldyr *c*
multicultural
[,mʌlti'kʌltʃərəl] *adj*
multikulturel
multiplex ['mʌlti,pleks] *n*
multipleks
multiplication
[,mʌltipli'keiʃən] *n*
multiplikation *c*
multiply ['mʌltiplai] *v* gange,
multiplicere
mumps [mʌmps] *n* fåresyge *c*
municipal [mju:'nisipəl] *adj*
kommunal
municipality
[mju:,nisi'pæləti] *n*
kommunalbestyrelse *c*
murder ['mə:də] *n* mord *nt*; *v*
myrde
murderer ['mə:dərə] *n*
morder *c*

muscle ['mʌsəl] *n* muskel *c*
muscular ['mʌskjulə] *adj*
muskuløs
museum [mju:'zi:əm] *n*
museum *nt*
mushroom ['mʌʃru:m] *n*
champignon *c*, svamp *c*
music ['mju:zik] *n* musik *c*; ~
academy konservatorium *nt*
musical ['mju:zikəl] *adj*
musikalsk; *n* musical *c*
music hall ['mju:zikhɔ:l] *n*
revyteater *nt*
musician [mju:'ziʃən] *n*
musiker *c*
muslin ['mʌzlin] *n* musselin
nt
mussel ['mʌsəl] *n* musling *c*
***must** [mʌst] *v* *skulle
mustard ['mʌstəd] *n* sennep
c
mute [mju:t] *adj* stum
mutiny ['mju:tini] *n* mytteri
nt
mutton ['mʌtən] *n* fårekød *nt*
mutual ['mju:tʃuəl] *adj*
indbyrdes, gensidig
my [mai] *adj* min
myself [mai'self] *pron* mig;
selv
mysterious [mi'stiəriəs] *adj*
gådefuld, mystisk
mystery ['mistəri] *n*
mysterium *nt*
myth [miθ] *n* myte *c*

N

nail [neil] *n* negl *c*; søm *nt*
nail file ['neilfail] *n* neglefil *c*
nail polish ['neil,polif] *n* neglelak *c*
nail scissors ['neil,sizəz] *pl* neglesaks *c*
naïve [nɑːˈiːv] *adj* naiv
naked ['neikid] *adj* nøgen; blottet
name [neim] *n* navn *nt*; *v* *navngive, opkalde; **in the ~ of** i ... navn
namely ['neimli] *adv* nemlig
nap [næp] *n* lur *c*
napkin ['næpkin] *n* serviet *c*
nappy ['næpi] *n* ble *c*
narcosis [nɑːˈkousis] *n* (pl -ses) narkose *c*
narcotic [nɑːˈkɔtik] *n* narkotisk middel
narrow ['nærou] *adj* trang, smal, stram
narrow-minded [,nærouˈmaindid] *adj* snæversynet
nasty ['nɑːsti] *adj* usympatisk, væmmelig; ubehagelig
nation ['neiʃən] *n* nation *c*; folk *nt*
national ['næʃənəl] *adj* national; folke-; stats-; ~ **anthem** nationalsang *c*; ~ **dress** nationaldragt *c*; ~ **park** nationalpark *c*
nationality [,næʃəˈnæləti] *n* nationalitet *c*
nationalize ['næʃənəlaiz] *v* nationalisere
native ['neitiv] *n* indfødt *c*; *adj* indfødt; ~ **country** fædreland *nt*; ~ **language** modersmål *nt*
natural ['nætʃərəl] *adj* naturlig; medfødt
naturally ['nætʃərəli] *adv* naturligvis
nature ['neitʃə] *n* natur *c*
naughty ['nɔːti] *adj* uartig
nausea ['nɔːsiə] *n* kvalme *c*
naval ['neivəl] *adj* flåde-
navel ['neivəl] *n* navle *c*
navigable ['nævigəbəl] *adj* sejlbar
navigate ['nævigeit] *v* navigere
navigation [,næviˈgeiʃən] *n* navigation *c*; søfart *c*, skibsfart *c*
navy ['neivi] *n* flåde *c*
near [niə] *prep* nær ved; *adj* nær
nearby ['niəbai] *adj* nærliggende
nearly ['niəli] *adv* næsten
neat [niːt] *adj* net, ordentlig; tør
necessary ['nesəsəri] *adj* nødvendig
necessity [nəˈsesəti] *n* nødvendighed *c*
neck [nek] *n* hals *c*; **nape of**

necklace

the ~ nakke *c*
necklace ['nekləs] *n* halssmykke *c*
necktie ['nektai] *n* slips *nt*
need [ni:d] *v* behøve, trænge til; *n* fornødenhed *c*, behov *nt*; nødvendighed *c*; ~ **to** *v* være nødt til
needle ['ni:dəl] *n* nål *c*
needlework ['ni:dəlwə:k] *n* håndarbejde *nt*
negative ['negətiv] *adj* negativ, benægtende; *n* negativ *nt*
neglect [ni'glekt] *v* forsømme; *n* forsømmelse *c*
neglectful [ni'glektfəl] *adj* forsømmelig
negligee ['negliʒei] *n* negligé *nt*
negotiate [ni'gouʃieit] *v* forhandle
negotiation [ni,gouʃi'eiʃən] *n* forhandling *c*
Negro ['ni:grou] *n* (pl ~es) neger *c*
neighbour ['neibə] *n* sidemand *c*, nabo *c*
neighbourhood ['neibəhud] *n* nabolag *nt*
neighbouring ['neibəriŋ] *adj* tilstødende, nærliggende
neither ['naiðə] *pron* ingen af dem; **neither ... nor** hverken ... eller
nephew ['nefju:] *n* nevø *c*
nerve [nə:v] *n* nerve *c*; dristighed *c*
nervous ['nə:vəs] *adj* nervøs
nest [nest] *n* rede *c*

312

net [net] *n* net *nt*; *adj* netto-
the Netherlands ['neðələndz] Nederland
network ['netwə:k] *n* netværk *nt*
networking ['net,wə:kiŋ] *n* netværk *nt*; v netværke
neuralgia [njuə'rældʒə] *n* neuralgi *c*
neurosis [njuə'rousis] *n* neurose *c*
neuter ['nju:tə] *adj* intetkøns-
neutral ['nju:trəl] *adj* neutral
never ['nevə] *adv* aldrig
nevertheless [,nevəðə'les] *adv* ikke desto mindre
new [nju:] *adj* ny; **New Year** nytår
news [nju:z] *n* nyheder, nyhed *c*
newsagent ['nju:,zeidʒənt] *n* bladhandler *c*
newspaper ['nju:z,peipə] *n* avis *c*
newsreel ['nju:zri:l] *n* ugerevy *c*
newsstand ['nju:zstænd] *n* aviskiosk *c*
New Zealand [nju: 'zi:lənd] New Zealand
next [nekst] *adj* følgende, næste; ~ **to** ved siden af
next-door [,nekst'dɔ:] *adv* ved siden af
nice [nais] *adj* pæn, rar; dejlig; sympatisk
nickel ['nikəl] *n* nikkel *nt*
nickname ['nikneim] *n* tilnavn *nt*

nicotine ['nikəti:n] *n* nikotin *c*
niece [ni:s] *n* niece *c*
Nigeria [nai'dʒiəriə] Nigeria
Nigerian [nai'dʒiəriən] *adj* nigeriansk; *n* nigerianer *c*
night [nait] *n* nat *c*; aften *c*; **by ~** om natten; **~ flight** natfly *nt*; **~ rate** nattakst *c*; **~ train** nattog *nt*
nightclub ['naitklʌb] *n* natklub *c*
night cream ['naitkri:m] *n* natcreme *c*
nightingale ['naitiŋgeil] *n* nattergal *c*
nightly ['naitli] *adj* natlig
nil [nil] *n* nul
nine [nain] *num* ni
nineteen [,nain'ti:n] *num* nitten
nineteenth [,nain'ti:nθ] *num* nittende
ninety ['nainti] *num* halvfems
ninth [nainθ] *num* niende
nitrogen ['naitrədʒən] *n* kvælstof *nt*
no [nou] næh, nej; *adj* ingen; **~ one** ingen
nobility [nou'biləti] *n* adel *c*
noble ['noubəl] *adj* adelig; ædel
nobody ['noubədi] *pron* ingen
nod [nɔd] *n* nik *nt*; *v* nikke
noise [nɔiz] *n* lyd *c*; spektakel *nt*, brag *nt*, støj *c*
noisy ['nɔizi] *adj* støjende; lydt
nominal ['nɔminəl] *adj* nominel
nominate ['nɔmineit] *v* nominere
nomination [,nɔmi'neiʃən] *n* nominering *c*; udnævnelse *c*
none [nʌn] *pron* ingen
nonsense ['nɔnsəns] *n* vrøvl *nt*
non-smoker [,nɔn'smoukə] *n* ikke-ryger *c*
noon [nu:n] *n* middag *c*
nor [nɔ:] *adv* eller
normal ['nɔ:məl] *adj* normal
north [nɔ:θ] *n* nord; *adj* nordlig; **North Pole** nordpol *c*
north-east [,nɔ:θ'i:st] *n* nordøst
northern ['nɔ:ðən] *adj* nordlig
north-west [,nɔ:θ'west] *n* nordvest
Norway ['nɔ:wei] Norge
Norwegian [nɔ:'wi:dʒən] *adj* norsk; *n* nordmand *c*
nose [nouz] *n* næse *c*
nosebleed ['nouzbli:d] *n* næseblod *nt*
nostril ['nɔstril] *n* næsebor *nt*
nosy ['nouzi] *adj colloquial* nysgerrig
not [nɔt] *adv* ikke
notary ['noutəri] *n* notar *c*
note [nout] *n* notat *nt*, note *c*; tone *c*; *v* notere; bemærke, konstatere
notebook ['noutbuk] *n* notesbog *c*
noted ['noutid] *adj* berømt
notepaper ['nout,peipə] *n*

brevpapir *nt*
nothing ['nʌθiŋ] *n* intet
notice ['noutis] *v* *lægge mærke til, bemærke, opdage; *se; *n* underretning *c*, notits *c*; agt *c*, opmærksomhed *c*
noticeable ['noutisəbəl] *adj* mærkbar; bemærkelsesværdig
notify ['noutifai] *v* meddele; underrette
notion ['nouʃən] *n* anelse *c*, begreb *nt*
notorious [nou'tɔ:riəs] *adj* berygtet
nought [nɔ:t] *n* nul *nt*
noun [naun] *n* substantiv *nt*, navneord *nt*
nourishing ['nʌriʃiŋ] *adj* nærende
novel ['nɔvəl] *n* roman *c*
novelist ['nɔvəlist] *n* romanforfatter *c*
November [nou'vembə] november
now [nau] *adv* nu; for øjeblikket; ~ and then nu og da
nowadays ['nauədeiz] *adv* nutildags
nowhere ['nouwεə] *adv* intetsteds

nozzle ['nɔzəl] *n* tud *c*
nuance [nju'ɑ:s] *n* nuance *c*
nuclear ['nju:kliə] *adj* kerne-; ~ **energy** atomenergi *c*
nucleus ['nju:kliəs] *n* kerne *c*
nude [nju:d] *adj* nøgen; *n* nøgenstudie *c*
nuisance ['nju:səns] *n* besvær *nt*
numb [nʌm] *adj* følelsesløs; valen
number ['nʌmbə] *n* nummer *nt*; tal *nt*, antal *nt*
numeral ['nju:mərəl] *n* talord *nt*
numerous ['nju:mərəs] *adj* talrig
nun [nʌn] *n* nonne *c*
nurse [nə:s] *n* sygeplejerske *c*; barnepige *c*; *v* pleje; amme
nursery ['nə:səri] *n* børneværelse *nt*; vuggestue *c*; planteskole *c*
nut [nʌt] *n* nød *c*; møtrik *c*
nutcrackers ['nʌt,krækəz] *pl* nøddeknækker *c*
nutmeg ['nʌtmeg] *n* muskat *c*
nutritious [nju'triʃəs] *adj* nærende
nutshell ['nʌtʃel] *n* nøddeskal *c*
nylon ['nailɔn] *n* nylon *nt*

O

oak [ouk] *n* eg *c*
oar [ɔ:] *n* åre *c*
oasis [ou'eisis] *n* (pl oases) oase *c*
oath [ouθ] *n* ed *c*
oats [outs] *pl* havre *c*
obedience [ə'bi:diəns] *n* lydighed *c*
obedient [ə'bi:diənt] *adj* lydig
obey [ə'bei] *v* *adlyde
object[1] ['ɔbdʒikt] *n* objekt *nt*; genstand *c*; formål *c*
object[2] [əb'dʒekt] *v* indvende; ~ to protestere imod
objection [əb'dʒekʃən] *n* indvending *c*
objective [əb'dʒektiv] *adj* objektiv; *n* formål *nt*
obligatory [ə'bligətəri] *adj* obligatorisk
oblige [ə'blaidʒ] *v* forpligte; *be obliged to *være forpligtet til; *skulle
obliging [ə'blaidʒiŋ] *adj* imødekommende
oblong ['ɔbləŋ] *adj* aflang; *n* rektangel *nt*
obscene [əb'si:n] *adj* sjofel, uanstændig
obscure [əb'skjuə] *adj* dunkel, mørk, uklar
observation [,ɔbzə'veiʃən] *n* iagttagelse *c*, observation *c*
observatory [əb'zə:vətri] *n* observatorium *nt*
observe [əb'zə:v] *v* bemærke, observere
obsession [əb'seʃən] *n* tvangstanke *c*
obstacle ['ɔbstəkəl] *n* forhindring *c*
obstinate ['ɔbstinət] *adj* genstridig; hårdnakket
obtain [əb'tein] *v* opnå, *få
obtainable [əb'teinəbəl] *adj* kan fås
obvious ['ɔbviəs] *adj* indlysende
occasion [ə'keiʒən] *n* lejlighed *c*; anledning *c*
occasionally [ə'keiʒənəli] *adv* af og til, nu og da
occupant ['ɔkjupənt] *n* beboer *c*
occupation [,ɔkju'peiʃən] *n* beskæftigelse *c*; besættelse *c*
occupy ['ɔkjupai] *v* *besætte; **occupied** *adj* besat
occur [ə'kə:] *v* hænde, *forekomme, ske
occurrence [ə'kʌrəns] *n* hændelse *c*
ocean ['ouʃən] *n* ocean *nt*
October [ɔk'toubə] oktober
octopus ['ɔktəpəs] *n* blæksprutte *c*
oculist ['ɔkjulist] *n* øjenlæge *c*
odd [ɔd] *adj* sær, mærkelig; ulige

odour ['oudə] *n* duft *c*, lugt *c*
of [ɔv, əv] *prep* af
off [ɔf] *adv* af; væk; *prep* fra
offence [ə'fens] *n* forseelse *c*; anstød *nt*, fornærmelse *c*
offend [ə'fend] *v* såre, fornærme; *forse sig
offensive [ə'fensiv] *adj* offensiv; anstødelig, fornærmende; *n* offensiv *c*
offer ['ɔfə] *v* *tilbyde; yde; *n* tilbud *nt*
office ['ɔfis] *n* kontor *nt*; embede *nt*; ~ **hours** kontortid *c*
officer ['ɔfisə] *n* officer *c*
official [ə'fiʃəl] *adj* officiel
off-licence ['ɔf,laisəns] *n*, **liquor store** *nAm* spiritusforretning *c*
often ['ɔfən] *adv* tit, ofte
oil [ɔil] *n* olie *c*; **fuel ~** brændselsolie *c*; ~ **filter** oliefilter *nt*; ~ **pressure** olietryk *nt*
oil painting [,ɔil'peintiŋ] *n* oliemaleri *nt*
oil refinery [,ɔil'ri,fainəri] *n* olieraffinaderi *nt*
oil well ['ɔilwel] *n* oliekilde *c*
oily ['ɔili] *adj* olieagtig
ointment ['ɔintmənt] *n* salve *c*
okay! [,ou'kei] fint!
old [ould] *adj* gammel; ~ **age** alderdom *c*
old-fashioned [,ould'fæʃənd] *adj* gammeldags
olive ['ɔliv] *n* oliven *c*; ~ **oil** olivenolie *c*
omelette ['ɔmlət] *n* omelet *c*
ominous ['ɔminəs] *adj* ildevarslende
omit [ə'mit] *v* *udelade
omnipotent [ɔm'nipətənt] *adj* almægtig
on [ɔn] *prep* på; ved
once [wʌns] *adv* engang; **at ~** med det samme; **for ~** for en gangs skyld; ~ **more** endnu engang
oncoming ['ɔn,kʌmiŋ] *adj* kommende, modgående
one [wʌn] *num* en; *pron* man
oneself [wʌn'self] *pron* selv
onion ['ʌnjən] *n* løg *nt*
only ['ounli] *adj* eneste; *adv* kun, alene; *conj* men
onwards ['ɔnwədz] *adv* fremad
onyx ['ɔniks] *n* onyks *c*
opal ['oupəl] *n* opal *c*
open ['oupən] *v* åbne; *adj* åben
opener *n* åbner *c*
opening ['oupəniŋ] *n* åbning *c*
opera ['ɔpərə] *n* opera *c*; ~ **house** operahus *nt*
operate ['ɔpəreit] *v* virke; operere
operation [,ɔpə'reiʃən] *n* funktion *c*; operation *c*
operator ['ɔpəreitə] *n* telefondame *c*
opinion [ə'pinjən] *n* opfattelse *c*, mening *c*
opponent [ə'pounənt] *n* modstander *c*

opportunity [,ɔpə'tju:nəti] n lejlighed c, chance c

oppose [ə'pouz] v *modsætte sig

opposite ['ɔpəzit] prep over for; adj modstående, modsat

opposition [,ɔpə'ziʃən] n opposition c

oppress [ə'pres] v undertrykke, tynge

optician [ɔp'tiʃən] n optiker c

optimism ['ɔptimizəm] n optimisme c

optimist ['ɔptimist] n optimist c

optimistic [,ɔpti'mistik] adj optimistisk

optional ['ɔpʃənəl] adj valgfri

or [ɔ:] conj eller

oral ['ɔ:rəl] adj mundtlig

orange ['ɔrindʒ] n appelsin c; adj orange

orbit ['ɔ:bit] n omløbsbane c

orchard ['ɔ:tʃəd] n frugthave c

orchestra ['ɔ:kistrə] n orkester nt; ~ seat Am orkesterplads c

order ['ɔ:də] v beordre; bestille; n rækkefølge c, orden c; ordre c, befaling c; bestilling c; in ~ i orden; in ~ to for at; made to ~ lavet på bestilling; out of ~ i uorden; postal ~ postanvisning c

order form ['ɔ:dəfɔ:m] n ordreseddel c

ordinary ['ɔ:dənri] adj sædvanlig, dagligdags

ore [ɔ:] n malm c

organ ['ɔ:gən] n organ nt; orgel nt

organic [ɔ:'gænik] adj organisk

organization [,ɔ:gənai'zeiʃən] n organisation c

organize ['ɔ:gənaiz] v organisere

Orient ['ɔ:riənt] n Orienten

oriental [,ɔ:ri'entəl] adj orientalsk

orientate ['ɔ:riənteit] v orientere sig

origin ['ɔridʒin] n afstamning c, oprindelse c; nedstamning c, herkomst c

original [ə'ridʒinəl] adj original, oprindelig

originally [ə'ridʒinəli] adv oprindeligt

ornament ['ɔ:nəmənt] n ornament nt

ornamental [,ɔ:nə'mentəl] adj ornamental

orphan ['ɔ:fən] n forældreløst barn

orthodox ['ɔ:θədɔks] adj ortodoks

ostrich ['ɔstritʃ] n struds c

other ['ʌðə] adj anden

otherwise ['ʌðəwaiz] conj ellers; adv anderledes

*ought to [ɔ:t] *burde

ounce [auns] n unse c (28,35 g)

our [auə] adj vor

ours ['auəz] pron vores

ourselves [auə'selvz] pron os; selv

out

out [aut] *adv* ude, ud; ~ **of** uden for, fra
outbreak ['autbreik] *n* udbrud *nt*
outcome ['autkʌm] *n* resultat *nt*
***outdo** [,aut'du:] *v* *overgå
outdoors [,aut'dɔ:z] *adv* udendørs
outer ['autə] *adj* ydre
outfit ['autfit] *n* udstyr *nt*
outing ['autiŋ] *n* udflugt *c*
outline ['autlain] *n* omrids *nt*; *v* tegne i omrids
outlook ['autluk] *n* udsigt *c*; syn *nt*
output ['autput] *n* produktion *c*
outrage ['autreidʒ] *n* voldshandling *c*
outside [,aut'said] *adv* udenfor; *prep* uden for *n* ydre *nt*, yderside *c*
outsize ['autsaiz] *n* stor størrelse
outskirts ['autskə:ts] *pl* udkant *c*
outstanding [,aut'stændiŋ] *adj* fremstående, eminent
outward ['autwəd] *adj* udvendig
outwards ['autwədz] *adv* udad
oval ['ouvəl] *adj* oval
oven ['ʌvən] *n* stegeovn *c*; **microwave ~** mikrobølgeovn
over ['ouvə] *prep* over, oven for; *adv* over; omkuld; *adj* forbi

overall ['ouvərɔ:l] *adj* samlet
overalls ['ouvərɔ:lz] *pl* overall *c*
overcast ['ouvəka:st] *adj* overskyet
overcoat ['ouvəkout] *n* overfrakke *c*
***overcome** [,ouvə'kʌm] *v* *overvinde
overdo [,ouvə'du:] *v* gøre for meget ud af
overdraft ['ouvədra:ft] *n* overtræk *nt*
overdraw [,ouvə'drɔ:] *v* overtrække
overdue [,ouvə'dju:] *adj* forsinket; tilbagestående
overgrown [,ouvə'groun] *adj* overgroet
overhaul [,ouvə'hɔ:l] *v* *efterse
overhead [,ouvə'hed] *adv* ovenover
overlook [,ouvə'luk] *v* *overse
overnight [,ouvə'nait] *adv* natten over
overseas [,ouvə'si:z] *adj* oversøisk
oversight ['ouvəsait] *n* forglemmelse *c*, fejltagelse *c*
***oversleep** [,ouvə'sli:p] *v* *sove over sig
overstrung [,ouvə'strʌŋ] *adj* overspændt
***overtake** [,ouvə'teik] *v* overhale; **no overtaking** overhaling forbudt
over-tired [,ouvə'taiəd] *adj* overtræt

overture ['ouvətʃə] n
ouverture c
overweight [,ouvə'weit] n
overvægt c
overwhelm [,ouvə'welm] v
besejre, overvælde
overwork [,ouvə'wə:k] v
overanstrenge sig
owe [ou] v skylde; *have at
takke for; **owing to** som

følge af, på grund af
owl [aul] n ugle c
own [oun] v eje; adj egen
owner ['ounə] n ejer c,
indehaver c
ox [ɔks] n (pl oxen) okse c
oxygen ['ɔksidʒən] n ilt c
oyster ['ɔistə] n østers c
ozone ['ouzoun] n ozon c

P

pace [peis] n gangart c; skridt nt; tempo nt
Pacific Ocean [pə'sifik 'ouʃən] Stillehavet
pacifism ['pæsifizəm] n pacifisme c
pacifist ['pæsifist] n pacifist c; adj pacifistisk
pack [pæk] v pakke; ~ up pakke sammen
package ['pækidʒ] n pakke c
packet ['pækit] n pakke c
packing ['pækiŋ] n indpakning c
pact [pækt] n pagt c
pad [pæd] n pude c; notesblok c
paddle ['pædəl] n padleåre c
padlock ['pædlɔk] n hængelås c
pagan ['peigən] adj hedensk; n hedning c
page [peidʒ] n pagina c, side c
pail [peil] n spand c
pain [pein] n smerte c; **pains** umage c

painful ['peinfəl] adj smertefuld
painkiller ['peinkilə] n smertestillende middel nt
painless ['peinləs] adj smertefri
paint [peint] n maling c; v male
paintbox ['peintbɔks] n malerkasse c
paintbrush ['peintbrʌʃ] n pensel c
painter ['peintə] n maler c
painting ['peintiŋ] n maleri nt
pair [pɛə] n par nt
Pakistan [,pɑ:ki'stɑ:n] Pakistan
Pakistani [,pɑ:ki'stɑ:ni] adj pakistansk; n pakistaner c
palace ['pæləs] n palads nt
pale [peil] adj bleg; lys
palm [pɑ:m] n palme c; håndflade c
palpable ['pælpəbəl] adj håndgribelig
palpitation [,pælpi'teiʃən] n

pan

hjertebanken *c*
pan [pæn] *n* pande *c*
pane [pein] *v* gispe
panel ['pænəl] *n* panel *nt*
panelling ['pænəliŋ] *n* panelering *c*
panic ['pænik] *n* panik *c*
pant [pænt] *v* gispe
panties ['pæntiz] *pl* trusser *pl*
pants [pænts] *pl* underbukser *pl*; *plAm* bukser *pl*
pant suit ['pæntsu:t] *n* buksedragt *c*
panty hose ['pæntihouz] *n* strømpebukser *pl*
paper ['peipə] *n* papir *nt*; avis *c*; papir-; **carbon ~** karbonpapir *nt*; **~ bag** papirspose *c*; **~ napkin** papirserviet *c*; **typing ~** skrivemaskinepapir *nt*; **wrapping ~** indpakningspapir *nt*
paperback ['peipəbæk] *n* billigbog *c*
paper knife ['peipənaif] *n* papirkniv *c*
parade [pə'reid] *n* parade *c*
paradise ['pærədais] *n* paradis *nt*
paraffin ['pærəfin] *n* petroleum *c*
paragraph ['pærəgra:f] *n* paragraf *c*, afsnit *nt*
parakeet ['pærəki:t] *n* papegøje *c*
parallel ['pærəlel] *adj* sideløbende, parallel; *n* parallel *c*
paralyse ['pærəlaiz] *v* lamme

parcel ['pa:səl] *n* pakke *c*
pardon ['pa:dən] *n* tilgivelse *c*; benådning *c*
parent ['peərənt] *n* forælder *c*
parents ['peərənts] *pl* forældre *pl*
parents-in-law ['peərəntsinlɔ:] *pl* svigerforældre *pl*
parish ['pæriʃ] *n* sogn *nt*
park [pa:k] *n* park *c*; *v* parkere
parking ['pa:kiŋ] *n* parkering *c*; **no ~** parkering forbudt; **~ fee** parkeringsafgift *c*; **~ light** positionslys *nt*; **~ lot** *Am* parkeringsplads *c*; **~ meter** parkometer *nt*; **~ zone** parkeringszone *c*
parliament ['pa:ləmənt] *n* parlament *nt*
parliamentary [,pa:lə'mentəri] *adj* parlamentarisk
parrot ['pærət] *n* papegøje *c*
parsley ['pa:sli] *n* persille *c*
parson ['pa:sən] *n* præst *c*
parsonage ['pa:sənidʒ] *n* præstegård *c*
part [pa:t] *n* del *c*, part *c*; stykke *nt*; *v* skille; **spare ~** reservedel *c*
partial ['pa:ʃəl] *adj* delvis; partisk
participant [pa:'tisipənt] *n* deltager *c*
participate [pa:'tisipeit] *v* *deltage
particular [pə'tikjulə] *adj* speciel, særlig; kræsen; **in ~** især

parting ['pɑːtiŋ] n afsked c; skilning c
partition [pɑː'tiʃən] n skillevæg c
partly ['pɑːtli] adv dels, delvis
partner ['pɑːtnə] n partner c; kompagnon c
partridge ['pɑːtridʒ] n agerhøne c
party ['pɑːti] n parti nt; fest c, party nt; gruppe c
pass [pɑːs] v *forløbe, passere; *række; *bestå; vAm overhale; *Am overhaling forbudt; ~ by *forbigå *gå forbi; ~ through passere igennem
passage ['pæsidʒ] n passage c; overfart c; gennemrejse c
passenger ['pæsəndʒə] n passager c; ~ **car** Am personvogn c; ~ **train** persontog nt
passer-by [,pɑːsə'bai] n forbipasserende c
passion ['pæʃən] n lidenskab c; affekt c
passionate ['pæʃənət] adj lidenskabelig
passive ['pæsiv] adj passiv
passport ['pɑːspɔːt] n pas nt; ~ **control** paskontrol c; ~ **photograph** pasfoto nt
password ['pɑːswəːd] n feltråb nt
past [pɑːst] n fortid c; adj sidst, forløben, forløbet; prep forbi, langs
paste [peist] n pasta c; v klistre

pastime ['pɑːstaim] n tidsfordriv nt
pastry ['peistri] n bagværk nt; ~ **shop** konditori nt
pasture ['pɑːstʃə] n græsgang c
patch [pætʃ] v lappe
patent ['peitənt] n patent nt
path [pɑːθ] n sti c
patience ['peiʃəns] n tålmodighed c
patient ['peiʃənt] adj tålmodig; n patient c
patriot ['peitriət] n patriot c
patrol [pə'troul] n patrulje c; v patruljere; overvåge
pattern ['pætən] n mønster nt, motiv nt
pause [pɔːz] n pause c; v pausere
pave [peiv] v *belægge, *brolægge
pavement ['peivmənt] n fortov nt; brolægning c
pavilion [pə'viljən] n pavillon c
paw [pɔː] n pote c
pawn [pɔːn] v *pantsætte; n skakbonde c
pawnbroker ['pɔːn,broukə] n pantelåner c
pay [pei] n gage c, løn c
***pay** [pei] v betale; betale sig; ~ **attention to** *lægge mærke til; **paying** rentabel; ~ **off** indfri; ~ **on account** afbetale
pay desk ['peidesk] n kasse c
payee [pei'iː] n betalingsmodtager c

payment

payment ['peimənt] *n* betaling *c*
pea [pi:] *n* ært *c*
peace [pi:s] *n* fred *c*
peaceful ['pi:sfəl] *adj* fredelig
peach [pi:tʃ] *n* fersken *c*
peacock ['pi:kɔk] *n* påfugl *c*
peak [pi:k] *n* tinde *c*; top *c*; ~ **hour** myldretid *c*; ~ **season** højsæson *c*
peanut ['pi:nʌt] *n* jordnød *c*
pear [pɛə] *n* pære *c*
pearl [pə:l] *n* perle *c*
peasant ['pezənt] *n* bonde *c*
pebble ['pebəl] *n* rullesten *c*
peculiar [pi'kju:ljə] *adj* ejendommelig; speciel, underlig
peculiarity [pi,kju:li'ærəti] *n* særegenhed *c*
pedal ['pedəl] *n* pedal *c*
pedestrian [pi'destriən] *n* fodgænger *c*; **no pedestrians** forbudt for fodgængere; ~ **crossing** fodgængerovergang *c*
peel [pi:l] *v* skrælle; *n* skræl *c*
peep [pi:p] *v* kigge
peg [peg] *n* knage *c*
pelican ['pelikən] *n* pelikan *c*
pelvis ['pelvis] *n* bækken *nt*
pen [pen] *n* pen *c*
penalty ['penəlti] *n* bøde *c*; straf *c*; ~ **kick** straffespark *c*
pencil ['pensəl] *n* blyant *c*
pencil sharpener ['pensəl,ʃɑ:pnə] *n* blyantspidser *c*
pendant ['pendənt] *n* hængesmykke *nt*
penetrate ['penitreit] *v* gennemtrænge
penguin ['pengwin] *n* pingvin *c*
penicillin [,peni'silin] *n* penicillin *nt*
peninsula [pə'ninsjulə] *n* halvø *c*
penknife ['pennaif] *n* (pl -knives) lommekniv *c*
penny ['peni] *n* (pl pennies) penny *c*
pension[1] ['pɑ̃:siɔ̃:] *n* pensionat *nt*
pension[2] ['penʃən] *n* pension *c*
Pentecost ['pentikəst] *n* pinse *c*
people ['pi:pəl] *pl* folk *nt*; *n* folkeslag *nt*
pepper ['pepə] *n* peber *nt*
peppermint ['pepəmint] *n* pebermynte *c*
perceive [pə'si:v] *v* opfatte, fornemme
percent [pə'sent] *n* procent *c*
percentage [pə'sentidʒ] *n* procentdel *c*
perceptible [pə'septibəl] *adj* mærkbar
perception [pə'sepʃən] *n* fornemmelse *c*
perch [pə:tʃ] (pl ~) aborre *c*
percolator ['pə:kəleitə] *n* kaffekolbe *c*
perfect ['pə:fikt] *adj* fuldkommen, perfekt
perfection [pə'fekʃən] *n* fuldkommenhed *c*,

phantom

fuldendthed *c*

perform [pəˈfɔːm] *v* udrette, udføre

performance [pəˈfɔːməns] *n* forestilling *c*; præstation *c*

perfume [ˈpəːfjuːm] *n* parfume *c*

perhaps [pəˈhæps] *adv* måske; muligvis

peril [ˈperil] *n* fare *c*

perilous [ˈperiləs] *adj* farlig

period [ˈpiəriəd] *n* periode *c*; punktum *nt*

periodical [ˌpiəriˈɔdikəl] *n* tidsskrift *nt*; *adj* periodisk

perish [ˈperiʃ] *v* *omkomme

perishable [ˈperiʃəbəl] *adj* letfordærvelig

perjury [ˈpəːdʒəri] *n* mened *c*

permanent [ˈpəːmənənt] *adj* varig, permanent, vedvarende; blivende, fast; ~ wave permanent *c*

permission [pəˈmiʃən] *n* tilladelse *c*; lov *c*, bevilling *c*

permit[1] [pəˈmit] *v* *tillade, *give lov til

permit[2] [ˈpəːmit] *n* tilladelse *c*, autorisation *c*

peroxide [pəˈrɔksaid] *n* brintoverilte *c*

perpendicular [ˌpəːpənˈdikjulə] *adj* lodret

Persia [ˈpəːʃə] Persien

Persian [ˈpəːʃən] *adj* persisk; *n* perser *c*

person [ˈpəːsən] *n* person *c*; per ~ pro persona

personal [ˈpəːsənəl] *adj* personlig; personal

identification number *n* personligt ID-nummer *nt*

personality [ˌpəːsəˈnæləti] *n* personlighed *c*

personnel [ˌpəːsəˈnel] *n* personale *c*

perspective [pəˈspektiv] *n* perspektiv *nt*

perspiration [ˌpəːspəˈreiʃən] *n* sved *c*, transpiration *c*

perspire [pəˈspaiə] *v* transpirere, svede

persuade [pəˈsweid] *v* overtale; overbevise

persuasion [pəˈsweiʒən] *n* overbevisning *c*

pessimism [ˈpesimizəm] *n* pessimisme *c*

pessimist [ˈpesimist] *n* pessimist *c*

pessimistic [ˌpesiˈmistik] *adj* pessimistisk

pet [pet] *n* kæledyr *nt*; kæledægge *c*; yndlings-

petal [ˈpetəl] *n* kronblad *nt*

petition [piˈtiʃən] *n* andragende *nt*

petrol [ˈpetrəl] *n* benzin *c*; ~ pump benzinpumpe *c*; ~ station benzinstation *c*; ~ tank benzintank *c*; unleaded ~ blyfri benzin *c*

petroleum [piˈtrouliəm] *n* råolie *c*

petty [ˈpeti] *adj* ubetydelig, intetsigende, lille; ~ cash småbeløb *pl*

pewter [ˈpjuːtə] *n* tin *nt*

phantom [ˈfæntəm] *n* gespenst *nt*

pharmacology

pharmacology [,fɑːməˈkɔlədʒi] n farmakologi c

pharmacy [ˈfɑːməsi] nAm apotek nt; materialhandel c

phase [feiz] n fase c

pheasant [ˈfezənt] n fasan c

Philippine [ˈfilipain] adj filippinsk

Philippines [ˈfilipiːnz] pl Filippinerne

philosopher [fiˈlɔsəfə] n filosof c

philosophy [fiˈlɔsəfi] n filosofi c

phone [foun] n telefon c; v telefonere

phone card [ˈfounkɑːd] n telefonkort nt

phonetic [fəˈnetik] adj fonetisk

photo [ˈfoutou] n (pl ~s) fotografi c

photocopy [ˈfoutəkɔpi] n fotokopi c

photograph [ˈfoutəgrɑːf] n fotografi nt; v fotografere

photographer [fəˈtɔgrəfə] n fotograf c

photography [fəˈtɔgrəfi] n fotografering c

photo message [ˈfoutou,mesədʒ] n billedbesked c

phrase [freiz] n vending c

phrase book [ˈfreizbuk] n parlør c

physical [ˈfizikəl] adj fysisk

physician [fiˈziʃən] n læge c

physicist [ˈfizisist] n fysiker c

physics [ˈfiziks] n naturvidenskab c, fysik c

physiology [,fiziˈɔlədʒi] n fysiologi c

pianist [ˈpiːənist] n pianist c

piano [piˈænou] n klaver nt; **grand ~** flygel c

pick [pik] v plukke; *vælge; valg nt; **~ up** samle op; hente; **pick-up van** varevogn c

pickles [ˈpikəlz] pl pickles pl

picnic [ˈpiknik] n skovtur c; v *tage på skovtur

picture [ˈpiktʃə] n maleri nt; illustration c, stik nt; billede nt; **~ postcard** prospektkort nt, postkort nt; **pictures** biograf c

picturesque [,piktʃəˈresk] adj pittoresk, malerisk

piece [piːs] n stykke nt

pier [piə] n mole c

pierce [piəs] v gennembore

pig [pig] n gris c; svin nt

pigeon [ˈpidʒən] n due c

piggy bank [ˈpigibæŋk] n sparegris c

pig-headed [,pigˈhedid] adj stivsindet

pigskin [ˈpigskin] n svinelæder nt

pike [paik] n (pl ~) gedde c

pile [pail] n stabel c; v stable; **piles** pl hæmorroider pl

pilgrim [ˈpilgrim] n pilgrim c

pilgrimage [ˈpilgrimidʒ] n pilgrimsrejse c

pill [pil] n pille c

pillar [ˈpilə] n pille c, søjle c

playground

pillarbox ['piləbɔks] n postkasse c
pillow ['pilou] n pude c, hovedpude c
pillowcase ['piloukeis] n pudebetræk nt
pilot ['pailət] n pilot c; lods c
pimple ['pimpəl] n filipens c
pin [pin] n knappenål c; v fæste med nål; **bobby ~** Am hårklemme c
PIN [pin] n personligt ID--nummer nt
pincers ['pinsəz] pl knibtang c
pinch [pintʃ] v *knibe
pineapple ['pai,næpəl] n ananas c
pink [piŋk] adj lyserød
pioneer [,paiə'niə] n nybygger c
pious ['paiəs] adj from
pip [pip] n kerne c
pipe [paip] n pibe c; rør nt; **~ cleaner** piberenser c; **pipe-line** n rørledning c; **~ tobacco** pibetobak c
pirate ['paiərət] n sørøver c
pistol ['pistəl] n pistol c
piston ['pistən] n stempel nt; **~ ring** stempelring c
pit [pit] n grav c; grube c
pitcher ['pitʃə] n kande c
pity ['piti] n medlidenhed c; v ynke, *have medlidenhed med; **what a pity!** det var synd!
placard ['plæka:d] n opslag nt
place [pleis] n sted nt; v

*sætte, *anbringe, stille; **~ of birth** fødested nt; ***take ~** *finde sted
plague [pleig] n plage c
plaice [pleis] (pl ~) rødspætte c
plain [plein] adj tydelig; almindelig, enkel; n slette c
plan [plæn] n plan c; v *planlægge
plane [plein] adj plan; n flyvemaskine c; **~ crash** flystyrt nt
planet ['plænit] n planet c
planetarium [,plæni'tɛəriəm] n planetarium nt
plank [plæŋk] n planke c
plant [pla:nt] n plante c; industrivirksomhed c; v plante
plantation [plæn'teiʃən] n plantage c
plaster ['pla:stə] n puds c, gips c; hæfteplaster nt, plaster nt
plastic ['plæstik] adj plastic-; n plastic c
plate [pleit] n tallerken c; plade c
plateau ['plætou] n (pl ~x, ~s) højslette c
platform ['plætfɔ:m] n perron c; **~ ticket** perronbillet c
platinum ['plætinəm] n platin nt
play [plei] v lege; spille; n leg c; skuespil nt; **one-act ~** enakter c; **~ truant** skulke
player [pleiə] n spiller c
playground ['pleigraund] n

legeplads c
playing card ['pleiiŋkɑːd] *n* spillekort *nt*
playwright ['pleirait] *n* skuespilforfatter *c*
plea [pliː] *n* forsvar *nt*
plead [pliːd] *v* plædere; trygle
pleasant ['plezənt] *adj* behagelig, dejlig, tiltalende
please [pliːz] venligst; *v* behage; **pleased** tilfreds; **pleasing** behagelig
pleasure ['pleʒə] *n* fornøjelse *c*, glæde *c*
plentiful ['plentifəl] *adj* rigelig
plenty ['plenti] *n* overflod *c*
pliers [plaiəz] *pl* tang *c*
plimsolls ['plimsɔlz] *pl* gummisko *c*
plot [plɔt] *n* komplot *nt*, sammensværgelse *c*; handling *c*; parcel *c*; *v* smede rænker
plough [plau] *n* plov *c*; *v* pløje
plucky ['plʌki] *adj* kæk
plug [plʌg] *n* stikkontakt *c*; ~ **in** tilslutte
plum [plʌm] *n* blomme *c*
plumber ['plʌmə] *n* blikkenslager *c*
plump [plʌmp] *adj* buttet
plural ['pluərəl] *n* flertal *nt*
plus [plʌs] *prep* plus
pneumatic [njuːˈmætik] *adj* pneumatisk
pneumonia [njuːˈmouniə] *n* lungebetændelse *c*
poach [poutʃ] *v* drive krybskytteri

pocket ['pɔkit] *n* lomme *c*
pocketbook ['pɔkitbuk] *n* tegnebog *c*
pocketknife ['pɔkitnaif] *n* (pl -knives) lommekniv *c*
poem ['pouim] *n* digt *nt*
poet ['pouit] *n* digter *c*
poetry ['pouitri] *n* poesi *c*
point [pɔint] *n* punkt *nt*; spids *c*; *v* pege; ~ **of view** standpunkt *nt*; ~ **out** vise
pointed ['pɔintid] *adj* spids
poison ['pɔizən] *n* gift *c*; *v* forgifte
poisonous ['pɔizənəs] *adj* giftig
Poland ['poulənd] Polen
pole [poul] *n* pæl *c*
police [pəˈliːs] *pl* politi *nt*
policeman [pəˈliːsmən] *n* (pl -men) politibetjent *c*, politimand *c*
police station [pəˈliːsˌsteiʃən] *n* politistation *c*
policy ['pɔlisi] *n* politik *c*; police *c*
polio ['pouliou] *n* børnelammelse *c*, polio *c*
Polish ['pouliʃ] *adj* polsk
polish ['pɔliʃ] *v* polere
polite [pəˈlait] *adj* høflig
political [pəˈlitikəl] *adj* politisk
politician [ˌpɔliˈtiʃən] *n* politiker *c*
politics ['pɔlitiks] *n* politik *c*
poll [poul] *n* valg *nt*; **go to the polls** *v* gå til valgstederne

pollute [pə'luːt] v forurene
pollution [pə'luːʃən] n forurening c
pond [pɔnd] n dam c
pony ['pouni] n pony c
pool [puːl] n bassin nt; ~ **attendant** livredder c
poor [puə] adj fattig; sølle
pope [poup] n pave c
pop music [pɔp 'mjuːzik] popmusik c
poppy ['pɔpi] n valmue c
popular ['pɔpjulə] adj populær; folke-
population [,pɔpju'leiʃən] n befolkning c
populous ['pɔpjuləs] adj folkerig
porcelain ['pɔːsəlin] n porcelæn nt
porcupine ['pɔːkjupain] n hulepindsvin c
pork [pɔːk] n svinekød nt
port [pɔːt] n havn c; bagbord nt; portvin c
portable ['pɔːtəbəl] adj transportabel
porter ['pɔːtə] n drager c; portier c
porthole ['pɔːthoul] n koøje nt
portion ['pɔːʃən] n portion c
portrait ['pɔːtrit] n portræt c
Portugal ['pɔːtjugəl] Portugal
Portuguese [,pɔːtju'giːz] adj portugisisk; n portugiser c
posh [pɔʃ] adj colloquial smart
position [pə'ziʃən] n position c; situation c; holdning c stilling c
positive ['pɔzətiv] adj positiv; n positiv nt
possess [pə'zes] v *besidde; **possessed** adj besat
possession [pə'zeʃən] n besiddelse c; **possessions** eje nt
possibility [,pɔsə'biləti] n mulighed c
possible ['pɔsəbəl] adj mulig; eventuel; **possibly** adv muligvis
post [poust] n stolpe c; post c; v poste; **post-office** postkontor nt
postage ['poustidʒ] n porto c; ~ **paid** portofri; ~ **stamp** frimærke nt
postcard ['poustkaːd] n postkort nt
poster ['poustə] n plakat c
poste restante [poust re'stãːt] poste restante
postman ['poustmən] n (pl -men) postbud nt
post-paid [,poust'peid] adj franko
postpone [pə'spoun] v *udskyde, *udsætte
pot [pɔt] n gryde c
potato [pə'teitou] n (pl ~es) kartoffel c
pottery ['pɔtəri] n keramik c; pottemagervarer pl
pouch [pautʃ] n pung c
poulterer ['poultərə] n vildthandler c
poultry ['poultri] n fjerkræ nt

pound

pound [paund] *n* pund *nt*
pour [pɔː] *v* hælde, skænke
poverty ['pɔvəti] *n* fattigdom *c*
powder ['paudə] *n* pudder *nt*;
~ **compact** pudderdåse *c*;
talc ~ talkum *nt*
powder room ['paudəruːm] *n* dametoilet *nt*
power [pauə] *n* kraft *c*, styrke *c*; energi *c*; magt *c*
powerful ['pauəfəl] *adj* mægtig, indflydelsesrig; stærk
powerless ['pauələs] *adj* magtesløs
power station ['pauə,steiʃən] *n* kraftværk *nt*
practical ['præktikəl] *adj* praktisk
practically ['præktikli] *adv* omtrent
practice ['præktis] *n* praksis *c*
practise ['præktis] *v* praktisere; øve sig
praise [preiz] *v* rose; *n* ros *c*
pram [præm] *n* barnevogn *c*
prawn [prɔːn] *n* reje *c*
pray [prei] *v* *bede
prayer [prɛə] *n* bøn *c*
preach [priːtʃ] *v* prædike
precarious [pri'kɛəriəs] *adj* prekær
precaution [pri'kɔːʃən] *n* forsigtighed *c*; sikkerhedsforanstaltning *c*
precede [pri'siːd] *v* *gå forud for
preceding [pri'siːdiŋ] *adj* foregående
precious ['preʃəs] *adj* kostbar; dyrebar
precipice ['presipis] *n* afgrund *c*
precipitation [pri,sipi'teiʃən] *n* nedbør *c*
precise [pri'sais] *adj* præcis, eksakt, nøjagtig; pertentlig
predecessor ['priːdisesə] *n* forgænger *c*
predict [pri'dikt] *v* *forudsige
prefer [pri'fəː] *v* *foretrække
preferable ['prefərəbəl] *adj* at *foretrække
preference ['prefərəns] *n* forkærlighed *c*
prefix ['priːfiks] *n* forstavelse *c*
pregnant ['pregnənt] *adj* gravid, svanger
prejudice ['predʒədis] *n* fordom *c*
preliminary [pri'liminəri] *adj* indledende; forberedende
premature ['premətʃuə] *adj* forhastet
premier ['premiə] *n* statsminister *c*
premises ['premisiz] *pl* ejendom *c*
premium ['priːmiəm] *n* forsikringspræmie *c*
prepaid [,priː'peid] *adj* forudbetalt
preparation [,prepə'reiʃən] *n* forberedelse *c*
prepare [pri'pɛə] *v* forberede; berede
prepared [pri'pɛəd] *adj*

print

beredt
preposition [ˌprepəˈziʃən] *n* præposition *c*
prescribe [priˈskraib] *v* *foreskrive, ordinere
prescription [priˈskripʃən] *n* recept *c*
presence [ˈprezəns] *n* nærværelse *c*; tilstedeværelse *c*
present[1] [ˈprezənt] *n* foræring *c*, gave *c*; nutid *c*; *adj* nuværende; tilstedeværende
present[2] [priˈzent] *v* præsentere; *forelægge
presently [ˈprezəntli] *adv* lidt, snart
preservation [ˌprezəˈveiʃən] *n* konservering *c*
preserve [priˈzəːv] *v* konservere
president [ˈprezidənt] *n* præsident *c*; formand *c*
press [pres] *n* presse *c*; *v* trykke på, trykke; presse; ~ **conference** pressekonference *c*
pressing [ˈpresiŋ] *adj* presserende
pressure [ˈpreʃə] *n* tryk *nt*; pres *nt*; **atmospheric** ~ lufttryk *nt*
pressure cooker [ˈpreʃəˌkukə] *n* trykkoger *c*
prestige [preˈstiːʒ] *n* prestige *c*
presumable [priˈzjuːməbəl] *adj* antagelig
presumptuous [priˈzʌmpfəs] *adj* overmodig; anmassende
pretence [priˈtens] *n* påskud *nt*
pretend [priˈtend] *v* *foregive, *lade som om
pretext [ˈpriːtekst] *n* påskud *nt*
pretty [ˈpriti] *adj* køn; *adv* temmelig
prevent [priˈvent] *v* afværge, forhindre; forebygge
preventive [priˈventiv] *adj* forebyggende
preview [ˈpriːvjuː] *n* (*exhibition*) fernisering *c*; (*movie*) forpremiere *c*
previous [ˈpriːviəs] *adj* forudgående, tidligere, forrige
price [prais] *n* pris *c*; *v* *prissætte
priceless [ˈpraisləs] *adj* uvurderlig
price list [ˈpraisˌlist] *n* prisliste *c*
prick [prik] *v* prikke
pride [praid] *n* stolthed *c*
priest [priːst] *n* katolsk præst
primary [ˈpraiməri] *adj* primær; hoved-; elementær
prince [prins] *n* prins *c*
princess [prinˈses] *n* prinsesse *c*
principal [ˈprinsəpəl] *adj* hoved-; *n* rektor *c*
principle [ˈprinsəpəl] *n* princip *nt*, grundsætning *c*
print [print] *v* trykke; *n* aftryk *nt*; tryk *nt*; **printed matter**

prior

tryksag *c*
prior [praiə] *adj* forudgående
priority [prai'ɔrəti] *n* fortrinsret *c*, prioritet *c*
prison ['prizən] *n* fængsel *nt*
prisoner ['prizənə] *n* fange *c*, indsat *c*; ~ **of war** krigsfange *c*
privacy ['praivəsi] *n* privatliv
private ['praivit] *adj* privat; personlig
privilege ['privilidʒ] *n* privilegium *nt*
prize [praiz] *n* præmie *c*; belønning *c*
probable ['prɔbəbəl] *adj* sandsynlig, mulig
probably ['prɔbəbli] *adv* sandsynligvis
problem ['prɔbləm] *n* problem *nt*; spørgsmål *nt*
procedure [prə'si:dʒə] *n* fremgangsmåde *c*
proceed [prə'si:d] *v* *fortsætte; *bære sig ad
process ['prouses] *n* proces *c*, fremgangsmåde *c*
procession [prə'seʃən] *n* optog *nt*, procession *c*
pro-choice [prou 'tʃɔis] *adj* fri abort
proclaim [prə'kleim] *v* proklamere, *kundgøre
produce[1] [prə'dju:s] *v* fremstille
produce[2] ['prɔdju:s] *n* produkt *nt*
producer [prə'dju:sə] *n* producent *c*
product ['prɔdʌkt] *n* produkt

nt
production [prə'dʌkʃən] *n* produktion *c*
profession [prə'feʃən] *n* profession *c*
professional [prə'feʃənəl] *adj* professionel
professor [prə'fesə] *n* professor *c*
profit ['prɔfit] *n* profit *c*, fordel *c*; gavn *c*; *v* *nyde godt
profitable ['prɔfitəbəl] *adj* indbringende
profound [prə'faund] *adj* dybsindig
programme ['prougræm] *n* program *c*
progress[1] ['prougres] *n* fremskridt *nt*
progress[2] [prə'gres] *v* *gøre fremskridt
progressive [prə'gresiv] *adj* progressiv, fremskridtsvenlig; tiltagende
prohibit [prə'hibit] *v* *forbyde
prohibition [,proui'biʃən] *n* forbud *nt*
prohibitive [prə'hibitiv] *adj* uoverkommelig
project ['prɔdʒekt] *n* plan *c*, projekt *nt*
pro-life [prou 'laif] *adj* mod abort
promenade [,prɔmə'na:d] *n* promenade *c*
promise ['prɔmis] *n* løfte *nt*; *v* love
promote [prə'mout] *v*

forfremme, fremme
promotion [prəˈmouʃən] n forfremmelse c
prompt [prɔmpt] adj omgående, øjeblikkelig
pronoun [ˈprounaun] n stedord nt
pronounce [prəˈnauns] v udtale
pronunciation [prəˌnʌnsiˈeiʃən] n udtale c
proof [pruːf] n bevis nt
propaganda [ˌprɔpəˈgændə] n propaganda c
propel [prəˈpel] v *drive frem
propeller [prəˈpelə] n propel c, skrue c
proper [ˈprɔpə] adj ret; sømmelig, passende, rigtig
property [ˈprɔpəti] n ejendele pl, ejendom c; egenskab c
prophet [ˈprɔfit] n profet c
proportion [prəˈpɔːʃən] n proportion c
proportional [prəˈpɔːʃənəl] adj proportional
proposal [prəˈpouzəl] n forslag nt
propose [prəˈpouz] v *foreslå
proposition [ˌprɔpəˈziʃən] n forslag nt
proprietor [prəˈpraiətə] n ejer c
prospect [ˈprɔspekt] n udsigt c
prospectus [prəˈspektəs] n prospekt nt
prosperity [prɔˈsperəti] n medgang c, velstand c;

velfærd c
prosperous [ˈprɔspərəs] adj velstående, blomstrende
prostitute [ˈprɔstitjuːt] n prostitueret c
protect [prəˈtekt] v beskytte
protection [prəˈtekʃən] n beskyttelse c
protein [ˈproutiːn] n protein nt
protest[1] [ˈproutest] n protest c
protest[2] [prəˈtest] v protestere
Protestant [ˈprɔtistənt] adj protestantisk
proud [praud] adj stolt; vigtig
prove [pruːv] v bevise, påvise; vise sig
proverb [ˈprɔvəːb] n ordsprog nt
provide [prəˈvaid] v levere, skaffe; **provided that** forudsat at
province [ˈprɔvins] n amt nt; provins c
provincial [prəˈvinʃəl] adj provinsiel
provisional [prəˈviʒənəl] adj foreløbig
provisions [prəˈviʒənz] pl proviant c
prune [pruːn] n sveske c
psychiatrist [saiˈkaiətrist] n psykiater c
psychic [ˈsaikik] adj psykisk
psychoanalyst [ˌsaikouˈænəlist] n psykoanalytiker c
psychological

psychologist

[ˌsaikɔ'lɔdʒikəl] *adj*
psykologisk
psychologist [sai'kɔlədʒist]
n psykolog *c*
psychology [sai'kɔlədʒi] *n*
psykologi *c*
pub [pʌb] *n* værtshus *nt*;
knejpe *c*
public ['pʌblik] *adj* almen,
offentlig; *n* publikum *nt*; ~
garden offentligt anlæg; ~
house værtshus *nt*
publication [ˌpʌbli'keiʃən] *n*
publikation *c*
publicity [pʌ'blisəti] *n*
publicity *c*
publish ['pʌbliʃ] *v*
*offentliggøre, *udgive
publisher ['pʌbliʃə] *n*
forlægger *c*
puddle ['pʌdəl] *n* pyt *c*
pull [pul] *v* *trække; ~ **out**
*afgå; ~ **up** *holde
pulley ['puli] *n* (pl ~s) trisse *c*
Pullman ['pulmən] *n*
sovevogn *c*
pullover ['puˌlouvə] *n*
pullover *c*
pulpit ['pulpit] *n* prædikestol
c, talerstol *c*
pulse [pʌls] *n* puls *c*
pump [pʌmp] *n* pumpe *c*; *v*
pumpe
pun [pʌn] *n* ordspil *nt*
punch [pʌntʃ] *v* støde; *n*
nævestød *nt*
punctual ['pʌŋktʃuəl] *adj*
punktlig, præcis
puncture ['pʌŋktʃə] *n*
punktering *c*

332

punctured ['pʌŋktʃəd] *adj*
punkteret
punish ['pʌniʃ] *v* straffe
punishment ['pʌniʃmənt] *n*
straf *c*
pupil ['pju:pəl] *n* elev *c*
puppet-show ['pʌpitʃou] *n*
dukketeater *nt*
purchase ['pə:tʃəs] *v* købe; *n*
køb *nt*, anskaffelse *c*; ~ **price**
købesum *c*
purchaser ['pə:tʃəsə] *n*
køber *c*
pure [pjuə] *adj* ren
purple ['pə:pəl] *adj*
purpurfarvet
purpose ['pə:pəs] *n* hensigt *c*,
formål *nt*; **on** ~ med vilje
purse [pə:s] *n* pung *c*
pursue [pə'sju:] *v* *forfølge;
stræbe efter
pus [pʌs] *n* pus *nt*
push [puʃ] *n* skub *nt*, puf *nt*; *v*
skubbe; puffe; mase sig frem
push button ['puʃˌbʌtən] *n*
trykknap *c*
*****put** [put] *v* stille, *lægge,
placere; stoppe; ~ **away**
stille på plads; ~ **off**
*udskyde; ~ **on** *tage på; ~
out slukke
puzzle ['pʌzəl] *n* hovedbrud
nt; *v* volde
hovedbrud; **jigsaw** ~
puslespil *nt*
puzzling ['pʌzliŋ] *adj*
ubegribelig
pyjamas [pə'dʒɑ:məz] *pl*
pyjamas *c*

Q

quack [kwæk] *n* charlatan *c*, kvaksalver *c*
quail [kweil] *n* (pl ~, ~s) vagtel *c*
quaint [kweint] *adj* ejendommelig; gammeldags
qualification [ˌkwɔlifiˈkeiʃən] *n* kvalifikation *c*; forbehold *nt*, restriktion *c*
qualified ['kwɔlifaid] *adj* kvalificeret; kompetent
qualify ['kwɔlifai] *v* egne sig, kvalificere
quality ['kwɔləti] *n* kvalitet *c*; egenskab *c*
quantity ['kwɔntəti] *n* kvantitet *c*; antal *nt*
quarantine ['kwɔrəntiːn] *n* karantæne *c*
quarrel ['kwɔrəl] *v* skændes; *n* skærmydsel *c*, skænderi *nt*
quarry ['kwɔri] *n* stenbrud *nt*
quarter ['kwɔːtə] *n* kvart *c*; kvartal *nt*; kvarter *nt*; ~ **of an hour** kvarter *nt*
quarterly ['kwɔːtəli] *adj* kvartårlig
quay [kiː] *n* kaj *c*

queen [kwiːn] *n* dronning *c*
queer [kwiə] *adj* underlig, sælsom; løjerlig
query ['kwiəri] *n* forespørgsel *c*; *v* *forespørge; tvivle på
question ['kwestʃən] *n* spørgsmål *nt*, problem *nt*; *v* *udspørge; *drage i tvivl; ~ **mark** spørgsmålstegn *nt*
queue [kjuː] *n* kø *c*; *v* *stå i kø
quick [kwik] *adj* hurtig
quick-tempered [ˌkwikˈtempəd] *adj* hidsig
quiet ['kwaiət] *adj* stille, rolig, stilfærdig; *n* stilhed *c*, ro *c*
quilt [kwilt] *n* vattæppe *nt*
quit [kwit] *v* *holde op, ophøre
quite [kwait] *adv* fuldstændigt, helt igennem; ganske, temmelig; helt, særdeles
quiz [kwiz] *n* (pl ~zes) quiz *c*
quota ['kwoutə] *n* kvota *c*
quotation [kwouˈteiʃən] *n* citat *nt*; ~ **marks** anførelsestegn *pl*
quote [kwout] *v* citere

R

rabbit ['ræbit] *n* kanin *c*
rabies ['reibiz] *n* hundegalskab *c*
race [reis] *n* væddeløb *nt*, kapløb *nt*; race *c*
racecourse ['reiskɔːs] *n*

racehorse

væddeløbsbane *c*
racehorse ['reishɔ:s] *n* væddeløbshest *c*
racetrack ['reistræk] *n* væddeløbsbane *c*
racial ['reiʃəl] *adj* race-
racket ['rækit] *n* rabalder *nt*; fidus *c*
radiator ['reidieitə] *n* radiator *c*
radical ['rædikəl] *adj* radikal
radio ['reidiou] *n* radio *c*
radish ['rædiʃ] *n* radise *c*
radius ['reidiəs] *n* (pl radii) radius *c*
raft [ra:ft] *n* tømmerflåde *c*
rag [ræg] *n* klud *c*
rage [reidʒ] *n* raseri *nt*; *v* rase
raid [reid] *n* angreb *nt*
rail [reil] *n* gelænder *nt*, balustrade *c*
railing ['reiliŋ] *n* rækværk *nt*
railroad ['reilroud] *nAm* jernbane *c*
railway ['reilwei] *n* jernbane *c*
rain [rein] *n* regn *c*; *v* regne
rainbow ['reinbou] *n* regnbue *c*
raincoat ['reinkout] *n* regnfrakke *c*
rainy ['reini] *adj* regnfuld
raise [reiz] *v* hæve; forhøje; dyrke, opfostre, opdrætte; *v* opkræve; *nAm* lønstigning *c*, *nAm* lønforhøjelse *c*
raisin ['reizən] *n* rosin *c*
rake [reik] *n* rive *c*
rally ['ræli] *n* stævne *nt*
ramp [ræmp] *n* rampe *c*
ramshackle ['ræm,ʃækəl] *adj* faldefærdig
rancid ['rænsid] *adj* harsk
rang [ræŋ] *v* (p ring)
range [reindʒ] *n* rækkevidde *c*
range finder ['reindʒ,faində] *n* afstandsmåler *c*
rank [ræŋk] *n* rang *c*; række *c*
ransom ['rænsəm] *n* løsesum *c*
rap [ræp] *n* rap *c*
rape [reip] *v* *voldtage
rapid ['ræpid] *adj* hurtig, hastig
rapids ['ræpidz] *pl* strømfald *nt*
rare [reə] *adj* sjælden
rarely ['reəli] *adv* sjældent
rascal ['ra:skəl] *n* skælm *c*, slyngel *c*
rash [ræʃ] *n* udslæt *nt*; *adj* overilet, ubesindig
raspberry ['ra:zbəri] *n* hindbær *nt*
rat [ræt] *n* rotte *c*
rate [reit] *n* tarif *c*, pris *c*; fart *c*; **at any ~** i hvert fald; **~ of exchange** valutakurs *c*
rather ['ra:ðə] *adv* temmelig, ganske, rigtigt; hellere
ration ['ræʃən] *n* ration *c*
rattan [ræ'tæn] *n* peddigrør *nt*
raven ['reivən] *n* ravn *c*
raw [rɔ:] *adj* rå; **~ material** råstof *nt*
ray [rei] *n* stråle *c*
rayon ['reiən] *n* rayon *c*
razor ['reizə] *n* barbermaskine *c*
razor blade ['reizəbleid] *n* barberblad *nt*

reach [ri:tʃ] v nå; n rækkevidde c
react [ri'ækt] v reagere
reaction [ri'ækʃən] n reaktion c
***read** [ri:d] v læse
reading [ri:diŋ] n læsning c
reading lamp ['ri:diŋlæmp] n læselampe c
reading room ['ri:diŋru:m] n læsesal c
ready ['redi] adj klar, parat
ready-made [,redi'meid] adj konfektionssyet
real [riəl] adj virkelig
reality [ri'æləti] n virkelighed c
realizable ['riəlaizəbəl] adj realisabel
realize ['riəlaiz] v *indse; *virkeliggøre, realisere
really ['riəli] adv virkeligt; egentlig
rear [riə] n bagside c; v opfostre
rear light [riə'lait] n baglygte c
reason ['ri:zən] n grund c, årsag c; fornuft c, forstand c; v ræsonnere
reasonable ['ri:zənəbəl] adj fornuftig; rimelig
reassure [,ri:zə'ʃuə] v berolige
rebate ['ri:beit] n fradrag nt, rabat c
rebellion [ri'beljən] n opstand c, oprør nt
recall [ri'kɔ:l] v erindre, mindes; tilbagekalde;

reconstructive surgery

annullere
receipt [ri'si:t] n kvittering c, modtagelsesbevis nt; modtagelse c
receive [ri'si:v] v *få, *modtage
receiver [ri'si:və] n telefonrør nt
recent ['ri:sənt] adj nylig
recently ['ri:səntli] adv for nylig, forleden
reception [ri'sepʃən] n modtagelse c; ~ office reception c
receptionist [ri'sepʃənist] n receptionsdame c
recession [ri'seʃən] n afmatning c
recipe ['resipi] n opskrift c
recital [ri'saitəl] n solistkoncert c
reckon ['rekən] v regne; regne for; regne med
recognition [,rekəg'niʃən] n anerkendelse c
recognize ['rekəgnaiz] v genkende; anerkende
recollect [,rekə'lekt] v mindes
recommence [,ri:kə'mens] v begynde forfra
recommend [,rekə'mend] v anbefale; tilråde
recommendation [,rekəmen'deiʃən] n anbefaling c
reconciliation [,rekənsili'eiʃən] n forsoning c
reconstructive surgery

record

[ˌriːkənˈstrʌktɪv ˌˈsɜːdʒəri] n plastisk kirurgi c

record[1] [ˈrekɔːd] n grammofonplade c; rekord c; protokol c

record[2] [rɪˈkɔːd] v optegne

recorder [rɪˈkɔːdə] n båndoptager c

recording [rɪˈkɔːdɪŋ] n optagelse c

record player [ˈrekɔːd‚pleɪə] n grammofon c, pladespiller c

recover [rɪˈkʌvə] v *genfinde; *blive rask, *komme sig

recovery [rɪˈkʌvəri] n helbredelse c, bedring c

recreation [ˌrekrɪˈeɪʃən] n afslapning c, rekreation c; ~ centre fritidscenter nt; ~ ground legeplads c

recruit [rɪˈkruːt] n rekrut c

rectangle [ˈrektæŋgəl] n rektangel c

rectangular [rekˈtæŋgjulə] adj rektangulær

rectum [ˈrektəm] n endetarm c

recyclable [ˌriːˈsaɪkləbl] adj genbrugelig

recycle [ˌriːˈsaɪkəl] v genbrug

red [red] adj rød

redeem [rɪˈdiːm] v frelse

reduce [rɪˈdjuːs] v *nedsætte, formindske, reducere

reduction [rɪˈdʌkʃən] n nedsættelse c; reduktion c

redundant [rɪˈdʌndənt] adj overflødig

336

reef [riːf] n rev nt

referee [ˌrefəˈriː] n dommer c

reference [ˈrefrəns] n reference c, henvisning c; forbindelse c; with ~ to i henhold til

refer to [rɪˈfəː] henvise til

refill [ˈriːfɪl] n refill c

refinery [rɪˈfaɪnəri] n raffinaderi nt

reflect [rɪˈflekt] v reflektere

reflection [rɪˈflekʃən] n refleks c; spejlbillede nt

reflector [rɪˈflektə] n reflektor c

reformation [ˌrefəˈmeɪʃən] n reformationen

refresh [rɪˈfreʃ] v forfriske

refreshment [rɪˈfreʃmənt] n forfriskning c

refrigerator [rɪˈfrɪdʒəreɪtə] n køleskab nt, isskab nt

refugee [ˌrefjuˈdʒiː] n flygtning c

refund[1] [rɪˈfʌnd] v refundere

refund[2] [ˈriːfʌnd] n refundering c

refusal [rɪˈfjuːzəl] n afslag nt

refuse[1] [rɪˈfjuːz] v *afslå

refuse[2] [ˈrefjuːs] n affald nt

regard [rɪˈgɑːd] v *anse; betragte; n agtelse c; **as regards** hvad angår, angående

regarding [rɪˈgɑːdɪŋ] prep med hensyn til; angående

regatta [rɪˈgætə] n regatta c

régime [reɪˈʒiːm] n regime nt

region [ˈriːdʒən] n region c; område nt

regional ['ri:dʒənəl] *adj* regional

register ['redʒistə] *v* *indskrive sig; anbefale; **registered letter** anbefalet brev

registration [,redʒi'streiʃən] *n* indmeldelse *c*; ~ **form** indmeldelsesblanket *c*; ~ **number** registreringsnummer *nt*; ~ **plate** nummerplade *c*

regret [ri'gret] *v* beklage; *n* beklagelse *c*

regular ['regjulə] *adj* regelmæssig; normal

regulate ['regjuleit] *v* regulere

regulation [,regju'leiʃən] *n* regel *c*, reglement *nt*; regulering *c*

rehabilitation [,ri:hə,bili'teiʃən] *n* revalidering *c*

rehearsal [ri'hə:səl] *n* prøve *c*

rehearse [ri'hə:s] *v* *holde prøve på

reign [rein] *n* regeringstid *c*; *v* regere

reimburse [,ri:im'bə:s] *v* betale tilbage, *godtgøre

reindeer ['reindiə] *n* (pl ~) rensdyr *nt*

reject [ri'dʒekt] *v* afvise, kassere; forkaste

relate [ri'leit] *v* *fortælle

related [ri'leitid] *adj* beslægtet

relation [ri'leiʃən] *n* forhold *nt*, relation *c*; slægtning *c*

relative ['relətiv] *n* slægtning *c*; *adj* relativ

relax [ri'læks] *v* slappe af

relaxation [,rilæk'seiʃən] *n* afslapning *c*

reliable [ri'laiəbəl] *adj* pålidelig

relic ['relik] *n* relikvie *c*

relief [ri'li:f] *n* lindring *c*, lettelse *c*; hjælp *c*; relief *nt*

relieve [ri'li:v] *v* lindre; afløse

religion [ri'lidʒən] *n* religion *c*

religious [ri'lidʒəs] *adj* religiøs

rely on [ri'lai] stole på

remain [ri'mein] *v* *forblive; restere

remainder [ri'meində] *n* restparti *c*, rest *c*

remaining [ri'meiniŋ] *adj* resterende

remark [ri'ma:k] *n* bemærkning *c*; *v* bemærke

remarkable [ri'ma:kəbəl] *adj* bemærkelsesværdig

remedy ['remədi] *n* lægemiddel *nt*; middel *nt*

remember [ri'membə] *v* huske

remembrance [ri'membrəns] *n* erindring *c*, minde *nt*

remind [ri'maind] *v* minde om

remnant ['remnənt] *n* levning *c*, rest *c*

remote [ri'mout] *adj* fjern, afsides

remote control [ri'mout_kən'troul] *n*

fjernbetjening c
removal [ri'mu:vəl] n
fjernelse c
remove [ri'mu:v] v fjerne
remunerate [ri'mju:nəreit] v honorere
remuneration [ri,mju:nə'reiʃən] n vederlag nt
renew [ri'nju:] v forny; forlænge
renewable [ri'nju:əbəl] adj fornyelig
rent [rent] v leje; n leje c
repair [ri'pɛə] v reparere; n reparation c
reparation [,repə'reiʃən] n reparation c
repay [ri'pei] v tilbagebetale
repayment [ri'peimənt] n tilbagebetaling c
repeat [ri'pi:t] v *gentage
repellent [ri'pelənt] adj modbydelig, frastødende
repentance [ri'pentəns] n anger c
repertory ['repətəri] n repertoire c
repetition [,repə'tiʃən] n gentagelse c
replace [ri'pleis] v erstatte
reply [ri'plai] v svare; n svar nt; in ~ som svar
report [ri'pɔ:t] v berette, rapportere; melde; melde sig; n fremstilling c, rapport c, referat nt
reporter [ri'pɔ:tə] n journalist c
represent [,repri'zent] v

repræsentere; forestille
representation [,reprizen'teiʃən] n repræsentation c
representative [,repri'zentətiv] adj repræsentativ
reprimand ['reprima:nd] v *irettesætte, tilrettevise
reproach [ri'proutʃ] n bebrejdelse c; v bebrejde
reproduce [,ri:prə'dju:s] v reproducere
reproduction [,ri:prə'dʌkʃən] n reproduktion c
reptile ['reptail] n krybdyr nt
republic [ri'pʌblik] n republik c
republican [ri'pʌblikən] adj republikansk
repulsive [ri'pʌlsiv] adj frastødende
reputation [,repju'teiʃən] n rygte nt, renommé nt; anseelse c
request [ri'kwest] n anmodning c; v anmode
require [ri'kwaiə] v kræve
requirement [ri'kwaiəmənt] n krav nt
requisite ['rekwizit] adj påkrævet
rescue ['reskju:] v redde; n redning c
research [ri'sə:tʃ] n forskning c
resemblance [ri'zembləns] n lighed c
resemble [ri'zembəl] v ligne

resent [ri'zent] v *tage ilde op
reservation [,rezə'veiʃən] n reservation c
reserve [ri'zə:v] v reservere; bestille; n reserve c
reserved [ri'zə:vd] adj reserveret
reservoir ['rezəvwɑ:] n reservoir n
reside [ri'zaid] v bo
residence ['rezidəns] n bopæl c; ~ permit opholdstilladelse c
resident ['rezidənt] n fastboende c; adj bosiddende; intern
resign [ri'zain] v *fratræde
resignation [,rezig'neiʃən] n fratrædelse c, afgang c
resist [ri'zist] v *gøre modstand mod
resistance [ri'zistəns] n modstand c
resolute ['rezəlu:t] adj resolut, beslutsom
respect [ri'spekt] n respekt c; ærbødighed c, ærefrygt c, agtelse c; v respektere
respectable [ri'spektəbəl] adj agtværdig, respektabel
respectful [ri'spektfəl] adj ærbødig
respective [ri'spektiv] adj respektiv
respiration [,respə'reiʃən] n vejrtrækning c
respite ['respait] n henstand c
responsibility [ri,spɔnsə'biləti] n ansvar nt
responsible [ri'spɔnsəbəl] adj ansvarlig
rest [rest] n hvile c; rest c; v hvile ud, hvile, hvile sig
restaurant ['restərɔ̃:] n restaurant c
restful ['restfəl] adj fredelig
rest home ['resthoum] n hvilehjem nt
restless ['restləs] adj rastløs; urolig
restrain [ri'strein] v styre, tøjle, *holde tilbage
restriction [ri'strikʃən] n indskrænkning c
rest room ['restru:m] nAm toilet nt
result [ri'zʌlt] n resultat nt; følge c; udfald nt; v resultere
resume [ri'zju:m] v *genoptage
résumé ['rezjumei] n sammendrag nt
retail ['ri:teil] v *sælge en detail; ~ trade detailhandel c
retailer ['ri:teilə] n detailhandler c, detaillist c; videreforhandler c
retina ['retinə] n nethinde c
retire [ri'taiə] v *gå på pension
retired [ri'taiəd] adj pensioneret
retirement [ri'taiəmənt] n pensionering c
return [ri'tə:n] v vende tilbage, *komme tilbage; n tilbagekomst c; ~ flight tilbageflyvning c; ~ journey

hjemrejse c, tilbagerejse c
reunite [,ri:ju:'nait] v
genforene
reveal [ri'vi:l] v åbenbare,
afsløre
revelation [,revə'leiʃən] n
afsløring c
revenge [ri'vendʒ] n hævn c
revenue ['revənju:] n indtægt
c, indkomst c
reverse [ri'və:s] n
modsætning c; bagside c;
bakgear nt; modgang c,
omsving nt; adj omvendt; v
bakke
review [ri'vju:] n anmeldelse
c; tidsskrift nt
revise [ri'vaiz] v revidere
revision [ri'viʒən] n revision
c
revival [ri'vaivəl] n
genopblomstring c
revolt [ri'voult] v *gøre
oprør; n opstand c, oprør nt
revolting [ri'voultiŋ] adj
modbydelig, ækel,
oprørende
revolution [,revə'lu:ʃən] n
revolution c; omdrejning c
revolutionary
[,revə'lu:ʃənəri] adj
revolutionær
revolver [ri'vɔlvə] n revolver
c
revue [ri'vju:] n revy c
reward [ri'wɔ:d] n dusør c,
belønning c; v belønne
rheumatism ['ru:mətizəm] n
reumatisme c
rhinoceros [rai'nɔsərəs] n (pl

~, ~es) næsehorn nt
rhubarb ['ru:ba:b] n rabarber
c
rhyme [raim] n rim nt
rhythm ['riðəm] n rytme c
rib [rib] n ribben nt
ribbon ['ribən] n bånd nt
rice [rais] n ris c
rich [ritʃ] adj rig
riches ['ritʃiz] pl rigdom c
rid [rid] v befri for; **get ~ of**
skille sig af med
riddle ['ridəl] n gåde c
ride [raid] n tur c
***ride** [raid] v køre; *ride
rider ['raidə] n rytter c
ridge [ridʒ] n højderyg c
ridicule ['ridikju:l] v
*latterliggøre, *gøre til grin
ridiculous [ri'dikjuləs] adj
latterlig
riding ['raidiŋ] n ridning c
riding school ['raidiŋsku:l] n
rideskole c
rifle ['raifəl] v gevær nt
right [rait] n ret c, rettighed c;
adj korrekt, rigtig; ret; højre;
retfærdig; **all right!** godt!; *
be ~ *have ret; **~ of way**
forkørselsret c
righteous ['raitʃəs] adj
retskaffen
right-hand ['raithænd] adj på
højre hånd, højre
rightly ['raitli] adv med rette
rim [rim] n fælg c; kant c
ring [riŋ] n ring c; kreds c;
manege c
***ring** [riŋ] v ringe; **~ up** ringe
op

rinse [rins] v skylle; n skylning c
riot ['raiət] n tumult c
rip [rip] v flænge
ripe [raip] adj moden
rise [raiz] n forhøjelse c, lønstigning c; forhøjning c; stigning c; opsving nt
*****rise** [raiz] v rejse sig; *stå op; *stige
rising ['raiziŋ] n rejsning c
risk [risk] n risiko c; fare c; v risikere
risky ['riski] adj risikabel, vovet
rival ['raivəl] n rival c; konkurrent c; v rivalisere
rivalry ['raivəlri] n rivalisering c; konkurrence c
river ['rivə] n flod c; ~ **bank** flodbred c
riverside ['rivəsaid] n flodbred c
roach [routʃ] n (pl ~) skalle c
road [roud] n gade c, vej c; ~ **fork** korsvej c; ~ **map** vejkort nt; ~ **system** vejnet nt; ~ **up** vejarbejde nt
roadhouse ['roudhaus] n landevejskro c
roadrage ['roud,reidʒ] n trafikvold c
roadside ['roudsaid] n vejkant c; ~ **restaurant** landevejskro c
roadway ['roudwei] nAm kørebane c
roam [roum] v strejfe om
roar [rɔː] v brøle, hyle; n drøn nt, brøl nt

roast [roust] v stege, riste
rob [rɔb] v røve
robber ['rɔbə] n røver c
robbery ['rɔbəri] n røveri nt, tyveri nt
robe [roub] n selskabskjole c; kappe c
robin ['rɔbin] n rødkælk c
robust [rou'bʌst] adj robust
rock [rɔk] n klippe c; v gynge
rocket ['rɔkit] n raket c
rocky ['rɔki] adj klipperig
rod [rɔd] n stang c
roe [rou] n rogn c
roll [roul] v rulle; n rulle c; rundstykke nt
Rollerblades® ['roulə,bleid] npl rollerblades; **rollerblade** v løbe på rollerblades
roller-skating ['roulə,skeitiŋ] n rulleskøjteløb nt
Roman Catholic ['roumən 'kæθəlik] romersk-katolsk
romance [rə'mæns] n romance c
romantic [rə'mæntik] adj romantisk
roof [ruːf] n tag nt; **thatched** ~ stråtag nt
room [ruːm] n rum nt, værelse nt; plads c; ~ **and board** kost og logi; ~ **service** værelsesbetjening c; ~ **temperature** stuetemperatur c
roomy ['ruːmi] adj rummelig
root [ruːt] n rod c
rope [roup] n reb c
rosary ['rouzəri] n

rosenkrans c
rose [rouz] n rose c; adj rosa
rotten ['rɔtən] adj rådden
rouge [ru:ʒ] n rouge c
rough [rʌf] adj ujævn
roulette [ru:'let] n roulet c
round [raund] adj rund; prep om, omkring; n runde c; ~ trip Am tur-retur
roundabout ['raundəbaut] n rundkørsel c
rounded ['raundid] adj afrundet
route [ru:t] n rute c
routine [ru:'ti:n] n rutine c
row[1] [rou] n række c; v ro
row[2] [rau] n skænderi c
rowdy ['raudi] adj bølleagtig
rowing boat ['rouiŋbout] n robåd c
royal ['rɔiəl] adj kongelig
rub [rʌb] v *gnide
rubber ['rʌbə] n gummi c; viskelæder nt; ~ **band** elastik c
rubbish ['rʌbiʃ] n affald nt; vrøvl nt, sludder nt; **talk ~** vrøvle
rubbish bin ['rʌbiʃbin] n skraldespand c
ruby ['ru:bi] n rubin c
rucksack ['rʌksæk] n rygsæk c
rudder ['rʌdə] n ror nt
rude [ru:d] adj uforskammet

rug [rʌg] n tæppe nt
ruin ['ru:in] v ruinere; n undergang c; ruin c
rule [ru:l] n regel c; styre nt, herredømme nt; v herske, regere; **as a ~** som regel, sædvanligvis
ruler ['ru:lə] n hersker c, fyrste c; lineal c
Rumania [ru:'meiniə] Rumænien
Rumanian [ru:'meiniən] adj rumænsk; n rumæner c
rumour ['ru:mə] n rygte nt
*****run** [rʌn] v *løbe; ~ **into** møde tilfældigt
runaway ['rʌnəwei] n flygtning
rung [rʌŋ] v (pp ring)
runner ['rʌnə] n løber c
runway ['rʌnwei] n startbane c
rural ['ruərəl] adj landlig
ruse [ru:z] n list c
rush [rʌʃ] v styrte, *fare; n siv nt
rush hour ['rʌʃauə] n myldretid c
Russia ['rʌʃə] Rusland
Russian ['rʌʃən] adj russisk; n russer c
rust [rʌst] n rust c
rustic ['rʌstik] adj landlig
rusty ['rʌsti] adj rusten

S

sack [sæk] *n* sæk *c*
sacred ['seikrid] *adj* hellig
sacrifice ['sækrifais] *n* offer *nt*; *v* ofre
sacrilege ['sækrilidʒ] *n* helligbrøde *c*
sad [sæd] *adj* trist; vemodig, bedrøvet
saddle ['sædəl] *n* sadel *c*
sadness ['sædnəs] *n* bedrøvelse *c*
safe [seif] *adj* sikker; uskadt; *n* boks *c*, pengeskab *nt*
safety ['seifti] *n* sikkerhed *c*
safety belt ['seiftibelt] *n* sikkerhedssele *c*
safety pin ['seiftipin] *n* sikkerhedsnål *c*
safety razor ['seifti,reizə] *n* barbermaskine *c*
sail [seil] *v* besejle, sejle; *n* sejl *nt*
sailing boat ['seilinbout] *n* sejlbåd *c*
sailor ['seilə] *n* sømand *c*
saint [seint] *n* helgen *c*
salad ['sæləd] *n* salat *c*
salad-oil ['sælədɔil] *n* madolie *c*
salary ['sæləri] *n* løn *c*
sale [seil] *n* salg *nt*; **clearance ~** udsalg *nt*; **for ~** til salg; **sales** udsalg *nt*; **sales tax** omsætningsafgift
saleable ['seiləbəl] *adj* salgbar

salesgirl ['seilzgə:l] *n* ekspeditrice *c*
salesman ['seilzmən] *n* (pl -men) ekspedient *c*
salmon ['sæmən] *n* (pl ~) laks *c*
salon ['sælɔ̃:] *n* salon *c*
saloon [sə'lu:n] *n* bar *c*
salt [sɔ:lt] *n* salt *nt*
salt cellar ['sɔ:lt,selə] *n*, **salt shaker** *nAm* saltkar *nt*
salty ['sɔ:lti] *adj* salt
salute [sə'lu:t] *v* hilse
same [seim] *adj* samme
sample ['sɑ:mpəl] *n* vareprøve *c*
sanatorium [,sænə'tɔ:riəm] *n* (pl ~s, -ria) sanatorium *nt*
sand [sænd] *n* sand *nt*
sandal ['sændəl] *n* sandal *c*
sandpaper ['sænd,peipə] *n* sandpapir *nt*
sandwich ['sænwidʒ] *n* sandwich *c*; et stykke smørrebrød
sandy ['sændi] *adj* sandet
sanitary ['sænitəri] *adj* sanitær; **~ towel** hygiejnebind *nt*
sapphire ['sæfaiə] *n* safir *c*
sardine [sɑ:'di:n] *n* sardin *c*
satchel ['sætʃəl] *n* skoletaske *c*
satellite ['sætəlait] *n* satellit *c*; **~ dish** *n* satellitparabol *c*; **~ radio** *n* satellitradio *c*

satin 344

satin ['sætin] *n* atlask *nt*
satisfaction [,sætis'fækʃən] *n* tilfredsstillelse *c*, tilfredshed *c*
satisfactory [,sætis'fæktəri] *adj* tilfredsstillende
satisfy ['sætisfai] *v* tilfredsstille; **satisfied** tilfreds
Saturday ['sætədi] lørdag *c*
sauce [sɔ:s] *n* sovs *c*
saucepan ['sɔ:spən] *n* kasserolle *c*
saucer ['sɔ:sə] *n* underkop *c*
Saudi Arabia [,saudiə'reibiə] Saudi-Arabien
Saudi Arabian [,saudiə'reibiən] *adj* saudiarabisk
sauna ['sɔ:nə] *n* sauna *c*
sausage ['sɔsidʒ] *n* pølse *c*
savage ['sævidʒ] *adj* vild
save [seiv] *v* redde; spare
savings ['seiviŋz] *pl* sparepenge *pl*; ~ **bank** sparekasse *c*
saviour ['seivjə] *n* redningsmand *c*
savoury ['seivəri] *adj* velsmagende; pikant
saw[1] [sɔ:] *v* (p see)
saw[2] [sɔ:] *n* sav *c*
sawdust ['sɔ:dʌst] *n* savsmuld *nt*
sawmill ['sɔ:mil] *n* savværk *nt*
*say [sei] *v* *sige
scaffolding ['skæfəldiŋ] *n* stillads *nt*
scale [skeil] *n* målestok *c*; skala *c*; skæl *nt*; **scales** *pl*

vægt *c*
scan [skæn] *v* scanne; *n* scanning
scanner ['skænə] *n* scanner *c*
scandal ['skændəl] *n* skandale *c*
Scandinavia [,skændi'neiviə] Skandinavien
Scandinavian [,skændi'neiviən] *adj* skandinavisk; *n* skandinav *c*
scapegoat ['skeipgout] *n* syndebuk *c*
scar [skɑ:] *n* ar *nt*
scarce [skɛəs] *adj* knap
scarcely ['skɛəsli] *adv* næppe
scarcity ['skɛəsəti] *n* knaphed *c*
scare [skɛə] *v* skræmme; *n* skræk *c*
scarf [skɑ:f] *n* (pl ~s, scarves) halstørklæde *nt*
scarlet ['skɑ:lət] *adj* skarlagen
scary ['skɛəri] *adj* foruroligende
scatter ['skætə] *v* sprede
scene [si:n] *n* scene *c*
scenery ['si:nəri] *n* landskab *nt*
scenic ['si:nik] *adj* naturskøn
scent [sent] *n* duft *c*
schedule ['ʃedju:l] *n* køreplan *c*, timeplan *c*
scheme [ski:m] *n* skema *nt*; plan *c*
scholar ['skɔlə] *n* lærd *c*; elev *c*
scholarship ['skɔləʃip] *n*

stipendium *nt*
school [sku:l] *n* skole *c*
schoolboy ['sku:lbɔi] *n* skoledreng *c*
schoolgirl ['sku:lgə:l] *n* skolepige *c*
schoolmaster ['sku:l,mɑ:stə] *n* skolelærer *c*
schoolteacher ['sku:l,ti:tʃə] *n* lærer *c*
science ['saiəns] *n* videnskab *c*
scientific [,saiən'tifik] *adj* videnskabelig
scientist ['saiəntist] *n* videnskabsmand *c*
scissors ['sizəz] *pl* saks *c*
scold [skould] *v* skælde ud
scooter ['sku:tə] *n* scooter *c*; løbehjul *nt*
score [skɔ:] *n* pointantal *nt*; *v* score
scorn [skɔ:n] *n* hån *c*, foragt *c*; *v* foragte
Scotland ['skɔtlənd] Skotland
Scottish ['skɔtiʃ] *adj* skotsk
scout [skaut] *n* spejder *c*
scrap [skræp] *n* stump *c*
scrapbook ['skræpbuk] *n* scrapbog *c*
scrape [skreip] *v* skrabe
scratch [skrætʃ] *v* kradse, skramme; *n* skramme *c*, rift *c*
scream [skri:m] *v* *skrige; *n* skrig *nt*
screen [skri:n] *n* skærm *c*, filmlærred *nt*

screw [skru:] *n* skrue *c*; *v* skrue
screwdriver ['skru:,draivə] *n* skruetrækker *c*
scrub [skrʌb] *v* skrubbe; *n* krat *nt*
sculptor ['skʌlptə] *n* billedhugger *c*
sculpture ['skʌlptʃə] *n* skulptur *c*
sea [si:] *n* hav *c*
seabird ['si:bə:d] *n* havfugl *c*
seashore ['si:kɔust] *n* kyst *c*
seagull ['si:gʌl] *n* stormmåge *c*, havmåge *c*
seal [si:l] *n* segl *nt*; sæl *c*
seam [si:m] *n* søm *c*
seaman ['si:mən] *n* (pl -men) sømand *c*
seamless ['si:mləs] *adj* sømløs
seaport ['si:pɔ:t] *n* havn *c*
search [sə:tʃ] *v* søge; visitere, gennemsøge, endevende; *n* eftersøgning *c*
searchlight ['sə:tʃlait] *n* projektør *c*
seascape ['si:skeip] *n* marinebillede *nt*
seashell ['si:ʃel] *n* muslingeskal *c*
seashore ['si:ʃɔ:] *n* strand *c*
seasick ['si:sik] *adj* søsyg
seasickness ['si:,siknəs] *n* søsyge *c*
seaside ['si:said] *n* kyst *c*; ~ **resort** badested *nt*
season ['si:zən] *n* sæson *c*, årstid *c*; **high** ~ højsæson *c*; **low** ~ lavsæson *c*; **off** ~ uden

for sæsonen
season ticket ['si:zən,tikit] *n* sæsonkort *nt*
seat [si:t] *n* sæde *nt*; plads *c*, siddeplads *c*
seat belt ['si:tbelt] *n* sikkerhedsbælte *nt*
sea urchin ['si:,ə:tʃin] *n* søpindsvin *nt*
sea water ['si:,wɔ:tə] *n* havvand *nt*
second ['sekənd] *num* anden; *n* sekund *nt*; øjeblik *nt*
secondary ['sekəndəri] *adj* sekundær, underordnet
second-hand [,sekənd'hænd] *adj* brugt
secret ['si:krət] *n* hemmelighed *c*; *adj* hemmelig
secretary ['sekrətri] *n* sekretær *c*
section ['sekʃən] *n* sektion *c*, afdeling *c*
secure [si'kjuə] *adj* sikker; *v* sikre sig
security [si'kjuərəti] *n* sikkerhed *c*; kaution *c*
sedative ['sedətiv] *n* beroligende middel
seduce [si'dju:s] *v* forføre
*****see** [si:] *v* *se; *indse, *begribe, *forstå; ~ **to** sørge for
seed [si:d] *n* frø *nt*
*****seek** [si:k] *v* søge
seem [si:m] *v* *forekomme, *se ud til, *lade til
seen [si:n] *v* (pp see)

seesaw ['si:sɔ:] *n* vippe *c*
seize [si:z] *v* *gribe
seldom ['seldəm] *adv* sjældent
select [si'lekt] *v* *udvælge; *adj* udsøgt, udvalgt
selection [si'lekʃən] *n* udvælgelse *c*, udvalg *nt*
self [self] *n* (pl selves) selv *nt*
self-centred [,self'sentəd] *adj* selvoptaget
self-employed [,selfim'plɔid] *adj* selvstændig
self-evident [,sel'fevidənt] *adj* selvindlysende
self-government [,self'gʌvəmənt] *n* selvstyre *nt*
selfish ['selfiʃ] *adj* selvisk
selfishness ['selfiʃnəs] *n* egoisme *c*
self-service [,self'sə:vis] *n* selvbetjening *c*, udvalg *nt*; ~ **restaurant** cafeteria *nt*
*****sell** [sel] *v* *sælge
semblance ['sembləns] *n* udseende *nt*, skin *nt*
semi- ['semi] halv-
semicircle ['semi,sə:kəl] *n* halvcirkel *c*
semicolon [,semi'koulən] *n* semikolon *c*
senate ['senət] *n* senat *nt*
senator ['senətə] *n* senator *c*
*****send** [send] *v* sende; ~ **back** returnere, sende tilbage; ~ **for** sende bud efter; ~ **off** afsende
sender ['sendə] *n* afsender *c*

senile ['si:nail] *adj* senil
sensation [sen'seiʃən] *n* sensation *c*; fornemmelse *c*, følelse *c*
sensational [sen'seiʃənəl] *adj* sensationel, opsigtsvækkende
sense [sens] *n* sans *c*; fornuft *c*; mening *c*, betydning *c*; *v* mærke; ~ **of honour** æresfølelse *c*
senseless ['sensləs] *adj* meningsløs, følelsesløs
sensible ['sensəbəl] *adj* fornuftig
sensitive ['sensitiv] *adj* følsom
sentence ['sentəns] *n* sætning *c*; dom *c*; *v* dømme
sentimental [,senti'mentəl] *adj* sentimental
separate[1] ['sepəreit] *v* skille
separate[2] ['sepərət] *adj* særskilt, adskilt
separately ['sepərətli] *adv* separat, hver for sig
September [sep'tembə] september
septic ['septik] *adj* betændt; septisk; *become* ~ *blive betændt
sequel ['si:kwəl] *n* fortsættelse *c*
sequence ['si:kwəns] *n* følge *c*; serie *c*
serene [sə'ri:n] *adj* rolig; klar
serial ['siəriəl] *n* føljeton *c*
series ['siəri:z] *n* (pl ~) serie *c*, række *c*
serious ['siəriəs] *adj* seriøs, alvorlig
seriousness ['siəriəsnəs] *n* alvor *c*
sermon ['sə:mən] *n* prædiken *c*
servant ['sə:vənt] *n* tjener *c*
serve [sə:v] *v* servere
service ['sə:vis] *n* service *c*; betjening *c*; ~ **charge** betjeningsafgift *c*; ~ **station** servicestation *c*
serviette [,sə:vi'et] *n* serviet *c*
session ['seʃən] *n* samling *c*
set [set] *n* gruppe *c*, sæt *nt*
*****set** [set] *v* *sætte; ~ **menu** fast menu; ~ **out** *drage af sted
setting ['setiŋ] *n* ramme *c*; ~ **lotion** setting lotion
settle ['setəl] *v* *afgøre, afslutte, ordne; ~ **down** *slå sig ned
settlement ['setəlmənt] *n* ordning *c*, overenskomst *c*, forlig *nt*
seven ['sevən] *num* syv
seventeen [,sevən'ti:n] *num* sytten
seventeenth [,sevən'ti:nθ] *num* syttende
seventh ['sevənθ] *num* syvende
seventy ['sevənti] *num* halvfjerds
several ['sevərəl] *adj* adskillige, flere
severe [si'viə] *adj* stærk, streng
*****sew** [sou] *v* sy; ~ **up** sy

sammen
sewer ['suːə] *n* kloak *c*
sewing machine ['souiŋməˌʃiːn] *n* symaskine *c*
sex [seks] *n* køn *nt*; sex
sexual ['sekʃuəl] *adj* seksuel
sexuality [ˌsekʃu'æləti] *n* seksualitet *c*
shade [ʃeid] *n* skygge *c*; nuance *c*
shadow ['ʃædou] *n* skygge *c*
shady ['ʃeidi] *adj* skyggefuld
*****shake** [ʃeik] *v* ryste
shaky ['ʃeiki] *adj* vaklende
*****shall** [ʃæl] *v* *skulle
shallow ['ʃælou] *adj* flad; lavvandet
shame [ʃeim] *n* skam *c*; **shame!** fy!
shampoo [ʃæm'puː] *n* shampoo *c*
shape [ʃeip] *n* form *c*; *v* forme
share [ʃɛə] *v* dele; *n* andel *c*; aktie *c*
shark [ʃɑːk] *n* haj *c*
sharp [ʃɑːp] *adj* skarp
sharpen ['ʃɑːpən] *v* spidse, *slibe
shave [ʃeiv] *v* barbere sig
shaver ['ʃeivə] *n* elshaver *c*
shaving brush ['ʃeiviŋbrʌʃ] *n* barberkost *c*
shaving cream ['ʃeiviŋkriːm] *n* barbercreme *c*
shaving soap ['ʃeiviŋsoup] *n* barbersæbe *c*
shawl [ʃɔːl] *n* sjal *nt*
she [ʃiː] *pron* hun

shed [ʃed] *n* skur *nt*
*****shed** [ʃed] *v* *udgyde; udsprede
sheep [ʃiːp] *n* (pl ~) får *nt*
sheer [ʃiə] *adj* pure, absolut; tynd, gennemsigtig
sheet [ʃiːt] *n* lagen *nt*; ark *nt*; plade *c*
shelf [ʃelf] *n* (pl shelves) hylde *c*
shell [ʃel] *n* skal *c*
shellfish ['ʃelfiʃ] *n* skaldyr *nt*
shelter ['ʃeltə] *n* ly *nt*, tilflugtssted *nt*; *v* skærme
shepherd ['ʃepəd] *n* hyrde *c*
shift [ʃift] *n* skift *nt*; *v* skifte
*****shine** [ʃain] *v* skinne, stråle
ship [ʃip] *n* skib *nt*; *v* afskibe;
shipping line skibsrute *c*
shipowner ['ʃiˌpounə] *n* skibsreder *c*
shipyard ['ʃipjɑːd] *n* skibsværft *nt*
shirt [ʃəːt] *n* skjorte *c*
shiver ['ʃivə] *v* ryste, skælve; *n* kuldegysning *c*
shock [ʃɔk] *n* chok *nt*; *v* chokere; ~ **absorber** støddæmper *c*
shocking ['ʃɔkiŋ] *adj* chokerende
shoe [ʃuː] *n* sko *c*; **gym shoes** gymnastiksko *pl*; ~ **polish** skocreme *c*
shoelace ['ʃuːleis] *n* snørebånd *nt*
shoemaker ['ʃuːˌmeikə] *n* skomager *c*
shoe shop ['ʃuːʃɔp] *n* skoforretning *c*

shook [ʃuk] v (p shake)
*shoot [ʃuːt] v *skyde
shop [ʃɔp] n butik c; v handle; ~ assistant ekspedient c; shopping bag indkøbstaske c; shopping centre forretningscenter nt
shopkeeper [ˈʃɔpˌkiːpə] n butiksindehaver c
shopwindow [ˌʃɔpˈwindou] n udstillingsvindue nt
shore [ʃɔː] n bred c, strand c
short [ʃɔːt] adj kort; lille; ~ circuit kortslutning c
shortage [ˈʃɔːtidʒ] n knaphed c, mangel c
shorten [ˈʃɔːtən] v forkorte
shorthand [ˈʃɔːthænd] n stenografi c
shortly [ˈʃɔːtli] adv snart, inden længe
shorts [ʃɔːts] pl shorts pl; plAm underbukser pl
short-sighted [ˌʃɔːtˈsaitid] adj nærsynet
shot [ʃɔt] n skud nt; indsprøjtning c; filmoptagelse c
*should [ʃud] v *skulle
shoulder [ˈʃouldə] n skulder c
shout [ʃaut] v skråle, råbe; n skrål c
shovel [ˈʃʌvəl] n skovl c
show [ʃou] n opførelse c, forestilling c; udstilling c
*show [ʃou] v vise; udstille, forevise, fremvise; bevise
showcase [ˈʃoukeis] n montre c

shower [ʃauə] n styrtebad nt; regnbyge c, byge c
showroom [ˈʃouruːm] n udstillingslokale nt
shriek [ʃriːk] v hvine; n hvin nt
shrimp [ʃrimp] n reje c
shrine [ʃrain] n helgenskrin nt, helligdom c
*shrink [ʃriŋk] v *krybe
shrinkproof [ˈʃriŋkpruːf] adj krymperfri
shrub [ʃrʌb] n buskvækst c
shudder [ˈʃʌdə] n gysen c
shuffle [ˈʃʌfəl] v blande
*shut [ʃʌt] v lukke; ~ in lukke inde
shutter [ˈʃʌtə] n skodde c, jalousi nt
shy [ʃai] adj genert, sky
shyness [ˈʃainəs] n generthed c
Siamese [ˌsaiəˈmiːz] adj siamesisk; n siameser c
sick [sik] adj syg; dårlig
sickness [ˈsiknəs] n sygdom c; kvalme c
side [said] n side c; parti nt; onesided adj ensidig
sideburns [ˈsaidbəːnz] pl bakkenbarter pl
sidelight [ˈsaidlait] n sidelys nt
side street [ˈsaidstriːt] n sidegade c
sidewalk [ˈsaidwɔːk] nAm fortov nt
sideways [ˈsaidweiz] adv sidelæns
siege [siːdʒ] n belejring c.

sieve

sieve [siv] *n* si *c*; *v* sigte
sift [sift] *v* si
sight [sait] *n* syn *nt*; seværdighed *c*; *v* *få øje på
sign [sain] *n* tegn *nt*; vink *nt*, gestus *c*; *v* *underskrive, *skrive under, undertegne
signal ['signəl] *n* signal *nt*; tegn *nt*; *v* signalere
signature ['signətʃə] *n* underskrift *c*
significant [sig'nifikənt] *adj* betydningsfuld
signpost ['sainpoust] *n* vejviser *c*
silence ['sailəns] *n* stilhed *c*; *v* *bringe til tavshed
silencer ['sailənsə] *n* lydpotte *c*
silent ['sailənt] *adj* tavs, stille; *be ~ *tie
silk [silk] *n* silke *c*
silly ['sili] *adj* dum, fjollet
silver ['silvə] *n* sølv *nt*; sølv-
silversmith ['silvəsmiθ] *n* sølvsmed *c*
silverware ['silvəwɛə] *n* sølvtøj *pl*
similar ['similə] *adj* lignende
similarity [,simi'lærəti] *n* lighed *c*
simple ['simpəl] *adj* ligetil, enkel; almindelig
simply ['simpli] *adv* enkelt, simpelt hen
simulate ['simjuleit] *v* simulere
simultaneous [,siməl'teiniəs] *adj* samtidig
sin [sin] *n* synd *c*

350

since [sins] *prep* siden; *adv* siden; *conj* siden; da
sincere [sin'siə] *adj* oprigtig; **sincerely** med venlig hilsen
sinew ['sinju:] *n* sene *c*
***sing** [siŋ] *v* *synge
singer ['siŋə] *n* sanger *c*; sangerinde *c*
single ['siŋgəl] *adj* enkelt, ugift; ~ room enkeltværelse *nt*
singular ['siŋgjulə] *n* ental *nt*; *adj* mærkværdig
sinister ['sinistə] *adj* uheldsvanger
sink [siŋk] *n* vask *c*
***sink** [siŋk] *v* *synke
sip [sip] *n* nip *nt*
siren ['saiərən] *n* sirene *c*
sister ['sistə] *n* søster *c*
sister-in-law ['sistərinlɔ:] *n* (pl sisters-) svigerinde *c*
***sit** [sit] *v* *sidde; ~ down *sætte sig
site [sait] *n* sted *nt*; beliggenhed *c*
sitting room ['sitiŋru:m] *n* dagligstue *c*
situated ['sitʃueitid] *adj* beliggende
situation [,sitʃu'eiʃən] *n* situation *c*; beliggenhed *c*, stilling *c*
six [siks] *num* seks
sixteen [,siks'ti:n] *num* seksten
sixteenth [,siks'ti:nθ] *num* sekstende
sixth [siksθ] *num* sjette
sixty ['siksti] *num* tres

size [saiz] n størrelse c, dimension c; format nt

skate [skeit] v *løbe på skøjter; n skøjte c

skating ['skeitiŋ] n skøjteløb nt

skating rink ['skeitiŋriŋk] n skøjtebane c

skeleton ['skelitən] n skelet nt

sketch [sketʃ] n skitse c, tegning c; v tegne, skitsere

ski[1] [ski:] v stå på ski

ski[2] [ski:] n (pl ~, ~s) ski c; ~ **boots** skistøvler pl; ~ **pants** skibukser pl; ~ **poles** Am skistave pl; ~ **sticks** skistave pl

skid [skid] v *glide

skier ['ski:ə] n skiløber c

skiing ['ski:iŋ] n skiløb nt

ski jump ['ski:dʒʌmp] n skihop nt

skilful ['skilfəl] adj ferm, behændig, dygtig

ski lift ['ski:lift] n skilift c

skill [skil] n færdighed c, dygtighed c

skilled [skild] adj øvet, dreven; faglært

skin [skin] n hud c, skind nt; skal c; ~ **cream** hudcreme c

skip [skip] v hoppe; *springe over

skirt [skə:t] n nederdel c

skull [skʌl] n kranium nt

sky [skai] n himmel c

skyscraper ['skai,skreipə] n skyskraber c

slack [slæk] adj træg

slacks [slæks] pl slacks pl

slam [slæm] v smække

slander ['sla:ndə] n bagvaskelse c

slang [slæŋ] n slang c

slant [sla:nt] v skråne

slanting ['sla:ntiŋ] adj skrå, skrånende

slap [slæp] v *slå; n slag nt

slate [sleit] n skifer c

slave [sleiv] n slave c

sledge [sledʒ] n slæde c, kælk c

sleep [sli:p] n søvn c

***sleep** [sli:p] v *sove

sleeping bag ['sli:piŋbæg] n sovepose c

sleeping car ['sli:piŋka:] n sovevogn c

sleeping pill ['sli:piŋpil] n sovepille c

sleepless ['sli:pləs] adj søvnløs

sleepy ['sli:pi] adj søvnig

sleeve [sli:v] n ærme nt; omslag nt

sleigh [slei] n slæde c, kane c

slender ['slendə] adj slank

slice [slais] n skive c

slide [slaid] n rutschebane c; lysbillede nt

***slide** [slaid] v *glide

slight [slait] adj ubetydelig; svag

slim [slim] adj slank; v slanke sig

slip [slip] v *glide, *skride; smutte fra; n fejltrin nt; underkjole c

slipper ['slipə] n tøffel c,

slippery

morgensko c
slippery ['slipəri] *adj* glat, smattet
slogan ['slougən] *n* slogan *nt*, slagord *nt*
slope [sloup] *n* skrænt c; *v* skråne
sloping ['sloupiŋ] *adj* skrånende
sloppy ['slɔpi] *adj* sjusket
slot [slɔt] *n* møntindkast *nt*
slot machine ['slɔt,məʃi:n] *n* automat c
slovenly ['slʌvənli] *adj* sjusket; uoigneret
slow [slou] *adj* tungnem, langsom; ~ **down** *v* *sætte tempoet ned, sagtne farten, *sætte farten ned; bremse
sluice [slu:s] *n* sluse c
slum [slʌm] *n* slum c
slump [slʌmp] *n* prisfald *nt*
slush [slʌʃ] *n* sjap *nt*
sly [slai] *adj* snu
smack [smæk] *v* smække; *n* dask *nt*
small [smɔ:l] *adj* lille; ringe
smallpox ['smɔ:lpɔks] *n* kopper *pl*
smart [sma:t] *adj* smart, vaks
smell [smel] *n* lugt c
smash [smæʃ] *n* sammenstød *nt*; *v* smadre
***smell** [smel] *v* lugte; *stinke
smelly ['smeli] *adj* ildelugtende
smile [smail] *v* smile; *n* smil *nt*
smith [smiθ] *n* smed c
smoke [smouk] *v* *ryge; *n* røg

c; **no smoking** rygning forbudt
smoker ['smoukə] *n* ryger c; rygekupé c
smoking compartment ['smoukiŋkəm,pa:tmənt] *n* rygekupé c
smoke-free ['smouk'fri:] *adj* røgfri
smooth [smu:ð] *adj* glat, smul; blød
smuggle ['smʌgəl] *v* smugle
snack [snæk] *n* bid mad
snack bar ['snækba:] *n* snackbar c
snail [sneil] *n* snegl c
snake [sneik] *n* slange c
snapshot ['snæpʃɔt] *n* snapshot *nt*, øjebliksbillede *nt*
sneakers ['sni:kəz] *plAm* gymnastiksko *pl*
sneeze [sni:z] *v* *nyse
sniper ['snaipə] *n* snigskytte c
snooty ['snu:ti] *adj* storsnudet
snore [snɔ:] *v* snorke
snorkel ['snɔ:kəl] *n* snorkel c
snout [snaut] *n* snude c
snow [snou] *n* sne c; *v* sne
snowstorm ['snoustɔ:m] *n* snestorm c
snowy ['snoui] *adj* snedækket
so [sou] *conj* altså; *adv* sådan; så, i den grad; **and** ~ **on** og så videre; ~ **far** hidtil; ~ **that** så at, så
soak [souk] *v* gennemvæde, gennembløde, udbløde, *lægge i blød

sorrow

soap [soup] *n* sæbe *c*; ~ **powder** sæbepulver *nt*
sober ['soubə] *adj* ædru; besindig
so-called [,sou'kɔ:ld] *adj* såkaldt
soccer ['sɔkə] *n* fodbold *c*; ~ **team** fodboldhold *nt*
social ['souʃəl] *adj* samfunds-, social
socialism ['souʃəlizəm] *n* socialisme *c*
socialist ['souʃəlist] *adj* socialistisk; *n* socialist *c*
society [sə'saiəti] *n* samfund *nt*; selskab *nt*, forening *c*
sock [sɔk] *n* sok *c*
socket ['sɔkit] *n* fatning *c*
soda ['soudə] *nAm* sodavand *c*; ~ **water** *n* danskvand *nt*
sofa ['soufə] *n* sofa *c*
soft [sɔft] *adj* blød; ~ **drink** alkoholfri drik
software ['sɔftweə] *n* software *c*
soften ['sɔfən] *v* *blødgøre
soil [sɔil] *n* jord *c*; jordbund *c*
soiled [sɔild] *adj* tilsølet
solar ['soulə] *adj* sol-; ~ **system** *n* solsystem *c*
sold [sould] *v* (p, pp sell); ~ **out** udsolgt
soldier ['souldʒə] *n* soldat *c*
sole[1] [soul] *adj* eneste
sole[2] [soul] *n* sål *c*; søtunge *c*
solely ['soulli] *adv* udelukkende
solemn ['sɔləm] *adj* højtidelig
solicitor [sə'lisitə] *n* advokat *c*

solid ['sɔlid] *adj* solid; massiv; *n* fast stof
soluble ['sɔljubəl] *adj* opløselig
solution [sə'lu:ʃən] *n* løsning *c*; opløsning *c*
solve [sɔlv] *v* løse
sombre ['sɔmbə] *adj* skummel
some [sʌm] *adj* nogle; *pron* visse, nogle; noget; ~ **day** engang; ~ **more** lidt mere; ~ **time** engang
somebody ['sʌmbədi] *pron* nogen
somehow ['sʌmhau] *adv* på en eller anden måde
someone ['sʌmwʌn] *pron* nogen
something ['sʌmθiŋ] *pron* noget
sometimes ['sʌmtaimz] *adv* somme tider
somewhat ['sʌmwɔt] *adv* noget
somewhere ['sʌmweə] *adv* et eller andet sted
son [sʌn] *n* søn *c*
song [sɔŋ] *n* sang *c*
son-in-law ['sʌninlɔ:] *n* (pl sons-) svigersøn *c*
soon [su:n] *adv* inden længe, hurtigt, snart, snarligt; **as** ~ **as** så snart som
sooner ['su:nə] *adv* snarere
sore [sɔ:] *adj* øm; *n* ømt sted; byld *c*; ~ **throat** ondt i halsen
sorrow ['sɔrou] *n* græmmelse *c*, bedrøvelse *c*, smerte *c*

sorry ['sɔri] *adj* ked af det; **sorry!** undskyld!

sort [sɔ:t] *v* ordne, sortere; *n* slags *c*; **all sorts of** flere slags

soul [soul] *n* sjæl *c*; gejst *c*

sound [saund] *n* klang *c*, lyd *c*; *v* *lyde; *adj* tilforladelig; sund

soundproof ['saundpru:f] *adj* lydtæt

soup [su:p] *n* suppe *c*

soup plate ['su:ppleit] *n* suppetallerken *c*

soup spoon ['su:pspu:n] *n* suppeske *c*

sour [sauə] *adj* sur

source [sɔ:s] *n* udspring *nt*

south [sauθ] *n* syd; **South Pole** sydpol *c*

South Africa [sauθ 'æfrikə] Sydafrika

southeast [ˌsauθ'i:st] *n* sydøst

southerly ['sʌðəli] *adj* sydlig

southern ['sʌðən] *adj* sydlig

southwest [ˌsauθ'west] *n* sydvest

souvenir ['su:vəniə] *n* souvenir *c*; ~ **shop** souvenirbutik *c*

Soviet ['souviət] *adj* sovjetisk

***sow** [sou] *v* så

spa [spɑ:] *n* kursted *nt*

space [speis] *n* plads *c*; rum *nt*; afstand *c*, mellemrum *nt*; *v* *anbringe med mellemrum; ~ **shuttle** *n* rumskib *nt*

spacious ['speiʃəs] *adj* rummelig

spade [speid] *n* spade *c*

Spain [spein] Spanien

Spaniard ['spænjəd] *n* spanier *c*

Spanish ['spæniʃ] *adj* spansk

spanking ['spæŋkiŋ] *n* endefuld *c*

spare [spɛə] *adj* reserve-, ekstra; *v* undvære; ~ **part** reservedel *c*; ~ **room** gæsteværelse *nt*; ~ **time** fritid *c*; ~ **tyre** reservedæk *nt*; ~ **wheel** reservehjul *nt*

spark [spɑ:k] *n* gnist *c*

sparking plug ['spɑ:kiŋplʌg] *n* tændrør *nt*

sparkling ['spɑ:kliŋ] *adj* funklende; mousserende

sparrow ['spærou] *n* spurv *c*

***speak** [spi:k] *v* tale

speaker phone ['spi:kəˌfoun] *n* speakertelefon *c*

spear [spiə] *n* spyd *nt*

special ['speʃəl] *adj* speciel, særlig; ~ **delivery** ekspres

specialist ['speʃəlist] *n* specialist *c*

speciality [ˌspeʃi'æləti] *n* specialitet *c*

specialize ['speʃəlaiz] *v* specialisere sig

specially ['speʃəli] *adv* i særdeleshed

species ['spi:ʃi:z] *n* (pl ~) art *c*

specific [spə'sifik] *adj* specifik

specimen ['spesimən] *n*

sport

eksemplar *nt*
speck [spek] *n* plet *c*
spectacle ['spektəkəl] *n* skue *nt*, skuespil *nt*; **spectacles** briller *pl*
spectator [spek'teitə] *n* seer *c*, tilskuer *c*
speculate ['spekjuleit] *v* spekulere
speech [spi:tʃ] *n* talens brug; tale *c*
speechless ['spi:tʃləs] *adj* målløs
speed [spi:d] *n* hastighed *c*; fart *c*, hurtighed *c*; **cruising ~** marchhastighed *c*; **~ limit** hastighedsgrænse *c*
*****speed** [spi:d] *v* køre hurtigt; køre for hurtigt
speed dial(ing) ['spi:d,dail(iŋ)] *n* speed-dial (facilitet) *c*
speeding ['spi:diŋ] *n* overtrædelse af hastighedsgrænse
speedometer [spi:'dɔmitə] *n* speedometer *nt*
spell [spel] *n* fortryllelse *c*
*****spell** [spel] *v* stave
spelling ['speliŋ] *n* stavemåde *c*
*****spend** [spend] *v* *give ud, bruge, spendere; *tilbringe
sphere [sfiə] *n* kugle *c*; område *nt*
spice [spais] *n* krydderi *nt*; **spices** krydderier
spiced [spaist] *adj* krydret
spicy ['spaisi] *adj* krydret
spider ['spaidə] *n* edderkop *c*;
spider's web spindelvæv *nt*
*****spill** [spil] *v* spilde
*****spin** [spin] *v* *spinde; snurre
spinach ['spinidʒ] *n* spinat *c*
spine [spain] *n* rygsøjle *c*
spire [spaiə] *n* spir *nt*
spirit ['spirit] *n* ånd *c*; spøgelse *nt*; humør *nt*; **spirits** spirituosa *pl*, stærke drikke; humør *nt*; **~ stove** spritapparat *nt*
spiritual ['spiritʃuəl] *adj* åndelig
spit [spit] *n* spyt *nt*; spid *nt*;
*****spit** [spit] *v* spytte
spite [spait] *n* ondskabsfuldhed *c*; **in ~ of** trods for
spiteful ['spaitfəl] *adj* ondskabsfuld
splash [splæʃ] *v* sprøjte
splendid ['splendid] *adj* pragtfuld, fremragende
splendour ['splendə] *n* pragt *c*
splint [splint] *n* benskinne *c*
splinter ['splintə] *n* splint *c*
*****split** [split] *v* spalte
*****spoil** [spɔil] *v* *ødelægge; forkæle
spoke[1] [spouk] *v* (p speak)
spoke[2] [spouk] *n* ege *c*
sponge [spʌndʒ] *n* svamp *c*
spool [spu:l] *n* spole *c*
spoon [spu:n] *n* ske *c*
spoonful ['spu:nful] *n* skefuld *c*
sport [spɔ:t] *n* sport *c*; **~ utility vehicle** *n* SUV; firehjulstrækker *nt*

sports car

sports car ['spɔ:tska:] *n* sportsvogn *c*
sports jacket ['spɔ:ts,dʒækit] *n* sportsjakke *c*
sportsman ['spɔ:tsmən] *n* (pl -men) sportsmand *c*
sportswear ['spɔ:tsweə] *n* sportstøj *pl*
sportswoman ['spɔ:tswumən] *n* (pl -women) sportskvinde *c*
spot [spɔt] *n* plet *c*; sted *nt*
spotless ['spɔtləs] *adj* pletfri
spotlight ['spɔtlait] *n* projektør *c*
spotted ['spɔtid] *adj* plettet
spout [spaut] *n* sprøjt *nt*
sprain [sprein] *v* forstuve; forstuvning *c*
spray [sprei] *n* spray *c*; *v* sprøjte
*****spread** [spred] *v* brede, brede ud
spring [spriŋ] *n* forår *nt*; fjeder *c*; kilde *c*
springtime ['spriŋtaim] *n* forår *nt*
sprouts [sprauts] *pl* rosenkål *c*
spy [spai] *n* spion *c*, agent *c*; ~ **on** spionere
square [skweə] *adj* kvadratisk; *n* kvadrat *nt*; plads *c*, torv *nt*
squeeze [skwi:z] *v* presse igennem
squirrel ['skwirəl] *n* egern *nt*
squirt [skwə:t] *n* sprøjt *nt*
stable ['steibəl] *adj* stabil; *n*

356

stald *c*
stack [stæk] *n* stabel *c*
stadium ['steidiəm] *n* stadion *nt*
staff [sta:f] *n* personale *nt*
stage [steidʒ] *n* scene *c*; stadium *nt*, fase *c*; etape *c*
stain [stein] *v* plette; *n* plet *c*; **stained glass** kulørt glas; ~ **remover** pletfjerner *c*
stainless ['steinləs] *adj* pletfri; ~ **steel** rustfrit stål
staircase ['steəkeis] *n* trappe *c*
stairs [steəz] *pl* trappe *c*
stale [steil] *adj* gammel
stall [stɔ:l] *n* bod *c*; parketplads *c*
stamp [stæmp] *n* frimærke *nt*; stempel *nt*; *v* frankere; stampe; ~ **machine** frimærkeautomat *c*
stand [stænd] *n* stade *nt*; tribune *c*
*****stand** [stænd] *v* *stå; *udholde
standard ['stændəd] *n* måleenhed *c*, norm *c*; standard-; ~ **of living** levestandard *c*
stanza ['stænzə] *n* strofe *c*
staple ['steipəl] *n* hæfteklamme *c*
star [sta:] *n* stjerne *c*
starboard ['sta:bəd] *n* styrbord *nt*
stare [steə] *v* stirre
starling ['sta:liŋ] *n* stær *c*
start [sta:t] *v* starte; *n* start *c*
starting point ['sta:tiŋpɔint]

stipulation

n udgangspunkt *nt*
state [steit] *n* stat *c*; tilstand *c*; *v* erklære
the States [ðə steits] Forenede Stater
statement ['steitmənt] *n* erklæring *c*
statesman ['steitsmən] *n* (pl -men) statsmand *c*
station ['steiʃən] *n* station *c*; position *c*
stationary ['steiʃənəri] *adj* stationær
stationer's ['steiʃənəz] *n* papirhandel *c*
stationery ['steiʃənəri] *n* papirvarer *pl*
statistics [stə'tistiks] *pl* statistik *c*
statue ['stætʃuː] *n* statue *c*
stay [stei] *v* *forblive, *blive; *opholde sig, bo; *n* ophold *nt*
steadfast ['stedfɑːst] *adj* standhaftig
steady ['stedi] *adj* støt
steak [steik] *n* bøf *c*
***steal** [stiːl] *v* *stjæle; liste
steam [stiːm] *n* damp *c*
steamer ['stiːmə] *n* dampskib *nt*
steel [stiːl] *n* stål *nt*
steep [stiːp] *adj* brat, stejl
steeple ['stiːpəl] *n* kirketårn *nt*
steer [stiə] *v* styre
steering column ['stiəriŋˌkɔləm] *n* ratstamme *c*
steering wheel ['stiəriŋwiːl] *n* rat *nt*

steersman ['stiəzmən] *n* (pl -men) rorgænger *c*
stem [stem] *n* stilk *c*
stem cell ['stemˌsel] *n* stamcelle *c*
step [step] *n* skridt *nt*, trin *nt*; *v* *træde
stepchild ['steptʃaild] *n* (pl -children) stedbarn *nt*
stepfather ['stepˌfɑːðə] *n* stedfar *c*
stepmother ['stepˌmʌðə] *n* stedmor *c*
stereo [steriou] *n* stereo *c*
sterile ['sterail] *adj* steril
sterilize ['sterilaiz] *v* sterilisere
steward ['stjuːəd] *n* hovmester *c*
stewardess ['stjuːədes] *n* stewardesse *c*
stick [stik] *n* kæp *c*
***stick** [stik] *v* klistre, klæbe
sticker ['stikə] *n* selvklæbende mærkat *c*
sticky ['stiki] *adj* klæbrig
stiff [stif] *adj* stiv
still [stil] *adv* endnu; dog; *adj* stille
stimulant ['stimjulənt] *n* stimulans *c*
stimulate ['stimjuleit] *v* stimulere
sting [stiŋ] *n* stik *nt*
***sting** [stiŋ] *v* *stikke
stingy ['stindʒi] *adj* smålig
***stink** [stiŋk] *v* *stinke
stipulate ['stipjuleit] *v* *fastsætte, stipulere
stipulation [ˌstipju'leiʃən] *n*

stir

bestemmelse *c*
stir [stəː] *v* røre sig; røre
stitch [stitʃ] *n* sting *nt*
stock [stɔk] *n* lager *nt*; *v* *have på lager; ~ **exchange** fondsbørs *c*, børs *c*; ~ **market** aktiemarked *nt*; **stocks and shares** værdipapirer *pl*
stocking ['stɔkiŋ] *n* strømpe *c*
stole[1] [stoul] *v* (p steal)
stole[2] [stoul] *n* stola *c*
stomach ['stʌmək] *n* mave *c*
stomach ache ['stʌməkeik] *n* mavesmerter *pl*, mavepine *c*
stone [stoun] *n* sten *c*; ædelsten *c*; sten-; **pumice ~** pimpsten *c*
stood [stud] *v* (p, pp stand)
stop [stɔp] *v* stoppe; indstille, ophøre med; *n* stoppested *nt*; **stop!** stop!
stopper ['stɔpə] *n* prop *c*
storage ['stɔːridʒ] *n* oplagring *c*
store [stɔː] *n* lager *nt*; forretning *c*; *v* oplagre
store house ['stɔːhaus] *n* pakhus *nt*
storey ['stɔːri] *n* etage *c*, sal *c*
stork [stɔːk] *n* stork *c*
storm [stɔːm] *n* uvejr *nt*
stormy ['stɔːmi] *adj* stormfuld; urolig
story ['stɔːri] *n* historie *c*
stout [staut] *adj* svær, korpulent, kraftig
stove [stouv] *n* ovn *c*; komfur *nt*

358

straight [streit] *adj* lige; ærlig; *adv* direkte; ~ **ahead** ligeud; ~ **away** straks, med det samme; ~ **on** ligeud
strain [strein] *n* anstrengelse *c*; anspændelse *c*; *v* forcere; si
strainer ['streinə] *n* dørslag *nt*
strange [streindʒ] *adj* fremmed; mærkværdig
stranger ['streindʒə] *n* fremmed *c*; ukendt person
strangle ['stræŋgəl] *v* *kvæle
strap [stræp] *n* rem *c*
straw [strɔː] *n* strå *nt*; sugerør *nt*
strawberry ['strɔːbəri] *n* jordbær *nt*
stream [striːm] *n* strøm *c*, bæk *c*; vandløb *nt*; *v* strømme
street [striːt] *n* gade *c*
streetcar ['striːtkɑː] *n* Am sporvogn *c*
strength [streŋθ] *n* styrke *c*
stress [stres] *n* stress *c*; betoning *c*; *v* markere, betone
stretch [stretʃ] *v* *strække; *n* strækning *c*
strict [strikt] *adj* striks; streng
strike [straik] *n* strejke *c*
***strike** [straik] *v* *slå; ramme; strejke; *stryge
striking ['straikiŋ] *adj* slående, påfaldende
string [striŋ] *n* snor *c*; streng *c*
strip [strip] *n* strimmel *c*
stripe [straip] *n* stribe *c*

suddenly

striped [straipt] *adj* stribet
stroke [strouk] *n* slagtilfælde *nt*
stroll [stroul] *v* slentre; *n* slentretur *c*
strong [strɔŋ] *adj* stærk; kraftig
stronghold ['strɔŋhould] *n* borg *c*
structure ['strʌktʃə] *n* struktur *c*
struggle ['strʌɡəl] *n* strid *c*, kamp *c*; *v* *slås, kæmpe
stub [stʌb] *n* talon *c*
stubborn ['stʌbən] *adj* stædig
student ['stju:dənt] *n* student *c*
studies ['stʌdiz] *pl* studium *nt*
study ['stʌdi] *v* studere; *n* studium *nt*; arbejdsværelse *nt*
stuff [stʌf] *n* materiale *nt*; sager *pl*
stuffed [stʌft] *adj* farseret; udstoppet
stuffing ['stʌfiŋ] *n* fyld *nt*
stuffy ['stʌfi] *adj* trykkende
stumble ['stʌmbəl] *v* snuble
stung [stʌŋ] *v* (p, pp sting)
stupid ['stju:pid] *adj* dum
style [stail] *n* stil *c*
subject[1] ['sʌbdʒikt] *n* subjekt *nt*, emne *nt*; statsborger *c*; ~ **to** disponeret for
subject[2] [səb'dʒekt] *v* underkaste
submarine ['sʌbməri:n] *n* u-båd *c*

submit [səb'mit] *v* underkaste sig
subordinate [sə'bɔ:dinət] *adj* underordnet; sekundær
subscriber [səb'skraibə] *n* abonnent *c*
subscription [səb'skripʃən] *n* abonnement *nt*
subsequent ['sʌbsikwənt] *adj* følgende
subsidy ['sʌbsidi] *n* tilskud *nt*
substance ['sʌbstəns] *n* substans *c*
substantial [səb'stænʃəl] *adj* faktisk; virkelig; anselig
substitute ['sʌbstitju:t] *v* erstatte; *n* erstatning *c*; stedfortræder *c*
subtitle ['sʌb,taitəl] *n* undertitel *c*
subtle ['sʌtəl] *adj* subtil
subtract [səb'trækt] *v* *fratrække, *trække fra
suburb ['sʌbə:b] *n* forstad *c*
suburban [sə'bə:bən] *adj* forstads-
subway ['sʌbwei] *nAm* undergrundsbane *c*
succeed [sək'si:d] *v* lykkes; *efterfølge
success [sək'ses] *n* succes *c*
successful [sək'sesfəl] *adj* vellykket
succumb [sə'kʌm] *v* bukke under
such [sʌtʃ] *adj* sådan; *adv* sådan; ~ **as** sådan som
suck [sʌk] *v* suge, sutte
sudden ['sʌdən] *adj* pludselig
suddenly ['sʌdənli] *adv*

pludseligt
suede ['sweid] n ruskind nt
suffer ['sʌfə] v *lide, *gennemgå
suffering ['sʌfəriŋ] n lidelse c
suffice [sə'fais] v *være tilstrækkelig
sufficient [sə'fiʃənt] adj fyldestgørende, tilstrækkelig
suffrage ['sʌfridʒ] n stemmeret c, valgret c
sugar ['ʃugə] n sukker nt
suggest [sə'dʒest] v *foreslå
suggestion [sə'dʒestʃən] n forslag nt
suicide ['su:isaid] n selvmord nt
suicide attack ['sju:əsaid,ə,tæk] n selvmordsangreb nt
suicide bomber ['sju:əsaid,bɔmə] n selvmordsbomber c
suit [su:t] v passe; tilpasse; klæde; n jakkesæt nt
suitable ['su:təbəl] adj passende
suitcase ['su:tkeis] n kuffert c
suite [swi:t] n suite c
sum [sʌm] n sum c
summary ['sʌməri] n sammenfatning c, resumé nt
summer ['sʌmə] n sommer c; ~ **time** sommertid c
summit ['sʌmit] n top c
sun [sʌn] n sol c
sunbathe ['sʌnbeið] v solbade
sunburn ['sʌnbə:n] n solskoldning c
Sunday ['sʌndi] n søndag c
sunglasses ['sʌn,glɑ:siz] pl solbriller pl
sunlight ['sʌnlait] n sollys nt
sunny ['sʌni] adj solrig
sunrise ['sʌnraiz] n solopgang c
sunset ['sʌnset] n solnedgang c
sunshade ['sʌnʃeid] n solskærm c
sunshine ['sʌnʃain] n solskin nt
sunstroke ['sʌnstrouk] n solstik nt
suntan oil ['sʌntænɔil] sololie c
super ['sju:pə] adj colloquial super
superb [su'pə:b] adj storslået, prægtig
superficial [,su:pə'fiʃəl] adj overfladisk
superfluous [su'pə:fluəs] adj overflødig
superior [su'piəriə] adj højere, overlegen, bedre, større
superlative [su'pə:lətiv] adj superlativ c; n superlativ c
supermarket ['su:pə,mɑ:kit] n supermarked nt
superstition [,su:pə'stiʃən] n overtro c
supervise ['su:pəvaiz] v føre kontrol med, *have opsyn med
supervision [,su:pə'viʒən] n kontrol c, opsyn c

supervisor ['su:pəvaizə] *n* tilsynsførende *c*

supper ['sʌpə] *n* aftensmad *c*

supple ['sʌpəl] *adj* smidig, bøjelig

supplement ['sʌplimənt] *n* tillæg *nt*; supplement *nt*; *v* supplere

supply [sə'plai] *n* tilførsel *c*, forsyning *c*; forråd *nt*; udbud *nt*; *v* forsyne, skaffe

support [sə'pɔ:t] *v* *bære, støtte; *n* støtte *c*; ~ **hose** støttestrømpe *c*

supporter [sə'pɔ:tə] *n* tilhænger *c*

suppose [sə'pouz] *v* formode, *antage, *gå ud fra; **supposing that** forudsat at

suppository [sə'pɔzitəri] *n* stikpille *c*

suppress [sə'pres] *v* undertrykke

surcharge ['sə:tʃɑ:dʒ] *n* tillæg *nt*

sure [ʃuə] *adj* sikker

surely ['ʃuəli] *adv* sikkert

surface ['sə:fis] *n* overflade *c*

surf [sə:f] *v* surfe

surfboard ['sə:fbɔ:d] *n* surfboard *nt*

surgeon ['sə:dʒən] *n* kirurg *c*; **veterinary** ~ veterinær *c*

surgery ['sə:dʒəri] *n* operation *c*; konsultationsværelse *nt*

surname ['sə:neim] *n* efternavn *nt*

surplus ['sə:pləs] *n* overskud *nt*

surprise [sə'praiz] *n* overraskelse *c*; *v* overraske

surrender [sə'rendə] *v* *overgive sig; *n* overgivelse *c*

surround [sə'raund] *v* *omgive, omringe

surrounding [sə'raundiŋ] *adj* omliggende

surroundings [sə'raundiŋz] *pl* omegn *c*

survey ['sə:vei] *n* oversigt *c*

survival [sə'vaivəl] *n* overlevelse *c*

survive [sə'vaiv] *v* overleve

suspect[1] [sə'spekt] *v* mistænke; ane

suspect[2] ['sʌspekt] *n* mistænkt *c*

suspend [sə'spend] *v* suspendere

suspenders [sə'spendəz] *plAm* seler *pl*; ~ **bridge** hængebro *c*

suspension [sə'spenʃən] *n* affjedring *c*

suspicion [sə'spiʃən] *n* mistanke *c*; mistro *c*

suspicious [sə'spiʃəs] *adj* mistænkelig; mistroisk, mistænksom

sustain [sə'stein] *v* tåle

SUV ['esyu:'vi:]; **sport utility vehicle** *n* SUV; firehjulstrækker *nt*

Swahili [swə'hi:li] *n* swahili *nt*

swallow ['swɔlou] *v* *synke, sluge; *n* svale *c*

swam [swæm] *v* (p swim)

swamp

swamp [swɔmp] *n* mose *c*
swan [swɔn] *n* svane *c*
swap [swɔp] *v* bytte
***swear** [sweə] *v* *sværge; bande
sweat [swet] *n* sved *c*; *v* svede
sweater [ˈswetə] *n* sweater *c*
Swede [swiːd] *n* svensker *c*
Sweden [ˈswiːdən] Sverige
Swedish [ˈswiːdiʃ] *adj* svensk
***sweep** [swiːp] *v* feje
sweet [swiːt] *adj* sød; *n* bolsje *nt*; dessert *c*; **sweets** godter *pl*, slik *nt*
sweeten [ˈswiːtən] *v* søde
sweetheart [ˈswiːthɑːt] *n* kæreste *c*, skat *c*
sweetshop [ˈswiːtʃɔp] *n* chokoladeforretning *c*
swell [swel] *adj* prægtig
***swell** [swel] *v* svulme
swelling [ˈsweliŋ] *n* opsvulmning *c*
swift [swift] *adj* hurtig
***swim** [swim] *v* svømme
swimmer [ˈswimə] *n* svømmer *c*
swimming [ˈswimiŋ] *n* svømning *c*; **~ pool** svømmebassin *nt*
swimmingtrunks [ˈswimiŋtrʌŋks] *pl* badebukser *pl*
swimsuit [ˈswimsuːt] *n*, **swimming suit** *nAm* badedragt *c*
swindle [ˈswindəl] *v* svindle; *n* svindel *c*
swindler [ˈswindlə] *n* svindler *c*

swing [swiŋ] *n* gynge *c*
***swing** [swiŋ] *v* *svinge; gynge
Swiss [swis] *adj* schweizisk; *n* schweizer *c*
switch [switʃ] *n* afbryder *c*; *v* skifte; **~ off** slukke for; **~ on** tænde for
switchboard [ˈswitʃbɔːd] *n* omstillingsbord *nt*
Switzerland [ˈswitsələnd] Schweiz
sword [sɔːd] *n* sværd *nt*
swum [swʌm] *v* (pp swim)
syllable [ˈsiləbəl] *n* stavelse *c*
symbol [ˈsimbəl] *n* symbol *nt*
sympathetic [ˌsimpəˈθetik] *adj* deltagende, medfølende
sympathy [ˈsimpəθi] *n* sympati *c*; medfølelse *c*
symphony [ˈsimfəni] *n* symfoni *c*
symptom [ˈsimtəm] *n* symptom *nt*
synagogue [ˈsinəɡɔɡ] *n* synagoge *c*
synonym [ˈsinənim] *n* synonym *nt*
synthetic [sinˈθetik] *adj* syntetisk
Syria [ˈsiriə] Syrien
Syrian [ˈsiriən] *adj* syrisk; *n* syrer *c*
syringe [siˈrindʒ] *n* sprøjte *c*
syrup [ˈsirəp] *n* sukkerlage *c*, saft *c*; sirup *c*
system [ˈsistəm] *n* system *nt*; **decimal ~** decimalsystem *nt*
systematic [ˌsistəˈmætik] *adj* systematisk

T

table ['teibəl] n bord nt; tabel c; ~ **of contents** indholdsfortegnelse c; ~ **tennis** bordtennis
tablecloth ['teibəlklɔθ] n dug c
tablespoon ['teibəlspu:n] n spiseske c
tablet ['tæblit] n tablet c
taboo [tə'bu:] n tabu nt
tactics ['tæktiks] pl taktik c
tag [tæg] n mærkeseddel c
tail [teil] n hale c
taillight ['teillait] n baglygte c
tailor ['teilə] n skrædder c
tailor-made ['teiləmeid] adj skræddersyet
*****take** [teik] v *tage; *gribe; *bringe; *forstå, opfatte, *begribe, fatte; ~ **away** fjerne, *tage væk; ~ **off** starte; ~ **out** fjerne; ~ **over** *overtage; ~ **place** *finde sted; ~ **up** *optage
take-off ['teikɔf] n start c
tale [teil] n fortælling c, eventyr nt
talent ['tælənt] n anlæg nt, talent nt
talented ['tæləntid] adj begavet
talk [tɔ:k] v tale, snakke; n samtale c
talkative ['tɔ:kətiv] adj snakkesalig
tall [tɔ:l] adj høj

tame [teim] adj tam; v tæmme
tampon ['tæmpən] n tampon c
tangerine [,tændʒə'ri:n] n mandarin c
tangible ['tændʒibəl] adj håndgribelig
tank [tæŋk] n tank c
tanker ['tæŋkə] n tankskib nt
tanned [tænd] adj brun
tap [tæp] n vandhane c; bank nt; v banke
tape [teip] n lydbånd nt; bændel nt; **adhesive** ~ tape c, klæbestrimmel c; hæfteplaster nt
tape measure ['teip,meʒə] n målebånd nt
tape recorder ['teipri,kɔ:də] n båndoptager c
tar [ta:] n tjære c
target ['ta:git] n skydeskive c, mål nt
tariff ['tærif] n tarif c
task [ta:sk] n opgave c
taste [teist] n smag c; v smage
tasteless ['teistləs] adj fad, smagløs
tasty ['teisti] adj velsmagende
taught [tɔ:t] v (p, pp teach)
tavern ['tævən] n kro c
tax [tæks] n skat c; v beskatte
taxation [tæk'seiʃən] n beskatning c

tax-free

tax-free ['tæksfri:] *adj* skattefri

taxi ['tæksi] *n* taxi *c*, hyrevogn *c*; ~ **rank** taxiholdeplads *c*; ~ **stand** *Am* taxiholdeplads *c*

taxi driver ['tæksi,draivə] *n* taxichauffør *c*

taximeter ['tæksi,mi:tə] *n* taxameter *c*

tea [ti:] *n* te *c*; eftermiddagste *c*

***teach** [ti:tʃ] *v* lære, undervise

teacher ['ti:tʃə] *n* lærer *c*; lærerinde *c*

teachings ['ti:tʃiŋz] *pl* lære *c*

tea cloth ['ti:klɔθ] *n* viskestykke *nt*

teacup ['ti:kʌp] *n* tekop *c*

team [ti:m] *n* hold *nt*

teapot ['ti:pɔt] *n* tepotte *c*

***tear** [tɛə] *v* *rive itu

tear[1] [tiə] *n* tåre *c*

tear[2] [tɛə] *n* rift *c*

tearjerker ['tiə,dʒə:kə] *n* tåreperser *c*

tease [ti:z] *v* drille

tea set ['ti:set] *n* testel *nt*

tea-shop ['ti:ʃɔp] *n* tesalon *c*

teaspoon ['ti:spu:n] *n* teske *c*

teaspoonful ['ti:spu:n,ful] *n* teskefuld *c*

technical ['teknikəl] *adj* teknisk; ~ **support** teknisk support *c*

technician [tek'niʃən] *n* tekniker *c*

technique [tek'ni:k] *n* teknik *c*

technological [,teknə'lɔdʒikəl] *adj* teknologisk

technology [tek'nɔlədʒi] *n* teknologi *c*

teenager ['ti:,neidʒə] *n* teenager *c*

telecommunications [,telikəmju:ni'keiʃənz] *pl* telekommunikation *c*

telegram ['teligræm] *n* telegram *nt*

telegraph ['teligra:f] *v* telegrafere

telepathy [ti'lepəθi] *n* telepati *c*

telephone ['telifoun] *n* telefon *c*; *v* telefonere; ~ **book** *Am* telefonbog *c*; ~ **booth** telefonboks *c*; ~ **call** telefonopringning *c*, telefonsamtale *c*; ~ **directory** telefonbog *c*; ~ **operator** telefondame *c*

telephonist [ti'lefənist] *n* telefondame *c*

television ['teliviʒən] *n* fjernsyn *nt*; ~ **set** fjernsynsapparat *nt*; **cable** ~ kabel-tv *nt*; **satellite** ~ satellit-tv *nt*

telex ['teleks] *n* fjernskriver *c*

***tell** [tel] *v* *sige; *fortælle

telly ['teli] *n colloquial* fjernsyn *nt*

temper ['tempə] *n* vrede *c*; sind *nt*

temperature ['temprətʃə] *n* temperatur *c*

tempest ['tempist] *n* uvejr *nt*

temple ['tempəl] *n* tempel *nt*;

tinding c
temporary ['tempərəri] *adj* midlertidig, foreløbig
tempt [tempt] *v* friste
temptation [temp'teiʃən] *n* fristelse c
ten [ten] *num* ti
tenant ['tenənt] *n* lejer c
tend [tend] *v* *have tilbøjelighed til; passe; ~ **to** hælde til
tendency ['tendənsi] *n* tendens c, tilbøjelighed c
tender ['tendə] *adj* øm, sart; mør
tendon ['tendən] *n* sene c
tennis ['tenis] *n* tennis; ~ **shoes** tennissko *pl*
tennis court ['tenisko:t] *n* tennisbane c
tense [tens] *adj* anspændt
tension ['tenʃən] *n* spænding c
tent [tent] *n* telt *nt*
tenth [tenθ] *num* tiende
tepid ['tepid] *adj* lunken
term [tə:m] *n* udtryk *nt*; semester *nt*, frist c, periode c; vilkår *nt*
terminal ['tə:minəl] *n* endestation c
terrace ['terəs] *n* terrasse c
terrain [te'rein] *n* terræn *nt*
terrible ['terəbl] *adj* frygtelig, forfærdelig, rædsom
terrific [tə'rifik] *adj* storartet
terrify ['terifai] *v* forfærde; **terrifying** frygtindgydende
territory ['teritəri] *n*

theoretical

territorium *nt*
terror ['terə] *n* rædsel c
terrorism ['terərizəm] *n* terror c, terrorisme c
terrorist ['terərist] *n* terrorist c
test [test] *n* test c; *v* teste, afprøve
testify ['testifai] *v* vidne
text [tekst] *n* tekst c; *v* tekste
textbook ['teksbuk] *n* lærebog c
textile ['tekstail] *n* tekstil *nt*
texture ['tekstʃə] *n* struktur c
Thai [tai] *adj* thailandsk; *n* thailænder c
Thailand ['tailænd] Thailand
than [ðæn] *conj* end
thank [θæŋk] *v* takke; ~ **you** tak
thankful ['θæŋkfəl] *adj* taknemmelig
that [ðæt] *adj* den; *pron* den, det; som; *conj* at
thaw [θɔ:] *v* tø, tø op; *n* tøvejr *nt*
the [ðə,ði] *art* -en; **the ... the** des ... des
theatre ['θiətə] *n* teater c
theft [θeft] *n* tyveri *nt*
their [ðeə] *adj* deres
them [ðem] *pron* dem
theme [θi:m] *n* tema *nt*, emne *nt*
themselves [ðəm'selvz] *pron* sig; selv
then [ðen] *adv* da; derefter, så
theology [θi'ɔlədʒi] *n* teologi c
theoretical [θiə'retikəl] *adj*

theory ['θiəri] n teori c
therapy ['θerəpi] n terapi c
there [ðɛə] adv der; derhen
therefore ['ðɛəfɔː] conj derfor
thermometer [θə'mɔmitə] n termometer nt
thermostat ['θəːməstæt] n termostat c
these [ðiːz] adj disse
thesis ['θiːsis] n (pl theses) læresætning c
they [ðei] pron de
thick [θik] adj tyk; tæt
thicken ['θikən] v jævne, *gøre tyk
thickness ['θiknəs] n tykkelse c
thief [θiːf] n (pl thieves) tyv c
thigh [θai] n lår nt
thimble ['θimbəl] n fingerbøl nt
thin [θin] adj tynd
thing [θiŋ] n ting c
***think** [θiŋk] v *synes; tænke; ~ of tænke på; ~ over tænke over
thinker ['θiŋkə] n tænker c
third [θəːd] num tredje
thirst [θəːst] n tørst c
thirsty ['θəːsti] adj tørstig
thirteen [,θəː'tiːn] num tretten
thirteenth [,θəː'tiːnθ] num trettende
thirtieth ['θəːtiəθ] num tredivte
thirty ['θəːti] num tredive
this [ðis] adj denne; pron denne
thistle ['θisəl] n tidsel c
thorn [θɔːn] n torn c
thorough ['θʌrə] adj omhyggelig, grundig
thoroughfare ['θʌrəfɛə] n færdselsåre c, hovedvej c
those [ðouz] adj de art; pron de
though [ðou] conj om end, skønt, selv om; adv dog
thought[1] [θɔːt] v (p, pp think)
thought[2] [θɔːt] n tanke c
thoughtful ['θɔːtfəl] adj tænksom; hensynsfuld
thousand ['θauzənd] num tusind
thread [θred] n tråd c; sytråd c; v *træde
threadbare ['θredbɛə] adj luvslidt
threat [θret] n trussel c
threaten ['θretən] v true
three [θriː] num tre
three-quarter [,θriː'kwɔːtə] adj trefjerdedels
threshold ['θreʃould] n tærskel c
threw [θruː] v (p throw)
thrifty ['θrifti] adj sparsommelig
throat [θrout] n strube c; hals c
throne [θroun] n trone c
through [θruː] prep gennem
throughout [θruː'aut] adv overalt
throw [θrou] n kast nt
***throw** [θrou] v slynge, kaste

thumb — toffee

thumb [θʌm] *n* tommelfinger *c*

thumbtack ['θʌmtæk] *nAm* tegnestift *c*

thump [θʌmp] *v* dunke

thunder ['θʌndə] *n* torden *c*; *v* tordne

thunderstorm ['θʌndəstɔːm] *n* tordenvejr *nt*

Thursday ['θəːzdi] torsdag *c*

thus [ðʌs] *adv* således

thyme [taim] *n* timian *c*

tick [tik] *n* mærke *nt*; ~ off krydse af

ticket ['tikit] *n* billet *c*; bøde *c*; ~ collector billetkontrollør *c*; ~ machine billetautomat *c*

tickle ['tikəl] *v* kilde

tide [taid] *n* tidevand *nt*; high ~ højvande *nt*; low ~ lavvande *nt*

tidy ['taidi] *adj* ordentlig; *v* ordne; ~ up rydde op

tie [tai] *v* *binde, knytte; *n* slips *c*

tiger ['taigə] *n* tiger *c*

tight [tait] *adj* stram; snæver; *adv* fast

tighten ['taitən] *v* stramme, spænde; strammes

tights [taits] *pl* strømpebukser *pl*

tile [tail] *n* kakkel *c*; tagsten *c*

till [til] *prep* indtil; *conj* indtil

timber ['timbə] *n* tømmer *nt*

time [taim] *n* tid *c*; gang *c*; all the ~ hele tiden; in ~ i tide; ~ of arrival ankomsttid *c*; ~ of departure afgangstid *c*

time-saving ['taim,seiviŋ] *adj* tidsbesparende

timetable ['taim,teibəl] *n* fartplan *c*

timid ['timid] *adj* sky

timidity [ti'midəti] *n* generthed *c*

tin [tin] *n* tin *nt*; dåse *c*; tinned food konserves *pl*

tinfoil ['tinfɔil] *n* stanniol *c*

tin opener ['ti,noupənə] *n* dåseåbner *c*

tiny ['taini] *adj* lille bitte

tip [tip] *n* spids *c*; drikkepenge *pl*

tire[1] [taiə] *n* dæk *nt*

tire[2] [taiə] *v* trætte

tired [taiəd] *adj* udmattet, træt

tiring ['taiəriŋ] *adj* trættende

tissue ['tiʃuː] *n* væv *nt*; papirlommetørklæde *c*

title ['taitəl] *n* titel *c*

to [tuː] *prep* til, hen til, i; for at

toad [toud] *n* tudse *c*

toadstool ['toudstuːl] *n* svamp *c*

toast [toust] *n* ristet brød; skål *c*

tobacco [tə'bækou] *n* (pl ~s) tobak *c*; ~ pouch tobakspung *c*

tobacconist [tə'bækənist] *n* tobakshandler *c*; **tobacconist's** tobakshandel *c*

today [tə'dei] *adv* i dag

toddler ['tɔdlə] *n* rolling *c*

toe [tou] *n* tå *c*

toffee ['tɔfi] *n* karamel *c*

together

together [təˈgeðə] *adv*
sammen

toilet [ˈtɔilət] *n* toilet *nt*; ~
case toilettaske *c*

toilet paper [ˈtɔilət,peipə] *n*
toiletpapir *nt*

toiletry [ˈtɔilətri] *n* toiletsager *pl*

token [ˈtoukən] *n* tegn *nt*;
bevis *nt*; polet *c*

told [tould] *v* (p, pp tell)

tolerable [ˈtɔlərəbəl] *adj*
udholdelig

toll [toul] *n* vejafgift *c*

tomato [təˈmɑːtou] *n* (pl ~es)
tomat *c*

tomb [tuːm] *n* grav *c*

tombstone [ˈtuːmstoun] *n*
gravsten *c*

tomorrow [təˈmɔrou] *adv* i
morgen

ton [tʌn] *n* ton *c*

tone [toun] *n* tone *c*; klang *c*

tongs [tɔŋz] *pl* tang *c*

tongue [tʌŋ] *n* tunge *c*

tonic [ˈtɔnik] *n* styrkende
middel

tonight [təˈnait] *adv* i aften, i
nat

tonsilitis [ˌtɔnsəˈlaitis] *n*
betændelse i mandlerne

tonsils [ˈtɔnsəlz] *pl*
(hals)mandler

too [tuː] *adv* for; også

took [tuk] *v* (p take)

tool [tuːl] *n* værktøj *nt*; ~ **kit**
værktøjssæt *nt*

toot [tuːt] *vAm* tude

tooth [tuːθ] *n* (pl teeth) tand *c*

toothache [ˈtuːθeik] *n*
tandpine *c*

toothbrush [ˈtuːθbrʌʃ] *n*
tandbørste *c*

toothpaste [ˈtuːθpeist] *n*
tandpasta *c*

toothpick [ˈtuːθpik] *n*
tandstikker *c*

toothpowder [ˈtuːθ,paudə] *n*
tandpulver *nt*

top [tɔp] *n* top *c*; overside *c*;
låg *nt*; **on** ~ **of** oven på; ~
side overside *c*

topic [ˈtɔpik] *n* emne *nt*

topical [ˈtɔpikəl] *adj* aktuel

torch [tɔːtʃ] *n* fakkel *c*;
lommelygte *c*

torment[1] [ˈtɔːment] *v* pine

torment[2] [tɔːˈment] *n* pine *c*

torture [ˈtɔːtʃə] *n* tortur *c*; *v*
tortere

toss [tɔs] *v* kaste

tot [tɔt] *n* pus *nr*

total [ˈtoutəl] *adj* total,
fuldstændig; *n* total *c*

totalitarian [ˌtoutæliˈtɛəriən]
adj totalitær

touch [tʌtʃ] *v* berøre, røre
ved; *n* berøring *c*; følesans *c*

touching [ˈtʌtʃiŋ] *adj*
rørende

tough [tʌf] *adj* sej

tour [tuə] *n* rundrejse *c*

tourism [ˈtuərizəm] *n*
turisme *c*

tourist [ˈtuərist] *n* turist *c*; ~
class turistklasse *c*; ~ **office**
turistbureau *nt*

tournament [ˈtuənəmənt] *n*
turnering *c*

tow [tou] *v* slæbe

translation

towards [tə'wɔːdz] *prep* imod
towel [tauəl] *n* håndklæde *nt*
towelling ['tauəliŋ] *n* frotté *c*
tower [tauə] *n* tårn *nt*
town [taun] *n* by *c*; ~ centre bymidte *c*; ~ hall rådhus *nt*
townspeople ['taunz,piːpəl] *pl* byboere *pl*
toxic ['tɔksik] *adj* giftig
toy [tɔi] *n* legetøj *pl*
toyshop ['tɔiʃɔp] *n* legetøjsforretning *c*
trace [treis] *n* spor *nt*; *v* opspore, eftersøge
track [træk] *n* spor *nt*; bane *c*; sti *c*; *v* eftersøge
tractor ['træktə] *n* traktor *c*
trade [treid] *n* handel *c*; erhverv *nt*, fag *nt*; *v* handle
trademark ['treidmɑːk] *n* varemærke *nt*
tradesman ['treidzmən] *n* (pl -men) købmand *c*; handlende *c*
tradeswoman ['treidzwumən] *n* (pl -women) ekspeditrice *c*
trade union [,treid'juːnjən] *n* fagforening *c*
tradition [trə'diʃən] *n* tradition *c*
traditional [trə'diʃənəl] *adj* traditionel
traffic ['træfik] *n* færdsel *c*; ~ jam trafikprop *c*; ~ light trafiklys *nt*
trafficator ['træfikeitə] *n* blinklys *nt*
tragedy ['trædʒədi] *n* tragedie *c*
tragic ['trædʒik] *adj* tragisk
trail [treil] *n* sti *c*, spor *nt*
trailer ['treilə] *n* anhænger *c*; *nAm* campingvogn *c*
train [trein] *n* tog *nt*; *v* dressere, træne; stopping ~ bumletog *nt*; through ~ gennemgående tog; ~ ferry togfærge *c*
trainee [trei'niː] *n* (*apprentice*) elev *c*; (*intern*) praktikant *c*
trainer ['treinə] *n* træner *c*
training ['treiniŋ] *n* træning *c*
trait [treit] *n* træk *nt*
traitor ['treitə] *n* forræder *c*
tram [træm] *n* sporvogn *c*
tramp [træmp] *n* landstryger *c*, vagabond *c*; *v* vagabondere
tranquil ['træŋkwil] *adj* rolig
tranquillizer ['træŋkwilaizə] *n* beroligende middel
transaction [træn'zækʃən] *n* transaktion *c*
transatlantic [,trænzət'læntik] *adj* transatlantisk
transfer [træns'fəː] *v* overføre
transform [træns'fɔːm] *v* omdanne
transformer [træns'fɔːmə] *n* transformator *c*
transition [træn'siʃən] *n* overgang *c*
translate [træns'leit] *v* *oversætte
translation [træns'leiʃən] *n*

oversættelse c
translator [træns'leitə] n translatør c
transmission [trænz'miʃən] n transmission c
transmit [trænz'mit] v sende, udsende
transmitter [trænz'mitə] n sender c
transparent [træn'spɛərənt] adj gennemsigtig
transport[1] ['trænspɔ:t] n transport c
transport[2] [træn'spɔ:t] v transportere
transportation [,trænspɔ:'teiʃən] n transport c
trap [træp] n fælde c
trash [træʃ] n skrammel nt; ~ can Am affaldsspand c
travel ['trævəl] v rejse; ~ agency rejsebureau nt; ~ agent rejsearrangør c; ~ insurance rejseforsikring c; **travelling expenses** rejseudgifter pl
traveller ['trævələ] n rejsende c; **traveller's cheque** rejsecheck c
tray [trei] n bakke c
treason ['tri:zən] n forræderi nt
treasure ['treʒə] n skat c
treasurer ['treʒərə] n kasserer c
treasury ['treʒəri] n finansministerium nt
treat [tri:t] v behandle
treatment ['tri:tmənt] n kur c, behandling c
treaty ['tri:ti] n traktat c
tree [tri:] n træ nt
tremble ['trembəl] v skælve, ryste
tremendous [tri'mendəs] adj kolossal
trendy ['trendi] adj colloquial moderigtig
trespass ['trespəs] v trænge ind
trespasser ['trespəsə] n uvedkommende c
trial [traiəl] n retssag c; prøve c
triangle ['traiæŋgəl] n trekant c
triangular [trai'æŋgjulə] adj trekantet
tribe [traib] n stamme c
tributary ['tribjutəri] n biflod c
tribute ['tribju:t] n hyldest c
trick [trik] n trick nt, fidus c
trigger ['trigə] n aftrækker c
trim [trim] v studse
trip [trip] n rejse c, udflugt c, tur c
triumph ['traiəmf] n triumf c; v triumfere
triumphant [trai'ʌmfənt] adj triumferende
troops [tru:ps] pl tropper pl
tropical ['trɔpikəl] adj tropisk
tropics ['trɔpiks] pl troperne pl
trouble ['trʌbəl] n bekymring c, ulejlighed c, umage c; v ulejlige
troublesome ['trʌbəlsəm]

adj besværlig
trousers ['trauzəz] *pl* bukser *pl*
trout [traut] *n* (pl ~) ørred *c*
truck [trʌk] *nAm* lastbil *c*
true [tru:] *adj* sand; ægte, virkelig; trofast, tro
trumpet ['trʌmpit] *n* trompet *c*
trunk [trʌŋk] *n* kuffert *c*; træstamme *c*; *nAm* bagagerum *c*; **trunks** *pl* gymnastikbukser *pl*
long-distance call ['trʌŋkkɔ:l] *n* rigstelefonsamtale *c*
trust [trʌst] *v* stole på; *n* tillid *c*
trustworthy ['trʌst,wə:ði] *adj* pålidelig
truth [tru:θ] *n* sandhed *c*
truthful ['tru:θfəl] *adj* sandfærdig
try [trai] *v* forsøge; prøve; *n* forsøg *nt*; ~ **on** prøve
tube [tju:b] *n* rør *nt*; tube *c*
tuberculosis [tju:,bə:kju'lousis] *n* tuberkulose *c*
Tuesday ['tju:zdi] tirsdag *c*
tug [tʌg] *v* slæbe; *n* bugserbåd *c*; ryk *nt*
tuition [tju:'iʃən] *n* undervisning *c*
tulip ['tju:lip] *n* tulipan *c*
tumour ['tju:mə] *n* svulst *c*
tuna ['tju:nə] *n* (pl ~, ~s) tunfisk *c*
tune [tju:n] *n* vise *c*, melodi *c*; ~ **in** stille ind

TV

tuneful ['tju:nfəl] *adj* melodisk
tunic ['tju:nik] *n* tunika *c*
Tunisia [tju:'niziə] Tunesien
Tunisian [tju:'niziən] *adj* tunesisk; *n* tuneser *c*
tunnel ['tʌnəl] *n* tunnel *c*
turbine ['tə:bain] *n* turbine *c*
turbojet [,tə:bou'dʒet] *n* turbojet *c*
Turkey ['tə:ki] Tyrkiet
turkey ['tə:ki] *n* kalkun *c*
Turkish ['tə:kiʃ] *adj* tyrkisk; ~ **bath** tyrkisk bad
turn [tə:n] *v* dreje; vende, dreje om; *n* drejning *c*, vending *c*; sving *nt*; tur *c*; ~ **back** vende om; ~ **down** forkaste; ~ **into** forvandle til; ~ **off** dreje af for; ~ **on** lukke op for, tænde for; dreje op for; ~ **over** vende om; ~ **round** vende; vende sig om
turning ['tə:niŋ] *n* sving *nt*
turning point ['tə:niŋpɔint] *n* vendepunkt *nt*
turnover ['tə:,nouvə] *n* omsætning *c*; ~ **tax** omsætningsskat *c*
turnpike ['tə:npaik] *nAm* afgiftsbelagt motorvej
turpentine ['tə:pəntain] *n* terpentin *c*
turtle ['tə:təl] *n* skildpadde *c*
tutor ['tju:tə] *n* huslærer *c*; formynder *c*
tuxedo [tʌk'si:dou] *nAm* (pl ~s, ~es) smoking *c*
TV [,ti:'vi:] *n colloquial* TV *nt*; **on** ~ på TV

tweed

tweed [twi:d] *n* tweed *c*
tweezers ['twi:zəz] *pl* pincet *c*
twelfth [twelfθ] *num* tolvte
twelve [twelv] *num* tolv
twentieth ['twentiiθ] *num* tyvende
twenty ['twenti] *num* tyve
twice [twais] *adv* to gange
twig [twig] *n* kvist *c*
twilight ['twailait] *n* tusmørke *nt*
twine [twain] *n* sejlgarn *nt*
twins [twinz] *pl* tvillinger *pl*; **twin beds** dobbeltsenge *pl*
twist [twist] *v* sno; *vride; *n* vridning *c*
two [tu:] *num* to
two-piece [,tu:'pi:s] *adj* todelt
type [taip] *v* *maskinskrive; *n* type *c*
typewriter ['taipraitə] *n* skrivemaskine *c*
typhoid ['taifɔid] *n* tyfus *c*
typical ['tipikəl] *adj* typisk, karakteristisk
typist ['taipist] *n* maskinskriverske *c*
tyrant ['taiərənt] *n* tyran *c*
tyre [taiə] *n* dæk *nt*; ~ **pressure** dæktryk *nt*

U

ugly ['ʌgli] *adj* grim
ulcer ['ʌlsə] *n* sår *nt*
ultimate ['ʌltimət] *adj* sidst
ultraviolet [,ʌltrə'vaiələt] *adj* ultraviolet
umbrella [ʌm'brelə] *n* paraply *c*
umpire ['ʌmpaiə] *n* dommer *c*
unable [ʌ'neibəl] *adj* ude af stand til
unacceptable [,ʌnək'septəbəl] *adj* uantagelig
unaccountable [,ʌnə'kauntəbəl] *adj* uforklarlig
unaccustomed [,ʌnə'kʌstəmd] *adj* uvant
unanimous [ju:'næniməs] *adj* enstemmig
unanswered [,ʌ'nɑ:nsəd] *adj* ubesvaret
unauthorized [,ʌ'nɔ:θəraizd] *adj* uautoriseret
unavoidable [,ʌnə'vɔidəbəl] *adj* uundgåelig
unaware [,ʌnə'weə] *adj* uvidende
unbearable [ʌn'beərəbəl] *adj* utålelig
unbreakable [,ʌn'breikəbəl] *adj* brudsikker
unbroken [,ʌn'broukən] *adj* intakt
unbutton [,ʌn'bʌtən] *v* knappe op
uncertain [ʌn'sə:tən] *adj* ubestemt, uvis
uncle ['ʌŋkəl] *n* onkel *c*
unclean [,ʌn'kli:n] *adj* uren

uncomfortable
[ˌʌnˈkʌmfətəbəl] *adj*
ubekvem

uncommon [ʌnˈkɔmən] *adj*
usædvanlig, ualmindelig

unconditional
[ˌʌnkənˈdiʃənəl] *adj*
betingelsesløs

unconscious [ʌnˈkɔnʃəs] *adj*
bevidstløs

uncork [ˌʌnˈkɔːk] *v* *trække op

uncover [ʌnˈkʌvə] *v* afdække

uncultivated
[ˌʌnˈkʌltiveitid] *adj*
uopdyrket

under [ˈʌndə] *prep* under, neden for, ned under

undercurrent [ˈʌndəˌkʌrənt] *n* understrøm *c*

underestimate
[ˌʌndəˈrestimeit] *v*
undervurdere

underground [ˈʌndəgraund] *adj* underjordisk; *n* undergrundsbane *c*

underline [ˌʌndəˈlain] *v* understrege *c*

underneath [ˌʌndəˈniːθ] *adv* underneden

underpants [ˈʌndəpænts] *plAm* underbenklæder *pl*

undershirt [ˈʌndəʃəːt] *n* undertrøje *c*

*understand [ˌʌndəˈstænd] *v* *forstå

understanding
[ˌʌndəˈstændiŋ] *n* forståelse *c*

understate [ˌʌndəˈsteit] *v*

underdrive

understatement
[ˌʌndəˈsteitmənt] *n*
underdrivelse *c*

*undertake [ˌʌndəˈteik] *v*
*foretage

undertaking [ˌʌndəˈteikiŋ] *n*
foretagende *nt*

underwater [ˈʌndəˌwɔːtə] *adj* undersøisk

underwear [ˈʌndəweə] *n*
undertøj *pl*

undesirable
[ˌʌndiˈzaiərəbəl] *adj*
uønsket

*undo [ˌʌnˈduː] *v* løse op

undoubtedly [ʌnˈdautidli]
adv utvivlsomt

undress [ˌʌnˈdres] *v* klæde sig af

unearned [ˌʌˈnəːnd] *adj*
ufortjent

uneasy [ʌˈniːzi] *adj* usikker

uneducated [ˌʌˈnedjukeitid] *adj* uskolet

unemployed [ˌʌnimˈplɔid] *adj* arbejdsløs

unemployment
[ˌʌnimˈplɔimənt] *n*
arbejdsløshed *c*

unequal [ˌʌˈniːkwəl] *adj* ulige

uneven [ˌʌˈniːvən] *adj* ulige, ujævn

unexpected [ˌʌnikˈspektid] *adj* uventet

unfair [ˌʌnˈfeə] *adj* uretfærdig

unfaithful [ˌʌnˈfeiθfəl] *adj* utro

unfamiliar [ˌʌnfəˈmiljə] *adj* ukendt

unfasten [ˌʌnˈfɑːsən] v løsne
unfavourable [ˌʌnˈfeivərəbəl] adj ugunstig
unfit [ˌʌnˈfit] adj uegnet
unfold [ʌnˈfould] v folde ud
unfortunate [ʌnˈfɔːtʃənət] adj uheldig
unfortunately [ʌnˈfɔːtʃənətli] adv beklageligvis, desværre
unfriendly [ˌʌnˈfrendli] adj uvenlig
ungrateful [ʌnˈgreitfəl] adj utaknemmelig
unhappy [ʌnˈhæpi] adj ulykkelig
unhealthy [ʌnˈhelθi] adj usund
unhurt [ˌʌnˈhəːt] adj uskadt
uniform [ˈjuːnifɔːm] n uniform c; adj ensartet
unimportant [ˌʌnimˈpɔːtənt] adj uvigtig
uninhabitable [ˌʌninˈhæbitəbəl] adj ubeboelig
uninhabited [ˌʌninˈhæbitid] adj ubeboet
unintentional [ˌʌninˈtenʃənəl] adj uforsætlig
union [ˈjuːnjən] n forening c; union c, forbund nt
unique [juːˈniːk] adj enestående; unik
unit [ˈjuːnit] n enhed c
unite [juːˈnait] v forene
united [juːˈnaitid] adj forenede
United States [juːˈnaitid steits] De Forenede Stater
unity [ˈjuːnəti] n enhed c
universal [ˌjuːniˈvəːsəl] adj universel, altomfattende
universe [ˈjuːnivəːs] n univers nt
university [ˌjuːniˈvəːsəti] n universitet nt
unjust [ˌʌnˈdʒʌst] adj uretfærdig
unkind [ʌnˈkaind] adj uvenlig
unknown [ʌnˈnoun] adj ukendt
unlawful [ˌʌnˈlɔːfəl] adj ulovlig
unlearn [ˌʌnˈləːn] v lære sig af med
unless [ənˈles] conj medmindre
unlike [ˌʌnˈlaik] adj forskellig
unlikely [ʌnˈlaikli] adj usandsynlig
unlimited [ʌnˈlimitid] adj grænseløs, ubegrænset
unload [ˌʌnˈloud] v udlosse, læsse af
unlock [ˌʌnˈlɔk] v låse op, lukke op
unlucky [ʌnˈlʌki] adj uheldig
unnecessary [ʌnˈnesəsəri] adj unødvendig
unoccupied [ˌʌˈnɔkjupaid] adj ledig
unofficial [ˌʌnəˈfiʃəl] adj uofficiel
unpack [ˌʌnˈpæk] v pakke ud
unpleasant [ʌnˈplezənt] adj kedelig, ubehagelig; usympatisk, utiltalende
unpopular [ˌʌnˈpɔpjulə] adj

urgency

ildeset, upopulær
unprotected [ˌʌnprə'tektid] *adj* ubeskyttet
unqualified [ˌʌn'kwɔlifaid] *adj* ukvalificeret
unreal [ˌʌn'riəl] *adj* uvirkelig
unreasonable [ˌʌn'ri:zənəbəl] *adj* urimelig
unreliable [ˌʌnri'laiəbəl] *adj* upålidelig
unrest [ˌʌn'rest] *n* uro *c*
unsafe [ˌʌn'seif] *adj* usikker
unsatisfactory [ˌʌnsætis'fæktəri] *adj* utilfredsstillende
unscrew [ˌʌn'skru:] *v* skrue af
unselfish [ˌʌn'selfiʃ] *adj* uselvisk
unskilled [ˌʌn'skild] *adj* ufaglært
unsound [ˌʌn'saund] *adj* usund
unstable [ˌʌn'steibəl] *adj* ustabil
unsteady [ˌʌn'stedi] *adj* ustabil, vaklevorn; vankelmodig
unsuccessful [ˌʌnsək'sesfəl] *adj* mislykket
unsuitable [ˌʌn'su:təbəl] *adj* upassende
unsurpassed [ˌʌnsə'pɑ:st] *adj* uovertruffen
untidy [ˌʌn'taidi] *adj* uordentlig
untie [ˌʌn'tai] *v* løse op
until [ən'til] *prep* indtil, til
untrue [ˌʌn'tru:] *adj* usand

untrustworthy [ˌʌn'trʌst,wə:ði] *adj* upålidelig
unusual [ʌn'ju:ʒuəl] *adj* usædvanlig, ualmindelig
unwell [ˌʌn'wel] *adj* utilpas
unwilling [ˌʌn'wiliŋ] *adj* uvillig
unwise [ˌʌn'waiz] *adj* uklog
unwrap [ˌʌn'ræp] *v* pakke op
up [ʌp] *adv* op, opefter
upholster [ʌp'houlstə] *v* *betrække, polstre
upkeep ['ʌpki:p] *c* vedligeholdelse *c*
uplands ['ʌpləndz] *pl* højland *nt*
upload ['ʌp,loud] *v* upload
upon [ə'pɔn] *prep* på
upper ['ʌpə] *adj* øvre, højere
upright ['ʌprait] *adj* rank; *adv* opretstående
upscale ['ʌp,skeil] *adj* (*neighborhood*) højklasse; (*restaurant*) klasse
***upset** [ʌp'set] *v* forpurre; *adj* bestyrtet, rystet, chokeret
upside down [ˌʌpsaid'daun] *adv* på hovedet
upstairs [ˌʌp'stɛəz] *adv* ovenpå
upstream [ˌʌp'stri:m] *adv* mod strømmen
upwards ['ʌpwədz] *adv* opad
urban ['ə:bən] *adj* bymæssig
urge [ə:dʒ] *v* tilskynde; *n* trang *c*
urgency ['ə:dʒənsi] *n* yderste vigtighed

urgent ['ə:dʒənt] *adj* hastebrugbar
urine ['juərin] *n* urin *c*
Uruguay ['juərəgwai]
Uruguay
Uruguayan [,juərə'gwaiən] *adj* uruguayansk; *n* uruguayaner *c*
us [ʌs] *pron* os
usable ['ju:zəbəl] *adj* anvendelig
usage ['ju:zidʒ] *n* sædvane *c*
use[1] [ju:z] *v* bruge; *be used to *være vant til; ~ up forbruge
use[2] [ju:s] *n* brug *c*; nytte *c*; *be of ~ nytte
useful ['ju:sfəl] *adj* nyttig,

useless ['ju:sləs] *adj* unyttig
user ['ju:zə] *n* bruger *c*
usher ['ʌʃə] *n* kontrollør *c*
usherette [,ʌʃə'ret] *n* placøse *c*
usual ['ju:ʒuəl] *adj* sædvanlig, almindelig
usually ['ju:ʒuəli] *adv* sædvanligvis
utensil [ju:'tensəl] *n* redskab *nt*; brugsgenstand *c*
utility [ju:'tiləti] *n* nytte *c*
utilize ['ju:tilaiz] *v* benytte
utmost ['ʌtmoust] *adj* yderst
utter ['ʌtə] *adj* fuldkommen, komplet; *v* ytre

V

vacancy ['veikənsi] *n* vakance *c*; ledig stilling
vacant ['veikənt] *adj* ledig
vacate [və'keit] *v* fraflytte
vacation [və'keiʃən] *n* ferie *c*
vaccinate ['væksineit] *v* vaccinere
vaccination [,væksi'neiʃən] *n* vaccination *c*
vacuum ['vækjuəm] *n* vakuum *nt*; *vAm* støvsuge; ~ **cleaner** støvsuger *c*; ~ **flask** termoflaske *c*
vague [veig] *adj* vag, uklar
vain [vein] *adj* forfængelig; forgæves; **in ~** forgæves
valet ['vælit] *n* tjener *c*, kammertjener *c*
valid ['vælid] *adj* gyldig

valley ['væli] *n* dal *c*
valuable ['væljubəl] *adj* værdifuld; **valuables** *pl* værdigenstande *pl*
value ['vælju:] *n* værdi *c*; *v* vurdere
valve [vælv] *n* ventil *c*
van [væn] *n* varevogn *c*
vanilla [və'nilə] *n* vanille *c*
vanish ['væniʃ] *v* *forsvinde
vapour ['veipə] *n* damp *c*
variable ['vɛəriəbəl] *adj* variabel
variation [,vɛəri'eiʃən] *n* afveksling *c*; forandring *c*
varied ['vɛərid] *adj* varieret
variety [və'raiəti] *n* udvalg *nt*; ~ **show** varietéforestilling *c*; ~ **theatre** varietéteater *nt*

various ['veəriəs] *adj*
forskellige
varnish ['vɑːnɪʃ] *n* fernis *c*,
lak *c*; *v* fernisere
vary ['veəri] *v* variere; *være
forskellig
vase [vɑːz] *n* vase *c*
vast [vɑːst] *adj* vidtstrakt,
umådelig
vault [vɔːlt] *n* hvælving *c*;
boksanlæg *nt*
veal [viːl] *n* kalvekød *c*
vegetable ['vedʒətəbəl] *n*
grøntsag *c*; ~ **merchant**
grønthandler *c*
vegetarian [ˌvedʒɪ'teəriən] *n*
vegetarianer *c*
vegetation [ˌvedʒɪ'teɪʃən] *n*
vegetation *c*
vehicle ['viːɪkəl] *n* køretøj *nt*
veil [veɪl] *n* slør *nt*
vein [veɪn] *n* åre *c*; **varicose ~**
åreknude *c*
velvet ['velvɪt] *n* fløjl *nt*
velveteen [ˌvelvɪ'tiːn] *n*
bomuldsfløjl *nt*
venerable ['venərəbəl] *adj*
ærværdig
venereal disease [vɪ'nɪərɪəl
dɪ'ziːz] kønssygdom *c*
Venezuela [ˌveni'zweɪlə]
Venezuela
Venezuelan [ˌveni'zweɪlən]
adj venezuelansk; *n*
venezuelaner *c*
ventilate ['ventɪleɪt] *v*
ventilere; lufte ud, udlufte
ventilation [ˌventɪ'leɪʃən] *n*
ventilation *c*; udluftning *c*
ventilator ['ventɪleɪtə]

ventilator *c*
venture ['ventʃə] *v* vove
veranda [və'rændə] *n*
veranda *c*
verb [vɜːb] *n* verbum *nt*
verbal ['vɜːbəl] *adj* mundtlig
verdict ['vɜːdɪkt] *n* kendelse
c, dom *c*
verge [vɜːdʒ] *n* kant *c*
verify ['verɪfaɪ] *v* verificere,
bekræfte
verse [vɜːs] *n* vers *nt*
version ['vɜːʃən] *n* version *c*;
oversættelse *c*
versus ['vɜːsəs] *prep* mod,
kontra
vertical ['vɜːtɪkəl] *adj* lodret
very ['veri] *adv* meget; *adj*
præcis, sand, virkelig;
absolut
vessel ['vesəl] *n* fartøj *nt*; kar
nt
vest [vest] *n* undertrøje *c*;
nAm vest *c*
veterinary surgeon
['vetrɪnəri 'sɜːdʒən] dyrlæge
c
via [vaɪə] *prep* via
viaduct ['vaɪədʌkt] *n* viadukt
c
vibrate [vaɪ'breɪt] *v* vibrere
vibration [vaɪ'breɪʃən] *n*
vibration *c*
vicar ['vɪkə] *n* præst *c*
vicarage ['vɪkərɪdʒ] *n*
præstebolig *c*
vicinity [vɪ'sɪnəti] *n* nabolag
nt, nærhed *c*
vicious ['vɪʃəs] *adj*
ondskabsfuld

victim

victim ['viktim] *n* offer *nt*
victory ['viktəri] *n* sejr *c*
video ['vidiou] *n* video *c*; ~ **camera** *n* videokamera *nt*; ~ **cassette** *n* videokasette *c*; ~ **game** *n* videospil *nt*; ~ **recorder** *n* videobåndoptager *c*; ~ **recording** *n* videooptagelse *c*
view [vju:] *n* udsigt *c*; opfattelse *c*, synspunkt *nt*; *v* betragte
viewfinder ['vju:,faində] *n* søger *c*
vigilant ['vidʒilənt] *adj* årvågen, vagtsom
villa ['vilə] *n* villa *c*
village ['vilidʒ] *n* landsby *c*
villain ['vilən] *n* skurk *c*
vine [vain] *n* vinplante *c*
vinegar ['vinigə] *n* eddike *c*
vineyard ['vinjəd] *n* vinmark *c*
vintage ['vintidʒ] *n* vinhøst *c*
violation [,vaiə'leiʃən] *n* krænkelse *c*
violence ['vaiələns] *n* vold *c*
violent ['vaiələnt] *adj* voldsom, heftig
violet ['vaiələt] *n* viol *c*; *adj* violet
violin [,vaiə'lin] *n* violin *c*
VIP [,vi: ai'pi:] *n* vigtig person *c*
virgin ['və:dʒin] *n* jomfru *c*
virtue ['və:tʃu:] *n* dyd *c*
virus ['vairəs] *n* virus *c*
visa ['vi:zə] *n* visum *nt*
visibility [,vizə'biləti] *n* sigtbarhed *c*
visible ['vizəbəl] *adj* synlig
vision ['viʒən] *n* fremsyn *nt*
visit ['vizit] *v* besøge; *n* besøg *nt*, visit *c*; **visiting hours** besøgstid *c*
visitor ['vizitə] *n* besøgende *c*
vital ['vaitəl] *adj* livsvigtig, afgørende
vitamin ['vitəmin] *n* vitamin *nt*
vivid ['vivid] *adj* livlig
vocabulary [və'kæbjuləri] *n* ordforråd *nt*; ordliste *c*
vocal ['voukəl] *adj* vokal; sang-; stemme-
vocalist ['voukəlist] *n* sanger *c*
voice [vois] *n* stemme *c*
voice mail ['vois ,meil] *n* talemeddelelse *nt*
void [void] *adj* ugyldig; tom
volcano [vɔl'keinou] *n* (pl ~es, ~s) vulkan *c*
volt [voult] *n* volt *c*
voltage ['voultidʒ] *n* spænding *c*
volume ['vɔljum] *n* volumen *nt*; bind *nt*
voluntary ['vɔləntəri] *adj* frivillig
volunteer [,vɔlən'tiə] *n* frivillig *c*
vomit ['vɔmit] *v* kaste op, brække sig
vote [vout] *v* stemme; *n* stemme *c*, afstemning *c*
voter ['voutə] *n* vælger *c*
voucher ['vautʃə] *n* bon *c*
vow [vau] *n* løfte *nt*, ed *c*; *v*

washing machine

*sværge
vowel [vauəl] n vokal c
voyage ['vɔiidʒ] n rejse c
vulgar ['vʌlgə] adj vulgær;

ordinær, folkelig
vulnerable ['vʌlnərəbəl] adj sårbar
vulture ['vʌltʃə] n grib c

W

wade [weid] v vade
wafer ['weifə] n vaffel c; oblat c
waffle ['wɔfəl] n vaffel c
wages ['weidʒiz] pl løn c
waggon ['wægən] n vogn c, jernbanevogn c
waist [weist] n talje c, bæltested nt
waistcoat ['weiskout] n vest c
wait [weit] v vente; ~ for vente på; ~ on betjene
waiter ['weitə] n tjener c
waiting ['weitiŋ] n venten c
waiting list ['weitiŋlist] n venteliste c
waiting room ['weitiŋru:m] n venteværelse nt
waitress ['weitris] n servitrice c
*wake [weik] v vække; ~ up vågne, vågne op
walk [wɔ:k] v *gå; spadsere; n spadseretur c; gang c; **walking** til fods
walker ['wɔ:kə] n vandrer c
walking stick ['wɔ:kiŋstik] n spadserestok c
wall [wɔ:l] n mur c; væg c
wallet ['wɔlit] n tegnebog c
wallpaper ['wɔ:l,peipə] n tapet nt
walnut ['wɔ:lnʌt] n valnød c
waltz [wɔ:ls] n vals c
wander ['wɔndə] v strejfe om, vandre om
want [wɔnt] v *ville; ønske; n behov nt; savn nt, mangel c
war [wɔ:] n krig c
warden ['wɔ:dən] n vagthavende c, opsynsmand c
wardrobe ['wɔ:droub] n klædeskab nt, garderobe c
warehouse ['weəhaus] n pakhus nt, lagerbygning c
wares [weəz] pl varer pl
warm [wɔ:m] adj varm, hed; v varme
warmth [wɔ:mθ] n varme c
warn [wɔ:n] v advare
warning ['wɔ:niŋ] n advarsel c
wary ['weəri] adj forsigtig
was [wɔz] v (p be)
wash [wɔʃ] v vaske; ~ and wear strygefri; ~ up vaske op
washable ['wɔʃəbəl] adj vaskbar
washbasin ['wɔʃ,beisən] n håndvask c
washing ['wɔʃiŋ] n vask c
washing machine

washing powder ['wɔʃɪŋmə,ʃiːn] n vaskemaskine c
washing powder ['wɔʃɪŋ,paudə] n vaskepulver nt
washroom ['wɔʃruːm] nAm toilet nt
wasp [wɔsp] n hveps c
waste [weist] v spilde; n spild nt; adj udyrket
wasteful ['weistfəl] adj ødsel
wastepaper basket [weist'peipə,bɑːskit] n papirkurv c
watch [wɔtʃ] v *iagttage; overvåge; n ur nt; ~ **for** spejde efter; ~ **out** passe på
watchmaker ['wɔtʃ,meikə] n urmager c
watchstrap ['wɔtʃstræp] n urrem c
water ['wɔːtə] n vand nt; **iced** ~ isvand nt; **running** ~ rindende vand; ~ **pump** vandpumpe c; ~ **ski** vandski c
watercolo(u)r ['wɔːtə,kʌlə] n vandfarve c; akvarel c
watercress ['wɔːtəkres] n brøndkarse c
waterfall ['wɔːtəfɔːl] n vandfald nt
watermelon ['wɔːtə,melən] n vandmelon c
waterproof ['wɔːtəpruːf] adj vandtæt
water softener [,wɔːtə,sɔfnə] n blødgøringsmiddel nt
waterway ['wɔːtəwei] n vandvej c
watt [wɔt] n watt c
wave [weiv] n bølge c; v vinke
wavelength ['weivleŋθ] n bølgelængde c
wavy ['weivi] adj bølget
wax [wæks] n voks nt
waxworks ['wækswəːks] pl vokskabinet nt
way [wei] n måde c, facon c; vej c; retning c; afstand c; **any** ~ ligegyldigt hvordan; **by the** ~ for resten; **one-way traffic** ensrettet færdsel; **out of the** ~ af vejen; **the other** ~ **round** modsat; ~ **back** tilbagevej c; ~ **in** indgang c; ~ **out** udgang c
wayside ['weisaid] n vejkant c
we [wiː] pron vi
weak [wiːk] adj svag; tynd
weakness ['wiːknəs] n svaghed c
wealth [welθ] n rigdom c
wealthy ['welθi] adj rig
weapon ['wepən] n våben nt; **weapons of mass destruction** masseødelæggelsesvåben
***wear** [wɛə] v *bære, *have på; ~ **out** *slide
weary ['wiəri] adj træt
weather ['weðə] n vejr nt; ~ **forecast** vejrudsigt c
***weave** [wiːv] v væve
weaver ['wiːvə] n væver c
website ['web,sait] n hjemmeside c
wedding ['wediŋ] n bryllup nt

whoever

wedding ring ['wediŋriŋ] *n* vielsesring *c*

wedge [wedʒ] *n* kile *c*

Wednesday ['wenzdi] onsdag *c*

weed [wi:d] *n* ukrudt *nt*

week [wi:k] *n* uge *c*

weekday ['wi:kdei] *n* hverdag *c*

weekly ['wi:kli] *adj* ugentlig

***weep** [wi:p] *v* *græde

weigh [wei] *v* veje

weighing machine ['weiiŋmə,ʃi:n] *n* vægt *c*

weight [weit] *n* vægt *c*

welcome ['welkəm] *adj* velkommen; *n* velkomst *c*; *v* *byde velkommen

weld [weld] *v* svejse

welfare ['welfɛə] *n* velvære *nt*

well[1] [wel] *adv* godt; *adj* rask; **as ~** tillige, også; **as ~ as** såvel som; **well!** aj ja!

well[2] [wel] *n* kilde *c*, brønd *c*

well-founded [,wel'faundid] *adj* velbegrundet

well-known ['welnoun] *adj* kendt

well-to-do [,weltə'du:] *adj* velhavende

went [went] *v* (p go)

were [wə:] *v* (p be)

west [west] *n* vest

westerly ['westəli] *adj* vestlig

western ['westən] *adj* vestlig

wet [wet] *adj* våd; fugtig

whale [weil] *n* hval *c*

wharf [wɔ:f] *n* (pl ~s, wharves) kaj *c*

what [wɔt] *pron* hvad; **~ for** hvorfor

whatever [wɔ'tevə] *pron* hvad end

wheat [wi:t] *n* hvede *c*

wheel [wi:l] *n* hjul *nt*

wheelbarrow ['wi:l,bærou] *n* trillebør *c*

wheelchair ['wi:ltʃɛə] *n* kørestol *c*

when [wen] *adv* hvornår; *conj* når, da

whenever [we'nevə] *conj* når som helst

where [wɛə] *adv* hvor; *conj* hvor

wherever [wɛə'revə] *conj* hvor end

whether ['weðə] *conj* om; **whether ... or** om ... eller

which [witʃ] *pron* hvilken; som

whichever [wi'tʃevə] *adj* hvilken som helst

while [wail] *conj* mens; *n* stund *c*

whilst [wailst] *conj* medens

whim [wim] *n* grille *c*; lune *nt*

whip [wip] *n* pisk *c*; *v* piske

whiskers ['wiskəz] *pl* bakkenbarter *pl*

whisper ['wispə] *v* hviske; *n* hvisken *c*

whistle ['wisəl] *v* fløjte; *n* fløjte *c*

white [wait] *adj* hvid

whiting ['waitiŋ] *n* (pl ~) hvilling *c*

who [hu:] *pron* hvem; som

whoever [hu:'evə] *pron* hvem der end

whole

whole [houl] *adj* fuldstændig, hel; ubeskadiget; *n* hele *nt*
wholesale ['houlseil] *n* engroshandel *c*; ~ **dealer** grossist *c*
wholesome ['houlsəm] *adj* sund
wholly ['houlli] *adv* aldeles
whom [hu:m] *pron* hvem
whore [hɔ:] *n* luder *c*
whose [hu:z] *pron* hvis
why [wai] *adv* hvorfor
wicked ['wikid] *adj* ond
wide [waid] *adj* bred, vid
widen ['waidən] *v* udvide
widow ['widou] *n* enke *c*
widower ['widouə] *n* enkemand *c*
width [widθ] *n* bredde *c*
wife [waif] *n* (pl wives) kone *c*, hustru *c*
wig [wig] *n* paryk *c*
wild [waild] *adj* vild
will [wil] *n* vilje *c*; testamente *nt*
***will** [wil] *v* *ville
willing ['wiliŋ] *adj* villig
willpower ['wilpauə] *n* viljestyrke *c*
***win** [win] *v* *vinde
wind [wind] *n* vind *c*
***wind** [waind] *v* sno sig; *trække op, vikle
winding ['waindiŋ] *adj* snoet
windmill ['windmil] *n* vejrmølle *c*, vindmølle *c*
window ['windou] *n* vindue *nt*
windowsill ['windousil] *n* vindueskarm *c*

windscreen ['windskri:n] *n* vindspejl *nt*; ~ **wiper** vinduesvisker *c*
windshield ['windʃi:ld] *nAm* vindspejl *nt*; ~ **wiper** *Am* vinduesvisker *c*
windy ['windi] *adj* forblæst
wine [wain] *n* vin *c*
wine cellar ['wain,selə] *n* vinkælder *c*
wine list ['wainlist] *n* vinkort *nt*
wine merchant ['wain,mə:tʃənt] *n* vinhandler *c*
wing [wiŋ] *n* vinge *c*
winkle ['wiŋkəl] *n* strandsnegl *c*
winner ['winə] *n* vinder *c*
winning ['winiŋ] *adj* vindende; **winnings** *pl* gevinst *c*
winter ['wintə] *n* vinter *c*; ~ **sports** vintersport *c*
wipe [waip] *v* tørre af
wire [waiə] *n* tråd *c*; ståltråd *c*
wireless ['waiələs] *adj* trådløs
wisdom ['wizdəm] *n* visdom *c*
wise [waiz] *adj* viis
wish [wiʃ] *v* hige efter, ønske; *n* ønske *nt*, begæring *c*
wit [wit] *n* kløgt *c*
witch [witʃ] *n* heks *c*
with [wið] *prep* med; af
***withdraw** [wið'drɔ:] *v* *trække tilbage
within [wi'ðin] *prep* inden for; *adv* indvendig

wound

without [wi'ðaut] *prep* uden
witness ['witnəs] *n* vidne *nt*
wits [wits] *pl* forstand *c*
witty ['witi] *adj* vittig
WMD ['dʌbəlju:'em'di:] *n*; **weapons of mass destruction** *pl* masseødelæggelsesvåben
wolf [wulf] *n* (pl wolves) ulv *c*
woman ['wumən] *n* (pl women) kvinde *c*
womb [wu:m] *n* livmoder *c*
won [wʌn] *v* (p, pp win)
wonder ['wʌndə] *n* under *nt*; forundring *c*; *v* *spørge sig selv
wonderful ['wʌndəfəl] *adj* herlig, vidunderlig
wood [wud] *n* træ *nt*; skov *c*
wood carving ['wud,kɑ:viŋ] *n* træskærerarbejde *nt*
wooded ['wudid] *adj* skovklædt
wooden ['wudən] *adj* træ-; ~ **shoe** træsko *c*
woodland ['wudlənd] *n* skovstrækning *c*
wool [wul] *n* uld *c*; **darning** ~ stoppegarn *nt*
woollen ['wulən] *adj* ulden
word [wə:d] *n* ord *nt*
wore [wɔ:] *v* (p wear)
work [wə:k] *n* arbejde *nt*; *v* arbejde; virke, fungere; **working day** arbejdsdag *c*; ~ **of art** kunstværk *nt*; ~ **permit** arbejdstilladelse *c*
workaholic [,wə:kə'hɔlik] *n* arbejds-narkoman *c*
worker ['wə:kə] *n* arbejder *c*

working ['wə:kiŋ] *n* virkemåde *c*
workman ['wə:kmən] *n* (pl -men) arbejder *c*
works [wə:ks] *pl* fabrik *c*
workshop ['wə:kʃɔp] *n* værksted *nt*
world [wə:ld] *n* verden *c*; ~ **war** verdenskrig *c*
world-famous [,wə:ld'feiməs] *adj* verdensberømt
world-wide ['wə:ldwaid] *adj* verdensomspændende
worm [wə:m] *n* orm *c*
worn [wɔ:n] *adj* (pp wear) slidt
worn-out [,wɔ:n'aut] *adj* udslidt
worried ['wʌrid] *adj* bekymret
worry ['wʌri] *v* bekymre sig; *n* bekymring *c*
worse [wə:s] *adj* værre; *adv* værre
worship ['wə:ʃip] *v* *tilbede; *n* gudstjeneste *c*
worst [wə:st] *adj* værst; *adv* værst
worth [wə:θ] *n* værdi *c*; ***be** ~ *være værd; ***be worth--while** *være umagen værd
worthless ['wə:θləs] *adj* værdiløs
worthy of ['wə:ði əv] værdig
would [wud] *v* (p will)
wound[1] [wu:nd] *n* sår *nt*; *v* såre
wound[2] [waund] *v* (p, pp wind)

wrap

wrap [ræp] v pakke ind, vikle ind
wreck [rek] n vrag nt; v *ødelægge
wrench [rentʃ] n skruenøgle c; ryk nt; v *forvride
wrinkle [ˈriŋkəl] n rynke c
wrist [rist] n håndled nt
wristwatch [ˈristwɔtʃ] n armbåndsur nt
*****write** [rait] v *skrive; **in writing** skriftligt; **~ down** *skrive ned
writer [ˈraitə] n forfatter c
writing pad [ˈraitiŋpæd] n skriveblok c
writing paper [ˈraitiŋˌpeipə] n skrivepapir nt
written [ˈritən] adj (pp write) skriftlig
wrong [rɔŋ] adj forkert, uret; n uret c; v *gøre uret; ***be ~** *have uret
wrote [rout] v (p write)

X

Xmas [ˈkrisməs] jul
X-ray [ˈeksrei] n røntgenbillede nt; v røntgenfotografere

Y

yacht [jɔt] n yacht c
yacht club [ˈjɔtklʌb] n sejlklub c
yachting [ˈjɔtiŋ] n sejlsport c
yard [jɑːd] n gård c
yarn [jɑːn] n garn nt
yawn [jɔːn] v gabe
year [jiə] n år nt
yearly [ˈjiəli] adj årlig
yeast [jiːst] n gær c
yell [jel] v hyle; n hyl nt
yellow [ˈjelou] adj gul
yes [jes] ja
yesterday [ˈjestədi] adv i går
yet [jet] adv endnu; conj dog, imidlertid, alligevel
yield [jiːld] v *give; *give efter
yoke [jouk] n åg nt
yolk [jouk] n æggeblomme c
you [juː] pron du; dig; De; Dem; I; jer
young [jʌŋ] adj ung
your [jɔː] adj Deres; din; jeres
yours [jɔːz] pron (informal) din; (formal) Deres
yourself [jɔːˈself] pron dig; selv
yourselves [jɔːˈselvz] pron jer; selv
youth [juːθ] n ungdom c; **~ hostel** vandrerhjem nt
yuppie [ˈjʌpi] n yuppie c

Z

zany ['zeini] *adj* tosset, forrykt
zap [zæp] *v* (*TV*) zappe
zeal [ziːl] *n* iver *c*
zealous ['zeləs] *adj* ivrig
zebra ['ziːbrə] *n* zebra *c*; ~ **crossing** *n*, **crosswalk** *nAm* fodgængerovergang *c*
zenith ['zeniθ] *n* zenit *nt*; højdepunkt *nt*
zero ['ziərou] *n* (pl ~s) nul *nt*
zest [zest] *n* oplagthed *c*

zinc [ziŋk] *n* zink *c*
zip [zip] *n* lynlås *c*; ~ **code** *Am* postnummer *nt*
zipper ['zipə] *n* lynlås *c*
zodiac ['zoudiæk] *n* dyrekreds *c*
zone [zoun] *n* zone *c*; område *nt*
zoo [zuː] *n* (pl ~s) zoo *c*
zoology [zou'ɔlədʒi] *n* zoologi *c*
zoom [zuːm] *v* suse

Some Basic Phrases

Please.
Thank you very much.
Don't mention it.
Good morning.
Good afternoon.
Good evening.
Good night.
Good-bye.
See you later.
Where is/Where are…?
What do you call this?
What does that mean?
Do you speak English?
Do you speak German?
Do you speak French?
Do you speak Spanish?
Do you speak Italian?
Could you speak more slowly, please?
I don't understand.
Can I have…?
Can you show me…?
Can you tell me…?
Can you help me, please?

I'd like…
We'd like…
Please give me…
Please bring me…

I'm hungry.
I'm thirsty.
I'm lost.
Hurry up!
There is/There are…
There isn't/There aren't…

Nogle nyttige sætninger

Vær så venlig.
Mange tak.
Åh, jeg be'r.
Godmorgen.
Goddag (*eftermiddag*).
Godaften.
Godnat.
Farvel.
På gensyn.
Hvor er…?
Hvad hedder dette?
Hvad betyder det?
Taler De engelsk?
Taler De tysk?
Taler De fransk?
Taler De spansk?
Taler De italiensk?
Vil De tale lidt langsommere?

Jeg forstår ikke.
Kan jeg få…?
Kan De vise mig…?
Kan De sige mig…?
Vil De være så venlig at hjælpe mig?
Jeg vil gerne have…
Vi vil gerne have…
Vær så venlig at give mig…
Vær så venlig at hente…til mig.

Jeg er sulten.
Jeg er tørstig.
Jeg er faret vild.
Skynd Dem!
Der er…
Der er ikke…

Arrival

Your passport, please.
Have you anything to declare?
No, nothing at all.
Can you help me with my luggage, please?
Where's the bus to the centre of town, please?
This way, please.
Where can I get a taxi?
What's the fare to...?
Take me to this address, please.
I'm in a hurry.

Hotel

My name is...
Have you a reservation?
I'd like a room with a bath.

What's the price per night?

May I see the room?
What's my room number, please?
There's no hot water.
May I see the manager, please?
Did anyone telephone me?
Is there any mail for me?
May I have my bill (check), please?

Eating out

Do you have a fixed-price menu?
May I see the menu?

Ankomst

Må jeg se Deres pas?
Har De noget at fortolde?

Nej, intet.
Vil De hjælpe mig med min bagage?
Hvor holder bussen til centrum?
Denne vej.
Hvor kan jeg få en taxi?
Hvad koster det til...?
Kør mig til denne adresse.

Jeg har travlt.

Hotel

Mit navn er...
Har De reserveret?
Jeg vil gerne have et værelse med bad.
Hvor meget koster det per nat?
Må jeg se værelset?
Hvilket nummer har mit værelse?
Der er ikke noget varmt vand.
Jeg vil gerne tale med direktøren.
Er der blevet ringet til mig?
Er der post til mig?
Må jeg bede om regningen?

På restaurant

Har De en „dagens middag"?

Må jeg se spisekortet?

May we have an ashtray, please?	Må vi få et askebæger?
Where's the toilet, please?	Undskyld, hvor er toilettet?
I'd like an hors d'œuvre (starter).	Jeg vil gerne have en forret.
Have you any soup?	Har De suppe?
I'd like some fish.	Jeg vil gerne have fisk.
What kind of fish do you have?	Hvilke slags fisk har De?
I'd like a steak.	Jeg vil gerne have en bøf.
What vegetables have you got?	Hvilke grønsager har De?
Nothing more, thanks.	Tak, ikke mere.
What would you like to drink?	Hvad ønsker De at drikke?
I'll have a beer, please.	Jeg vil gerne have en øl.
I'd like a bottle of wine.	Jeg vil gerne have en flaske vin.
May I have the bill (check), please?	Må jeg bede om regningen?
Is service included?	Er det med betjening?
Thank you, that was a very good meal.	Mange tak, det smagte dejligt.

Travelling

Ud at rejse

Where's the railway station, please?	Hvor er banegården?
Where's the ticket office, please?	Hvor er billetkontoret?
I'd like a ticket to…	Jeg vil gerne have en billet til…
First or second class?	Første eller anden klasse?
First class, please.	Første klasse, tak.
Single or return (one way or roundtrip)?	Enkelt eller retur?
Do I have to change trains?	Skal jeg skifte tog?
What platform does the train for… leave from?	Fra hvilken perron afgår toget til…?

Where's the nearest underground (subway) station?	Hvor er den nærmeste undergrundsstation?
Where's the bus station, please?	Hvor er rutebilstationen?
When's the first bus to…?	Hvornår kører den første bus til…?
Please let me off at the next stop.	Jeg vil gerne af ved næste stoppested.

Relaxing / Forlystelser

What's on at the cinema (movies)?	Hvad går der i biografen?
What time does the film begin?	Hvornår begynder filmen?
Are there any tickets for tonight?	Er der flere billetter til i aften?
Where can we go dancing?	Hvor kan vi gå ud og danse?

Meeting people / Gøre bekendtskaber

How do you do.	Goddag.
How are you?	Hvordan har De det?
Very well, thank you. And you?	Godt, tak. Og De?
May I introduce…?	Må jeg præsentere Dem for…?
My name is…	Mit navn er…
I'm very pleased to meet you.	Det glæder mig al træffe Dem.
How long have you been here?	Hvor længe har De været her?
It was nice meeting you.	Det glædede mig at træffe Dem.
Do you mind if I smoke?	Har De noget imod, at jeg ryger?
Do you have a light, please?	Undskyld, kan De give mig ild?
May I get you a drink?	Må jeg byde Dem en drink?

May I invite you for dinner tonight?
Where shall we meet?

Må jeg invitere Dem ud at spise i aften?
Hvor skal vi mødes?

Shops, stores and services

Forretninger, indkøb m.m.

Where's the nearest bank, please?
Where can I cash some travellers' cheques?
Can you give me some small change, please?
Where's the nearest chemist's (pharmacy)?
How do I get there?
Is it within walking distance?
Can you help me, please?
How much is this? And that?

Hvor er den nærmeste bank?
Hvor kan jeg indløse rejsechecks?
Vil De give mig nogle småpenge?
Hvor er det nærmeste apotek?
Hvordan kommer jeg derhen?
Kan man nemt gå derhen?
Undskyld, vil De hjælpe mig?
Hvor meget koster den her? Og den der?

It's not quite what I want.

Det er ikke helt det, jeg gerne vil have.

I like it.
Can you recommend something for sunburn?
I'd like a haircut, please.
I'd like a manicure, please.

Den kan jeg lide.
Kan De anbefale noget mod solforbrænding?
Jeg vil gerne klippes.
Jeg vil gerne have en manicure.

Street directions

Når De spørger om vej

Can you show me on the map where I am?
You are on the wrong road.
Go/Walk straight ahead.
It's on the left/on the right.

Vil De vise mig på kortet, hvor jeg er?
De er ikke på den rigtige vej.
Kør/Gå ligeud.
Det er til venstre/til højre.

Emergencies

Ulykker

Call a doctor quickly.
Call an ambulance.
Please call the police.

Tilkald straks en læge.
Tilkald en ambulance.
Tilkald politiet.

Danish Abbreviations

adr.	*adresse*	address
afg.	*afgang*	departure
afs.	*afsender*	sender
alm.	*almindelig*	general, usual
ang.	*angående*	concerning
ank.	*ankomst*	arrival
A/S, A.S.	*aktieselskab*	Ltd., Inc.
bem.	*bemærk*	note
bibl.	*bibliotek*	library
bl.a.	*blandt andet*	among other things
ca.	*cirka*	approximately
dagl.	*daglig*	daily
DFDS	*Det Forenede Dampskibs-Selskab*	United Steamship Company
DK	*Danmark*	Denmark
do	*ditto*	ditto
ds.	*dennes*	inst., of this month
DSB	*Danske Statsbaner*	Danish State Railways
dvs.	*det vil sige*	i.e.
EF	*Europæilske Fællesskaber*	Common Market
eftf.	*efterfølger*	successors (of a firm)
e.Kr.	*efter Kristus*	A.D.
ekskl.	*eksklusive*	excluding
FDM	*Forenede Danske Motorejere*	Danish Automobile Association
f.eks.	*for eksempel*	e.g.
fhv.	*forhenværende*	former, ex-
f.Kr.	*før Kristus*	B.C.
fmk	*finske mark*	Finnish marks
FN	*Forenede Nationer*	UN
frk.	*frøken*	Miss
f.t.	*for tiden*	at present
hk	*hestekræfter*	horsepower
hr.	*herre*	Mr.
HT	*Hovedstadsområdets Trafikselskab*	Copenhagen transport authority
i alm.	*i almindelighed*	in general, generally

incl./inkl.	inklusive	including
i.st.f.	i stedet for	instead of
jf./jvf.	jævnfør	see, compare
kap.	kapitel	chapter
Kbh.	København	Copenhagen
K.F.U.K.	Kristelig Forening for Unge Kvinder	Young Women's Christian Association
K.F.U.M.	Kristelig Forening for Unge Mænd	Young Men's Christian Association
km/t.	kilometer i timen	kilometres per hour
kr.	kroner	crowns (currency)
maks.	maksimum	maximum
min.	minimum; minut	minimum; minute
m.m.	med mere	etc.
moms	merværdiomsætningsafgift	VAT, value added tax
N	nord	north
Ndr./Nr.	Nordre/Nørre	north (in place names)
nkr.	norske kroner	Norwegian crowns
o./omkr.	omkring	about
osv.	og så videre	etc., and so on
pga./p.g.a.	på grund af	because of
S	syd	south
s.	side	page
Sdr.	Sønder/Søndre	south (in place names)
skr.	svenske kroner	Swedish crowns
skt.	sankt	saint
sml.	sammenlign	compare
s.u.	svar udbedes	please reply
t.h./th.	til højre	on the right
tlf.	telefon	telephone
tr.	træffes	consultation hours, can be reached
t.v./tv.	til venstre	on the left
udg.	udgave	edition
V	vest	west
V.	Vester	west (in place names)
Ø	øst	east
Ø.	Øster	east (in place names)
årg.	årgang	vintage
årh.	århundrede	century

Engelske forkortelser

AA	*Automobile Association*	britisk automobilklub
AAA	*American Automobile Association*	amerikansk automobilklub
ABC	*American Broadcasting Company*	privat amerikansk radio- og tv-selskab
A.D.	*anno Domini*	e.Kr.
Am.	*America; American*	Amerika; amerikansk
a.m.	*ante meridiem (before noon)*	før middag (om tidspunkter mellem kl. 0.00 og 12.00)
Amtrak	*American railroad corporation*	privat amerikansk jernbaneselskab
AT & T	*American Telephone and Telegraph Company*	amerikansk telefon- og telegrafselskab
Ave.	*avenue*	avenu
BBC	*British Broadcasting Corporation*	britisk radio- og tv-selskab
B.C.	*before Christ*	f.Kr.
bldg.	*building*	bygning
Blvd.	*boulevard*	boulevard
B.R.	*British Rail*	de britiske statsbaner
Brit.	*Britain; British*	Storbritannien; britisk
Bros.	*brothers*	brdr., brødrene
¢	*cent*	1/100 dollar
Can.	*Canada; Canadian*	Canada; canadisk
CBS	*Columbia Broadcasting System*	privat amerikansk radio- og tv-selskab
CID	*Criminal Investigation Department*	kriminalpolitiet i Storbritannien
CNR	*Canadian National Railway*	de canadiske statsbaner
c/o	*(in) care of*	c/o
Co.	*company*	kompagni
Corp.	*corporation*	A/S, aktieselskab
CPR	*Canadian Pacific Railways*	privat canadisk jernbaneselskab

D.C.	*District of Columbia*	Columbia-distriktet (Washington, D.C.)
DDS	*Doctor of Dental Science*	tandlæge
dept.	*department*	afdeling
EEC	*European Economic Community*	EEC
e.g.	*for instance*	f.eks.
Eng.	*England; English*	England; engelsk
excl.	*excluding; exclusive*	eksklusive, ikke iberegnet
ft.	*foot/feet*	fod (30,5 cm)
GB	*Great Britain*	Storbritannien
H.E.	*His/Her Excellency; His Eminence*	Hans/Hendes Excellence; Hans Eminence
H.H.	*His Holiness*	Hans Hellighed (paven)
H.M.	*His/Her Majesty*	Hans/Hendes Majestæt
H.M.S.	*Her Majesty's ship*	britisk flådefartøj
hp	*horsepower*	hk., hestekræfter
Hwy	*highway*	hovedvej
i.e.	*that is to say*	dvs.
in.	*inch*	tomme (2,54 cm)
Inc.	*incorporated*	A/S, aktieselskab
incl.	*including, inclusive*	inklusive, iberegnet
£	*pound sterling*	pund sterling
L.A.	*Los Angeles*	Los Angeles
Ltd.	*limited*	A/S, aktieselskab
M.D.	*Doctor of Medicine*	læge, cand. med.
M.P.	*Member of Parliament*	parlamentsmedlem
mph	*miles per hour*	miles i timen
Mr.	*Mister*	hr.
Mrs.	*Missis*	fru
Ms.	*Missis/Miss*	fru/frøken
nat.	*national*	national, lands-
NBC	*National Broadcasting Company*	privat amerikansk radio- og tv-selskab
No.	*number*	nr.
N.Y.C.	*New York City*	byen New York
O.B.E.	*Officer (of the Order) of the British Empire*	Ridder af den britiske imperieorden

p.	page; penny/pence	side; 1/100 punk (engelsk møntenhed)
p.a.	per annum	pro anno, årlig
Ph.D.	Doctor of Philosophy	dr. phil.
p.m.	post meridiem (after noon)	efter middag (om tidspunkter mellem kl. 12.00 og 24.00)
PO	Post Office	postkontor
POO	post office order	postanvisning
pop.	population	befolkning, indbyggere
P.T.O.	please turn over	vend
RAC	Royal Automobile Club	kongelig britisk automobilklub
RCMP	Royal Canadian Mounted Police	det beredne politi i Canada
Rd.	road	vej
ref.	reference	henvisning
Rev.	reverend	pastor
RFD	rural free delivery	postomdeling på landet
RR	railroad	jernbane
RSVP	please reply	s. u., svar udbedes
$	dollar	dollar
Soc.	society	selskab
St.	saint; street	sankt; gade
STD	Subscriber Trunk Dialling	fuldautomatisk telefon
UN	United Nations	FN
UPS	United Parcel Service	pakkepost service
US	United States	USA
USS	United States Ship	amerikansk flådefartøj
VAT	value added tax	moms
VIP	very important person	meget betydningsfuld person
Xmas	Christmas	jul
yd.	yard	yard (91,44 cm)
YMCA	Young Men's Christian Association	KFUM
YWCA	Young Women's Christian Association	KFUK
ZIP	ZIP code	postnummer

Mini Grammar

Noun and articles

All nouns in Danish are either common or neuter in gender. (Most nouns are of common gender, but because many very frequent nouns are of neuter gender, it's best to learn each together with its article.)

1. Indefinite article (a/an)

A/an is expressed by **en** with common nouns and by **et** with neuter nouns.

Indefinite plurals are formed by adding **-e** or **-er** to the singular.

	singular		plural	
common gender	**en bil**	*a* car	**bil*er***	cars
neuter gender	**et hus**	*a* house	**hus*e***	houses

Some nouns remain unchanged in the plural.

singular: **et rum**   a room   plural: **rum**   rooms

2. Definite article (the)

Where in English we say "the car", the Danes say the equivalent of "car-the", i.e. they tag the definite article onto the end of the noun.

In the singular, common nouns take an **-en** ending, neuter nouns an **-et** ending. In the plural, both take an **-(e)ne** or **-(er)ne** ending.

	singular		plural	
common gender	**bil*en***	the car	**bil*erne***	the cars
neuter gender	**tog*et***	the train	**tog*ene***	the trains

3. Possessives

The possessive form is shown by adding **-s**.

| **katten**s **hale** | the cat's tail |
| **Jørgen**s **bror** | George's brother |

Adjectives

1. Adjectives usually precede the noun.
2. In certain circumstances, the adjective takes an ending.

Indefinite form

singular common nouns: adjective remains unchanged

plural   with both common and neuter nouns, the adjective takes an **-e** ending

	singular		plural	
common	**en stor bil**	a big car	**store biler**	big cars
neuter	**et stort hus**	a big house	**store huse**	big houses

Definite form

The adjective takes an **-e** ending everywhere, with both common and neuter nouns, in both singular and plural. However, in this definite usage, **den** must be placed in front of the adjective in the case of common nouns in the singular, **det** in the case of singular neuter nouns and **de** with any plural.

	singular		plural	
common	***den* store bil**	the big car	***de* store bil**er	the big cars
neuter	***det* store hus**	the big house	***de* store hus**e	the big houses

Demonstrative adjectives

	common	neuter	plural
this/these	**denne**	**dette**	**disse**
that/those	**den**	**det**	**de**
denne **bil**	this car	*dette* **hus**	this house

Possessive adjectives

	common	neuter	plural
my	min	mit	mine
your (familiar; see page 399)	din	dit	dine
our*	vor	vort	vore
his		hans	
hers		hendes	
its		dens/dets**	
their		deres	
your (familiar; see page 399)		jeres	
your (formal; see page 399)		Deres	

Personal pronouns

	subject	object
I	jeg	mig
you (familiar; see page 399)	du	dig
he	han	ham
she	hun	hende
it	den/det***	***den/det
we	vi	os
you (familiar; see page 399)	I	jer
you (formal; see page 399)	De	Dem
they	de	dem

---

* You will also hear **vores** used in place of each of these more formally correct terms.

** Use **dens** if "it" is of common gender, and **dets** if "it" is neuter.

*** Use **den** if "it" is of common gender, and **det** if "it" is neuter.

Note: Like many other languages, Danish has two forms for "you" and "your". The personal pronoun **du** (plural **I**) and its corresponding possessive adjectives **din**, **dit**, **dine** (plural **jeres**) are used when talking to relatives, close friends and children and between young people. The personal pronoun **De** (plural **Dem**) and its corresponding possessive adjective **Deres** in used in all other cases.

Adverbs

Adverbs are generally formed by adding **-t** to the corresponding adjective.

Hun går hurtigt.	She walks quickly.

Negatives

Negatives are formed by inserting the word **ikke** after the verb:

Jeg taler dansk.	I speak Danish.
Jeg taler *ikke* dansk.	I do not speak Danish.

Questions

Questions are formed by reversing the order of the subject and verb:

Du ser bilen.	You see the car.
Ser du bilen?	Do you see the car?

There is/there are

Der er is employed for both "there is" and "there are".

***Der are* mange turister.**	There are many tourists.

It is

***Der er* varmt i dag.**	It is warm today.

Irregular Verbs

The following list contains the most common irregular verbs. Only one form of the verb is shown as it is conjugated in the same manner for all persons in any given tense. If a compound verb or a verb with a prefix (*af-, an-, be-, efter-, for-, frem-, ind-, med-, ned-, om-, op-, over-, på-, til-, ud-, und-, under-, ved-*, etc.) is not listed, its forms may be found by looking up the simple verb.

Infinitive	Present tense	Preterite	Past participle	
bede	beder	bad	bedt	ask, pray
betyde	betyder	betød	betydet	mean
bide	bider	bed	bidt	bite
binde	binder	bandt	bundet	tie, bind
blive	bliver	blev	blevet	become; remain
bringe	bringer	bragte	bragt	bring
bryde	bryder	brød	brudt	break
burde	bør	burde	burdet	ought to
byde	byder	bød	budt	offer; command
bære	bærer	bar	båret	carry
drage	drager	drog	draget	pull, draw
drikke	drikker	drak	drukket	drink
drive	driver	drev	drevet	drive
dø	dør	døde	død	die
dølge	dølger	dulgte	dulgt	conceal
falde	falder	faldt	faldet	fall
fare	farer	for	faret	rush
finde	finder	fandt	fundet	find
flyde	flyder	flød	flydt	float, flow
flyve	flyver	fløj	fløjet	fly
fnyse	fnyser	fnøs/fnyste	fnyst	snort
fortryde	fortryder	fortrød	fortrudt	regret
fryse	fryser	frøs	frosset	freeze
fyge	fyger	føg	føget	drift
følge	følger	fulgte	fulgt	follow
få	får	fik	fået	get
gide	gider	gad	gidet	trouble to
give	giver	gav	givet	give
glide	glider	gled	gledet	glide; slip
gnide	gnider	gned	gnedet	rub
gribe	griber	greb	grebet	seize, catch

græde	græder	græd	grædt	cry, weep
gyde	gyder	gød	gydt	shed
gyse	gyser	gøs/gyste	gyst	shudder
gælde	gælder	gjaldt	(gældt)	be valid; apply
gøre	gør	gjorde	gjort	do
gå	går	gik	gået	go, walk
have	har	havde	haft	have
hedde	hedder	hed	heddet	be called
hive	hiver	hev	hevet	heave
hjælpe	hjælper	hjalp	hjulpet	help
holde	holder	holdt	holdt	hold, keep
hænge	hænger	hang (intrans.)/ hængte (trans.)	hængt	hang
jage	jager	jog/jagede	jaget	hunt
klinge	klinger	klang/ klingede	klinget	sound, ring
knibe	kniber	kneb	knebet	pinch
komme	kommer	kom	kommet	come
krybe	kryber	krøb	krøbet	creep
kunne	kan	kunne	kunnet	can, may
kvæle	kvæler	kvalte	kvalt	strangle
lade	lader	lod	ladet/ladt	let
le	ler	lo	let	laugh
lide	lider	led	lidt	suffer
ligge	ligger	lå	ligget	lie
lyde	lyder	lød	lydt	sound
lyve	lyver	løj	løjet	tell a lie
lægge	lægger	lagde	lagt	lay, put
løbe	løber	løb	løbet	run
måtte	må	måtte	måttet	may, must
nyde	nyder	nød	nydt	enjoy
nyse	nyser	nøs/nyste	nyst	sneeze
pibe	piber	peb	pebet	pipe, chirp
ride	rider	red	redet	ride
rive	river	rev	revet	tear; grate; rake
ryge	ryger	røg	røget	smoke
række	rækker	rakte	rakt	pass, hand
se	ser	så	set	see
sidde	sidder	sad	siddet	sit
sige	siger	sagde	sagt	say

skride	skrider	skred	skredet	*slip; stalk*
skrige	skriger	skreg	skreget	*scream*
skrive	skriver	skrev	skrevet	*write*
skulle	skal	skulle	skullet	*shall*
skyde	skyder	skød	skudt	*shoot*
skære	skærer	skar	skåret	*cut*
slibe	sliber	sleb	slebet	*sharpen*
slide	slider	sled	slidt	*wear out*
slippe	slipper	slap	sluppet	*slip, escape*
slå	slår	slog	slået	*strike, beat*
smide	smider	smed	smidt	*cast, fling*
smøre	smører	smurte	smurt	*smear, grease*
snige	sniger	sneg	sneget	*sneak*
snyde	snyder	snød	snydt	*cheat*
sove	sover	sov	sovet	*sleep*
spinde	spinder	spandt	spundet	*spin*
springe	springer	sprang	sprunget	*jump*
sprække	sprækker	sprak/	sprukket/	*crack*
		sprækkede	sprækket	
spørge	spørger	spurgte	spurgt	*ask*
stige	stiger	steg	steget	*rise, climb*
stikke	stikker	stak	stukket	*sting*
stinke	stinker	stank	stinket	*stink*
stjæle	stjæler	stjal	stjålet	*steal*
stride	strider	stred	stridt	*fight*
stryge	stryger	strøg	strøget	*stroke; iron*
strække	strækker	strakte	strakt	*stretch*
stå	står	stod	stået	*stand*
svide	svider	sved	svedet	*singe*
svinde	svinder	svandt	svundet	*decrease, vanish*
svinge	svinger	svang/	svunget/	*swing*
		svingede	svinget	
sværge	sværger	svor	svoret	*swear*
synes	synes	syntes	syntes	*seem, appear*
synge	synger	sang	sunget	*sing*
synke	synker	sank	sunket	*sink; swallow*
sælge	sælger	solgte	solgt	*sell*
sætte	sætter	satte	sat	*set, place*
tage	tager	tog	taget	*take*
tie	tier	tav	tiet	*be silent*
træde	træder	trådte	trådt	*step; thread*
træffe	træffer	traf	truffet	*meet; hit*
trække	trækker	trak	trukket	*pull*

turde	tør	turde	turdet	*dare*
tvinge	tvinger	tvang	tvunget	*force*
tælle	tæller	talte	talt	*count*
vide	ved	vidste	vidst	*know*
vige	viger	veg	veget	*yield*
ville	vil	ville	villet	*will*
vinde	vinder	vandt	vundet	*win*
vride	vrider	vred	vredet	*wring, twist*
vælge	vælger	valgte	valgt	*choose, elect*
være	er	var	været	*be*
æde	æder	åd	ædt	*eat (of animals)*

Lille grammatik

Kendeord

Den ubestemte artikel (en, et) har to former:

a foran et ord, der begynder med en medlyd, og **an** foran en selvlyd eller stumt h.

a coat	en frakke
an umbrella	en paraply

Den bestemte artikel (-en/-et) har kun én form: **the**. Men dette ord udtales forskelligt: [ðə] foran en medlyd og [ði] foran en selvlyd eller stumt h.

the room, the chair	værelset, stolen
the rooms, the chairs	værelserne, stolene

Navneord / Flertal

Ved de fleste navneord dannes flertal ved, at man føjer **-(e)s** til entalsformen. Alt efter hvilken lyd, der afslutter entalsformen, udtales flertalsendelsen som **-s**, **-z** eller **-iz**.

cup – cups	kop – kopper
car – cars	bil – biler
dress – dresses	kjole – kjoler

Bemærk:

1. Hvis et navneord ender på *-y* efter en medlyd bliver flertalsendelsen **-ies**. Hvis **y**-et står efter en selvlyd, dannes flertal regelmæssigt.

lady – ladies	dame – damer
key – keys	nøgle – nøgler

2. Nogle af de vigtigste uregelmæssige flertalsdannelser:

man – men	mand – mænd
woman – women	kvinde – kvinder
child – children	barn – børn
foot – feet	fod – fødder
tooth – teeth	tand – tænder

Ejefald

Personer: Ved entalsord og ved de flertalsord, der ikke har tilføjet et **-s**, dannes ejefald ved, at man tilføjer **'s**. Ved de ord, som ender på **-s** (altså de fleste flertalsord) tilføjes kun en apostrof (').

the boy's room	drengens værelse
the boys' rooms	drengenes værelser
Anna's dress	Annas kjole
the children's clothes	børnenes tøj

Ting: Man benytter forholdsordet **of**:

the key of the door	nøglen til døren
the end of the journey	rejsens afslutning

Tillægsord

Tillægsordene står som på dansk foran navneordet.

De ændrer ikke form i flertal.

large brown suitcases   store, brune kufferter

Gradbøjning

Der er to måder at gradbøje tillægsordene på:

1. Ved tillægsord på én eller to stavelser tilføjes som regel **-(e)r** og **-(e)st**

small – smaller – smallest	lille – mindre – mindst
large – larger – largest	stor – større – størst
busy – busier – busiest*	flittig – flittigere – flittigst

2. Tillægsord på tre eller flere stavelser samt nogle enkelte på to stavelser (for eksempel de, der ender på **-ful** eller **-less**) gradbøjes ved hjælp af **more** (mere) og **most** (mest).

expensive (dyr)	**more expensive**	**most expensive**
careful (forsigtig)	**more careful**	**most careful**

---

* y-et forandres til et i, når det står efter en medlyd.

Læg mærke til følgende uregelmæssige gradbøjninger:

good – better – best   god – bedre – bedst
bad – worse – worst   ond – værre – værst
little – less – least   lille – mindre – mindst
much – more – most   megen – mere – mest
many – more – most   mange – flere – flest

Personlige stedord og ejestedord

jeg: **I** – mig: **me** – min/mit/mine: **my** eller **mine**
du: **you** – dig: **you** – din/dit/dine: **your** eller **yours**
han: **he** – ham: **him** – hans: **his**
hun: **she** – hende: **her** – hendes: **her** eller **hers**
den/det: **it** – dens/dets: **its**
vi: **we** – os: **us** – vores: **our** eller **ours**
I: **you** – jer: **you** – jeres: **your** eller **yours**
de: **they** – dem: **them** – deres: **their** eller **theirs**

Hvor der er angivet to former af ejestedordet, benyttes den første form, når stedordet står sammen med et navneord, den anden form, når det står alene.

Where's my key?	Hvor er min nøgle?
That's not mine.	Det er ikke min.
It's yours.	Det er din.

Bemærk: Der bruges ingen særlig høflig tiltaleform på engelsk. Både **du**, **I** og **De** samt **dig**, **jer** og **Dem** hedder **you**.

Uregelmæssige verber

Nedenstående liste viser de mest almindelige engelske uregelmæssige verber. Sammensatte verber eller verber, der begynder med en forstavelse, bøjes som de usammensatte: f.eks. *withdraw* bøjes som *draw* og *mistake* som *take*.

Infinitiv/ navnemåde	Imperfektum/ datid	Perfektum participium/ datids tillægsmåde	
arise	arose	arisen	opstå
awake	awoke	awoken/ awaked	vågne
be	was	been	være
bear	bore	borne	bære
beat	beat	beaten	slå
become	became	become	blive
begin	began	begun	begynde
bend	bent	bent	bøje
bet	bet	bet	vædde
bid	bade/bid	bidden/bid	byde
bind	bound	bound	binde
bite	bit	bitten	bide
bleed	bled	bled	bløde
blow	blew	blown	blæse
break	broke	broken	slå i stykker
breed	bred	bred	opdrætte
bring	brought	brought	bringe
build	built	built	bygge
burn	burnt/burned	burnt/burned	brænde
burst	burst	burst	briste
buy	bought	bought	købe
can*	could	–	kunne
cast	cast	cast	kaste; støbe
catch	caught	caught	fange, gribe
choose	chose	chosen	vælge
cling	clung	clung	klynge sig
clothe	clothed/clad	clothed/clad	klæde på

* præsens (nutid)

come	came	come	*komme*
cost	cost	cost	*koste*
creep	crept	crept	*krybe*
cut	cut	cut	*skære*
deal	dealt	dealt	*handle*
dig	dug	dug	*grave*
do (he does*)	did	done	*gøre*
draw	drew	drawn	*trække; tegne*
dream	dreamt/ dreamed	dreamt/ dreamed	*drømme*
drink	drank	drunk	*drikke*
drive	drove	driven	*køre*
dwell	dwelt	dwelt	*bo*
eat	ate	eaten	*spise*
fall	fell	fallen	*falde*
feed	fed	fed	*fodre*
feel	felt	felt	*føle*
fight	fought	fought	*kæmpe*
find	found	found	*finde*
flee	fled	fled	*flygte*
fling	flung	flung	*kaste*
fly	flew	flown	*flyve*
forsake	forsook	forsaken	*svigte*
freeze	froze	frozen	*fryse*
get	got	got	*få*
give	gave	given	*give*
go (he goes*)	went	gone	*gå*
grind	ground	ground	*male*
grow	grew	grown	*vokse*
hang	hung	hung	*hænge*
have (he has*)	had	had	*have*
hear	heard	heard	*høre*
hew	hewed	hewed/hewn	*hugge*
hide	hid	hidden	*skjule*
hit	hit	hit	*ramme*
hold	held	held	*holde*
hurt	hurt	hurt	*såre*
keep	kept	kept	*beholde*

* præsens (nutid)

kneel	knelt	knelt	*knæle*
knit	knitted/knit	knitted/knit	*strikke*
know	knew	known	*vide; kende*
lay	laid	laid	*lægge*
lead	led	led	*føre*
lean	leant/leaned	leant/leaned	*læne*
leap	leapt/leaped	leapt/leaped	*springe*
learn	learnt/learned	learnt/learned	*lære*
leave	left	left	*forlade*
lend	lent	lent	*låne (ud)*
let	let	let	*lade; udleje*
lie	lay	lain	*ligge*
light	lit/lighted	lit/lighted	*tænde*
lose	lost	lost	*miste*
make	made	made	*lave*
may*	might	–	*måtte (gerne)*
mean	meant	meant	*betyde*
meet	met	met	*møde*
mow	mowed	mowed/mown	*meje*
must*	must	–	*måtte, skulle*
ought* (to)	ought	–	*burde*
pay	paid	paid	*betale*
put	put	put	*lægge, stille*
read	read	read	*læse*
rid	rid	rid	*befri*
ride	rode	ridden	*ride; køre*
ring	rang	rung	*ringe*
rise	rose	risen	*stå op*
run	ran	run	*løbe*
saw	sawed	sawn	*save*
say	said	said	*sige*
see	saw	seen	*se*
seek	sought	sought	*søge*
sell	sold	sold	*sælge*
send	sent	sent	*sende*
set	set	set	*sætte*
sew	sewed	sewed/sewn	*sy*
shake	shook	shaken	*ryste*

* præsens (nutid)

shall*	should	–	*skulle*
shed	shed	shed	*udgyde*
shine	shone	shone	*skinne*
shoot	shot	shot	*skyde*
show	showed	shown	*vise*
shrink	shrank	shrunk	*krybe*
shut	shut	shut	*lukke*
sing	sang	sung	*synge*
sink	sank	sunk	*synke*
sit	sat	sat	*sidde*
sleep	slept	slept	*sove*
slide	slid	slid	*glide*
sling	slung	slung	*slynge*
slink	slunk	slunk	*luske*
slit	slit	slit	*flække*
smell	smelled/smelt	smelled/smelt	*lugte*
sow	sowed	sown/sowed	*så*
speak	spoke	spoken	*tale*
speed	sped/speeded	sped/speeded	*ile*
spell	spelt/spelled	spelt/spelled	*stave*
spend	spent	spent	*tilbringe; give ud*
spill	spilt/spilled	spilt/spilled	*spilde*
spin	spun	spun	*spinde*
spit	spat	spat	*spytte*
split	split	split	*spalte*
spoil	spoilt/spoiled	spoilt/spoiled	*ødelægge; forkæle*
spread	spread	spread	*sprede*
spring	sprang	sprung	*springe (op)*
stand	stood	stood	*stå*
steal	stole	stolen	*stjæle*
stick	stuck	stuck	*klæbe*
sting	stung	stung	*stikke*
stink	stank/stunk	stunk	*stinke*
strew	strewed	strewed/strewn	*strø*
stride	strode	stridden	*skridte ud*
strike	struck	struck/stricken	*slå*
string	strung	strung	*trække på snor*
strive	strove	striven	*stræbe*

* præsens (nutid)

swear	swore	sworn	*sværge*
sweep	swept	swept	*feje*
swell	swelled	swollen/ swelled	*svulme*
swim	swam	swum	*svømme*
swing	swung	swung	*svinge*
take	took	taken	*tage*
teach	taught	taught	*undervise*
tear	tore	torn	*rive itu*
tell	told	told	*fortælle*
think	thought	thought	*tænke*
throw	threw	thrown	*kaste*
thrust	thrust	thrust	*støde*
tread	trod	trodden	*træde*
wake	woke/waked	woken/waked	*vågne; vække*
wear	wore	worn	*have på*
weave	wove	woven	*væve*
weep	wept	wept	*græde*
will*	would	–	*ville*
win	won	won	*vinde*
wind	wound	wound	*sno*
wring	wrung	wrung	*vride*
write	wrote	written	*skrive*

---

* præsens (nutid)

Numerals

Cardinal numbers

0	nul
1	en
2	to
3	tre
4	fire
5	fem
6	seks
7	syv
8	otte
9	ni
10	ti
11	elleve
12	tolv
13	tretten
14	fjorten
15	femten
16	seksten
17	sytten
18	atten
19	nitten
20	tyve
21	enogtyve
30	tredive
31	enogtredive
40	fyrre
41	enogfyrre
50	halvtreds
51	enoghalvtreds
60	tres
61	enogtres
70	halvfjerds
75	femoghalvfjerds
80	firs
90	halvfems
100	hundrede
101	hundrede og et
200	to hundrede
1000	tusind
2000	to tusind
1.000.000	en million

Ordinal numbers

1.	første
2.	anden
3.	tredje
4.	fjerde
5.	femte
6.	sjette
7.	syvende
8.	ottende
9.	niende
10.	tiende
11.	ellevte
12.	tolvte
13.	trettende
14.	fjortende
15.	femtende
16.	sekstende
17.	syttende
18.	attende
19.	nittende
20.	tyvende
21.	enogtyvende
22.	toogtyvende
23.	treogtyvende
24.	fireogtyvende
25.	femogtyvende
26.	seksogtyvende
27.	syvogtyvende
28.	otteogtyvende
29.	niogtyvende
30.	tredivte
31.	enogtredivte
40.	fyrretyvende
50.	halvtredsindstyvende
60.	tresindstyvende
70.	halvfjerdsindstyvende
75.	femoghalvfjerdsindstyvende
80.	firsindstyvende
90.	halvfemsindstyvende
99.	nioghalvfemsindstyvende

Time

Although official time in Denmark is based on the 24-hour clock, the 12-hour system is used in conversation.

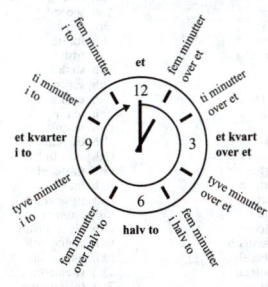

Clock face labels (clockwise from top):
- et
- fem minutter over et
- ti minutter over et
- et kvart over et
- tyve minutter over et
- fem minutter i halv to
- halv to
- fem minutter over halv to
- tyve minutter i to
- et kvarter i to
- ti minutter i to
- fem minutter i to

If you wish to specify a.m. or p.m., add *om morgenen, om formiddagen, om eftermiddagen, om aftenen* or *om natten.*

Thus:

klokken otte om morgenen	8 a.m.
klokken elleve om formiddagen	11 a.m.
klokken to om eftermiddagen	2 p.m.
klokken otte om aftenen	8 p.m.
klokken to om natten	2 a.m.

Days of the week

søndag	Sunday	*torsdag*	Thursday
mandag	Monday	*fredag*	Friday
tirsdag	Tuesday	*lørdag*	Saturday
onsdag	Wednesday		

Talord

Mængdetal		**Ordenstal**	
0	zero	1st	first
1	one	2nd	second
2	two	3rd	third
3	three	4th	fourth
4	four	5th	fifth
5	five	6th	sixth
6	six	7th	seventh
7	seven	8th	eighth
8	eight	9th	ninth
9	nine	10th	tenth
10	ten	11th	eleventh
11	eleven	12th	twelfth
12	twelve	13th	thirteenth
13	thirteen	14th	fourteenth
14	fourteen	15th	fifteenth
15	fifteen	16th	sixteenth
16	sixteen	17th	seventeenth
17	seventeen	18th	eighteenth
18	eighteen	19th	nineteenth
19	nineteen	20th	twentieth
20	twenty	21st	twenty-first
21	twenty-one	22nd	twenty-second
22	twenty-two	23rd	twenty-third
23	twenty-three	24th	twenty-fourth
24	twenty-four	25th	twenty-fifth
25	twenty-five	26th	twenty-sixth
30	thirty	27th	twenty-seventh
40	forty	28th	twenty-eighth
50	fifty	29th	twenty-ninth
60	sixty	30th	thirtieth
70	seventy	40th	fortieth
80	eighty	50th	fiftieth
90	ninety	60th	sixtieth
100	a/one hundred	70th	seventieth
230	two hundred and thirty	80th	eightieth
1,000	a/one thousand	90th	ninetieth
10,000	ten thousand	100th	hundredth
100,000	a/one hundred thousand	230th	two hundred and thirtieth
1,000,000	a/one million	1,000th	thousandth

Klokken

Englænderne og amerikanerne anvender 12-timesystemet. Forkortelsen *a.m.* (*ante meridiem*) føjes til tidspunkter mellem kl. 00.00 og 12.00, og *p.m.* (*post meridiem*) til tidspunkter mellem kl. 12.00 og 24.00. I Storbritannien er man dog langsomt ved at gå over til 24-timesystemet ved officielle tidsangivelser.

```
              one
            o´clock
    five to two          five past one
 ten to two                  ten past one
a quarter                    a quarter
  to two                      past one
  twenty to two           twenty past one
       twenty five     twenty five
         to two         past one
              half
            past one
```

I'll come at seven a.m.	Jeg kommer kl. 7 om morgenen.
I'll come at two p.m.	Jeg kommer kl. 2 om eftermiddagen.
I'll come at eight p.m.	Jeg kommer kl. 8 om aftenen.

Ugedage

Sunday	søndag	*Thursday*	torsdag
Monday	mandag	*Friday*	fredag
Tuesday	tirsdag	*Saturday*	lørdag
Wednesday	onsdag		

Conversion Tables/Omregningstabeller

Metres and feet

The figure in the middle stands for both metres and feet, e.g.
1 metre = 3.281 ft. and 1 foot = 0.30 m.

Meter og fod

Tallet i midten gælder både for meter og fod.
F.eks.: 1 meter = 3,281 fod og 1 fod = 0,30 m.

Metres/Meter		Feet/Fod
0.30	1	3.281
0.61	2	6.563
0.91	3	9.843
1.22	4	13.124
1.52	5	16.403
1.83	6	19.686
2.13	7	22.967
2.44	8	26.248
2.74	9	29.529
3.05	10	32.810
3.66	12	39.372
4.27	14	45.934
6.10	20	65.620
7.62	25	82.023
15.24	50	164.046
22.86	75	246.069
30.48	100	328.092

Temperature

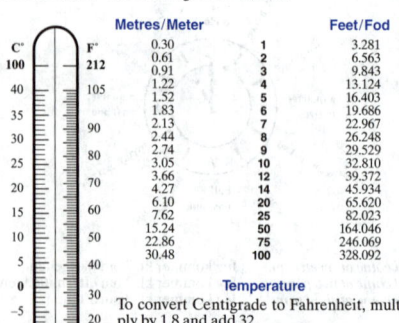

To convert Centigrade to Fahrenheit, multiply by 1.8 and add 32.
To convert Fahrenheit to Centigrade, subtract 32 from Fahrenheit and divide by 1.8.

Temperatur

For at lave celsius-grader om til fahrenheit skal man gange med 1,8 og lægge 32 til dette resultat.
For at lave fahrenheit-grader om til celsius skal man trække 32 fra og dele resultatet med 1,8.